사회과학 연구를 위한

네트워크 분석방법

사회과학 연구를 위한

네트워크 분석방법

2022년 10월 25일 초판 1쇄 인쇄
2022년 10월 31일 초판 1쇄 발행

지은이 김종민

그림 오종권
편집 임현규
디자인 김진운
마케팅 최민규

펴낸이 고하영·권현준
펴낸곳 (주)사회평론아카데미
등록번호 2013-000247(2013년 8월 23일)
전화 02-326-1545
팩스 02-326-1626
주소 03978 서울특별시 마포구 월드컵북로6길 56(4층)
이메일 academy@sapyoung.com
홈페이지 www.sapyoung.com

ISBN 979-11-6707-085-2 (93310)

* 이 저서는 2018년 정부(교육부)의 재원으로 한국연구재단의 지원을 받아 수행된 연구임
(NRF-2018S1A6A4A01039618)

사회과학 연구를 위한

네트워크 분석방법

NETWORK ANALYSIS METHODS
For SOCIAL SCIENCE RESEARCH

김종민 지음

사회평론아카데미

서문

저자는 2003년 사회자본에 관한 석사과정 과목을 수강하면서 처음으로 사회 네트워크 분석의 존재를 알게 되었다. 사회학 배경지식이 부족한 상태에서 사회자본과 네트워크 분석 관련 논문과 책을 보면서 단순히 우리나라의 혈연, 학연, 지연 같은 것이 아닐까 생각했다. 그러면서 한국의 혈연, 학연, 지연의 부정적인 측면만을 생각하면서 '사회 네트워크의 긍정적인 측면도 있나?'라는 의견을 강의 시간에 피력하기도 했었다. 저자와 사회 네트워크 분석과의 첫 만남은 이렇게 부정적으로 형성되었다. 이런 부정적인 관계는 그리 오래가지 못하고 한 학기 강의 수강 후에 소멸하였다. 그런데 석사졸업 후 미국 유학을 준비하면서 사회 네트워크 분석과 다시 만나게 되었고, 네트워크 분석과의 재회는 미시간 주립 대학교 박사과정 합격 및 장학금 통지서를 받은 2006년 1월이었다. 그때 측정 및 양적 연구 방법의 프로그램 주임이 프랭크 교수였으나 저자는 그전까지 프랭크 교수 존재를 알지 못했고, 저자의 박사 학업 계획서에서도 네트워크 분석에 관련된 언급은 전혀 없었다. 그러나 저자는 박사과정 합격 후 사회 네트워크 분석에 관심을 두고 강의 계획서에 있는 논문을 찾아보면서, 결국 박사과정에 입학과 동시에 박사전공을 사회 네트워크 분석으로 변경하였다. 지금 생각해 보면 사회 네트워크 분석을 공식적으로 시작한 2006년 8월이 저자의 인생에 전환점이었다.

그 이후 저자는 국내·외에서 사회 네트워크 분석 관련 연구를 수행하면서 관련 논문을 국내·외 저명학술지에 출간하였고, 국내에서 관련 워크숍과 연구를 수행하다가 2016년 1학기부터 사회 네트워크 분석 강의를 경인교육대학교 박사과정에 공식적으로 개설하면서 사회 네트워크 분석에 관한 교재 집필의 필요성을 절감하게 되었다. 특히 네트워크 분석은 인공지능, 빅데이터, 클라우드 컴퓨팅을 기반으로 초지능·초개인·초연결화가 될 미래사회의 꽃으로 신경망 분석, 의미망 분석, 사물망 분석, 사회망 분석뿐만 아니라 융·복합 연구 그리고 인공지능과 빅데이터 분석에 활용될 수 있어 네트워크 분석에 관한 관심과 요구는 점점 고조되고 있으나, 네트워크 분석에 대한 기본 및 심화 내용을 소개하는 국내 학술서는 매우 부족한 실정이었다.

이런 이유로 저자는 사회과학연구를 위한 네트워크 분석 방법을 기획하게 되었으며, 본 학술서는 이러한 기본 및 심화 내용에 관한 관심과 요구를 충족시키기 위해 사회 네트워크의 개념과 측정, 네트워크 분석 소프트웨어의 소개, 횡·종단 네트워크의 기술 통계 분석 방법, 횡·종단 네트워크의 시각화 방법, 횡·종단 네트워크의 통계모형, 그리고 횡·종단 네트워크의 모의실험 내용으로 구성하게 되었다. 따라서 무엇보다도 본서를 통해 이러한 네트워크 분석 방법의 기본 및 심화 내용을 습득하고, 네트워크 분석 역량을 증진하여 각종 분야에서 의미 있는 네트워크 연구 성과가 창출되기를 기대한다. 또한 미래사회의 특성인 초지능·초개인·초연결의 실태 파악, 이와 관련된 개인·사회 문제 인식, 그리고 관련 사회 정책 수립·개발·집행에 일조하는 선순환 구조에 본 학술서가 도움이 되기를 기원한다. 끝으로 이 저서는 2018년 대한민국 교육부와 한국연구재단의 저술출판지원사업(NRF-2018S1A6A4A01039618)의 재정적 지원을 받았음을 밝힌다.

2022년 10월

경인교육대학교에서

김종민

차례

Part 2 기술 통계

Part 3 시각화

Part 1

네트워크 분석방법 입문

chapter

01

네트워크 개념, 측정 및 분석

학습 목표

- 사회 네트워크 개념을 이해한다.
- 네트워크 측정 방법을 이해하고 적용할 수 있다.
- 네트워크 자료 유형을 설명할 수 있다.
- 네트워크 분석 방법을 이해한다.
- 네트워크 통계모형을 이해한다.
- 소프트웨어를 활용한 네트워크 분석 방법을 이해한다.

제1절

사회 네트워크 개념

반스(Barnes, 1954)의 논문에서 처음 사용된 용어인 사회 네트워크(social networks)는 관계(relations)와 유한한 행위자들(a finite set of actors)로 구성되어 있다(Wasserman & Faust, 1994). 한국에서는 사회 네트워크(손동원, 2002)라는 용어와 사회 연결망(김용학, 1987, 2003a, 2003b) 이란 용어를 혼용하여 사용하고 있고, 주로 네트워크 사회(김용학 · 하재경, 2008; 이재열 외, 2007)라는 용어를 사용하고 있다.

사회과학연구를 위한 네트워크 분석 방법을 알아보기 전에 먼저 네트워크 분석 역사를 살펴보면 다음과 같다. 양적 네트워크 분석(quantitative network analysis)은 사회 네트워크 분석(social network analysis: SNA)를 기반으로 하여 시작하였다. 한국에서는 사회 네트워크 분석과 사회연결망 분석을 혼용하여 사용하고 있다. 이러한 양적 사회 네트워크 분석은 주로 사회학과 수학을 토대로 발전하게 되었다. 물론 컴퓨터과학의 발달이 실질적인 활용도를 높이 측면이 있지만, 이론적인 토대로는 사회학의 조직이론 및 소그룹 연구와 수학의 그래프 이론의 발달이 큰 역할을 하였다.

이에 반해 질적 네트워크 분석(qualitative network analysis)은 문화인류학(cultural anthropology)과 사회학에 토대를 두고 있다. 흔히 친족과 씨족을 연구 대상으로 민속 지학적인 연구 방법과 근거이론 연구 방법 등을 활용하거나 한 명의 참여자 혹은 소수의 참여자를 대상으로 하는 내러티브 연구 방법 등을 자아 중심 네트워크를 분석하는 연구를 수행하였다.

이에 문화인류학, 사회학, 수학에서의 네트워크 분석을 살펴보고 교육학에서 이러한 네트워크 분석 방법이 어떻게 활용되었는지를 기술하고자 한다.

1.1 문화인류학과 네트워크 분석

문화인류학과 네트워크 분석은 한국의 경우 족보와 같은 한 가문의 가계도를 살

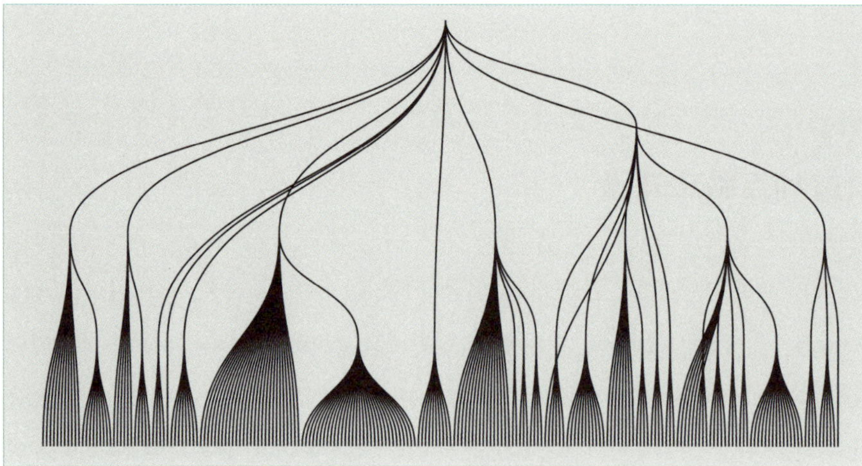

그림 1-1 계층적 군집 네트워크(덴드로그램)
출처: https://www.data-imaginist.com/2017/ggraph-introduction-layouts/

펴보면 쉽게 이해할 수 있다. 1인(본인) 가구 비중이 25%을 초과하는 현대사회에서는 1인 가구의 가계도는 소외자로 볼 수 있으며 2인 가구(남편과 아내), 3인 가구(아빠와 엄마 그리고 나), 4인 가구(아빠, 엄마, 딸, 아들) 등과 같이 기본적으로 한 집에서 몇 명이 살고 있는지에 따라 네트워크 분석의 기본적인 구성요소인 행위자(actors)를 쉽게 파악할 수 있다. 이러한 1인 가구, 2인 가구, 3인 가구, 4인 가구는 설날과 추석과 같은 명절에는 더 큰 네트워크를 형성하기도 한다. 과거 한국 농경사회의 대가족제도 같은 형태로 조부, 조모, 외조부, 외조모, 백부, 고모, 이모, 외삼촌, 사촌 형, 사촌 동생, 고종사촌 형, 고종사촌 동생, 이종사촌 형, 이종사촌 동생, 외사촌 형, 외사촌 동생 등으로 확대되어 20명 이상의 행위자를 가진 대가족 네트워크를 형성한다. 이러한 대가족 네트워크는 기본적으로 많은 비슷한 특성을 공유한다.

가장 기본적으로는 외모, 체형, 키 등과 같은 생물학적인 유사성이다. 생물학 관점에서는 이러한 생물학적인 특성을 유전자 정보 설명한다. 그러나 문화인류학적인 관점에서 생물학적인 유사성과 별도의 그들이 사용하는 언어, 옷차림, 음식, 놀이 등 문화적인 측면에서 초점을 두고 관련 대상을 탐구하였다. 특히 아프리카의 부족 등과 같이 현재 문화와 상당히 다른 문화를 소유하고 있는 친족과 씨족에 관한 연구로 진행되었고 이러한 연구는 사회학에서 많이 언급되는 사회의 규범과 사회계층으로 관심의 대상이 변하기도 하였다. 또한, 현대 한국 사회에서는 새로운 사회 지배계층으로서 재벌의 가계도에 관한 관심이 매우 높다. 한국 재벌의 가계도는 경제학과 경영학의 가장 기본적인 연구대상이 되기도 하며 정경유착이 존재하는 한 정치학의 중요한 연구의 대상이 되기도 한다. 이러한 한국 재벌의 가계도는 단순히 정치 및 경제에만 국한하여 영향을 미친다고 보기보다는 문어발식의 기업 확장을 특성으로 하는 한국 재벌의 속성상 언론, 방송, 예술, 체육 등 사회의 모든 분야에 그 영향력이 대단하다. 일례의 한국 드라마에서 재벌의 가계도를 중심으로 드라마가 구성되고 진행되는 일은 매우 빈번히 일어나고 있다.

문화인류학 관점에서 네트워크는 단지 한 가족에 국한하여 이루어지고 분석되기보다는 기본적으로 인종의 관점에서 고찰되고 탐색한다. 특히 국제화와 인터넷 및 교통의 발달 그리고 다문화 시대를 맞이하여 이제는 다양한 인종과 함께 생활하고 같이 일하고 노는 일이 점점 증대되고 있는 상황에서 인종 내 혹은 인종 간의 네트워크는 상당히 중요한 연구 주제이자 사회 문제로 점점 주목받고 있다. 과거는 지리적인 한계로 지역 기반의 시골 문화가 대세였다고 하면 현대에는 급격화한 도시화로 국제기반의 글로벌 도시문화가 점점 주목을 받고 있다. 이에 글로벌 도시문화의 한 측면으로 어떤 사람은 파편화되고 깊이 없고 단절되는 네트워크를 많이 경험하는 반면 어떤 사람은 중심화되고 다양하고 연속적인 네트워크를 많이 경험하는 등 네트워크의 양극화도 점점 심화하고 있다.

한 발 더 나가 항공우주 시대를 맞이하여 지구 문화, 달 문화, 화성 문화와 같은 다양한 문화를 형성하게 될 21세기 후반부에는 공간의 확장으로 인해 과거에는 경험하지 못한 네트워크를 형성하게 될 가능성이 점점 증대되고 있다. 이러한 문화인류학적인 관점에서 네트워크 분석은 최종적으로 양적 분석을 시도할 수 있겠으나 현재의 자료 수집과 컴퓨팅 능력의 한계로 상징적이면서 관념적인 네트워크 분석에 국한될 가능성이 크다. 그러나 양자컴퓨팅의 발달, 사물 웹의 발달, 인공지능의 발달 그리고 실시간 빅데이터 처리 능력의 향상 등의 힘입어 22세기에는 전 인류를 대상으로 하는 네트워크 분석뿐만 아니라 인류, 자연, 사물, 그리고 기계 등과의 네트워크 분석이 가능할 것으로 기대한다.

1.2 사회학과 네트워크 분석

전 인류를 대상으로 하는 네트워크 분석은 다음 세기의 연구과제로 남겨둔다고 할 때 우리의 관심은 내가 현재 속해 있는 현재 사회에 국한할 수 있다. 이러한 사회학 관점에서 네트워크 분석은 갱 집단, 노숙자, 비행 청소년 집단 등 흔히 사회에서 소외되거나 접근하기 힘든 집단의 연구에 관심을 가게 되었다. 보스턴 갱 집단을 참여 관찰을 통해서 연구하거나 직접 노숙자가 되어 그들의 네트워크를 탐색하거나 비행 청소년 집단의 형성과 소멸을 탐색하면서 과연 그들의 누구와 같이 시간을 보내면서 무슨 일을 하는지에 초점을 두게 되었다. 이러한 연구의 흐름은 소그룹 연구로 뿌리를 내리게 되었다. 특히 하나의 소그룹 네트워크 연구 결과가 다른 소그룹 네트워크 연구에 그대로 적용이 되지 않을지라도 우리의 삶이 다양한 소그룹의 형성하고, 주로 그 사람들과의 네트워크에 의해서 영향을 주고받기 때문에 소그룹 연구는 내가 사는 사회를 이해할 수 있는 중요한 연구대상이다.

초창기 소그룹 연구는 문화인류학 연구와 비슷하게 참여 관찰과 심층 면담 등을 통해서 이루어졌다. 그러나 이러한 연구 흐름에 1930년대 모레노(Moreno)[1]의 연구는 새로운 장을 열게 되었는데 바로 소시오그램을 활용하여 소그룹의 네트워크를 시각화한 것이다. 이러한 시각화는 양적 사회 네트워크 분석에 관심과 활력을 불러일으키면서 많은 사람의 양적 사회 네트워크 분석을 시작하게 되었다. 특히 관련 저널(sociometry)을 창간하면서 이러한 연구 흐름은 계속 유지될 수 있었다. 물론 양적 사회 네트워크 분석의 빙하기를 거치기도 하였으나 20세 후반부에 접어들면서 수학의 그래프의 이론 발달로 점점 다양한 통계모형과 분석 방법이 제시되기 시작하였다.

특히 1979년 학회(INSNA: International Network of Social Networks Analysis)가 창립되고 관련 저널(social networks, connections) 지금까지도 이어지면서 사회학 관점에서의 네트워크 분석은 이제는 대세로 자리 잡게 되었다.

....

1 네트워크 분석의 시초는 Moreno의 1934년 저서 『*Who shall survive?*』로 여겨진다. Moreno는 계량사회학(sociometry), 사이코드라마, 소시오드라마를 개척한 의사이자 심리치료사 그리고 사회심리학자이다(서수균, 2008). Moreno는 허드슨 직업 여학교에서 여학생들의 대인관계 연결망을 6년 동안(1932~1938년) 연구하게 되었고, 관련 연구 결과를 먼저 1934년에 출판하게 되었다. 이 연구의 목적은 공동체 재건이었고 이를 위해 Moreno 계량사회학 검사와 소시오그램을 개발하게 되었다. 여기서 계량사회학 검사란 '누구와 같이 기숙사에 살고 싶은가?'와 같은 네트워크 측정검사이고 이러한 검사자료를 시각적으로 표현하는 것이 소시오그램이다.

1.3 수학과 네트워크 분석

사회학이 네트워크 분석에 다양한 주제의 이론과 가설과 제공하였다면 수학은 양적 사회 네트워크 분석 모형에 토대를 제공하였다. 특히 네트워크 분석이 그래프 이론을 토대로 네트워크 자료를 분석하고 시각화한다는 점에서 그래프 이론의 발달은 네트워크 분석의 상당히 중요한 역할을 하고 있다.

특히 방향성이 있는 그래프(directed graphs)와 마르코프 그래프(Markov graphs)는 양적 사회 네트워크 분석의 새로운 장을 열게 되었다. 대표적인 논문으로 1981년의 홀랜드(Holland)와 레인하르트(Leinhardt)의 유향 그래프를 위한 지수족 확률 분포(An exponential family of probability distributions for directed graphs)은 네트워크 분석 통계모형의 새로운 시초로 볼 수 있다. 또한, 1986년의 프랭크(Frank)와 스트라우스(Strauss)의 마르코프 그래프에 관한 논문은 방향성이 있는 그래프의 의존적인 구조를 통계 모형화할 수 있는 토대를 제공했다는 점에서 상당히 의미가 있다. 이처럼 수학의 그래프 이론은 네트워크 분석의 단순한 시각화부터 고급 통계모형까지의 토대를 제공하여 양적 네트워크 분석의 새로운 장을 열었다.

이러한 수학의 그래프 이론은 물리학에서 네트워크의 일반적인 특성인 멱함수 형태인 척도없는 네트워크(scale-free network)의 발견 및 작은 세상(small networks)의 특성 그리고 선호적 연결(preferential attachment)의 특성을 발견하는 중요한 토대가 되었고 이러한 네트워크 일반적인 패턴을 과학적으로 탐구하기 위한 네트워크 과학(Network science) 발달에 기반이 되었다. 이러한 기반을 토대로 2014년에는 『*Network science*』 저널이 창간되었고, 그 웹사이트 주소는 다음과 같다(https://www.cambridge.org/core/journals/network-science).

그래프 이론은 데이터 마이닝인 분류분석, 군집분석, 연관분석 결과를 시각화하는데 자주 활용됐으며, 최근 주목받고 있는 데이터 과학(data science)과 데이터 예술(data art) 분야에서도 그래프 이론을 활용하여 최종 결과를 시각화하고 있으며, 또한, 텍스트 자료의 토픽 모형과 감성 분석 결과를 시각화하는데 많은 연구에서 활용되고 있다. 마지막으로 그래프 이론은 기계학습과 딥러닝의 개념 설명 및 모형화 작업에도 필수적인 활용 분야이다.

따라서 처음으로 네트워크 분석 방법에 입문하여 기초를 단단히 하고자 한다면 무엇보다도 그래프 이론에 관한 기본 개념과 용어를 숙지할 필요가 있다. 그러나 본 저서에서는 이러한 그래프 이론의 기본 개념과 용어에 대해서는 자세하게 기술하지 않았다. 그 대신 관련 참고문헌을 소개하였다.

1.4 교육학과 네트워크 분석

교육학에서 네트워크 분석은 교육 프로그램 평가(Durland, 2005), 협력평가(Daly, 2010; Gajda & Koliba, 2007), 지도성 분석(Spillane, 2006; Spillane, & Coldren, 2011), 사회자본 분석(Spillane, Kim, & Frank, 2012), 그리고 학교개혁 및 교사효과 연구(Frank, Zhao, & Borman, 2004; Penuel et al., 2010)에 적용됐다. 특히 교사의 네트워크는 교사의 규범과 학습공동체 형성뿐만 아니라 학생의 학습과 학업 성취도에 영향을 주는 것으로 드러났다(Kim, 2011; Penuel et al., 2010; Spillane, Kim, & Frank, 2012; Siciliano, 2015; Sun et al., 2013).

국내 교육학에서 네트워크 분석 연구는 주로 학생 대상 연구(강화정, 2006; 김달효, 2010; 김지은, 조병희, 2012; 김향남, 류점숙, 1989; 남창우, 2012; 도금혜, 2007; 박은실, 최명숙, 2011; 안이환, 2007; 임규연, 김희준, 박하나, 2014; 장덕진, 2000; 정남호, 2004; 정성철, 홍상황, 김종미, 2011; 정혜온, 2007; 조일현, 2003, 2008; 최연철, 2012)와 교사 대상 연구(김민조, 2012; 김영화, 2012; 김혜영, 2013; 김효정, 2006; 신철균, 2007; 이동찬, 2007; 이재무, 송영선, 2014; 최병호, 2012; 최지희, 2011)로 진행됐다.

그러나 2015년 이전 연구의 대부분은 네트워크의 개념 및 이론 소개 후 행위자 수준의 중심성 분석과 시각화 결과만을 제시하였다(김종민, 2015b). 이러한 문제점을 해결하고자 2015년 이후 연구에서는 네트워크 통계모형을 활용하여 사회 영향모형(강혜진 외, 2017; 김성연, 김종민, 2018; 김종민, 2015a; 김종민, 임현정, 2015; Kim, Frank, & Spillane, 2018), 사회 선택모형(강유림, 신혜성, 김성우, 김종민, 2017; 김종민, 2015b, 2017, 2019a; 임현정, 김종민, 2016b; 최현희, 김종민, 2018), 그리고 상호진화 모형(김종민, 2019b)을 연구하였다. 또한, 네트워크 방법론적인 연구로 종단 네트워크 통계모형의 경험적 비교(김종민, 2019b)와 종단 네트워크의 결측값의 영향과 처리 방법에 관한 연구(김종민, 2019c)가 수행되었다.

제2절

사회 네트워크의 측정

사회 네트워크의 측정은 표집이 전체 네트워크에 초점이 있는지 아니면 자아에 초점은 있는지에 따라서 완전 네트워크와 자아 중심 네트워크(Knoke & Yang, 2008) 분류되며, 행렬유형에 따라 일원 네트워크와 이원 네트워크로 분류되며, 온라인 유무에 따라 온라인 네트워크, 오프라인 네트워크 그리고 혼합 네트워크로 분류되며, 가중값 유무에 따라 이분 네트워크와 가중 네트워크로 분류된다. 자세한 설명은 다음과 같다.

2.1 표집 방법에 따른 분류

2.1.1 완전 네트워크(complete networks)

완전 네트워크(complete networks) 측정은 먼저 네트워크 범위를 한정한 뒤 그 범위 안의 네트워크를 측정하는 방법이다(Wasserman & Faust, 1994). 설문조사를 이용할 때 명부나 이름 쓰기(name generator), 위치 쓰기(position generators), 자원 쓰기(resource generator) 질문 설문지를 사용하며 관찰 조사를 이용할 때 참여 관찰이나 심층 면담 등 으로 완전 네트워크 자료를 수집할 수 있다. 이때 이름 쓰기는 고정 회상 방식(행위자 이름을 최대 정해진 숫자만큼 쓰는 방식)과 자유 회상 방식(행위자 이름을 자유롭게 쓰는 방식)을 사용할 수 있다. 측정의 신뢰도 측면에서 고정 회상 방식이 선호된다.

2.1.2 자아 중심 네트워크(ego-centric networks)

자아 중심 네트워크(ego-centric network) 측정 방법은 특정 행위자의 네트워크를 측정하는 방법이다(Wasserman & Faust, 1994). 설문조사를 이용할 때 명부나 이름 쓰기, 위치 쓰기, 자원 쓰기 질문 설문지를 사용하며 관찰 조사를 이용할 때 참여 관찰이나 심층 면담 등으로 자아 중심 네트워크 자료를 수집할 수 있다.

2.2 행렬유형에 따른 분류

2.2.1 일원 네트워크(one-mode networks)

네트워크는 행렬 자료의 형태에 따라 일원 네트워크(one-mode networks)와 이원 네트워크로 분류할 수 있다. 일반적으로 완전 네트워크는 일원 네트워크이다. 일원 네트워크란 네트워크 자료를 행렬로 전환할 때 행과 열이 같은 네트워크를 의미한다(Wasserman & Faust, 1994). 친구들 사이의 친구 네트워크(friendship networks), 지식이나 조언을 주고받는 조언 및 지식 네트워크 (knowledge or advice networks) 등에서 주로 사용하는 방법이다.

2.2.2 이원 네트워크(two-mode networks)

이원 네트워크(two-mode networks)는 근래에 사람들의 관심을 두는 방법이다. 이원 네트워크란 두 개의 행위자 집합(two set of actors)을 연구하는 것으로 네트워크 자료를 행렬로 표현할 때 행과 열이 다른 네트워크를 의미한다(Wasserman & Faust, 1994).

2.3 온라인 유무에 따른 분류

2.3.1 온라인 네트워크(소셜 미디어)

온라인 네트워크(on-line networks)는 주로 소셜 미디어(social media)인 트위터, 페이스북, 링크트인 등에서 비대면 방식으로 발생하는 행위자들의 관계이다. 온라인 네트워크 측정은 트위터, 페이스북 등의 API(Application Program Interface)를 이용하여 자동으로 자료를 수집하는 방법과 수동적인 방법으로 자료를 수집하는 방법이 있다.

2.3.2 오프라인 네트워크

오프라인 네트워크(off-line networks)는 전통적인 네트워크 유형으로 면대면 방식으로 이루어지는 행위자들의 관계이다. 오프라인 네트워크 측정은 설문지, 면담, 문서 등을 활용하여 자료를 수집한다. 최근에서는 웹 스크래핑(web scraping) 기법을 활용하여 자동으로 네트워크 자료를 수집한다.

2.3.3 혼합(온라인+오프라인) 네트워크

혼합 네트워크는 대면과 비대면 방식을 모두 이용하여 발생하는 행위자들의 관계이다. 혼합 네트워크는 비대면 수업과 대면 수업을 혼합하여 수업을 진행할 때 많이 발생하며 측정방법은 온라인 네트워크 측정 방법과 오프라인 네트워크 측정방법을 모두 활용한다.

2.4 가중값 유무에 따른 분류

네트워크는 가중값 유무에 따라 이분 네트워크(binary networks)와 가중 네트워크(valued networks)로 분류할 수 있다. 초창기의 시각화 방법과 통계모형은 계산의 용이성과 분석력의 한계 때문에 측정한 네트워크를 이분 네트워크로 변환하여 분석하였으나 최근 네트워크 통계모형은 가중 네트워크도 분석할 수 있다. 따라서 네트워크 측정도구 개발할 때 네트워크의 가중값 측정 문항을 추가할 필요가 있다.

제3절

네트워크의 분석

사회과학연구를 위한 네트워크 분석은 다음의 절차에 따라 수행할 수 있다.

첫째, 네트워크 자료의 기술 통계를 분석하는 것이다. 기술 통계 분석은 주로 네트워크 자료의 중심성(centrality)과 밀도(density)를 분석한다. 중심성이란 네트워크 내의 행위자가 네트워크 구조에서 어떠한 위치에 있는지를 표현하는 지표로, 대표적인 중심성에는 연결정도 중심성(degree centrality), 근접 중심성(closeness centrality), 그리고 매개 중심성(betweenness)이 있다(김용학, 2003; 손동원, 2002; Freeman, 1979; Wasserman & Faust, 1994).

둘째, 네트워크 자료를 시각화하는 것이다. 시각화는 소시오그램(sociogram)을 이용하여 전체 사회 네트워크 구조를 표현하는 것이다. 네트워크 시각화의 목적은 네트워크 내의 행위자들간의 관계를 보기 쉽게 표현하는 것이다. 네트워크 시각화를 통해 네트워크 내의 행위자의 구조적 위치뿐만 아니라 구조적 역할을 한눈에 파악할 수 있다. 특히 소시오그램 상의 노드(행위자)의 크기와 색상 그리고 모양을 네트워크 자료의 기술 통계치를 반영하여 표현하여 행위자의 중심성뿐만 아니라 구조적 등위성과 틈새를 한 순에 파악할 수 있다. 또한, 한 네트워크 내의 어느 행위자가 소외되어 있는지(isolated), 어느 행위자가 가장 중심에 있는지(central actor), 어느 행위자가 중재자(broker)인지, 그리고 행위자들의 하위집단(cohesive subgroups)을 쉽게 파악할 수 있는 장점이 있다.

셋째, 네트워크 자료를 통계모형을 활용하여 분석한다. 사회 네트워크 분석을 위한 통계모형은 크게 세 가지로 사회 영향모형(독립변수: 네트워크 (예, 조언 네트워크), 종속변수: 행위자의 특성 및 행동), 사회 선택모형(독립변수: 행위자의 특성 및 행동, 종속변수: 네트워크), 그리고 상호진화 모형(사회 영향모형 + 사회 선택모형)이 있다.

3.1 사회 영향모형(social influence models)

사회 영향모형은 기존의 회귀모형이나 다층모형 또는 구조방정식 모형에 사회 네트워크 독립변수를 추가하는 방식으로 사용된다. 따라서 사회 영향모형을 위한 특별한 통계모형이 존재하기보다는 전통적인 특성 통계모형을 사용한다.

교육학 분야에서 사회 영향모형 관련 연구는 사회 네트워크에 경제학적 효용이론을 적용한 연구(Frank, Kim, & Belman, 2010), 수업 지도성과 미국 교사의 사회 네트워크와의 관계 연구(Spillane, Healey, & Kim, 2010), 미국 교사의 사회자본과 학교개혁 실행 연구(Penuel et al., 2011), 공식적 리더와 교사의 지식 및 조언 네트워크와 관계 연구(Spillane & Kim, 2012), 미국 교사의 공식 및 비공식 리더십 연구(Sun et al., 2013), 미국 학교 내에서 상호 협력하는 교사들의 비공식 하위그룹 (informal cohesive subgroup)에 대한 영향 연구(Frank et al., 2013), 한국 초등교사의 동료 네트워크가 교직 만족감과 행복감에 미치는 영향을 탐색한 연구(김종민, 2015a), 한국 초등학생의 도움 네트워크가 행복감에 미치는 영향을 탐색한 연구(김종민, 임현정, 2015), 한국 초등교사의 자기효능감과 도움 네트워크가 교사-교사 간 신뢰에 미치는 영향을 탐색한 연구(강혜진 외, 2017), 한국 예비 초등교사의 도움 및 친구 네트워크의 중심성이 행복감에 미치는 영향을 탐색한 연구(김성연, 김종민, 2018)와 미국 교사의 공식적 위치(리더십 여부)와 비공식적 위치(네트워크 하위그룹) 그리고 학급 학생 구성에 간의 관계를 탐색한 연구(Kim, Frank, & Spillane, 2018) 등이 있다. 더 자세한 연구 예시는 7장의 사회 영향모형에 제시되었다.

3.2 사회 선택모형(social selection models)

3.2.1 p_1 모형

특성자료의 추리통계 방법의 발달이 기존 통계 방법의 가정을 극복하기 위한 것처럼 즉 더욱 현실을 반영하는 통계 방법을 제시하는 형태로 발전해 온 것처럼 네트워크 자료의 추리 통계모형의 발달도 행위자 간의 상호의존성 가정을 보다 현실을 반영하는 통계 방법을 제시하는 형태로 발전해 왔다. 특히 사회 선택 모형의 경우 가장 기본적인 가정은 짝 독립성 가정(dyads independence)이다. 가장 기본적인 회귀모형의 가정이 행위자 간 독립성이다. 그러나 현실은 행위자 간 즉 가장 친한 친구 사이, 부부 사이, 소비자와 판매자 사이, 우방 국가 사이 등 행위자 간 독립성 가정은 현실을 반영하지 못한다. 이에 네트워크 통계모형은 그동안 이러한 두 명의 짝 사이의 의존성(dependence)과 상호의존성(interdependence)으로 초래한 기존 통계모형의 문제점 지적해 왔고 1981년 논문에서 그 해결방안을 제시하였다.

개별 행위자 간 독립성 가정을 토대로 한 통계모형의 문제점에 대한 가장 단순한 해결방안은 짝 간 독립성 가정을 토대로 하는 것이다. 즉 두 명의 친구가 서로 독립이라고 가정하는 것이 아니라 두 명의 친구는 한 친구가 다른 친구에게 의존적일 수도 있고 두 친구가 상호 의존적일 수도 있거나 아니면 두 친구가 서로 독립일 수도 있는 현실 가능성을 모두 고려하는 것이다. 이러한 두 친구의 네트워크는 방향성이 있는 경우 크게 네 가지 유형으로 첫째, 친구 A와 친구 B가 서로 독립, 둘째, 친구 A가 친구 B에 의존, 셋째, 친구 B가 친구 A에 의존, 넷째, 친구 A와 친구 B가 상호 의존이다.

이처럼 방향성이 있는 두 명의 네트워크는 크게 네 가지의 유형으로 분류될 수 있으나 과거 회귀분석은 이러한 네 가지의 유형 중 하나의 유형인 친구 A와 친구 B가 서로 독립인 경우만을 고려하는 방법이다. 물론 연구하는 대상이 이러한 독립가정을 만족할 수 있으나 경험적 자료를 토대로 한 연구를 살펴보면 두 명의 친구 네트워크는 네 가지의 유형이 다 있는 것을 알 수 있다.

특히 네트워크 통계모형은 상호의존성을 호혜성(reciprocity), 그리고 의존성을 활동성(activity)과 대중성(popularity)으로 구분하여 개념화하고 모형화할 수 있는 p_1 모형이 1981년 논문을 통해 제시되면서 큰 전환점을 맞이하게 되었다.

3.2.2 p_2 모형

p_1 모형은 방향성이 있는 두 명의 네트워크의 네 가지 유형은 모두 고려할 수 있으나 활동성과 대중성의 고정효과만을 고려하여 모수 추정의 어려움을 내포하고 있었다. 이에 이러한 활동성과 대중성의 고정효과를 이원 교차 분류 다층모형 개념을 적용하여 임의효과모형을 추가한 모형이 p_2 모형이다.

교육학 분야에서 p_2 모형 관련 연구는 미국 교사들의 사회 네트워크 형성요인 연구(Penuel et al., 2010; Spillane, Kim, & Frank, 2012), 경기도 남자 고등학생의 영어 도움 네트워크 형성요인 연구(김종민, 2015b), 경기도 초등학생의 학업 도움 네트워크 형성요인 연구(임현정, 김종민, 2016b), 남자 고등학생의 친구 하위집단 식별과 학업 도움 네트워크 형성요인 연구(강유림, 신혜성, 김성우, 김종민, 2017), 다문화 수용성이 그들의 친구 네트워크에 미치는 영향 연구(최현희, 김종민, 2018) 등이 있다. 더욱 자세한 연구내용은 7장의 사회 선택모형과 8장에 제시되었다.

3.2.3. p^* (p star) 모형

p_2 모형의 가정은 여전히 짝 간 독립성 가정을 토대로 하고 있다. 이러한 짝 간 독립성 가정은 두 명 간의 네트워크가 전체 네트워크의 대부분을 차지하는 연구대상에서는 상당히 유용하나 세 명 간의 네트워크 또는 네 명 간의 네트워크 또는 다섯 명 이상 간의 네트워크가 전체 네트워크에서 차지하는 비중이 클수록 현실을 반영하는 통계모형이 되는데 큰 한계가 있다.

방향성이 있는 세 명 간의 네트워크는 16개의 유형으로 분류될 수 있으며 이러한 유형의 네트워크는 짝 간 독립성 가정을 만족하지 못하는 경우를 포함한다. 일반적으로 통계모형에서 독립성을 가정하는 이유는 조건부 확률 계산 시 모형이 간단해지고 모수 추정이 쉽게 이루어질 수 있기 때문이다. 따라서 이전부터 짝 간 독립성 가정을 만족하지 못하는 네트워크의 통계모형 경우 부정확한 측정 오차와 모수 추정의 편향성 문제가 발생하는 것을 인지했음에도 불구하고 적절한 해결방안이 없었다. 이러한 문제점을 해결하기 위해 도입된 것이 마르코프 그래프로 조건부 짝 간 독립성 가정을 도입한 것이다. 그리고 이러한 모형을 p^* 모형으로 명명하였다.

교육학 분야에서 p^* 모형 관련 연구는 경기도 남자 고등학생의 영어 도움 네트워크 형성요인 연구(김종민, 2015b), 경기도 초등교사의 학생평가를 위한 조언 또는 정보 횡단 네트워크 연구(김종민, 2017), 남자 고등학생의 친구 하위 집단 식별과 학업 도움 네트워크 형성요인 연구(강유림, 신혜성, 김성우, 김종민, 2017), 경기도 초등교사의 학생평가를 위한 조언 또는 정보 종단 네트워크 연구(김종민, 2019a), 시간 지수 임의 그래프 모형(Temporal Exponential Random Graph Models:TERGM)과 확률적 행위자 기반 모형(Stochastic Actor-Orieneted Models:SAOM) 비교 연구(2019b), 인천광역시 초등교원의 종단 조언 네트워크 결측 자료 분석방법 비교 연구(김종민, 2019c) 등이 있다. 더욱 자세한 연구내용은 7장의 사회 선택모형과 8장의 확률적 행위자 기반 모형에 제시되었다.

제4절
소프트웨어 활용 네트워크 분석

소프트웨어 활용 네트워크 분석은 네덜란드, 미국, 호주의 학자들을 중심으로 Siena 소프트웨어, statnet 소프트웨어, pnet 소프트웨어를 개발하면서 급격하게 발전해 왔다. 특히 2010년에 siena를 R에서 사용할 수 있게 한 RSiena 패키지의 개발로 새로운 전기를 맞이하게 되었다. 또한, 처음부터 R에서 개발된 statnet 패키지의 사용이 점점 증대되면서 R을 활용한 네트워크 분석의 통계모형은 statnet와 RSiena를 중심으로 발달하고 있다.

R을 활용한 네트워크 자료 분석 중 통계모형의 적용은 네트워크 자료에 따라 구분 될 수 있다. 특히 횡단 네트워크 자료의 통계모형 적용을 하는 것인지 아니면 종단 네트워크 자료의 통계모형 적용을 하는 것인지에 따라 구분될 수 있다. 일반적으로 횡단 네트워크 자료의 통계모형 적용을 위해서 statnet 패키지에

포함된 ergm 패키지를 활용하고 종단 네트워크 자료의 통계모형 적용을 위해서는 RSiena 패키지를 활용한다.

제5절 책의 구성

본서의 구성은 총 5부 10장으로 1부는 네트워크 분석 입문, 2부는 기술통계, 3부는 시각화, 4부는 추리통계 그리고 5부는 모의실험 방법을 제시하였다. 또한, 2부부터 각 부의 내용은 횡단 네트워크 자료와 종단 네트워크 자료로 구분하여 각각의 장을 구성하였다.

2장은 사회과학연구를 위한 네트워크 분석 방법을 적용하기 위해 소프트웨어 활용 네트워크 분석 방법을 소개하였다. 2장에서는 Gephi의 설치 및 화면구성, R과 RStudio의 설치 및 패키지 설치, 그리고 파이썬(python) 및 NetworkX 패키지 설치를 주로 설명하였다.

3장은 소프트웨어 활용 기술통계 분석으로 횡단 네트워크 기술통계 분석 방법을 소개하였다. 구체적으로 Gephi, R 그리고 파이썬에서 횡단 네트워크 자료를 불러오거나 입력하는 방법과 저장된 네트워크 자료를 토대로 네트워크 전체 수준의 분석(밀도, 크기 등)과 행위자 수준의 분석(중심성 분석) 방법을 소개하였다.

4장은 종단 네트워크 기술통계 분석 방법을 제시하였다. 더욱 상세한 설명을 위해서 R에 초점을 두고 R을 활용한 종단 네트워크 기술통계 분석 방법으로 종단 네트워크 자료를 불러오거나 입력하는 방법과 저장된 종단 네트워크 자료를 토대로 네트워크 형성, 유지, 소멸과 같은 빈도분석과 네트워크의 변화도와 안정도 분석 방법을 설명하였다.

5장은 소프트웨어를 활용한 네트워크 시각화 방법을 소개하였다. 특히 Gephi, R 그리고 파이썬에서 횡단 네트워크 자료의 시각화 방법을 설명하였다. 전체적으로 노드의 크기, 색상 및 모양, 선의 색상과 크기, 그리고 배치 방법과 여백 및 그림 제목 설정 방법 등을 제시하였다.

6장은 종단 네트워크 시각화 방법을 소개하였다. 더욱 상세한 설명을 위해서 R에 초점을 두고 R을 활용한 종단 네트워크 시각화 방법으로 특히 시각화를 통해 네트워크와 행동의 상호진화를 탐색하고 종단 네트워크 자료를 활용하여 네트워크 영화를 만드는 방법을 소개하였다.

7장은 횡단 네트워크 통계모형에 관한 내용이다. 추리통계 관점에서 네트워크의 영향과 형성에 관한 가설을 검정하기 위해서는 네트워크 통계모형을 활용하여 분석한다. 구체적으로 사회 영향 모형(회귀분석, 다층모형, 구조방정식 모형 활용 등을 활용)과 사회 선택 모형(p_1 모형, p_2 모형, p^* 모형 활용)의 특성과 연구 제시 그리고 R을 활용한 분석 방법을 소개하였다.

8장은 종단 네트워크 통계모형에 관한 내용이다. 시간 지수 임의 그래프 모형(Temporal Exponential Random Graph Models:TERGM) 분석을 위해서 R에서 사용 가능한 Statnet 소프트웨어 중 TERGM을 소개하고 확률적 행위자 기반 모형(Stochastic Actor-Orieneted Models:SAOM) 분석은 SIENA(Simulation Investigation for Empirical Network Analysis)을 R에서 사용할 수 있게 만든 RSiena 패키지를 소개하였다. 특히 RSiena를 활용한 네트워크와 행동의 상호진화 모형을 소개하였다.

9장은 횡단 네트워크 모의실험에 관한 내용으로 횡단 네트워크의 모의실험 개념과 R을 활용한 횡단 네트워크 모의 자료 생성 방법을 소개하였다. 또한, 생성한 횡단 네트워크 모의 자료를 토대로 R을 활용하여 사회 영향모형과 사회 선택 모형을 검정하는 방법을 소개하였다.

10장은 종단 네트워크 모의실험에 관한 내용으로 종단 네트워크의 모의실험 개념과 R을 활용한 종단 네트워크 모의 자료 생성 방법을 소개하였다. 또한, 생성한 종단 네트워크 모의 자료를 토대로 RSiena을 활용하여 사회 선택모형과 상호진화 모형을 검정하는 방법을 소개하였다.

또한 1장부터 10장까지 각 장의 시작 부분에 학습 목표를 제시하였고 각 장의 끝부분에 요약과 정리를 제시하였으며 각각의 10개의 연습문제를 제공하였다. 무엇보다도 네트워크의 개념과 측정 및 분석 방법을 기술통계, 시각화, 추리통계, 그리고 모의실험 영역에서 활용하는 것을 목표로 하였다.

본인의 연구목적에 따라서 특정 장부터 학습할 수도 있으나 먼저 기술통계 내용부터 학습하고 시각화나 추리통계 또는 모의실험 내용으로 학습하는 것이 효과적이다. 또한, 네트워크의 이론은 학문의 분야마다 상이할 수 있어 되도록 소개하지 않고 네트워크 분석 방법에 초점을 두고 책을 구성하였다.

요약

네트워크 개념

- 사회 네트워크는 행위자들의 관계를 의미

네트워크 유형

- 완전 네트워크와 자아중심 네트워크
- 일원 네트워크와 이원 네트워크
- 온라인 네트워크와 오프라인 네트워크

네트워크 측정 방법

- 이름 쓰기, 위치 쓰기, 그리고 자원 쓰기
- 명부 이용
- 질문, 면접, 관찰

네트워크 분석 방법

- 중심성, 호혜성, 전이성 분석
- 행위자 수준, 짝 수준, 삼자 수준, 하위그룹 수준, 전체 수준 분석
- 시각화와 통계모형 활용
- 사회 영향모형
- 사회 선택모형
- 상호진화 모형

연습문제

1 네트워크의 개념을 설명하시오.

2 네트워크 측정 방법을 예를 들어 설명하시오.

3 네트워크 개념에 따른 네트워크 분석 방법을 예를 들어 설명하시오.

4 네트워크 분석수준에 따른 네트워크 분석 방법을 예를 들어 설명하시오.

5 네트워크 분석 방법 중 시각화 방법을 예를 들어 설명하시오.

6 네트워크 분석 방법 중 사회 영향모형을 예를 들어 설명하시오.

7 네트워크 분석 방법 중 사회 선택모형을 예를 들어 설명하시오.

8 네트워크 분석 방법 중 상호진화 모형을 예를 들어 설명하시오.

9 소프트웨어 활용 네트워크 분석 방법을 예를 들어 설명하시오.

10 사회과학연구 중 네트워크 분석 방법을 활용한 논문을 제시하시오.

chapter

02

네트워크 분석 소프트웨어

학습 목표

- 네트워크 분석 소프트웨어를 이해한다.
- Gephi의 전반적인 구성을 이해한다.
- R의 전반적인 구성을 이해하고 관련 패키지를 설치할 수 있다.
- Python의 전반적인 구성을 이해하고 관련 패키지를 설치할 수 있다.

제1절

Gephi(게피)

네트워크 자료를 조작, 변환, 분석 및 시각화하기 위해서 독립적인 형태 소프트웨어의 대략 다음과 같다. 첫째, 사회과학에서 가장 대중적인 소프트웨어는 Ucinet, NetMiner, Netdraw, Pajek 이다. Ucinet는 네트워크 자료 입력, 조작, 변환 그리고 네트워크 자료 분석에 가장 많이 사용하는 윈도우 기반으로 유료 소프트웨어로 처음으로 네트워크 분석에 입문하는 연구자에게 적절하다. NetMiner는 한국에서 개발된 유료 소프트웨어로 세계적으로 인정받는 네트워크 자료 조작, 분석 및 시각화 도구이다. Netdraw는 소규모 네트워크 자료를 시각화에 적절한 무료 소프트웨어이다. 특히 처음으로 네트워크 시각화에 입문하는 연구자에게 적절하다. 이에 반해 Pajek 대단위 네트워크 자료를 시각화에 특화된 무료 도구로 네트워크 분석 중급 이상의 연구자에게 적절하며 현재 대단위 네트워크 자료 시각화에 많이 활용되고 있다.

둘째, 사회과학에서 대중적인 소프트웨어는 아니지만 요즘 가장 많은 관심을 받는 독립적인 소프트웨어는 Gephi이다. Gephi는 Ucinet처럼 네트워크 자료 입력, 조작, 변환에 유용하며 네트워크 자료 기술 통계 분석에도 유용하다. Gephi는 윈도우 기반의 무료 소프트웨어로 고품질 시각화에 매우 특화된 도구이다. Gephi도 처음으로 네트워크 분석에 입문하는 연구자에게 매우 적절하며 특히 고품질의 그래프를 만들어서 자신의 논문에 삽입하고자 하는 사람에게 적극적으로 추천하는 소프트웨어이다. 따라서 이번 장에서는 독립적인 네트워크 소프트웨어인 Gephi를 소개하고자 한다.

1.1 Gephi 소프트웨어 설치

2009년 AAAI 컨퍼런스에서 Bastian, Heymann, 그리고 Jacomy의 의해 처음 발표(Gephi: An open source software for exploring and manipulating networks) 된 Gephi 소프트웨어는 그래프를 위한 일러스트레이터처럼 고품질의 그래프를 만

들 수 있다. 현재(2022년 6월) Gephi 소프트웨어 버전은 0.9.5이다.

Gephi 소프트웨어는 최대 300,000개의 노드와 1,000,000의 에지를 시각화할 수 있는 것으로 알려져 있다. 이보다 더 큰 노드와 에지를 시각화하기 위해서는 Python의 NetworkX 패키지를 활용하거나 Pajek 소프트웨어를 활용할 수 있다.

이러한 Gephi 소프트웨어를 설치하기 위해서는 다음의 웹사이트에 접속하여 Gephi 소프트웨어를 내려받는다. 접속할 웹사이트 주소는 https://gephi.org/ 이다. 접속 후 본인의 컴퓨터의 운영체제에 맞는 파일을 내려받는다.

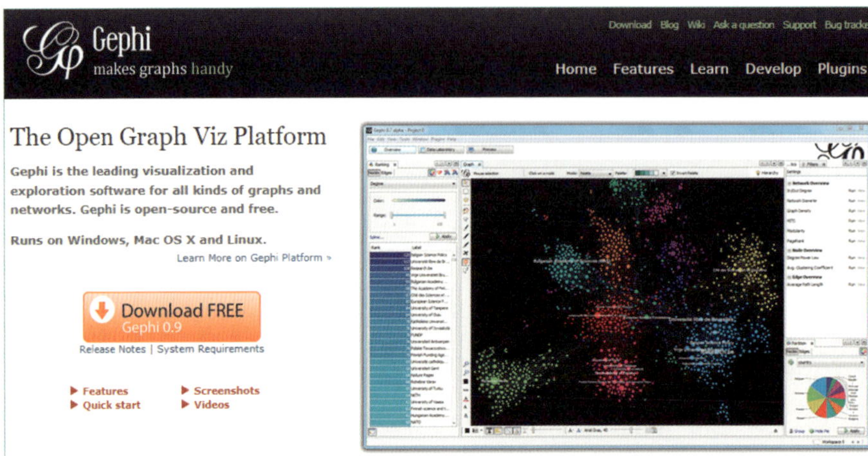

그림 2-1 Gephi 다운로드 웹사이트 화면

설치가 끝나고 Gephi를 실행하려고 할 때 실행오류가 발생할 수 있다. 대표적인 Gephi 실행오류는 “Cannot find Java 1.8 or higher” 이다. 이러한 실행오류를 해결하는 방법은 다음과 같다.

첫째, C:\Program Files\Gephi-0.9.5\etc 폴더로 이동하여 메모장을 활용하여 gephi.conf 파일을 연다.

둘째, 본인의 자바 버전을 확인한다.

셋째, 본인의 자바 버전이 1.8.0_291인 경우 jdkhome="C:/Program Files (x86)/Java/jre1.8.0_291"을 conf 파일 시작 부분에 입력한다. 입력 예시는 다음과 같다.

```
jdkhome="C:/Program Files (x86)/Java/jre1.8.0_291"
#${HOME} will be replaced by user home directory according
to platform default_userdir="${HOME}/.${APPNAME}/0.9.5/
dev" default_mac_userdir="${HOME}/Library/Application
Support/${APPNAME}/0.9.5/dev" blahh.....
```

넷째, 파일을 저장하고 다시 Gephi를 실행한다.

1.2 Gephi 소프트웨어 화면구성

정상적으로 설치가 되고 실행이 되면 다음과 같은 화면이 나온다.

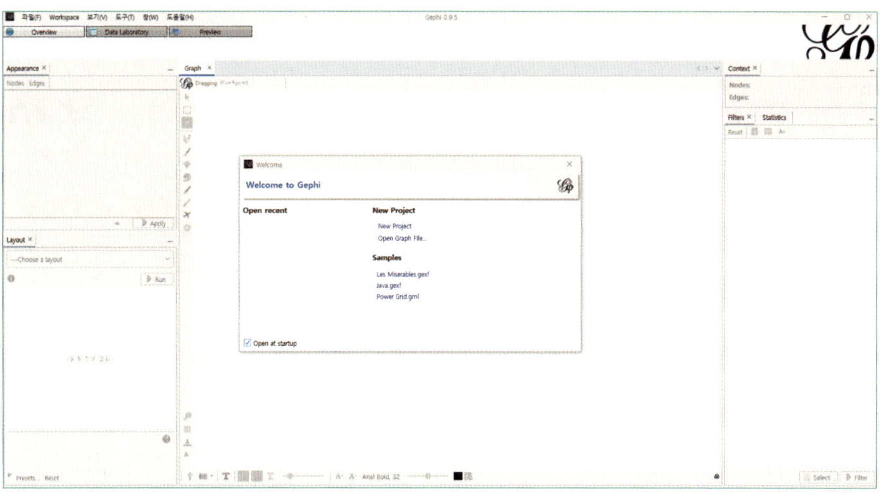

그림 2-2 Gephi 설치 화면

먼저 새로운 프로젝트(New Project)를 선택할 것인지 아니면 Gephi에서 제공하는 예시(samples)를 선택할 것인지 결정한다. 가장 대표적인 Gephi 예시 네트워크 자료인 Les Miserable(레 미제라블)을 선택하면 다음과 같은 자료 입력 창이 나온다. 총 노드 수가 77개이고 총 에지 수가 254개인 방향성이 없는 네트워크임을 알 수 있다.

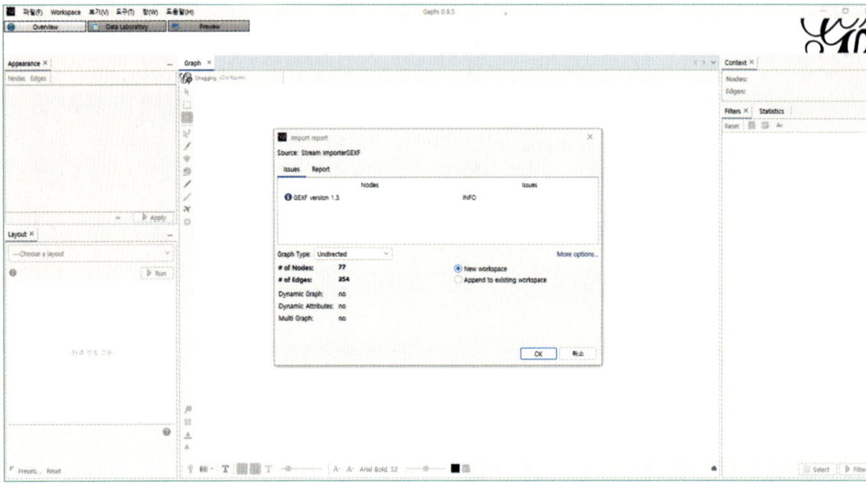

그림 2-3 Gephi 자료 불러오기 화면

주어진 자료를 그대로 사용할 때 OK를 누른다. 그러면 다음과 같이 네트워크 자료를 시각화한 그림을 볼 수 있다.

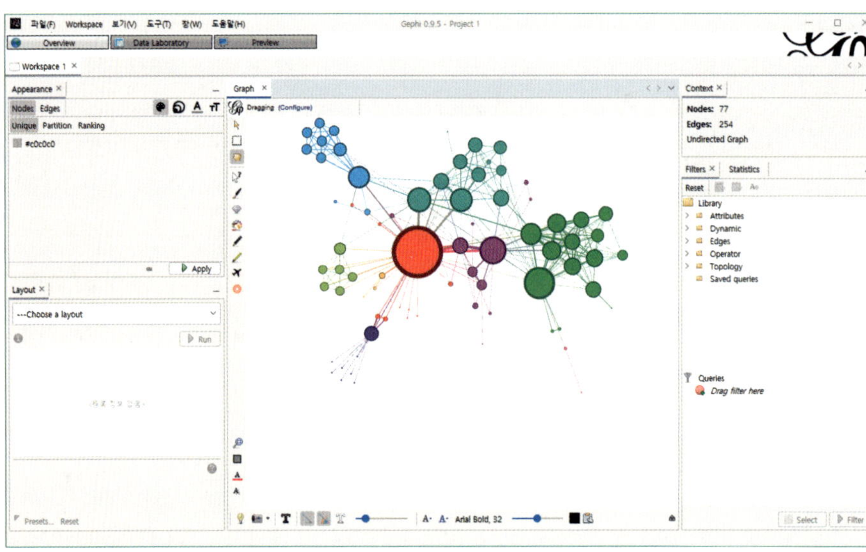

그림 2-4 Gephi 소시오그램 화면

1.2.1 전체적인 시각화 틀(global visual framework)

Gephi는 유연한 데스크톱 응용 프로그램이자 시각적인 틀이다. 사용자가 미리 정의된 방식으로 일부 작업을 수행하도록 제한하지 않는다. 반대로, 사용자는 환경을 재정렬하고, 패널을 이동하고, 창을 표시/숨기기 등 자유롭게 할 수 있다. GUI는 개요, 데이터 실험실 및 미리 보기로 그룹화된 세 가지가 기본적으로 설정된다.

- Overview(개요): 그래프 조작 모드
- Data Laboratory(데이터 실험실): 테이블의 데이터 시각화
- Preview(미리보기): 벡터 내보내기 전에 비주얼 튜닝

개요(Overview)는 다시 다섯 개의 창으로 구성되어 있다. 가운데 Graph 창을 중심으로 왼쪽 위 Appearance 창, 왼쪽 아래 Layout 창, 그리고 오른쪽 위 Context 창 그리고 오른쪽 아래 Filters/Statistics 창이다.

(1) 개요(Overview)

- Graph and Tools : 중앙에 렌더링 된 그래프와 측면에 있는 도구로 구성
- Appearance(Nodes, Edges)
  - Ranking: 노드/에지 색상, 크기, 레이블 색상 및 레이블 크기를 분배하는 숫자 속성을 설정. 노드 또는 에지의 순위 목록을 표시하려면 창을 마우스 오른쪽 버튼으로 클릭.
  - Partition: 특성 또는 계산된 측정치의 노드 또는 에지 그룹. 색상은 각 그룹에 지정되며 창을 마우스 오른쪽 버튼으로 클릭하여 변경.
- Layout : 알고리즘을 선택하고 즉시 매개 변수를 설정. 미리 설정에 저장.
- Context: 노드 및 에지 수, 그래프 유형 및 표시되는 노드의 백분율을 표시.
- Statistics/metrics : HTML로 통계 분석을 실행하고 보고서를 저장. 노드 및 에지 계산 결과를 특성으로 사용.
- Filters: 필터 라이브러리를 결합하여 사용. 필터를 드래그하여 검색어를 만든 다음 시각적으로 매개변수를 설정. 마지막으로 쿼리 출력을 적용하여 요소를 선택하거나 필터링. 필터링이 활성화되면 변경 사항이 실시간으로 나타남.
- Timeline: 왼쪽과 오른쪽 커서를 이동하여 시간 간격으로 그래프를 필터링. 타임 라인은 동적 네트워크를 열면 자동으로 열림. 타임 라인을 활성화하여 시간 간격을 설정. 마우스를 사용하여 간격의 범위를 드래그함.

(2) 데이터 실험실(Data Laboratory)

동적 정규 표현식 필터링을 허용하는 표에 노드 및 에지 속성을 표시한다.

(3) 미리보기(Preview)

미리보기(Preview)는 설정(settings)과 미리보기(preview)로 구성되어 있다. 설정(Settings)은 사전 설정으로 저장할 수 있는 벡터 내보내기의 사용자 정의 가능한 비주얼이다. 미리보기(Preview)는 노드, 에지 및 레이블 렌더링을 미세 조정한다.

1.2.2 작업 공간(Workspaces)

작업 공간(Workspaces)은 하나의 그래프를 탐색하기 위한 전체 환경이다. 더 많은 그래프를 동시에 분석하려면 새 작업 공간을 만들어야 한다. 편집 메뉴에서 작업 공간 데이터를 작성, 삭제 및 정리한다. 가져오기 창에서 전체 그래프 추가 옵션을 선택하면 각 새 그래프 가져오기에서 새 작업 영역이 만들어진다.

1.3 Gephi 소프트웨어 플러그인(Pluggins) 설치

Gephi 소프트웨어에 플러그인(Pluggins)를 설치하는 방법은 다음과 같다. Gephi 소프트웨어는 File, Workspace, View, Tools, Window, Help의 옵션을 가지고 있다. 이 중에서 플러그인(Pluggins)을 설치하는 위해서는 아래의 그림과 같이 도구 〉 플러그인을 선택한다.

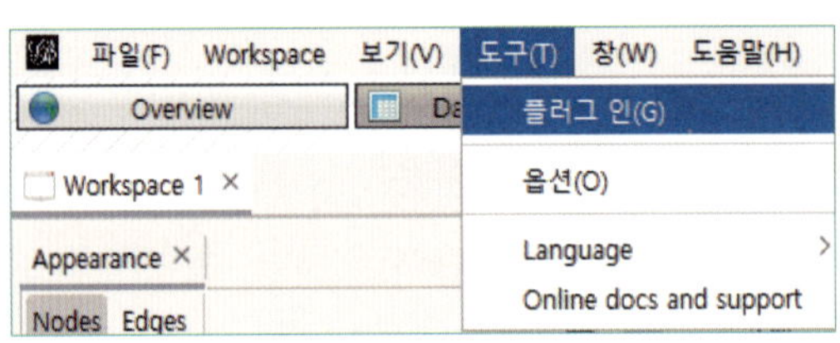

그림 2-5 Gephi Pluggins 화면

플러그인(Pluggins)을 선택하면 크게 5가지로 구성된 화면이 나온다. 5가지는 Updates, Avaliable Plugins, Downloaded, Installed, 그리고 Settings이다. 이 중에서 가능한 플러그인(Avaliable Plugins)를 선택하면 추가할 수 있는 플러그인(Plugins)이 나타난다. 만약 TwitterStreammingImporter를 선택할 경우 이

를 클릭하고 설치(Install) 버튼을 클릭한다.

1.3.1 TwitterStreammingImporter

이 플러그인은 Twitter Streaming API에 연결되어 트윗을 그래프로 나타냅니다. 그래프를 나타낼 수 있는 세 가지 방법이 있다.

- 전체 스마트 네트워크 : 사용자, Tweets, 해시 태그(Hashtags), URL, 미디어 및 기호에 대한 노드가 있는 완전한 표현
- 사용자 네트워크 : RT 및 Mentions에 대한 병렬 에지를 갖는 가중치 사용자
- 해시 태그(Hashtag) 네트워크 : 가중치 해시 태그와 해시 태그 네트워크

1.3.2 Convert Excel and csv files to networks

Excel 및 csv 파일을 네트워크 (동적 포함)로 변환할 수 있다. 즉 이 플러그인은 엑셀 파일과 csv 파일을 네트워크로 변환하여 Gephi로 가져오는 것을 도와준다.

1.3.3 SemanticWebImport

rdf 및 rdfs 파일의 보기를 구성할 수 있다. 이 플러그인의 목적은 다음과 같다. .rdfs, .rul 및 .rdf 파일을 읽을 수 있어야 한다. 온톨로지 (.rdf)를 표시한다. 온톨로지에 의해 정의된 타입과 관계에 설정된 매개 변수에 따라. rdf의 그래프를 표시한다.

1.3.4 ExportToEarth

지리적 속성이 있는 네트워크를 구글 어스(Earth)로 내 보낸다. 즉 이 플러그인은 지리적인 차원의 네트워크를 구글 어스에서 열 수 있는 KMZ 파일로 내보낸다. 이 도구는 어떤 열에 지리 데이터가 있는지 추측하며 파일 선택 창에서 옵션 버튼을 클릭하여 열을 지정할 수도 있다.

1.3.5 GeoLayout

이 플러그인에는 지오 코딩된 속성에 따라 그래프를 표시하는 배치만 있다. 그것을 사용하려면 노드의 지오 코딩 좌표 (위도 및 경도)를 포함하는 두 속성을 선택

한다. 속성에는 숫자 유형이 있어야 하고 선택한 투영법에 따라 다른 매개 변수를 설정한다.

1.3.6 Network Splitter 3D

이 배치 방법을 사용하여 네트워크 배치를 별개의 Z-레이어로 분할 할 수 있다. 예를 들어 Yifan Hu, Fruchterman Reingold, Force Atlas, Circular, Layered, OpenOrd 등의 배치를 사용한 후에 적용한다. Computed Z-Layers는 Gephi 순위 및 분할 절차에서 사용할 수 있다. 이 플러그인을 사용하는 것은 매우 간단하다. 네트워크 노드의 이름에 "[z]"가 포함된 속성이 있어야 한다. 예, "Degree [z]" 또는 "YourNodeColumn [z]"와 같은 것이다. Network Splitter 3D는 "[z]"열 값(모든 범위 포함)에 관한 z 레벨을 계산하고 분류하다. 네트워크에 "[z]"열이 없으면 아무 문제 없이 모든 노드가 Z-Layer 0(Zero)에 배치된다.

제2절
R

사회과학 연구를 위한 네트워크 분석을 위해서 다양한 통계 소프트웨어를 사용할 수 있다. 이 중에 R은 1993년 개발되었다. 주로 통계 및 시각화 작업을 위해 활용되며 인터프리터 프로그래밍 언어이다. R 통계 소프트웨어의 주요 장점은 공개 소스로 무료이며 수많은 통계 관련 패키지를 사용할 수 있으며 최고 그래픽을 산출할 수 있다. 반면 주요 단점은 메모리 문제, 정보보호 기능 없음, 프로그램 자체의 한국어 기능을 제공하지 않는 것이다.

네트워크 분석은 공개 소스를 지향하는 연구자들 덕분에 특히 R 통계 소프트웨어를 중심으로 최근에 급격하게 발달하고 있다. 최근 R은 네트워크 분석뿐만 아니라 빅데이터 분석(big data analysis), 기계학습(machine learning)과 인공지능(Artificial Intelligence: AI) 연구까지 사용되고 있다. 그런데도 R의 진입장벽이 높아서 처음 접하는 연구자에게는 큰 벽으로 느껴진다. R를 활용한 네트워크 분석을 하기 위해서 제일 먼저 수행해야 할 것은 먼저 본인의 작업할 컴퓨터에 R

소프트웨어를 설치하는 것이다. 그런 다음 R 소프트웨어를 더욱 쉽게 사용하기 위한 보조 소프트웨어인 RStudio 소프트웨어를 설치한다. 마지막으로 특정 네트워크 분석을 위한 관련 R 패키지를 설치한다. 이는 새로운 스마트 폰을 사서 필요한 앱(app)를 내려받아서 설치하는 것과 유사하다. 물론 앱의 성능을 높이기 위해서 스마트 폰의 메모리와 성능이 크게 좌우되는 것도 유사하다.

2.1 R 소프트웨어 설치

R 소프트웨어를 설치하기 위해서는 무엇보다도 웹이 연결된 데스크톱이나 노트북이 필요하다. 즉 웹사이트에 접속하여 R 소프트웨어를 내려받는다. 접속할 웹사이트 주소는 https://cran.r-project.org/ 이다.[2] 접속 후 본인의 컴퓨터의 운영체제에 따라 다음의 세 가지 중 하나를 선택하여 내려받는다.

1) Download R for Linux,
2) Download R for (Mac) OS X,
3) Download R for Windows.

만약 본인의 컴퓨터의 운영체제가 윈도우이고 R를 처음 설치하는 경우 Subdirectories 중 base를 선택한다. base를 선택한 후 Download R 4.2.0[3] for Windows (79 megabytes, 32/64 bit)를 클릭하면 소프트웨어가 자동으로 다운로드 된다. 다운로드가 끝나면 파일을 더블클릭하여 R 소프트웨어를 설치한다. R 소프트웨어는 유료 소프트웨어와는 다르게 무료로 새로운 버전의 소프트웨어도 업데이트할 수 있다. R 패키지에 따라서는 최신 R 소프트웨어를 요구하기 때문에 한 번 설치한 후에도 지속해서 새로운 버전의 소프트웨어로 업데이트해야 한다.

....

2 Step 1 https://cran.r-project.org/
Step 2 Download R for Windows
Step 3 base
Step 4 Download R 4.X.X for Windows

3 2022년 06월 현재

설치되면 다음과 같은 화면이 나온다.

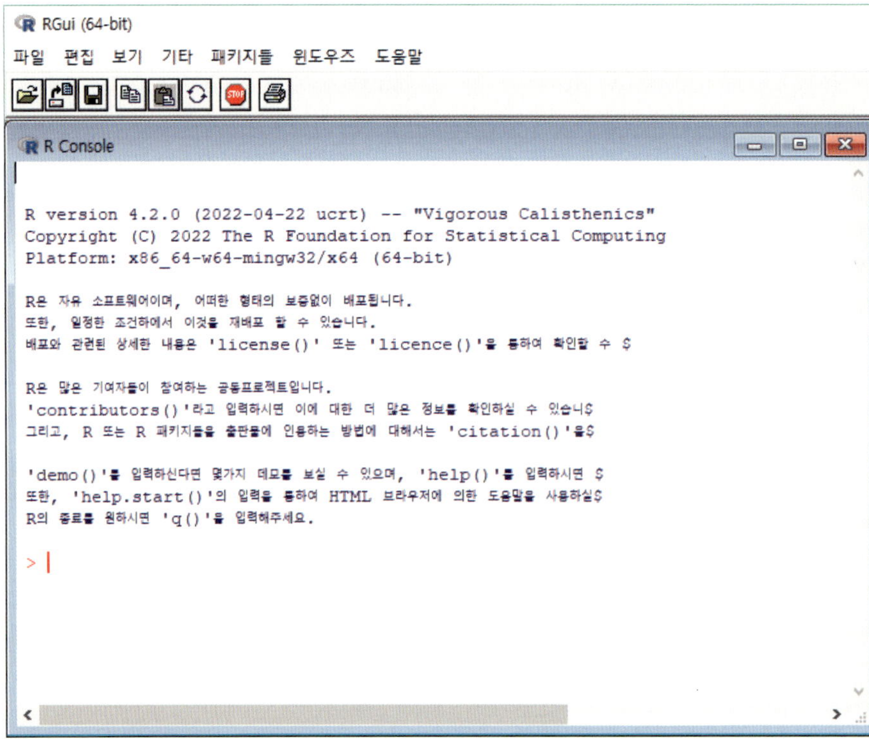

그림 2-6 R 설치 화면

2.2 RStudio 소프트웨어 설치

R 소프트웨어를 사용하기 위해서 반드시 RStudio를 설치해야 하는 것은 아니다. 그러나 R 소프트웨어를 설치한 후 R 소프트웨어를 더욱 편하게 사용하려면 통합 개발 환경으로 RStudio를 설치하는 것을 추천한다. RStudio는 명령문을 부분 혹은 일괄처리하기 쉬우며 4개의 화면(panes)으로 나누어 명령문의 입력, 수행, 결과를 한눈에 확인할 수 있는 훨씬 편리한 사용자 인터페이스를 제공하는 장점이 있다. 단면 RStudio의 단점은 폴더경로나 파일 이름에 한글이 있으면 작동하지 않을 수 있으며 특히 사용자 계정 이름이 한글일 경우 관리자 권한으로 실행시켜야 작동하는 문제가 있다.

RStudio를 설치하기 위해서는 먼저 https://www.rstudio.com/products/rstudio/download/#download 에 접속한다. 접속 후 본인의 컴퓨터의 운

영체재에 따라 다음의 하나를 선택하여 내려 받는다. 예를 들어 RStudio 2022.02.2+485 - Windows Vista/7/8/10를 클릭하면 자동으로 RStudio 소프트웨어가 다운로드 된다. 다운로드가 끝나면 파일을 더블클릭하여 RStudio 소프트웨어를 설치한다.

설치되면 다음과 같은 화면이 나온다.

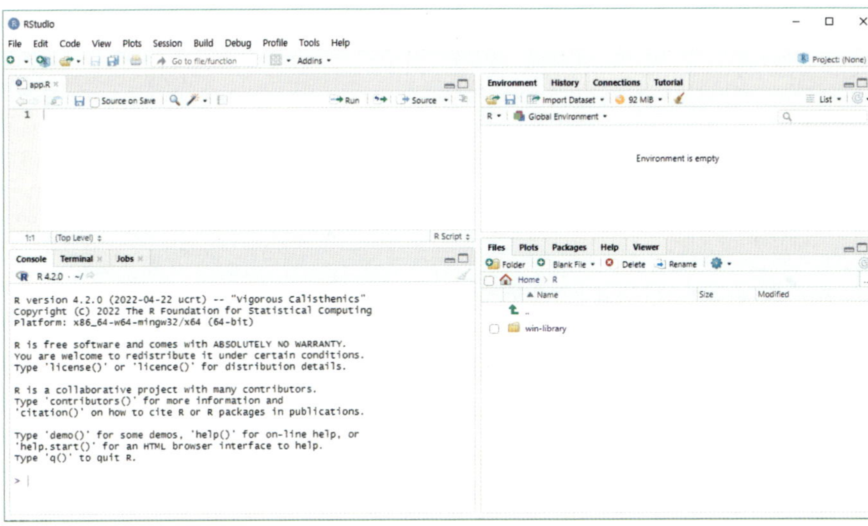

그림 2-7 RStudio 설치 화면

4개의 화면 중 왼쪽의 2개의 화면은 source(소스)와 console(콘솔)로 구성되어 있다. 왼쪽 아래에 있는 console은 R 소프트웨어를 설치하면 나오는 console과 같다. 왼쪽 위에 있는 source는 명령문을 작성하고 명령문을 부분 혹은 전체 수행하는 역할을 하는 부분이다.

오른쪽 2개의 화면은 Environment, History, Files, Plots, Connections, Packages, Help, Build, VCS, Viewer를 선택하여 구성할 수 있는데 일반적으로 오른쪽 위에 있는 것처럼 Environment와 History로 구성하여서 한 화면을 만들고 오른쪽 아래처럼 Files, Plots, Packages, Help, Viewer로 구성하여서 한 화면을 만들 수 있다. 이러한 화면구성은 RStudio의 Tools -> Global Options -> Pane Layout에서 자유롭게 수정할 수 있다.

RStudio를 본인의 개인용 컴퓨터에 설치하지 않고 클라우드 상에서 이용하고자 할 때는 다음 그림처럼 rstudio.cloud 웹사이트를 방문하여 회원가입하고 사용할 수 있다. RStudio 클라우드는 소프트웨어를 설치할 필요가 없고 높은 계산능력을 활용할 수 있는 장점이 있으나 많은 기능을 활용하고자 할 때는 유료 회원가입이 필요한 단점이 있다.

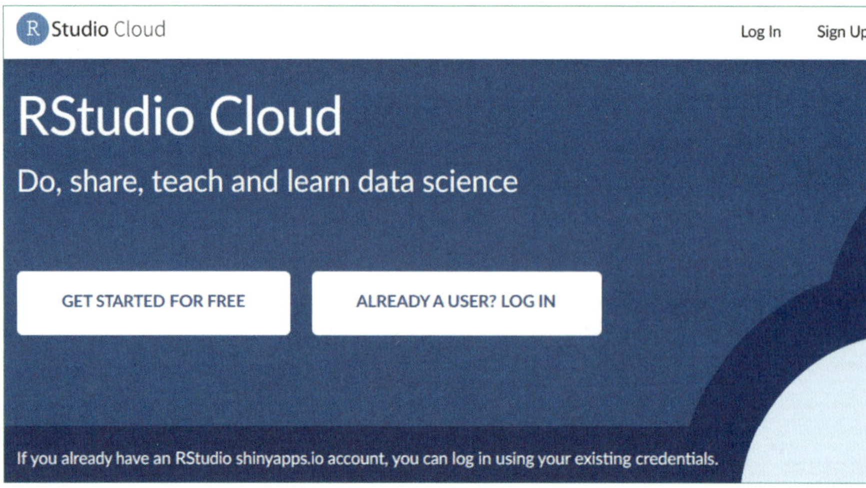

그림 2-8 RStudio Cloud 화면

클라우드 상에서 R을 사용하는 다른 방법은 구글의 colab를 사용하는 것이다. 구글 colab에서 R을 사용하기 위해서는 colab.research.google.com/notebook#create=true&language=r 웹사이트를 방문하면 된다. 런타임의 유형을 파이썬으로 변경하면 파이썬도 사용할 수 있다.

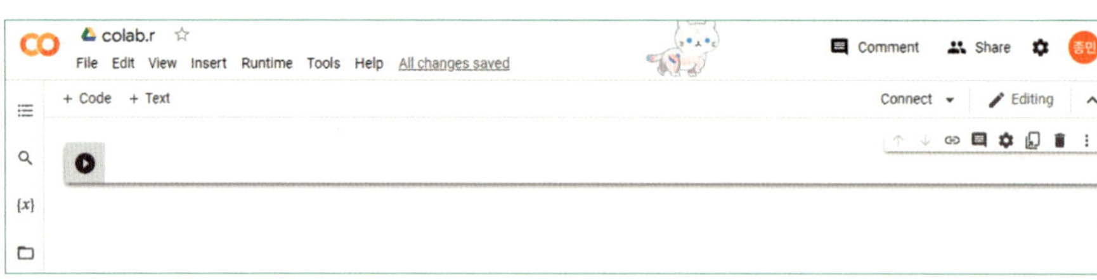

그림 2-9 구글 코랩 시작 화면

2.3 R 패키지(packages) 설치

네트워크 분석을 위해서는 다양한 R 패키지(packages)를 선택하여 설치한다. 보통 네트워크 시각화를 위해서는 sna, igraph packges를 설치하고, 통계모형 분석을 위해서는 statnet과 RSiena 패키지를 설치한다. 일반적인 R 패키지 설치방법은 install.packages() 명령문을 활용한다. 예를 들어 statnet packages를 설치하기 위해서는 다음 그림과 같이 RStudio의 Source 창이나 Console창에 install.packages("statnet")를 입력하고 실행(Run)를 시키면 자동으로 설치된다.

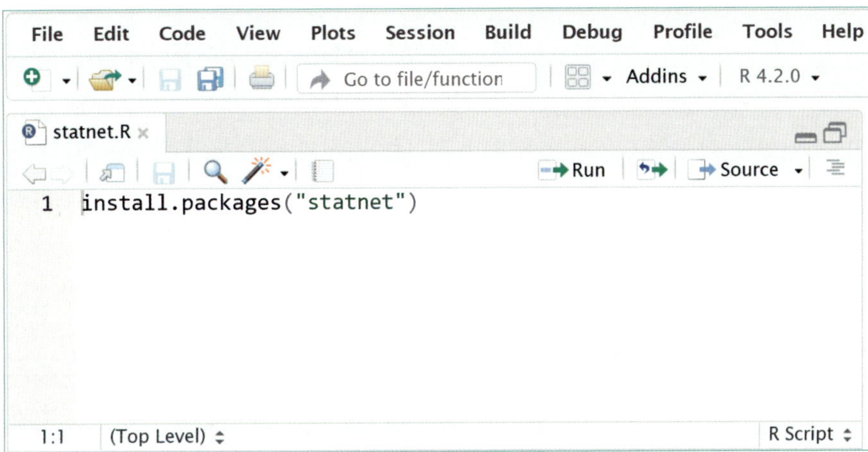

그림 2-10 RStudio install.packages 명령문 입력 화면

R는 소프트웨어 설치와 사용을 별개로 생각하기 때문에 특정한 패키지를 설치한 후 그 패키지를 사용하기 위해서는 library() 명령문을 활용하여 특정 패키지를 불러올 필요가 있다. 예를 들어 statnet를 사용하고자 한다면 그림과 같이 library(statnet)를 입력한다.

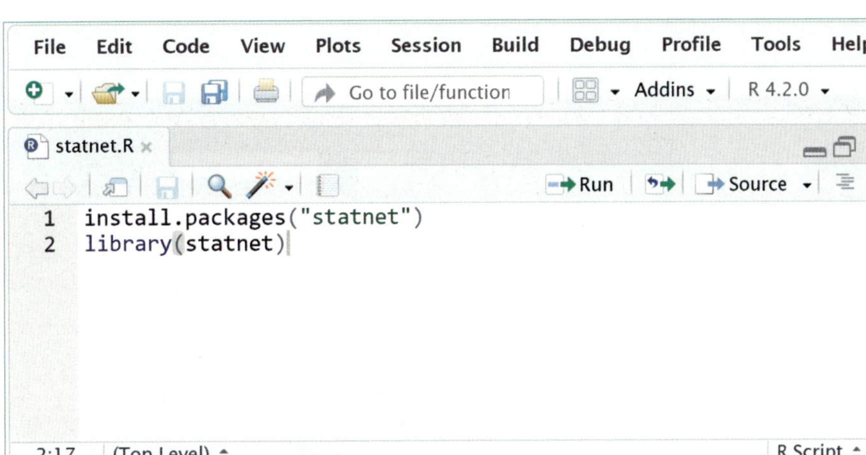

그림 2-11 RStudio library 명령문 입력 화면

제3절

파이썬(Python)

파이썬(Python)은 1991년에 개발되었다. 개발자는 귀도 반 로섬(Guido van Rossum)이다. 주요 특정은 플랫폼이 독립적이다. 또한 인터프리터식 프로그래밍이다. 그리고 객체지향인 대화형 언어이다. 파이썬이라는 이름은 파이썬 개발자가 좋아하는 코메디 'Monty Python's Flying Circus' 에서 따온 것으로 알려져 있다.

파이썬은 그동안 C/C++/JAVA 프로그램 언어와 비교하면 관심을 받지 못했으나 최근 코딩교육의 강조, 인공지능 개발 그리고 빅데이터 처리 등에 각광을 받으면서 큰 관심을 받게 되었다. 특히 대학교 1학년생에게 처음으로 소개되는 프로그래밍 수업을 파이썬으로 하는 대학들이 많아지고, 데이터 과학자 양성을 위한 연수에서 프로그래밍 언어로 많이 소개되면서 그 인기가 점점 오르고 있다. 이처럼 처음에는 프로그램 개발을 위한 언어로 주로 사용되었으나 요즘은 데이터 분석에도 적극적으로 사용하는 사용자가 증가하고 있다. 물론 아직까지 통계 소프트웨어용으로는 R을 사용하고 프로그래밍용으로는 파이썬을 사용하고 있으나 둘 다 사용하는 사용자도 점점 증가하고 있다. 대표적으로 자료를 수집, 변환하는 용으로는 파이썬을 사용하고 자료를 시각화하고 통계모형을 적용하는 용도로는 R를 사용하는 것이다.

대다수의 네트워크 자료 분석은 R 패키지를 중심으로 분석됐으나 소셜 미디어의 발달로 대단위 네트워크 자료를 자동으로 수집하여 분석하는 데 파이썬의

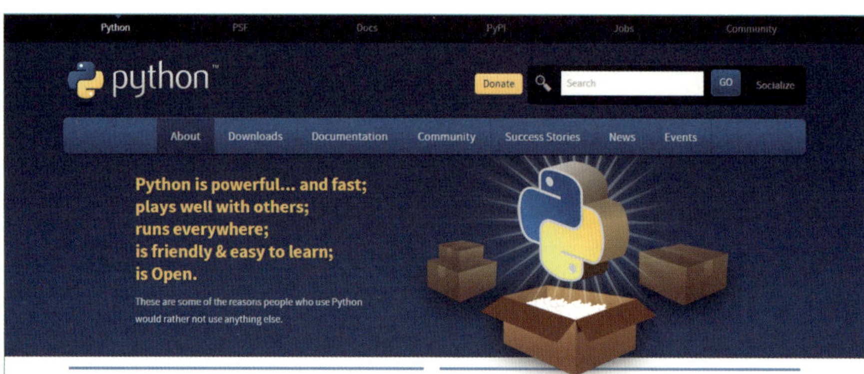

그림 2-12 파이썬 웹사이트 화면

유용성이 알려지면서 네트워크 자료의 시각화와 중심성 분석 등의 기술통계 분석용으로는 파이썬의 활용이 점점 증대되고 있다.

3.1 Python 소프트웨어 설치

파이썬 소프트웨어를 설치하기 위해서는 무엇보다도 웹이 연결된 데스크톱이나 노트북이 필요하다. 즉 웹사이트에 접속하여 파이썬 소프트웨어를 내려받는다. 접속할 웹사이트 주소는 https://www.python.org/downloads/ 이다. 접속 후 본인의 컴퓨터의 운영체제에 따라 다음의 세 가지 중 하나를 선택하여 내려받는다. 이때 두 가지 버전이 있는데 3.0 버전 이상과 3.0 버전 미만 중 하나를 선택한다. 왜냐하면, 파이썬 3인 3.0 버전 이상에서 작용하는 명령어와 파이썬 2인 3.0 버전 미만에서 작동하는 명령어가 같지 않은 경우가 있으므로 둘 중의 하나를 선택하여 설치 후 사용 해야 한다.

1) Download Python for Linux/UNIX,
2) Download Python for (Mac) OS X,
3) Download Python for Windows.

그림 2-13 파이썬 다운로드 웹사이트 화면

파이썬 코드의 예시는 다음과 같다.

```python
def factorial(x):
    if x == 0:
        return 1
    else:
        return x * factorial(x - 1)
```

그림 2-14 파이썬 명령문 입력 화면

위에서 보는 바와 같이 파이썬은 들여쓰기를 엄격하게 적용한다. 즉 들여쓰기는 탭을 이용하지 않고 스페이스 바로 공백 4문자를 넣기를 권장하고 있다.

파이썬을 보다 편하게 사용하기 위해서 파이참(PyCharm) 설치하여 사용한다. 파이참은 RStudio와 같은 공개 소스 IDE 소프트웨어로 community 버전을 내려받아 무료로 사용할 수 있다. 파이참을 설치하기 위해서 다음 웹사이트를 방문한다.

https://www.jetbrains.com/ko-kr/pycharm/download/#section=windows

파이썬을 편하기 쓰기 위해서 아나콘다(Anaconda)를 사용하기도 한다. 특히 아나콘다 여러 패키지들을 묶어 놓은 파이썬 배포판으로서 SciPy, Numpy, Matplotlib, Pandas 등 많은 패키지들을 포함하고 있다. 특히 아나콘다는 데이터 과학과 기계학습에서 파이썬을 사용하기 위해 기본적으로 설치한다.

아나콘다를 설치하기 위해서는 https://www.anaconda.com/products/individual 웹사이트에서 자신의 OS에 맞는 프로그램을 내려받아 설치한다.

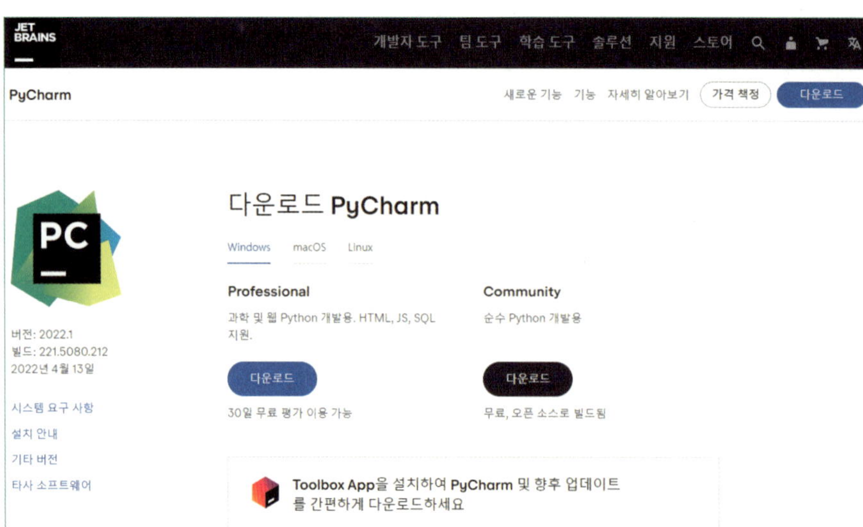

그림 2-15 파이참 웹사이트 화면

3.2 NetworkX 설치

NetworkX는 복잡한 네트워크의 구조, 역동성 및 기능을 생성, 조작 및 연구하기 위한 Python 언어 소프트웨어 패키지이다. NetworkX 패키지의 주요 특징은 방향성이 있는 그래프와 없는 그래프 그리고 다변량 그래프를 분석할 수 있다. NetworkX 패키지의 설치는 수동 설치하는 방법과 자동설치하는 방법이 있다. 수동 설치는 다음의 웹사이트에서 내려받아 설치한다.

https://pypi.python.org/pypi/networkx/

NetworkX의 관련 문서는 다음의 웹사이트에서 내려 받을 수 있다.

https://networkx.github.io/

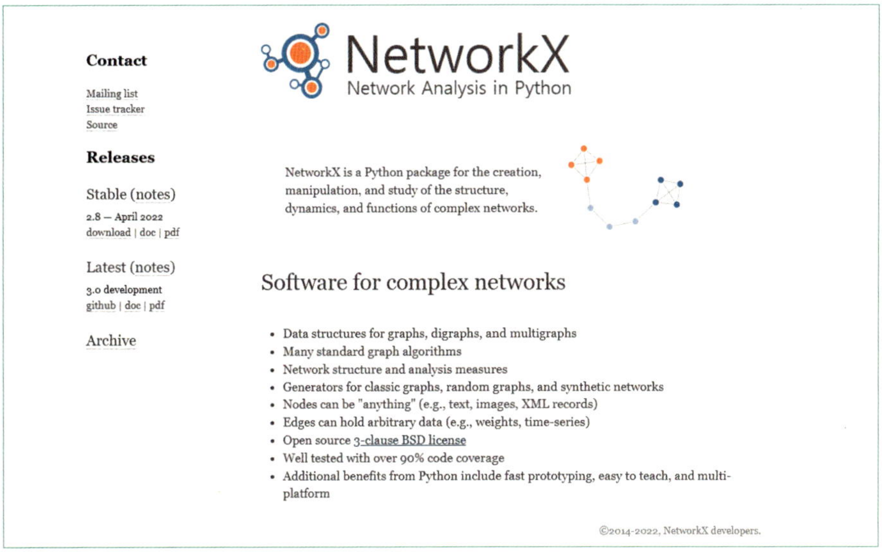

그림 2-16 NetworkX 웹사이트 화면

자동설치는 파이썬의 다른 패키지와 같게 easy_install를 이용하거나 pip를 이용하여 설치할 수 있다. 즉 다음과 같은 명령문을 활용하여 NetworkX 패키지를 설치할 수 있다.

```
easy install networkx
pip install networkx
```

R 소프트웨어와 같이 패키지를 설치한 후 파이썬에서 사용하기 위해서는 라이브러리 기능을 활용하여 불어와야 한다. 파이썬에서 라이브러리를 불러오는 명령문은 import A as B를 활용한다. 파이썬을 시작한 후 다음과 같이 networkx 패키지를 가져온다.

```
import networkx as nx
```

요약

- **네트워크 분석 소프트웨어**
  - 시각화 전용 소프트웨어: Gephi
  - 범용 소프트웨어: R, python

- **Gephi**
  - 윈도우 기반의 무료 소프트웨어(2009년 출시)
  - 고품질 시각화에 매우 특화된 도구
  - 최대 300,000개의 노드와 1,000,000의 에지를 시각화

- **R**
  - 통계, 시각화 작업, 인터프리터 언어(1993년 개발)
  - 오픈 소스로 무료이며 수많은 통계 관련 패키지를 사용
  - 고품질 그래픽 산출
  - 단점은 메모리 문제, 정보보호 기능 없음

- **Python**
  - 고급 프로그래밍 언어(1991년 개발)
  - 인터프리터식, 객체지향적, 대화형 언어
  - 빅데이터 분석 및 인공지능 모형화에 사용
  - 배우기 쉽고 다양한 플랫폼에서 사용 가능

연습문제

1 네트워크 분석 소프트웨어의 종류를 설명하시오.

2 Gephi를 설치하시오.

3 R과 RStudio를 설치하시오.

4 RStudio에서 네트워크 분석 관련 패키지를 설치하시오.

5 파이썬(python)을 설치하시오.

6 파이썬에서 NetworkX 패키지를 설치하시오.

7 R와 파이썬의 장 · 단점을 예를 들어 설명하시오.

8 네트워크 분석을 위한 소프트웨어를 조사하시오.

9 RStudio Cloud에서 R을 실행하시오.

10 구글 Colab에서 R과 파이썬을 실행하시오.

Part 2

기술 통계

chapter

03

횡단 네트워크의 기술 통계

학습 목표

- Gephi, R, 파이썬에서 횡단 네트워크의 자료를 생성할 수 있다.
- Gephi, R, 파이썬에서 외부 횡단 네트워크의 자료를 불러올 수 있다.
- 횡단 네트워크 자료의 분석 기법을 이해한다.
- 네트워크의 밀도, 호혜성, 전이성의 개념을 이해한다.
- 네트워크의 중심성(연결, 근접, 매개, 및 위세)의 개념을 이해한다.

인간 커뮤니케이션에 적용되는 중심성에 대한 아이디어는 1948년 바벨라스(Bavelas)에 의해 소개되었다(Freeman, 1979). 구체적으로 바벨라스는 소그룹 의사소통에 관심을 가졌으며 그룹 프로세스에서 구조적 중심성과 영향 사이의 가설을 세웠다(Freeman, 1979). 초창기 연구들은 중심성이 문제 해결에 있어 그룹 효율성, 리더십 인식 및 참여자의 개인 만족과 관련이 있다고 결론을 내렸다(Freeman, 1979). 이후 Social Network 저널 창간호(1978/79)의 논문에서 Freeman는 구조적 중심성(structural centrality) 측정방법을 정리하였다. 현재까지 중심성 측정치는 약 100여개 넘게 제시되었으나 가장 많이 사용되는 중심성 측정방법은 연결 중심성, 근접 중심성, 매개 중심성, 그리고 위세 중심성이다.

중심성은 네트워크 내의 한 행위자의 구조적 위치를 표현하는 지표이다. 어떤 행위자가 네트워크상에서 중심에 위치한다는 것은 유리한 위치라는 것을 표현한다. 구체적으로 중심성은 연결, 근접, 그리고 매개 중심성으로 분석될 수 있다(Wasserman & Faust, 1994).

첫째, 연결 중심성은 다른 점(node)과의 연결된 정도를 중심으로 보는 개념으로 한 점에 연결된 다른 점의 수로 측정되고, 네트워크의 방향에 따라 외향 연결 중심성(outdegree centrality)과 내향 연결 중심성(indegree centrality)으로 구분된다(Wasserman & Faust, 1994). 외향 연결 중심성(outdegree centrality)이란 "행위자 i로부터 다른 모든 행위자들 j에게 가는 관계수의 수"(김용학, 2003b, p. 42)이고 내향 연결 중심성(indegree centrality)이란 "행위자 j가 다른 모든 행위자들 i로부터 받은 관계의 수"(김용학, 2003b, p. 42)로 설명될 수 있다.

둘째, 근접 중심성은 연결망의 한 결점으로부터 다른 결점까지 도달하려 할 때 필요한 최단 경로 거리를 총합으로 표현한 것으로 연결의 중앙에 놓일수록 이 수치는 작아지고, 네트워크의 방향에 따라 외향 근접 중심성(outcloseness centrality)과 내향 근접 중심성(incloseness centrality)으로 나누어 분석할 수 있다(Wasserman & Faust, 1994).

셋째, 매개 중심성은 한 점이 얼마나 다른 점들과의 네트워크를 구축하는

데 중개자 구실을 하는지 측정하는 개념이다(손동원, 2002; Wasserman & Faust, 1994).

넷째, 위세 중심성은 자신의 연결 중심성으로부터 발생하는 영향력과 자신과 연결된 노드의 영향력을 측정하는 개념이다(Wasserman & Faust, 1994).

구조적 중심성은 네트워크 기술 통계량의 핵심으로 특성 자료를 수집한 후 의례적으로 최솟값, 최댓값, 평균과 표준편차를 구하는 것처럼 네트워크 자료를 수집한 후 기본적으로 개개인의 구조적 중심성 분석을 수행한다. 그런 다음 개개인의 네트워크 중심성의 최솟값, 최댓값, 평균과 표준편차를 산출할 수 있다. 그러나 가장 큰 차이점은 특정 자료 경우 원자료(raw data)를 토대로 전체 기술 통계량을 산출하는 반면 네트워크 자료의 경우 전체적인 경향인 중심성 평균과 표준편차를 구하기 위해서는 먼저 원자료를 토대로 개개인의 중심성을 먼저 계산한 후 전체 기술 통계량을 산출한다.

네트워크 분석수준에 따른 분류는 다음과 같다.

첫째, 행위자(actor) 수준 네트워크 분석이다. 개별 행위자 수준의 네트워크 분석은 주로 중심성(centrality) 분석을 많이 수행한다. 어떤 행위자가 네트워크 내에서 소외되고 있는지 또는 어떤 행위자의 구조적 위치가 네트워크 중심에 있는지 또는 어떤 행위자의 구조적 위치가 구조적 틈새에 있는지에 초점을 두고 분석한다.

둘째, 짝(dyad) 수준 네트워크 분석이다. 짝 수준의 분석은 먼저 유향 네트워크인지 무향 네트워크인지를 구분한다. 왜냐하면, 유향 네트워크면 짝 수준 분석은 네 가지 유형의 네트워크로 구분하여 분석하기 때문이다. 구체적으로 상호관계(mutual relationships), 비대칭 관계(asymmetric relationships), 그리고 무(無)관계(null relationships)의 앞글자만을 따서 MAN 분석이라고 한다. 그런데 가중치(weight)나 음수 및 양수 값이 있는 네트워크(valued networks)라면 짝 수준 네트워크도 더 많은 유형으로 분류할 수 있다.

셋째, 삼자(triad) 수준 네트워크 분석이다. 짝 수준처럼 삼자 수준 분석도 네트워크의 방향성을 먼저 고려한다. 유향 네트워크면 삼자 네트워크는 16가지 유형의 네트워크로 분류되기 때문이다. 특히 짝 수준의 MAN 분석을 활용하여 상호관계, 비대칭 관계, 무(無)관계의 수를 측정한다. 예를 들어 '012'는 상호관계의 수가 0이고, 비대칭 관계의 수는 1이고, 무관계의 수는 2를 의미한다. 또한 '300'는 상호관계의 수가 3이고, 비대칭과 무관계의 수가 0를 의미한다. 여기서 화살표의 방향을 고려하여 화살표가 위에서 아래로 향하는 경우는 D(Down), 화살표가 아래에서 위로 향하는 경우는 U(Up), 화살표가 순환하는 경우는 C(Cyclic), 화살표가 순환하지 않고 전이되는 경우는 T(Transitive)라고 표기한다(Wasserman & Faust, 1994, p. 565). 삼자 수준도 가중치(weight)나 음수 및 양수 값이 있는 네트워크(valued networks)라면 더 많은 유형으로 분류할 수 있다.

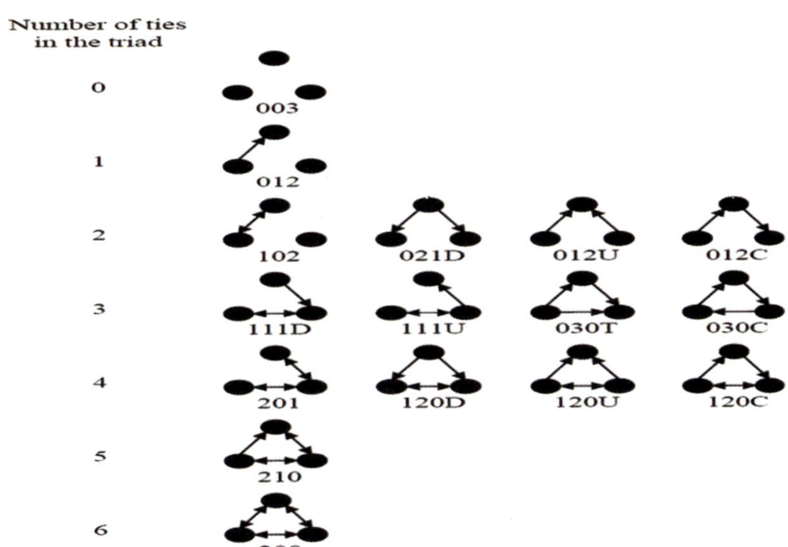

그림 3-1 네트워크 삼자 관계 전수조사(network triad census)
출처: Wasserman & Faust, 1994, p. 566

넷째, 하위집단(subgroup, cluster) 수준 네트워크 분석이다. 하위집단 수준의 분석은 군집분석 처처럼 하위집단의 수가 중요하여 또한 개별 하위집단의 행위자가 누구인지에 초점을 둔다. 특별히 서로 도움을 주고받는 하위집단인지 서로 친밀감이 있는 하위집단인지 등에 초점을 두고 분석한다. 하위집단 분석은 우선 집단 구성원이 겹치는지(overlapping subgroups) 아니면 겹치지 않는지(non-overlapping subgroups)를 구분한다. 그런 다음 통계적 알고리즘에 따라서 수집한 자료를 분석하여 하위집단을 분석한다.

다섯째, 전체(global) 수준 네트워크 분석이다. 전체수준에서는 전체 네트워크의 크기, 밀도, 전이성, 지름 등을 주로 분석한다.

제1절

Gephi 활용 분석

Gephi를 활용한 네트워크 기술통계 분석을 위해서 먼저 네트워크 자료를 준비한다. 네트워크 자료는 Gephi에서 직접 입력하거나 외부자료를 불러온다. 이중 외부자료는 에지 목록 형태로 된 csv 파일을 불러오거나 인접 목록 형태로 된 엑셀 파일을 불러오는 방법을 살펴보고자 한다. 이러한 횡단 네트워크 자료를 활용한 기술 통계 분석은 네트워크 개요, 노드 개요, 에지 개요, 그리고 역동 개요로 분류하여 수행할 수 있다.

1.1 Gephi 활용 네트워크 자료 준비

1.1.1 Gephi에서 직접 자료 입력

Gephi에서 네트워크 자료를 직접 입력하는 방법은 Data Laboratory로 이동하여 Add node와 Add edge를 이용하는 것이다. Add node와 Add edge는 기존 자료에 새로운 노드와 에지를 추가하고자 할 때도 이용할 수 있다. 일반적으로 Gephi에서 직접 자료 입력 방법보다는 외부 자료를 불러오는 방법을 많이 사용한다.

1.1.2 Gephi에서 외부 자료 불러오기

Gephi에서 외부 자료를 입력하기 위해서는 가능한 자료 유형을 확인할 필요가 있다.

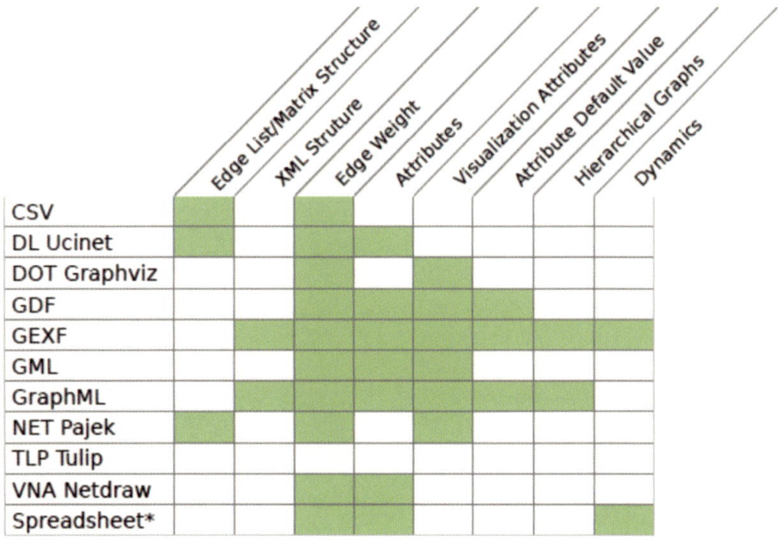

그림 3-2 Gephi 지원 파일 형식
출처: gephi.org

Gephi에서 불러올 수 있는 파일 형식은 가장 기본적인 파일 유형인 CSV 파일, Ucinet 데이터 파일 형식인 DL 파일, Graphviz 파일 형식인 DOT 파일, Netdraw 파일 형식인 VNA 파일, Pajek 파일 형식인 NET 파일, 엑셀과 같은 Spreadsheet 파일, Tupli 파일 형식인 TLP 파일, NodeXL 파일 형식인 GraphML 파일, GUESS 파일 형식인 GDF 파일, GEXF (Graph Exchange XML format)파일, GML(Graph Modeling Language) 파일 등이다.

(1) 에지 리스트(edgelist) 형태로 된 CSV 자료 불러오기

가장 기본적인 파일 유형인 CSV 파일을 불러오는 방법을 설명하면 다음과 같다. 먼저 이러한 파일을 가져오려면 파일(File) → 스프레드 가져오기(Import Spreadsheet) 메뉴를 선택한다. 이때 주의할 점은 CSV 파일의 형식이다.

에지 리스트 형태의 CSV 파일 작성법은 다음과 같다. 먼저 에지 리스트 파일의 기본 형식은 첫줄은 Source, Target으로 입력한다. 그리고 2번째 줄부터 노드의 각각 에지 쌍을 문자 혹은 숫자로 입력한다. 구체적인 예시 파일은 다음과 같다.

노드를 문자로 입력	노드를 숫자로 입력
Source, Target	Source, Target
David, Paul	1, 2
Paul, Jesus	2, 3
David, Jesus	1, 3

이것을 텍스트 편집기에 작성하고 edges.csv 파일로 저장한다. 메모장에서 CSV 파일을 저장할 때는 파일 유형을 모든 파일로 변경하고 파일 이름에 '.csv'을 입력한다. 즉 그냥 edges로 파일 이름을 입력하는 것이 아니라 edges.csv로 이름을 입력하고 저장한다.

그리고 노드 파일의 기본 형식은 첫 줄은 Id, Label로 입력한다. 그리고 2번째 줄부터 노드의 특성을 문자 혹은 숫자로 입력한다. 구체적인 예시 파일은 다음과 같다.

노드를 문자로 입력	노드를 숫자로 입력
Id, Label	Id, Label
David, David	1, David
Paul, Paul	2, Paul
Jesus, Jesus	3, Jesus

이것을 텍스트 편집기에 작성하고 nodes.csv 파일로 저장한다.

파일을 저장한 후 Gephi에서 이러한 파일을 가져오려면 파일 → 스프레드시트 가져 오기로 이동한다. 먼저 Import Spreadsheet(스프레드시트 가져오기)를 선택하고 경로를 지정하여 edges.csv를 선택하여 불러온다. 그러면 1. General CSV options 창이 나온다. 창이 나온 후에 As table: 이 Edges table로 되어 있는지 확인한다. 만약 Nodes table 되어 있는 경우 Edges table로 변경한다. 그런 다음 Next 버튼을 누르면 2. Import settings 창이 나온다. 만약 결측값이 있는 경우 'Create missing nodes (결측 노드 만들기)' 상자가 선택되어 있는지 확인한다. 확인 후 Finish 버튼을 선택한다.

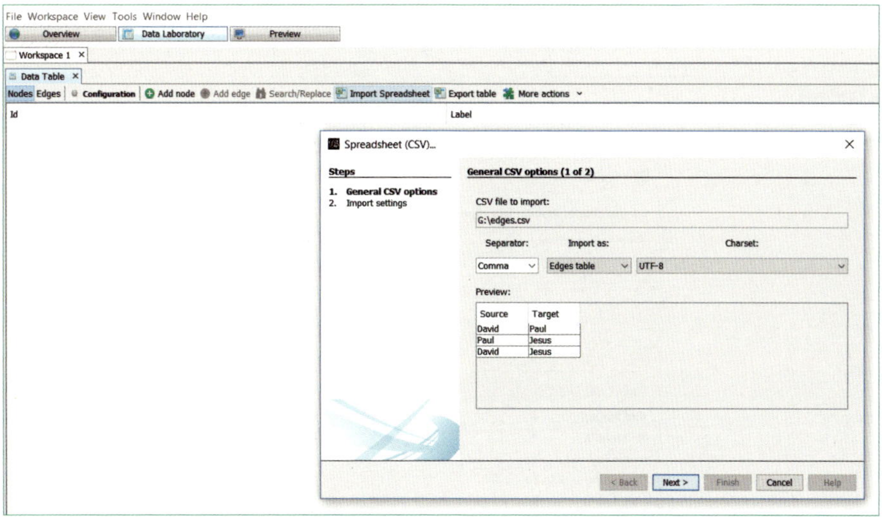

그림 3-3 Gephi에서 csv 파일 불러오기 첫 단계 화면

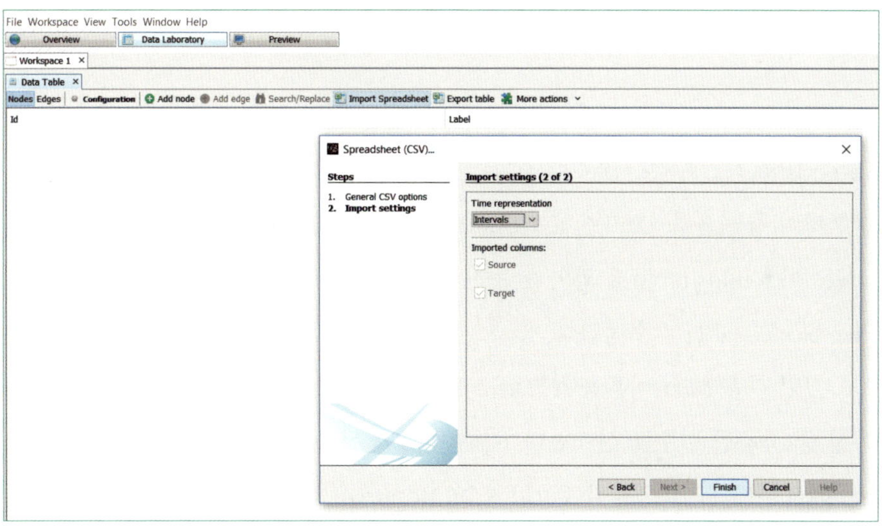

그림 3-4 Gephi에서 csv 파일 불러오기 두 번째 단계 화면

그러면 Import Report가 나온다. 여기서 Graph type: (Directed, Undirected, Mixed) 즉 네트워크 방향성 유무를 선택하고 새로운 New workspace(작업 공간)에서 자료를 가져올지 아니면 기존 작업공간에 자료를 가져올지(Append to existing workspace)를 선택한다. 또한 전체 노드의 수와 에지의 수를 확인하고 결측값 관련 이슈 내용을 확인 후 OK를 선택한다.

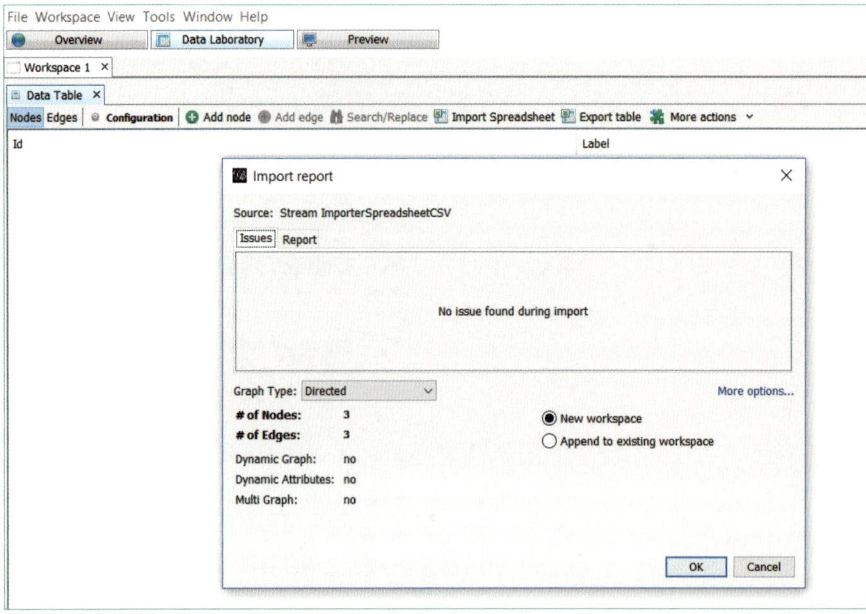

그림 3-5 Gephi에서 csv 파일 불러오기 요약 리포트

두 번째 Nodes 파일을 열기 위해서 다음의 절차를 다른다. 먼저 Import Spreadsheet(스프레드시트 가져오기)를 선택하고 경로를 지정하여 nodes.csv를 선택하여 불러온다. 그러면 1. General options 창이 나온다. 창이 나온 후 As table: 이 Nodes table로 되어 있는지 확인한다. 만약 Edges table로 되어 있는 경우 Nodes table로 수정한다.

그런 다음 Next 버튼을 누르면 2. Import settings 창이 나온다. 여기서 노드 특성 중 사용한 변수를 선택한다. 이때 주의할 점은 변수의 특성을 String(문자), Integer(정수), Float(소수점이 있는 정수), Boolean(논리값) 등에서 선택한다. 간혹 변수의 특성을 잘못 인식하는 경우가 발생함으로 다시 한번 확인하여 변수의 특성을 변경한다.

그러면 Import Report가 나온다. 여기서 Graph type: (Directed, Undirected, Mixed) 즉 네트워크 방향성 유무를 선택하고 새로운 New workspace(작업 공간)에서 자료를 가져올지 아니면 기존 작업 공간에 자료를 가져올지(Append to existing workspace)를 선택한다. 이 경우 기존 작업 공간에 자료를 가져오는 것을 선택한다. 마지막으로 전체 노드의 수와 에지의 수를 확인하고 결측값 관련 이슈 내용을 확인 후 OK를 선택한다.

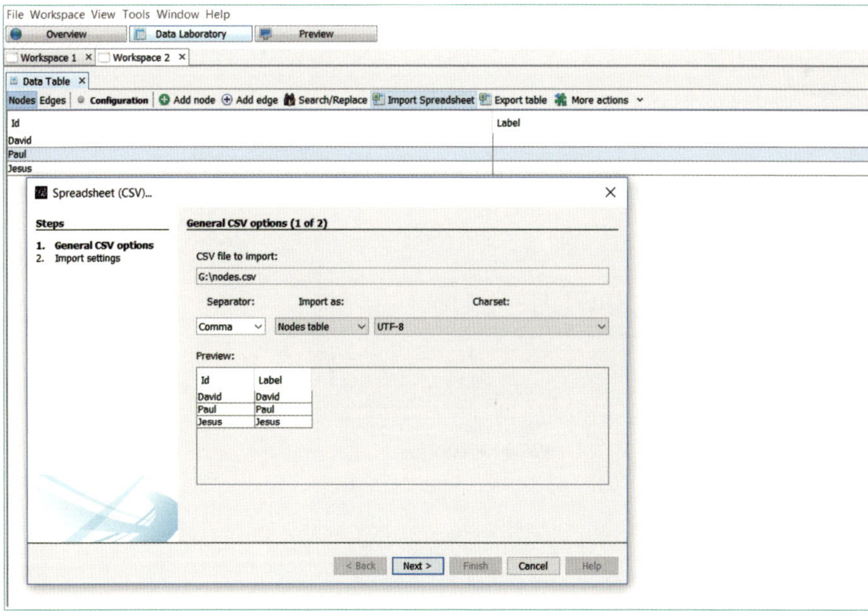

그림 3-6 Gephi에서 node 파일 불러오기 첫 번째 단계 화면

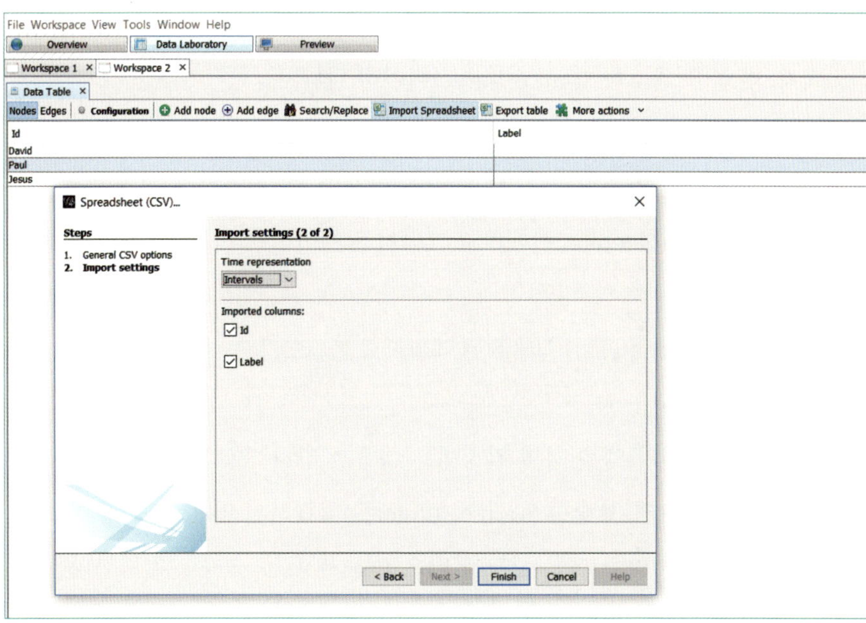

그림 3-7 Gephi에서 node 파일 불러오기 두 번째 단계 화면

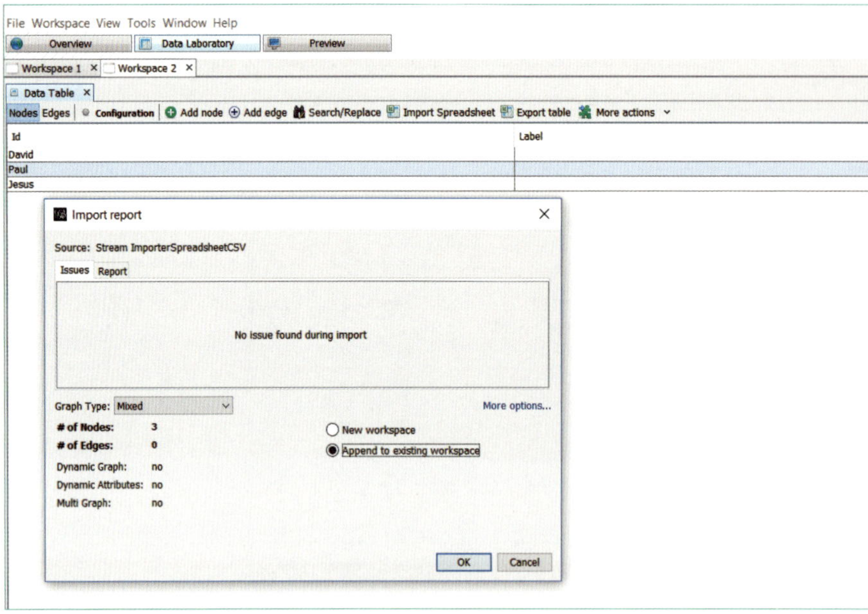

그림 3-8 Gephi에서 node 파일 불러오기 요약 리포트 화면

이상의 내용을 요약하면 다음과 같다.

에지: 첫 줄은 최소한 Source, Target이어야 한다.

노드: 첫 줄은 최소한 ID, Label이어야 한다. 관계의 '두께' 또는 '강도'에 대한 속성을 가지려면 가중치 값을 추가해야 한다. 또한, 시각화에 화살표를 추가하려면 Type을 'Directed'로 선택하고 그렇지 않으면 'Undirected'를 추가한다.

(2) 인접 목록(adjacency list) 형태로 된 엑셀 자료 불러오기

인접 목록 형태의 엑셀 파일 작성법은 다음과 같다. 먼저 에지 리스트 파일의 기본 형식과 다르게 첫 줄에 Source, Target를 입력하지 않는다. 그리고 1번째 줄부터 각 노드가 지명한 다른 노드를 옆으로 문자 혹은 숫자로 입력한다. 구체적인 예시 파일은 다음과 같다.

```
노드를 문자로 입력            노드를 숫자로 입력
Paul    David    Jesus1      1  2  3
David   Paul                 2  3
```

즉 첫 행 첫 열에 지명자 Paul을 입력하고 Paul이 David와 Jesus를 지명한 경우 두 번째 열과 세 번째 열 각 첫 행에 지명받은 자인 David와 Jesus를 입력한다. 그리고 두 번째 행 첫 열에 지명자 David를 입력하고 David가 Jesus를 지명한 경우 두 번째 열에 Paul을 입력한다. 이것을 엑셀에서 작성하고 edges.xlsx 파일로 저장한다.

파일을 저장한 후 Gephi에서 이러한 파일을 가져오려면 먼저 엑셀 파일을 불러오기 위한 별도의 Gephi plugins를 설치한다. 설치 후 파일 → 스프레드시트 가져오기로 이동한다. 먼저 Import Spreadsheet(스프레드시트 가져오기)를 선택하고 경로를 지정하여 edges.xlsx를 선택하여 불러온다. 그러면 1. General options 창이 나온다. 창이 나온 후에 가져오기를 할 엑셀 sheet 선택하고 Import as: 가 adjacency list로 되어 있는지 확인한다. 만약 다른 유형으로 되어 있는 경우 adjacency list로 변경한다. 그런 다음 Next 버튼을 누르면 2. Import settings 창이 나온다. Time representation 확인 후 Finish 버튼을 선택한다.

그러면 Import Report(가져오기 보고서)가 나온다. 여기서 Graph type: (Directed, Undirected, Mixed) 즉 네트워크 방향성 유무를 선택하고 새로운 New workspace(작업 공간)에서 자료를 가져올지 아니면 기존 작업 공간에 자료를 가져올지(Append to existing workspace)를 선택한다. 또한, 전체 노드의 수와 에지의 수를 확인하고 결측값 관련 이슈 내용을 확인 후 OK를 선택한다.

1.2 Gephi 활용 횡단 네트워크 기술 통계 분석 개요

Gephi를 활용한 기술 통계 분석의 개요는 다음과 같다. 먼저 자료를 직접 입력하거나 자료를 외부에서 불러온 후 Overview 모드의 Context 창을 보면 전체 노드(nodes) 수와 전체 에지(edges) 수가 나온다. 또한, 네트워크 그래프 유형이 방향성이 있는 그래프인지 방향성이 없는 그래프인지 나온다.

완전 네트워크의 기술 통계 분석은 Overview 모드의 Statistics 창으로 이동하여 수행한다. Statistics창은 크게 네 가지로 구성되어 있다.

첫째, 네트워크 개요(network overview)이다.

둘째, 노드 개요(node overview)이다.

셋째, 에지 개요(edge overview)이다.

넷째, 역동(dynamic)이다.

구체적으로 네트워크 개요(network overview) 중 평균 연결(average degree)은 네트워크의 평균 연결 정도를 계산한다. Run를 클릭하면 네트워크의 평균 연결 정도가 계산되어 보여주며 연결 분포(degree distribution), 내향 연결 분포(in-degree distribution), 외향 연결 분포(out-degree distribution) 순으로 자동으로 그래프가 작성되어 보여준다. 또한, 이러한 그래프는 출력(print), 복사(copy), 저장(save)이 가능하다. 저장을 누르면 png 형태의 파일로 그림이 저장되고 html 형태의 파일로 보고서가 저장된다.

가중치가 있는 자료면 평균 가중 연결(average weighted degree)을 계산한다. Run를 클릭하면 평균 가중 연결 정도가 계산되어 연결 분포, 내향 연결 분포, 외향 연결 분포 순으로 자동으로 그래프가 작성되어 보여준다.

Brandes(2001)의 연결 중심성 논문에 기반을 두어 네트워크 지름(network diameter)을 계산하다. 거리(distance)는 모든 노드 쌍 간의 평균 그래프 거리로 연결된 노드는 그래프 거리 1이다. 지름은 네트워크의 두 노드 사이의 가장 긴 그래프 거리로 가장 먼 두 노드가 얼마나 멀리 떨어져 있는지를 나타낸다. 네트워크 지름(network diameter)의 Run를 클릭하면 네트워크 유형(directed, undirected)과 표준화 계수 값(0과 1 사이의 중심성 값)을 선택할 수 있다. 선택 하면 계산 결과로 지름(diameter), Radius, 평균 경로 길이(average path length)가 제시된다.

또한, 매개 중심성(betweenness centrality: 네트워크의 노드 간 최단 경로에 노드가 나타나는 빈도를 측정) 분포, 근접 중심성(closeness centrality: 주어진 시작 노드에서 네트워크의 다른 모든 노드까지의 평균 거리) 분포, Harmonic closeness centrality 분포, eccentricity(주어진 시작 노드에서 네트워크의 가장 먼 노드까지의 거리) 분포가 나온다.

그래프 밀도(graph density)는 네트워크가 완전한 그래프에 얼마나 가까이에 있는지 측정한다. 완전한 그래프는 모든 가능한 에지와 밀도로 1의 값을 갖는다. 그래프 밀도(graph density)의 Run를 클릭하면 네트워크 유형(directed, undirected)을 선택할 수 있다. 선택하면 계산 결과로 밀도 값이 나온다.

HITS는 각 노드에 대해 두 개의 개별 값을 계산한다. 첫째 값 (권한)은 해당 노드에 저장된 정보가 얼마나 중요한지를 측정하며 둘째 값(허브)은 노드 링크의 질을 측정한다. HITS는 Kleinberg(1999)의 Authoritative Sources in a Hyperlinked Environment 논문을 바탕으로 한다.

페이지 순위(page rank)는 링크를 따르는 사용자가 임의로 노드 '페이지'에 도달하는 빈도에 따라 노드 '페이지'를 순위 지정한다. 페이지 순위는 Brin와 Page(1998)의 The Anatomy of a Large-Scale Hypertextual Web Search Engine의 발표지를 기반으로 한다.

연결된 컴퍼넌트(connected components)는 네트워크의 연결된 구성 요소(components) 수를 계산한다. 계산 결과 약한 연결 구성 요소(weakly connected components)와 강한 연결 구성 요소(strongly connected components)를 계산한다. 연결된 컴퍼넌트는 Tarjan(1972)의 Depth-First Search and Linear Graph Algorithms 논문을 기반으로 한다.

커뮤니티 식별(community detection) 중 모듈 분석(modularity)은 커뮤니티 탐지 알고리즘으로 총 커뮤니티 수가 계산된다. 모듈 분석은 Blondel, Guillaume, Lambiotte와 Lefebvre(2008)의 fast unfolding of communities in large networks 논문을 바탕으로 한다. 반면 통계추론 방법은 Zhang과 Peixoto(2020)의 statistical inference of assorative community stuctures 논문을 기반으로 비모수적인 베이지안 방법을 활용하여 Stochastic Block Model(SBM)의 특수형태인 Planted Partition(PP)방법을 활용하여 커뮤니티를 식별하는데 기존 방법에 비해 과대적합 문제를 해결하였다.

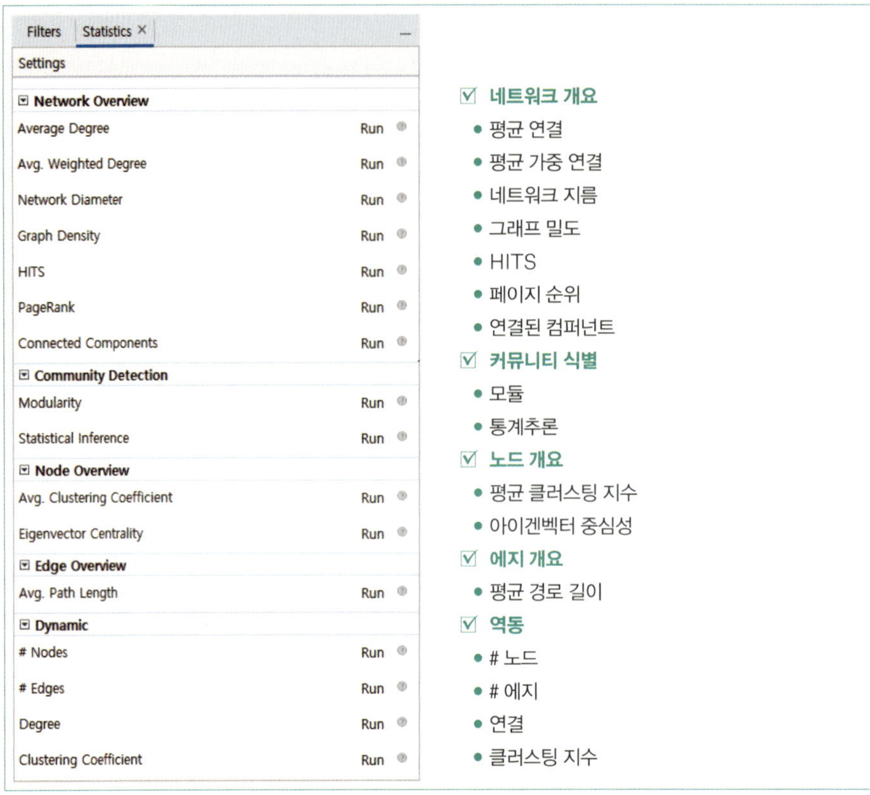

그림 3-9 Gephi에서 기술통계 분석 옵셥 화면

노드 개요(node overview) 중 평균 클러스팅 지수(average clustering coefficient)는 평균 최단 경로와 함께 '작은 세상' 효과를 나타낼 수 있다. 노드가 이웃에 포함되는 방법으로 평균은 네트워크에서 클러스터링의 전체적인 표시를 제공한다.

아이겐벡터 중심성(위세 중심성, eigenvector centrality)은 노드의 연결에 기반한 네트워크의 노드 중요도를 측정한다.

에지 개요(edge overview) 중 평균 경로 길이(average path length)는 경로 길의 평균이다. 네트워크 개요(network overview) 중 네트워크 지름(network diameter)를 계산하면 평균 경로 길이도 같이 계산되어 제시된다.

역동(dynamic)은 종단 네트워크의 노드, 에지, 연결, 그리고 클러스팅 지수를 계산한다.

이러한 기술 통계치는 Run를 클릭하면 자동으로 계산되어 자료 작업실(data laboratory) 모드에서 확인할 수 있다. 또한, 이러한 기술 통계치는 표의 형태로 내보내기(export table)를 기능을 활용하여 입력 자료로 활용할 수 있다.

제2절

R 활용 분석

R을 활용하여 네트워크 기술통계 분석도 먼저 네트워크 자료가 필요하다. 이에 R에서 직접 네트워크를 입력하는 방법과 외부 네트워크 파일을 불러오는 방법을 설명하고, 이러한 네트워크 자료의 기술통계 분석방법의 개요와 R을 활용한 횡단 네트워크 기술통계 분석 예제와 statnetWeb 패키지를 활용한 횡단 네트워크 기술통계 분석 예제를 제시하고자 한다.

2.1 R 활용 네트워크 자료 준비

일반적으로 네트워크 자료 준비는 R에서 직접 자료를 입력하거나 외부 자료를 불러온다. 그러나 특정 R 패키지(예, statnet, RSiena)의 경우 다양한 네트워크 자료가 내부에 포함되어 있어 R에서 직접 자료를 입력하거나 외부 자료를 불러올 필요가 없이 내장 자료를 불러올 수 있다.

2.1.1 R에서 자료 입력

R에서 직접 자료 입력은 어떤 R 패키지를 활용할 것인지에 따라서 n*n의 인접행렬(adjacency matrix) 형태로 하거나 아니면 (i, j) 형태의 에지 리스트(edgelist) 형태로 한다. 또한, 보통 행위자의 수가 적은 완전 네트워크 자료의 경우 n*n의 인접행렬(adjacency matrix) 형태로 입력한다. 반면 행위자 수가 많거나 네트워크 연결 수(tie)가 적으면 그리고 자료의 용량을 줄이기 위해서는 (i, j) 형태의 에지 리스트(edgelist) 형태로 한다.

(1) 인접 행렬 형태로 완전 네트워크 자료 입력

statnet 패키지를 활용하여 3*3 인접 행렬 형태로 방향성 있는 완전 네트워크를 입력하는 방법은 첫째, library()를 명령문을 활용하여 패키지를 불러오고, 3*3 행렬 형태로 자료를 rbind()와 c() 명령문을 활용하여 입력한다. 마지막으로 statnet 패키지의 network() 명령문을 활용하여 위에서 입력한 자료가 인접 행렬 형태(matrix.type = “adjacency”)임을 알려 주고 객체로 저장한다.

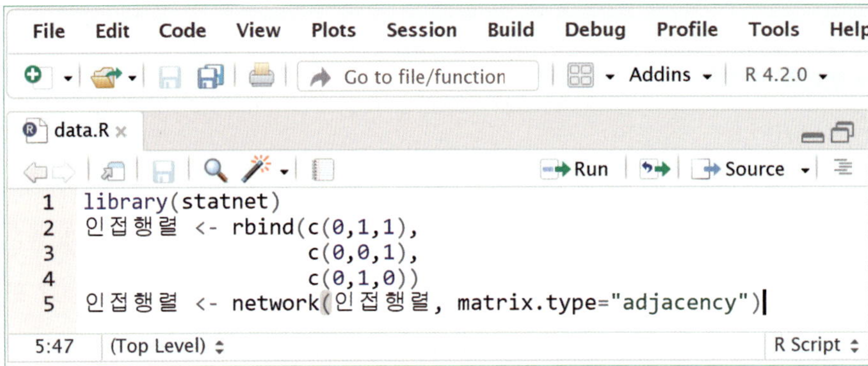

그림 3-10 Rstudio에서 인접 행렬 형태로 완전 네트워크 자료 입력 화면

(2) 관계 목록(edge list) 형태로 완전 네트워크 자료 입력

statnet 패키지를 활용하여 (i,j) 관계 목록 형태로 방향성 있는 완전 네트워크를 입력하는 방법은 첫 번째 줄에서 library() 함수를 활용하여 패키지를 불러오고, 두 번째에서 다섯 번째 줄에 (i,j) 관계목록 형태로 자료를 rbind()와 c() 함수를 활용하여 입력한다. 마지막으로 여섯 번째줄에 statnet 패키지의 network() 명령문을 활용하여 위에서 입력한 자료가 관계목록 형태(matrix.type = "edgelist")임을 알려 주고 객체로 저장한다.

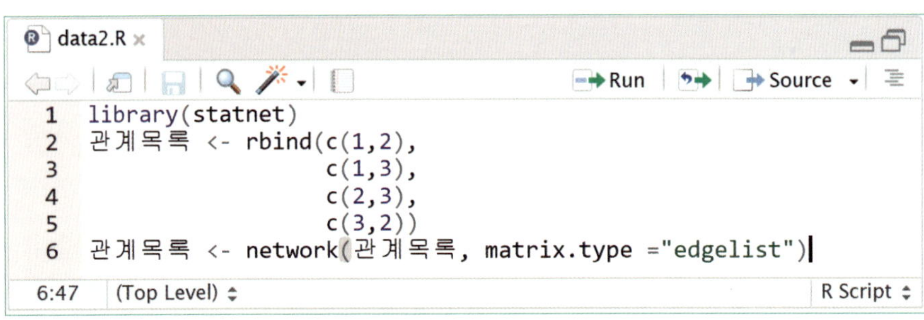

그림 3-11 Rstudio에서 관계목록 형태로 완전 네트워크 자료 입력 화면

2.1.2 R에서 외부 자료 불러오기

R에서 외부 네트워크 자료를 불러오는 방법에 다양하다. 특히 저장된 자료의 파일 유형의 따라서 먼저 R에서 자료를 읽고 그 자료를 네트워크 형태로 저장한다. 가장 많이 저장하는 형식은 csv(comma separated value: 쉼표로 구분된 값)와 excel일 것이다. excel 자료도 쉽게 csv 형태로 표현할 수 있으므로 csv 형태로 된 자료를 불러오고 네트워크 인접 행렬 형태로 저장하는 방법을 설명하고자 한다.

statnet를 활용할 때 먼저 첫 번째줄에 library()를 명령문을 활용하여 패키지를 불러오고 두번째에서 다섯 번째 줄에 (*i*, *j*) 관계목록 형태로 자료를 rbind()와 c() 명령문을 활용하여 입력한다. 그리고 여섯 번째 줄에 write.csv() 함수를 활용하여 자료를 csv 파일 형태로 저장(data.csv)한다. 이때 row names을 false로 해 준다. 그리고 일곱 번째 줄에 read.csv() 명령문을 활용하여 csv로 저장된 자료(data.csv)를 불러온다. 마지막으로 여덟 번째줄에 statnet 패키지의 network() 명령문을 활용하여 위에서 입력한 자료가 관계목록 형태(matrix.type = "edgelist")임을 알려 주고 객체로 저장한다.

여기서 네트워크 자료가 관계목록 형태의 csv 파일 형식으로 저장된 외부 자료면 첫 번째 줄에서 여섯 번째 줄은 생략하고 일곱 번째와 여덟 번째 줄만 실행한다. 이때 주의할 점은 일곱 번째줄 자료의 파일 경로를 다시 지정하거나 외부 자료를 작업 폴더(working directory)에 저장되어 있어야 한다. 두 가지 방법 중 작업 폴더를 변경하는 것이 더 편한 방법이다. 작업 폴더 변경은 setwd() 명령문을 사용한다.

또한, 외부 네트워크 자료가 n*n 인접 행렬 형태의 csv 파일이면 마지막 여덟 번째 줄의 network() 함수를 인접 행렬 형태(matrix.type = "adjacency")로 변경하여 저장한다.

```
data2.R
1 library(statnet)
2 관계목록 <- rbind(c(1,2),
3                   c(1,3),
4                   c(2,3),
5                   c(3,2))
6 write.csv(관계목록, file="data.csv", row.names = F)
7 외부데이터 <- read.csv(file ="data.csv")
8 데이터 <- network(외부데이터, matrix.type ="edgelist")
```

그림 3-12 RStudio에서 외부 자료 불러오기 화면

2.2 R 활용 횡단 네트워크 기술통계 개요

중심성 분석은 네트워크 유형에 따라서 몇 개의 네트워크의 구조적 중심성 측정치를 계산한다. R을 활용한 네트워크 자료 분석 중 중심성 분석은 statnet 패키지와 igraph 패키지를 활용하여 수행할 수 있다. 다음 표에서 보는 바와 같이 네 가지 중심성 측정치를 분석하기 위한 명령어를 statnet와 igraph 패키지 모두 동일하다.

먼저 가장 기본적인 기술통계로 네트워크의 크기, 밀도, 구성요소, 클러스팅 지수 그리고 네트워크 지름을 구해 본다. 이러한 기본적인 기술 통계량을 통해 대략적인 네트워크의 실태를 기술할 수가 있다. 그럼 다음 보다 구체적인 기술통계로 중심성을 분석한다. 중심성 분석은 1979년 Freeman의 논문에서 처음으로 제시되었다. 그 이후 현재 100여개 중심성 지수가 제시되었고 관련 논문이 계속 출판되고 있다. 그런데도 현재까지 가장 많이 활용되는 중심성 분석은 처음부터 제시된 연결 중심성, 근접 중심성, 그리고 매개 중심성이다.

표 3-1 statnet 과 igraph에서의 네트워크 기술통계 분석 명령어

기술 통계	statnet	igraph
네트워크 전체		

크기(size)
밀도(density)
구성요소(components)
전이성
지름(diameter)
	`network.size()`
	`gden()`
	`components()`
	`gtrans()`
	`largest = components.largest()`
	`gd = geodist( largest )`
	`max( gd$gdist )`	

중심성		

연결(degree)
근접(closeness)
매개(betweenness)
위세(eigenvector)
	`degree()`
	`closeness()`
	`betweenness()`
	`evcent()`
		`degree()`
		`closeness()`
		`betweenness()`
		`evcent()`

2.3 R 활용 횡단 네트워크 기술통계 예제

R을 활용한 횡단 네트워크 기술통계 분석 절차는 다음과 같다. 첫째, R에서 사용할 패키지를 로드한다. 본 예제에서는 statnet 패키지[4]를 활용하여 기술통계 분석을 수행하고자 한다. 둘째, 분석할 네트워크 자료를 입력하거나 불러온다. 본 예제에서는 3명의 네트워크의 기술통계 분석을 수행하고자 한다. 셋째, 아래의 표와 같이 먼저 네트워크 전체 수준에서의 기술통계 분석을 수행하고 그 다음 다음 행위자 수준에서의 기술 통계(중심성 분석)을 수행한다. 명령문은 다음과 같다.

```
library( statnet )
e <- rbind( c ( 1, 2 ),
            c ( 1, 3 ),
            c ( 2, 3 ),
            c ( 3, 2 ) )
D <- network( e, matrix.type = “edgelist” )
```

표 3-2 statnet에서의 네트워크 기술통계 분석 명령어

기술 통계	statnet
네트워크 전체	

크기(size)
밀도(density)
구성요소(components)
군집화 지수
지름(diameter)
	`network.size()`
	`gden()`
	`components()`
	`gtrans()`
	`largest = components.largest()`
	`gd = geodist( largest )`
	`max( gd$gdist )`

중심성	

연결(degree)
근접(closeness)
매개(betweenness)
위세(eigenvector)
	`degree()`
	`closeness()`
	`betweenness()`
	`evcent()`

....

4 igraph 패키지를 활용하는 방법은 첫째, igraph 패키지를 로드하고, 둘째, igraph 형식으로 자료를 입력한다. 명령문은 다음과 같다.
library(igraph)
D <- graph(edges = c(1, 2, 1, 3, 2, 3, 3, 2), n = 3, directed = T)

2.3.1 네트워크 수준 기술통계 분석

(1) 네트워크의 크기(network size)

전체 네트워크의 크기(노드의 수)는 network.size() 함수를 이용하여 분석하며, D 네트워크의 경우의 명령문은 다음과 같다.

```
network.size( D )
```

(2) 네트워크의 밀도(network density)

전체 네트워크의 밀도(연결정도의 비율)는 gden()함수를 이용하여 분석한다. 밀도는 방향성이 있는 네트워크인지 없는 네트워크인지에 따라서 계산공식이 달라진다. D 네트워크의 명령문은 다음과 같다.

```
gden( D )
```

(3) 네트워크의 컴퍼런트의 수(network components)

전체 네트워크의 컴퍼런트 수는 components()함수를 이용하여 분석한다. D 네트워크의 명령문은 다음과 같다.

```
components( D )
```

(4) 네트워크의 군집화 지수(network clustering)

전체 네트워크의 군집화 지수(결속정도)는 gtrans()함수를 이용하여 분석한다. 소외자가 없고 전체 네트워크의 컴퍼넌트 수가 하나면 밀도와 군집화 지수는 같은 값을 산출한다. D 네트워크의 명령문은 다음과 같다.

```
gtrans( D )
```

(5) 네트워크의 지름(network diameter)

전체 네트워크의 지름은 geodist()함수를 이용하여 분석한다. 만약 네트워크의 컴퍼런트가 여러 개인 경우 먼저 가장 큰 컴퍼런트를 찾고 그 컴퍼런트 내에서의 지름을 구한다. D 네트워크의 명령문은 다음과 같다.

```
largest = components.largest( D )
gd = geodist( largest )
max( gd$gdist )
```

2.3.2 행위자 수준 중심성 분석

(1) 연결 중심성 (degree centrality) 분석

행위자 수준의 연결 중심성을 계산하기 위해서는 degree() 함수를 사용한다. D 네트워크의 연결 중심성 명령문은 다음과 같다.

```
degree( D )
```

D의 연결 중심성 계산 결과는 다음과 같이 출력된다.

```
[1] 1 3 2
```

D 네트워크는 방향이 있는 그래프임으로 내향 연결 중심성과 외향 연결 중심성으로 구분하여 구할 수 있다. 먼저 내향 연결 중심성은 degree(, cmode="indegree") 함수를 사용한다.

```
degree( D, cmode = "indegree" )
```

D의 내향 연결 중심성 계산 결과는 다음과 같이 출력된다.

```
[1] 0 2 1
```

외향 연결 중심성은 degree(, cmode="outdegree") 함수를 사용한다. 명령문은 다음과 같다.

```
degree( D, cmode = "outdegree" )
```

D의 외향 연결 중심성 계산 결과는 다음과 같이 출력된다.

```
[1] 1 1 1
```

(2) 근접 중심성(closeness centrality) 분석

행위자 수준의 근접 중심성을 계산하기 위해서는 closeness() 함수를 사용한다. D 네트워크의 근접 중심성 명령문은 다음과 같다.

```
closeness( D )
```

D의 근접 중심성 계산 결과는 다음과 같이 출력된다.

```
[1] 0.6666667 0.0000000 0.0000000
```

(3) 매개 중심성 (betweenness centrality) 분석

행위자 수준의 매개 중심성을 계산하기 위해서는 betweenness() 함수를 사용한다. D 네트워크의 매개 중심성 명령문은 다음과 같다.

```
betweenness( D )
```

D의 매개 중심성 계산 결과는 다음과 같이 출력된다.

```
[1] 0 1 0
```

(4) 위세 중심성 (eigenvector centrality) 분석

행위자 수준의 위세 중심성을 계산하기 위해서는 evcent() 함수를 사용한다. D 네트워크의 위세 중심성 명령문은 다음과 같다.

```
evcent( D )
```

D의 위세 중심성 계산 결과는 다음과 같이 출력된다.

```
[1] 0.5773503 0.5773503 0.5773503
```

2.4 statnetWeb 패키지 활용 횡단 네트워크 기술통계 예제

statnet 패키지를 R에서 설치하고 포인트와 클릭(point and click) 방식으로 사용하기 위해서는 샤이니(shiny) 기능을 활용한 statnetWeb 패키지를 활용할 수 있다. statnetWeb는 웹사이트 주소(https://statnet.shinyapps.io/statnetWeb/)로 방문하거나 알스튜디어(RStudio)에서 statnetWeb 패키지를 설치하고 불러와서 사용할 수 있는데, RStudio에서 statnetWeb를 사용하는 방법은 다음과 같다.

```
install.packages( "devtools" )
devtools::install_github( 'statnet/statnetWeb' )
library( statnetWeb )
run_sw()
```

웹사이트를 방문하면 다음과 같은 화면이 나온다.

횡단 기술 통계 분석을 위해서 먼저 자료를 불러오고 Network Descriptives 메뉴로 이동하여 전체 네트워크 수준의 기술통계와 행위자 수준의 중심성 분석을 시행한다.

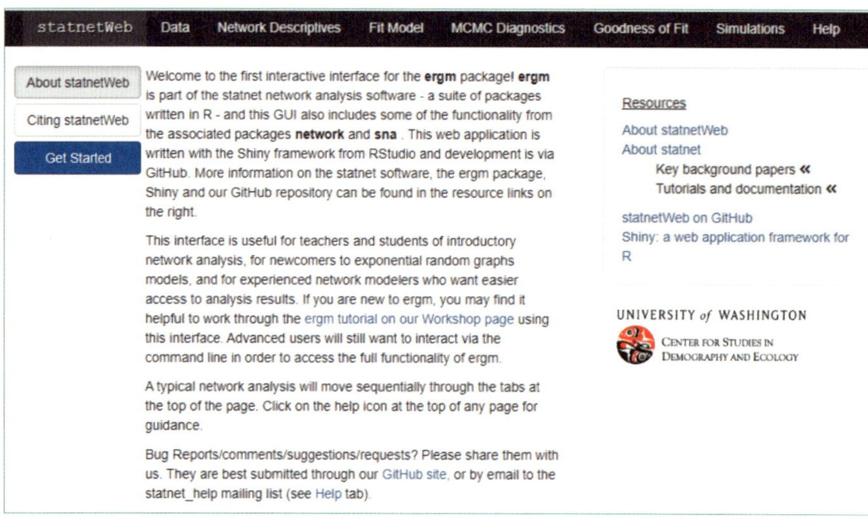

그림 3-13 statnetWeb 웹사이트 화면

예를 들어, 내장 자료 중에 미국 고등학생 친구 네트워크 자료인 faux.mesa.high 자료를 다음의 그림과 같이 선택한다. 네트워크 요약처럼 이 자료는 무방향 네트워크로 205명의 학생의 203개의 연결(에지)이 있는 것으로 나타났다.

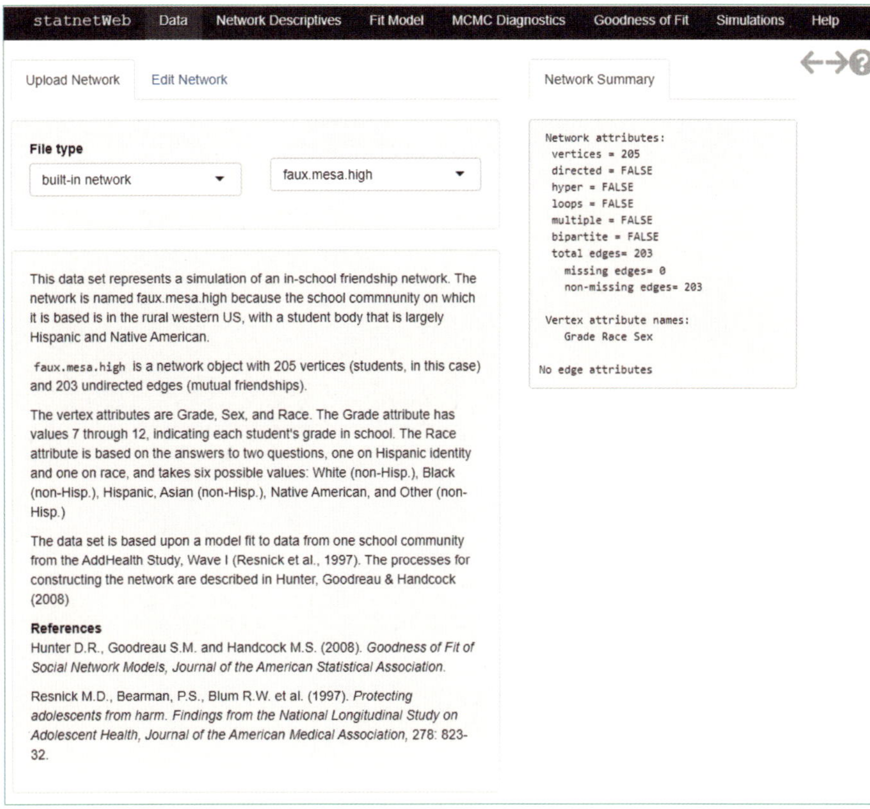

그림 3-14 statnetWeb 자료 불러오기 화면

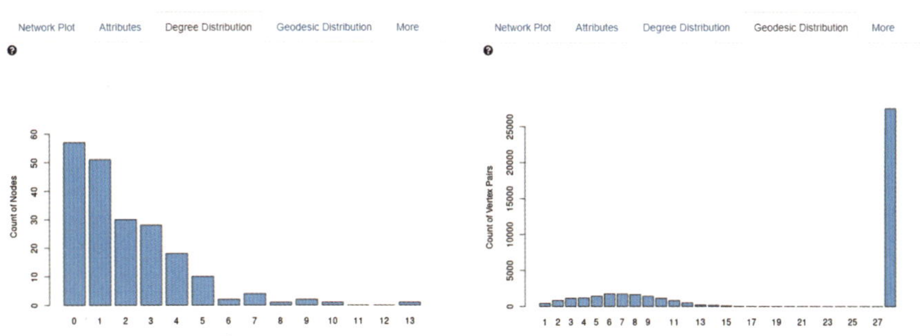

연결 분포 히스토그램 최단 경로 거리 히스토그램

그림 3-15 statnetWeb 히스토그램 분석결과

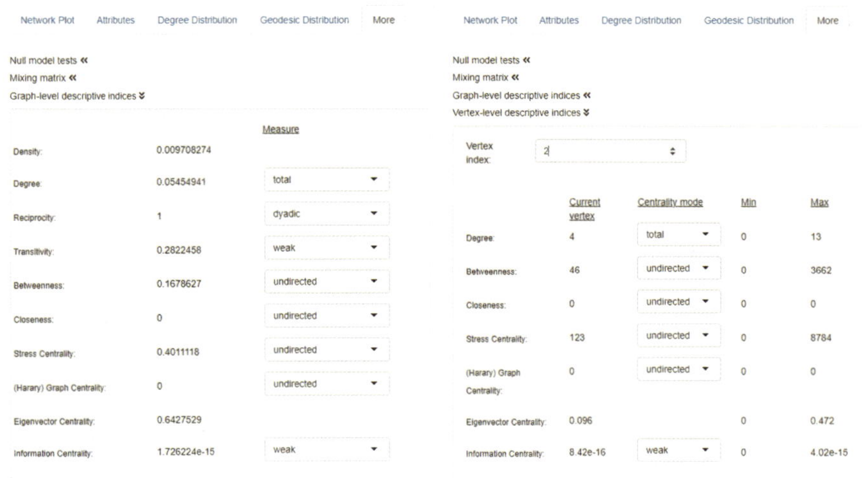

네트워크 수준 기술통계 분석 행위자 수준 중심성 분석

그림 3-16 statnetWeb 중심성 분석 결과

제3절

파이썬 활용 분석

파이썬 활용 분석을 위해서 먼저 파이썬 네트워크 분석 패키지인 NetworkX[5]를 살펴보고자 한다. NetworkX를 사용할 때 가장 먼저 선택해야 할 일은 사용할 그래프 개체 유형이다. 그래프 (네트워크)는 짝 노드의 선 모음으로 구성된 노드 집합으로 볼 수 있다. 특성은 종종 노드 및/ 또는 선과 연관되어 있다. NetworkX 그래프 객체는 네트워크의 두 가지 주요 속성에 따라 다른 형태로 제공된다.

- 방향 지정(directed) : 네트워크가 방향이 있는가? 각 노드 쌍(u, v)의 순서가 중요한가? 방향성 있는 그래프는 클래스 이름의 'Di' 접두사로 지정된다. 예를 들어 DiGraph() 로 지정된다. 많은 고전 그래프 속성들이 유향 그래프에서 다르게 정의되기 때문에 이러한 구분을 한다.
- 다중 에지(multi-edge): 각 노드 쌍 사이에 여러 개의 에지(연결망)가 있는가? 이 기능을 지원하기 위해 다중 에지에 다른 데이터 구조가 필요하다.

....

5 출처: https://networkx.github.io/documentation/latest/_downloads/networkx_reference.pdf

> 멀티 에지 그래프는 클래스의 이름의 'Multi' 접두사로 지정된다. 예를 들어 MultiGraph()로 지정된다.

이러한 기준으로 기본 그래프 클래스의 이름은 Graph, DiGraph, MultiGraph 및 MultiDiGraph이다. 그래프를 지정할 때 다음으로 해야 할 선택은 사용할 노드와 에지의 종류이다. 네트워크의 토폴로지(topology)에 관심이 있다면, 정수나 문자열을 노드로 사용하는 것이 합리적이다. 노드를 설명하는 데이터 구조가 이미 있는 경우 해당 구조를 노드로 사용할 수 있다(해시 가능). 해시 가능하지 않으면 고유한 식별자를 사용하여 노드를 선택하고 데이터를 노드 속성(node attribute)으로 지정한다.

에지는 종종 연관된 데이터가 있다. 임의의 데이터는 에지 속성(edge attribute)으로 에지와 연관될 수 있고, 에지를 추가할 때 키워드/값 쌍을 사용하여 에지에 속성을 할당할 수 있다. 키워드를 사용하여 속성의 이름을 지정할 수 있으며 해당 속성 키워드를 사용하여 에지 데이터를 질의할 수 있다.

노드와 에지를 인코딩하는 방법을 결정하고 방향 그래프 유무와 다중 에지 유무를 결정하면 그래프(네트워크)를 작성할 준비가 된 것이며, 이러한 NetworkX 그래프 개체는 첫째, 그래프 생성기(네트워크 토폴러지를 생성하는 표준 알고리즘) 활용하거나, 둘째, 기존 (보통 파일) 소스에서 데이터 가져오거나, 셋째, 에지와 노드를 명시적으로 추가하는 방법으로 생성할 수 있다.

3.1 NetworkX 활용 네트워크 자료 준비

3.1.1 NetworkX에서 자료 입력

(1) 빈 그래프 만들기

파이썬에서 NetworkX 패키지를 활용하여 네트워크 자료를 직접 입력하는 방법은 다음과 같다. 먼저 빈 그래프를 만들고 노드를 추가하고 마지막으로 에지를 추가한다. 먼저 빈 그래프를 만드는 명령어는 방향성의 유무와 다중 유무에 따라 4가지 유형이 있다.

표 3-3 NetworkX에서 빈 그래프 만들기 명령어

	단순 그래프 (Single-graph)	다중 그래프 (Multi-graph)
방향성 무 (undirected graph)	Graph()	MultiGraph()
방향성 유 (directed graph)	DiGraph()	MultiDiGraph()

파이썬에서는 다음과 같이 입력한다.

```
G = nx.Graph()
D = nx.DiGraph()
M = nx.MultiGraph()
DM = nx.MultiDiGraph()
```

즉 방향성이 없는 빈 그래프를 만드는 함수는 Graph()이다. 빈 Graph()를 만들어서 G에 저장하기를 하는 명령문은 다음과 같이 G = nx.Graph() 이다. 여기서 nx는 NetworkX 패키지를 의미한다.

```
import network as nx
G = nx.Graph()
```

(2) 노드 추가하기

빈 그래프에 노드를 추가하는 방법은 먼저 숫자를 사용하는 경우와 문자를 사용하는 경우로 나누어서 설명할 수 있다. 숫자를 사용하는 경우는 앞에서 살펴본 것처럼 3개의 노드를 추가하고 1, 2, 3으로 명명할 경우 add_nodes_from() 함수를 사용한다.

따라서 단순 방향성 있는 네트워크인 D에 1, 2, 3의 이름으로 된 노드를 추가할 경우는 다음처럼 리스트 기능을 활용할 수 있다.

```
D.add_nodes_from ( [ 1, 2, 3 ] )
```

문자로 된 노드를 추가할 때도 동일한 add_nodes_from() 함수를 활용한다. 다만 문자로 인식하기 위해서 D.add_nodes_from(['david', 'paul', 'jesus']) 와 같이 작은따옴표를 활용하여 문자로 인식시킬 필요가 있다.

```
bible = [ 'david', 'paul', 'jesus' ]
D.add_nodes_from( bible )
```

여기서 ['david', 'paul', 'jesus']의 자료를 별도로 정의한 후 불러오는 방법도 있다. 예를 들어 bible = ['david', 'paul', 'jesus'] 이렇게 정의한 후 D.add_nodes_from(bible)를 이용하면 동일하게 노드를 추가할 수 있다.

이렇게 입력된 노드를 확인하기 위해서 nodes() 함수를 활용할 수 있다. 따라서 앞에서 입력한 노드를 확인하기 위해서 D.nodes()를 입력하면 그 결과로 ['david', 'paul', 'jesus'] 이 출력된다.

(3) 에지 추가하기

빈 그래프에 에지를 추가하는 방법도 숫자를 사용하는 경우와 문자를 사용하는 경우로 나누어서 설명할 수 있다. 숫자를 사용하는 경우는 앞에서 살펴본 것처럼 하나씩 추가할 것인지 아니면 여러 개를 한꺼번에 추가할 것인지에 따라 달라진다. 하나씩 추가할 때는 add_edge() 함수를 활용한다. 예를 들어 노드1에서 노드2로 연결된 경우 D.add_edge(1, 2)처럼 입력한다.

그리고 여러 에지를 한꺼번에 입력하고자 할 때는 add_edges_from() 함수를 활용한다. 예를 들어 4개의 에지가 있는 경우 D.add_edges_from ([(1,2), (1,3), (2,3), (3,2)])처럼 입력한다.

```
D.add_edge( 1, 2 )
D.add_edges_from( [ ( 1, 2 ),
                    ( 1, 3 ),
                    ( 2, 3 ),
                    ( 3, 2 ) ] )
```

문자로 된 에지를 하나씩 추가할 때도 동일한 add_edge() 함수를 활용한다. 따라서 'david'에서 'paul'로 향하는 연결이 있는 경우 D.add_edge('david', 'paul')처럼 입력한다.

그리고 문자로 된 에지를 한꺼번에 추가할 때도 동일한 add_edges_from() 함수를 활용한다. 예를 들어 D 네트워크에 4개의 에지가 있는 경우 다음과 같이 입력한다.

```
D.add_edges_from( [ ( 'david', 'paul' ),
                    ( 'david', 'jesus' ),
                    ( 'paul', 'jesus' ),
                    ( 'jesus', 'paul' ) ] )
```

이렇게 입력된 에지를 확인하기 위해서 edges() 함수를 활용할 수 있다. 따라서 D 네트워크의 입력한 노드를 확인하기 위해서 D.edges()를 입력하면 다음과 같이 출력된다.

```
[('david', 'paul'), ('david', 'jesus'), ('paul', 'jesus'),
('jesus', 'paul')]
```

이렇게 추가된 노드와 에지의 수를 확인하기 위해서는 number_of_nodes() 함수와 number_of_edges() 함수를 사용한다. D 네트워크의 경우 다음의 명령문을 사용한다.

```
D.number_of_nodes()
D.number_of_edges()
```

(4) 노드에 속성 추가하기

입력한 노드의 속성을 부여하는 방법 또한 한 번에 하나씩 입력하는 방법과 한꺼번에 입력하는 방법이 있다. 먼저 한 번에 하나씩 입력하는 방법으로 성별을 남자로 입력하고자 하는 경우 add_node() 함수를 이용한다. D 네트워크에 위와 같은 노드 속성을 추가하려면 다음과 같은 명령문을 사용하면 된다.

```
D.add_node( 'david', gender = 'male' )
```

또한, 한꺼번에 입력하고자 할 때는 다음의 명령문처럼 입력할 수 있다.

```
D.add_nodes_from( [ 'david', 'paul', 'jesus' ], gender = 'male' )
```

(5) 에지에 속성 추가하기

입력한 에지의 속성을 부여하는 방법도 한 번에 하나씩 입력하는 방법과 한꺼번에 입력하는 방법이 있다. 먼저 한 번에 하나씩 입력하는 방법으로 연락빈도를 입력하고자 하는 경우 D.add_edge('david', 'paul', frequency = 2)처럼 입력할 수 있다.

그리고 한꺼번에 입력하는 방법은 먼저 에지를 relations=([('david', 'paul'), ('david', 'jesus'), ('paul', 'jesus'), ('jesus', 'paul')])처럼 별도로 저장한 후 D.add_edges_from(relations, frequency=2)처럼 입력할 수 있다.

```
D.add_edge( 'david', 'paul', frequency = 2 )
relations=( [ ( 'david', 'paul' ),
           ( 'david', 'jesus' ),
           ( 'paul', 'jesus' ),
           ( 'jesus', 'paul' ) ] )
D.add_edges_from( relations, frequency = 2 )
```

(6) 노드와 에지 제거하기

하나의 노드와 에지를 제거하기 위해서는 remove_node() 함수와 remove_edge() 함수를 사용한다. 2개 이상의 노드와 에지를 제거하기 위해서는 remove_nodes_from() 함수와 remove_edges_from() 함수를 사용한다. D 네트워크의 경우 다음의 명령문을 사용한다.

```
D.remove_node( 'david' )
D.remove_edge( 'david', 'paul' )
D.remove_nodes_from( [ [ 'david', 'paul' ] )
D.remove_edges_from( [ ( 'david', 'paul' ), ( 'david', 'jesus' ) ] )
```

(7) 노드와 에지 목록 출력하기

노드 목록과 에지 목록을 출력하는 함수는 nodes()와 edges()이다. 따라서 D 네트워크의 목록을 출력하는 명령문은 각각 다음과 같다.

```
D.nodes()
D.edges()
```

3.1.2 NetworkX 에서 외부자료 불러오기[6]

파이썬에서 NetworkX 패키지를 활용하여 외부 네트워크 자료 불러오는 방법은 다음과 같다.

(1) 형식(formats)

① 인접행렬(adjacency matrix)
그래프 네트워크에서 판다스(pandas) 데이터 프레임을 사용하여 인접행렬로 변환하기 위해서는 to_pandas_dataframe() 함수를 사용한다.

```
import pandas as pd
nx.to_pandas_dataframe( D, weight = 'frequency' )
```

② 관계 목록(edge list)
가중치가 없는 관계 목록은 한 노드에서 다른 노드로의 연결을 나타내는 두 열로 이루어져 있다. 그리고 가중치가 있는 관계 목록은 가중치 열을 추가하여 표시할 수 있다. 이러한 관계 목록의 자료를 불러오기 위해서는 read_edgelist() 함수를 사용한다. 저장할 때는 write_edgelisth() 함수를 이용한다. 예를 들어 다음과 같은 자료가 D_edgelist.txt 에 저장되어 있다고 하자.

```
[ ( 1, 2, { 'weight' : 2 } ),
  ( 1, 3, { 'weight' : 5 } ),
  ( 2, 3, { 'weight' : 3 } ),
  ( 3, 2, { 'weight' : 1 } ) ]
```

6 출처: https://pynetwork.readthedocs.io/en/latest/networkx_load.html

이 때 다음과 같은 명령문으로 자료를 저장할 수 있다.

```
D = nx.read_edgelist( 'D_edgelist.txt',
                      data = [ ( 'Weight', int ) ],
                      delimiter = '\t' )
```

위의 명령문은 하나의 가중치가 정수 형태 저장된 관계 목록을 불러오는 것이다. 만약 2개의 가중치가 하나는 정수 형태이고 다른 하나는 소수의 형태의 경우는 create_using = nx.MultiDiGraph() 기능을 사용한다.

```
multi = nx.read_edgelist( 'multi.txt',
                          data = [ ( 'outcome', int ), ( 'time', float )
                          ],
                          create_using = nx.MultiDiGraph() )
```

③ 인접 목록 (adjacency list)

자료의 유형이 인접 목록(adjacency list)인 경우 read_adjlist() 명령어를 사용한다.

(2) Pickle → 그래프(graph)

파이썬 Pickle 자료를 그래프 자료로 불러오고자 할 때는 read.gpickle() 함수를 사용한다.

(3) 그래프(graph) → 데이터 프레임(DataFrame)

그래프를 데이터 프레임으로 변환하는 명령문의 예시는 다음과 같다.

```
pd.DataFrame( new.edges( data = True ),
              columns = [ 'name1', 'name2', 'weights' ] )
```

네트워크 자료 형식별 불러오기(import)와 내보내기(export) 명령어는 다음과 같다.

표 3-4 NetworkX에서 자료 불러오기와 내보내기 명령어

형식	불러오기	내보내기
Adjacency list	nx.read_adjlist	nx.write_adjlist
Edge list	nx.read_edgelist	nx.write_edgelist
Graph exchange XML format	nx.read_gexf	nx.write_gexf
Graph modeling language	nx.read_gml	nx.write_gml
GraphML	nx.read_graphml	nx.write_graphml
Pajek Net	nx.read_pajek	nx.write_pajek
Pickle	nx.read_gpickle	nx.write_gpickle
YAML	nx.read_yaml	nx.write_yaml

3.2 NetworkX 활용 횡단 네트워크 기술통계 개요

NetworkX 패키지를 활용하여 네트워크 자료의 중심성을 분석하기 위해서 사용하는 명령어는 다음과 같다. 연결 중심성을 구하고자 할 때는 degree_centrality(), 근접 중심성을 구하고자 할 때는 closeness_centrality(), 매개 중심성을 구하고자 할 때는 betweenness_centrality(), 그리고 위세 중심성을 구하자고 할 때는 eigenvector_centrality()를 사용한다.

이처럼 R 소프트웨어와 파이썬 소프트웨어에서 중심성을 구하는 명령문은 명령문 그대로의 의미를 내포하고 있어 직관적으로 이해할 수 있다. 반면 이러한 명령어는 한글로 변환되지 않는다는 단점이 있다.

표 3-5 NetworkX에서 네트워크 기술통계 명령어

기술통계	R 소프트웨어		파이썬 소프트웨어
	statnet	igraph	NetworkX
전체			

전체
크기
밀도
전이성
지름
	`network.size()`
	`gden()`
	`gtrans()`
	`largest = components.`
	`largest()`
	`gd = geodist( largest )`
	`max( gd$gdist )`
			`len( G.nodes() )`
			`density()`
			`average_clustering()`
			`diameter()`

중심성			

연결
근접
매개
위세
	`degree()`
	`closeness()`
	`betweenness()`
	`evcent()`
		`degree()`
		`closeness()`
		`betweenness()`
		`evcent()`
			`degree_centrality()`
			`closeness_centrality()`
			`betweenness_centrality()`
			`eigenvector_centrality()`

3.3 NetworkX 활용 횡단 네트워크 기술통계 예제

R 소프트웨어처럼 파이썬 소프트웨어도 특정 패키지를 활용하여 횡단 네트워크의 기술 통계량을 구할 수 있다. 파이썬 소프트웨어에서 대표적인 패키지인 NetworkX를 활용하여 기본적인 횡단 네트워크의 기술통계량을 구하는 방법을 설명하기 전에 NetworkX 패키지를 활용한 네트워크 자료 입력 절차를 설명하고자 한다.

예시자료의 구체적인 절차는 다음과 같다. 첫째, nextworkx 패키지를 로드한다. 둘째, DiGraph() 함수를 이용하여 방향성이 있는 빈 그래프를 생성하고 D로 명명한다. 셋째, 네 개의 에지를 생성하고 relations으로 명명한다. 넷째, add_edges_from() 함수를 이용하여 빈 그래프 D에 네 개의 관계를 추가한다.

```
import networkx as nx
D=nx.DiGraph()
relations=( [ ('david', 'paul'),
```

```
              ('david', 'jesus'),
              ('paul', 'jesus'),
              ('jesus', 'paul')] )
D.add_edges_from( relations )
```

3.3.1 네트워크 수준 기술통계 분석

(1) 네트워크의 크기(network size)

전체 네트워크의 크기(노드의 수)는 len() 함수를 이용하여 분석한다. D 네트워크의 명령문은 다음과 같다.

```
len( D.nodes() )
```

(2) 네트워크의 밀도(network density)

전체 네트워크의 밀도(연결 정도의 비율)는 density() 함수를 이용하여 분석한다. 밀도는 방향성이 있는 네트워크인지 없는 네트워크인지에 따라서 계산 공식이 달라진다. D 네트워크의 명령문은 다음과 같다.

```
nx.density( D )
```

(3) 네트워크의 평균 최단 경로(network average shortest path length)

평균 최단경로(average shortest path length)은 average_shortest_path_length() 함수를 이용한다. 함수 명령문의 경우 단어와 단어 사이의 공백을 언더바(_)를 이용하여 표현한다는 점을 제외하고 그대로 일치한다.

(4) 네트워크의 군집화 지수(network clustering)

전체 네트워크의 군집화 지수(결속정도)는 average_clustering() 함수를 이용하여 분석한다. 소외자가 없고 전체 네트워크의 컴퍼넌트 수가 하나면 밀도와 군집화 지수는 같은 값을 산출한다. D 네트워크의 명령문은 다음과 같다.

```
nx.average_clustering( D )
```

특정 노드의 군집화 계수는 clustering() 함수를 이용한다. D 네트워크에 A의 노드의 군집화 계수의 명령문은 다음과 같고, 전이성을 구할 때는 transitivity() 함수를 이용한다.

```
nx.clustering( D, 'A' )
```

(5) 네트워크의 거리(network distance): 지름(diameter)과 반지름(radius)

전체 네트워크의 지름은 diameter() 함수를 이용하여 분석한다. 전체 네트워크의 연결 수가 매우 적으면 지름을 산출하지 못할 수 있다. D 네트워크의 명령문은 다음과 같다.

```
nx.diameter( D )
```

전체 네트워크의 반지름은 radius()함수를 이용하여 분석하며 명령문은 다음과 같다.

```
nx.radius( D )
```

3.3.2 행위자 수준 중심성 분석

(1) 연결 중심성(degree centrality) 분석

행위자 수준의 연결 중심성을 계산하기 위해서는 degree_centrality() 함수를 사용한다. D 네트워크의 연결 중심성 명령문은 다음과 같다.

```
nx.degree_centrality( D )
```

D의 연결 중심성 계산 결과는 다음과 같이 출력된다.

```
{'david': 1.0, 'jesus': 1.5, 'paul': 1.5}
```

D 네트워크는 방향이 있는 그래프임으로 내향 연결 중심성과 외향 연결 중심성으로 구분하여 구할 수 있다. 먼저 내향 연결 중심성은 in_degree_centrality() 함수를 사용한다.

```
nx.in_degree_centrality( D )
```

D의 내향 연결 중심성 계산 결과는 다음과 같이 출력된다.

```
{'david': 0.0, 'jesus': 1.0, 'paul': 1.0}
```

외향 연결 중심성은 out_degree_centrality() 함수를 사용한다.

```
nx.out_degree_centrality( D )
```

D의 외향 연결 중심성 계산 결과는 다음과 같이 출력된다.

```
{'david': 1.0, 'jesus': 0.5, 'paul': 0.5}
```

(2) 근접 중심성(closeness centrality) 분석

행위자 수준의 근접 중심성을 계산하기 위해서는 closeness_centrality() 함수를 사용한다. 구체적으로 D 네트워크의 근접 중심성 명령문은 다음과 같다.

```
nx.closeness_centrality( D )
```

D의 근접 중심성 계산 결과는 다음과 같이 출력된다.

```
{'david': 0.0, 'jesus': 1.0, 'paul': 1.0}
```

(3) 매개 중심성 (betweenness centrality) 분석

행위자 수준의 매개 중심성은 betweenness_centrality() 함수를 사용하며, D 네트워크의 매개 중심성 명령문과 매개 중심성 계산 결과는 각각 다음과 같다.

```
nx.betweenness_centrality( D )
```

```
{'david': 0.0, 'jesus': 0.0, 'paul': 0.0}
```

(4) 위세 중심성 (eigenvector centrality) 분석

행위자 수준의 위세 중심성은 eigenvector_centrality() 함수를 사용한다. D 네트워크의 위세 중심성 명령문과 D의 위세 중심성 계산 결과는 각각 다음과 같다.

```
nx.eigenvector_centrality( D )
```

```
{'david': 2.6974085944845946e-06, 'jesus': 0.7071067811839751, 'paul':
0.7071067811839751}
```

요약

횡단 네트워크 자료

- Gephi에서 자료 생성 및 외부자료 불러오기
- R에서 횡단 네트워크 자료 생성 및 외부자료 불러오기
- 파이썬에서 횡단 네트워크 자료 생성 및 외부자료 불러오기

횡단 네트워크 자료 분석

- 전체 수준 분석(크기, 밀도, 호혜성, 전이성)
- 행위자 수준 분석(중심성 분석)

밀도

- 관찰된 네트워크 수를 전체 가능한 네트워크 수로 나눈 것

호혜성

- 한 쌍의 행위자 간 서로 주고받은 정도

전이성

- 한 행위자에서 다른 행위자를 거쳐 이동하는 정도

중심성

- 연결 중심성: 한 행위자에 연결된 다른 행위자의 수로 측정
- 근접 중심성: 한 행위자로부터 다른 행위자까지 도달하려 할 때 필요한 최소 경로거리 총합
- 매개 중심성: 한 행위자가 얼마나 다른 행위자들과의 네트워크를 구축하는데 중개자 역할을 수행하는지 측정
- 위세 중심성: 한 행위자의 연결에 기반한 네트워크의 행위자 중요도 측정

연습문제

1 Gephi를 활용하여 외부 횡단 네트워크 자료를 불러오시오.

2 Gephi를 활용하여 밀도, 호혜성, 전이성 및 중심성을 분석하시오.

3 R를 활용하여 외부 횡단 네트워크 자료를 불러오시오.

4 R를 활용하여 밀도, 호혜성, 전이성 및 중심성을 분석하시오.

5 파이썬(python)를 활용하여 외부 횡단 네트워크 자료를 불러오시오.

6 파이썬(python)를 활용하여 밀도, 호혜성, 전이성 및 중심성을 분석하시오.

7 밀도의 개념을 예를 들어 설명하시오.

8 호혜성의 개념을 예를 들어 설명하시오.

9 전이성의 개념을 예를 들어 설명하시오.

10 중심성의 개념과 종류를 예를 들어 설명하시오.

chapter

04

종단 네트워크 기술통계

학습 목표

- 종단 네트워크 자료를 생성할 수 있다.
- 외부 종단 네트워크 자료를 불러올 수 있다.
- 종단 네트워크 자료의 기술통계 분석 기법을 이해한다.
- 종단 네트워크 형성, 유지, 소멸을 이해한다.
- 종단 네트워크의 변화도와 안정도 개념을 이해한다.

제1절

종단 네트워크 자료 준비

종단 네트워크 자료 기술통계 분석도 종단 네트워크 자료 준비와 기술통계 분석 수행 그리고 기술통계 결과 해석 단계로 구성된다. 이러한 종단 네트워크 자료는 부록에 제시된 설문지를 활용하여 종단 네트워크 자료를 수집하여 R에서 네트워크 자료를 직접 입력할 수 있으나 노드의 숫자가 많고 에지의 숫자가 많은 경우 엑셀을 활용하여 네트워크 자료를 코딩한 후 csv 자료로 저장하여 불러오는 방식을 많이 사용한다. 간혹 특정 R 패키지의 경우 종단 네트워크 자료가 내부에 포함되어 있어 R에서 직접 자료를 입력하거나 외부 자료를 불러올 필요가 없으며 모의실험의 경우도 R에서 직접 종단 네트워크 자료를 생성할 수 있는 경우에는 생성된 모의 자료를 활용하여 종단 네트워크 자료를 분석할 수 있다.

횡단분석과 동일하게 R에서 외부 네트워크 자료를 불러오는 방법에 다양한데, 특히 저장된 자료의 파일 유형의 따라서 먼저 R에서 자료를 읽고 그 자료를 네트워크 형태로 저장한다. 가장 많이 저장하는 형식은 csv(comma separated value: 쉼표로 구분된 값)와 excel일 것이다. excel 자료도 쉽게 csv 형태로 표현할 수 있으므로 csv 형태로 된 자료를 불러오고 네트워크 인접 행렬 형태로 저장하는 방법을 설명하고자 한다.

statnet를 활용할 때 먼저 library() 함수를 활용하여 패키지를 불러오고 (*i*, *j*) 관계 목록 형태로 첫 번째로 측정한 자료를 rbind()와 c() 함수를 활용하여 입력한다. 그리고 write.csv() 명령문을 활용하여 자료(m)를 csv 파일 형태로 저장(data.csv)한다. 이때 row names을 false로 해 준다. 그리고 read.csv() 함수를 활용하여 csv로 저장된 자료(data.csv)를 불러온다. 또한, statnet 패키지의 network() 함수를 활용하여 위에서 입력한 자료가 관계 목록 형태(matrix.type = "edgelist")임을 알려 주고 객체로 저장한다. 그리고 반복 측정한 종단 네트워크 자료도 동일한 방법으로 저장한다.

여기서 네트워크 자료가 관계목록 형태의 csv 파일 형식으로 저장된 외부 자료면 read.csv() 함수를 활용하여 csv로 저장된 자료(data.csv)를 불러온 후 statnet 패키지의 network() 함수를 이용하여 관계 목록 형태(matrix.type = "edgelist")로 저장한다. 만약 외부 네트워크 자료가 n*n 인접 행렬 형태의 csv 파일이면 network() 함수를 인접 행렬 형태(matrix.type = "adjacency")로 변경하여 저장한다.

이때 주의할 점은 파일 경로를 다시 지정하거나 외부 자료가 작업 폴더(working directory)에 저장되어 있어야 한다는 점이다. 두 가지 방법 중 작업 폴더를 변경하는 것이 더 편한 방법이며 작업 폴더 변경은 setwd() 함수를 사용한다.

제2절 종단 네트워크 기술통계 분석 개요

종단 네트워크 자료 기술통계 분석 개요는 다음과 같다.

첫째, 종단 네트워크 기술통계 분석도 먼저 네트워크 전체수준에서 분석한다. 구체적으로 각각 시점의 전체 네트워크 크기, 전체 네트워크의 밀도, 전체 네트워크의 호혜성, 전체 네트워크의 전이성, 양자 관계 전수조사, 삼사 관계 전수조사, 전체 네트워크의 구성요소, 전체 네트워크의 최소거리를 분석한다. 예를 들어 statnet패키지를 활용한 기술통계 분석 명령어는 표 4-1과 같다.

둘째, 종단 네트워크 기술통계 분석도 행위자 수준에서 분석한다. 구체적으로 각각의 시점의 연결 중심성, 근접 중심성, 매개 중심성 분석을 수행한다(표 4-1 참조).

셋째, 종단 네트워크 변화를 분석한다. 구체적으로 종단 네트워크의 생성, 유지, 소멸을 분석하고 이를 기반으로 변화도와 안정도를 분석한다.

표 4-1 statnet에서의 네트워크 기술통계 분석 명령어

기술 통계	statnet
네트워크 전체	

크기(size)
밀도(density)
호혜성(reciprocity)
전이성(transitivity)
양자 관계 전수조사(dyad census)
삼자 관계 전수조사(triad census)
구성요소(components)
최소거리(diameter)
	`network.size()`
	`gden()`
	`grecip()`
	`dyad.census()`
	`triad.census()`
	`gtrans()`
	`components()`
	`geodist()`

중심성	

연결(degree)
근접(closeness)
매개(betweenness)
위세(eigenvector)
	`degree()`
	`closeness()`
	`betweenness()`
	`evcent()`

종단 네트워크 변화	
종단 네트워크 변화 생성, 유지, 소멸 변화도 안정도	

제3절

종단 네트워크 기술통계 분석 예제

종단 네트워크 기술통계 분석 예제 중 R를 활용한 분석 예제는 RSiena에 홈페이지에 제공된 명령문[7]을 토대로 설명하고자 한다. 여기서 종단 네트워크는 네덜란드 중학생 50명의 친구 네트워크이다. 중 1(만 13세)부터 중 3(만15세)까지 3개년의 패널 자료로 1년에 1회 측정한 종단 네트워크이다.

먼저 횡단 네트워크 기술통계 분석을 위해 사용한 statnet 패키지('network' 패키지와 'sna' 패키지가 포함됨)를 설치하고 불러온다. 그런 다음 종단 네트워크 분석을 위한 RSiena 패키지를 설치하고 불러온다.

....

7　RscriptSNADescriptives.R(version: September 8, 2020),
출처: https://www.stats.ox.ac.uk/~snijders/siena/RSienaSNADescriptives.R

```
install.packages( c( "statnet", "RSiena" ) )
library( statnet )
library( RSiena )
```

RSiena에 내장된 친구 네트워크를 불러온다. 친구 네트워크는 s501, s502, s503 이름으로 저장되어 있다. s501이란 student(학생) 50명 자료 중 1 차년도(wave 1) 자료를 의미한다. s502이란 student(학생) 50명 자료 중 2 차년도(wave 2) 자료를 의미한다. s503이란 student(학생) 50명 자료 중 3 차년도(wave 3) 자료를 의미한다.

자료의 특성을 명확하게 하려면 친구 네트워크 자료의 이름을 friend.data.w1, friend.data.w2, friend.data.w3로 변경하여 저장한다.

```
friend.data.w1 <- s501
friend.data.w2 <- s502
friend.data.w3 <- s503
```

자료를 네트워크 형식의 자료로 변환하기 위해서는 as.network() 함수를 이용한다. 따라서 friend.data.w1, friend.data.w2, friend.data.w3자료를 as.network() 함수를 이용하여 변환한다.

```
net1 <- as.network( friend.data.w1 )
net2 <- as.network( friend.data.w2 )
net3 <- as.network( friend.data.w3 )
```

자료의 속성을 확인하기 위해서 class() 함수를 이용한다. net1, net2, net3 네트워크 자료의 속성을 확인한다.

```
class( net1 )
class( net2 )
class( net3 )
```

결과는 다음과 같이 출력된다.

```
[1] "network"
[1] "network"
[1] "network"
```

3.1 네트워크 수준 기술통계 분석

일반적으로 종단 네트워크의 기술통계 분석도 먼저 네트워크 수준의 기술통계 분석으로 종단 네트워크 크기, 네트워크 밀도, 네트워크의 호혜성, 네트워크 전이성, 네트워크의 양자 관계 전수조사, 네트워크의 삼자 관계 전수조사, 네트워크의 컴퍼런트의 수, 그리고 네트워크의 거리를 분석한다.

3.1.1 네트워크의 크기(network size)

전체 네트워크의 크기(노드의 수)는 network.size() 함수를 이용하여 분석한다. 구체적으로 net1, net2, net3 자료의 경우의 명령문은 다음과 같다.

```
network.size( net1 )
network.size( net2 )
network.size( net3 )
```

net1, net2, net3의 네트워크 크기 계산결과는 다음과 같이 출력된다.

```
[1] 50
[1] 50
[1] 50
```

3.1.2 네트워크의 밀도(network density)

전체 네트워크의 밀도(연결정도의 비율)는 gden() 함수를 이용하여 분석한다. 밀도는 방향성이 있는 네트워크인지 없는 네트워크인지에 따라서 계산공식이 달라진다. 구체적으로 net1, net2, net3 자료의 경우의 명령문은 다음과 같다.

```
gden( net1 )
gden( net2 )
gden( net3 )
```

net1, net2, net3의 네트워크의 밀도 계산결과는 다음과 같이 출력된다.

```
[1] 0.04612245
[1] 0.04734694
[1] 0.04979592
```

3.1.3 네트워크의 호혜성(network reciprocity; mutual exchange)

전체 네트워크의 호혜성(상호관계 유·무 모두 포함)는 grecip() 함수를 이용하여 분석한다. 구체적으로 net1, net2, net3 자료의 경우의 명령문은 다음과 같다.

```
grecip( net1 )
grecip( net2 )
grecip( net3 )
```

net1, net2, net3의 네트워크의 호혜성 계산결과는 다음과 같이 출력된다.

```
Mut
0.9714286
Mut
0.962449
Mut
0.9738776
```

전체 네트워크의 호혜성(상호관계 유·무 모두 포함) 중 상호관계 있는 호혜성만을 계산할 때는 grecip(, measure = "dyadic.nonnull")함수를 이용하여 분석한다. 구체적으로 net1, net2, net3 자료의 경우의 명령문은 다음과 같다.

```
grecip( net1, measure = "dyadic.nonnull" )
grecip( net2, measure = "dyadic.nonnull" )
grecip( net3, measure = "dyadic.nonnull" )
```

net1, net2, net3의 상호관계 네트워크의 호혜성 계산 결과는 다음과 같이 출력된다.

```
Mut
0.527027
Mut
0.4320988
Mut
0.5844156
```

3.1.4 네트워크의 전이성(network transitivity)

전체 네트워크의 전이성은 gtrans() 함수를 이용하여 분석한다. 구체적으로 net1, net2, net3 그래프의 경우의 명령문은 다음과 같다.

```
gtrans( net1 )
gtrans( net2 )
gtrans( net3 )
```

net1, net2, net3의 네트워크의 전이성 계산 결과는 다음과 같이 출력된다.

```
[1] 0.3873874
[1] 0.3728814
[1] 0.4892857
```

3.1.5 네트워크의 양자 관계 전수조사 (network dyad census)

전체 네트워크의 양자 관계 전수조사는 dyad.census() 함수를 이용하여 분석한다. 구체적으로 net1, net2, net3 그래프의 경우의 명령문은 다음과 같다. 이때 패키지간 충돌을 방지하기 위해 sna 패키지를 명시하며, net1, net2, net3의 네트워크의 양자 관계 전수조사 결과는 다음과 같이 출력된다.

```
sna::dyad.census( net1 )
sna::dyad.census( net2 )
sna::dyad.census( net3 )
```

```
     Mut Asym Null
[1,]  39   35  1151
     Mut Asym Null
[1,]  35   46  1144
     Mut Asym Null
[1,]  45   32  1148
```

3.1.6 네트워크의 삼자 관계 전수조사 (network triad census)

전체 네트워크의 삼자 관계 전수조사는 triad.census() 함수를 이용하여 분석한다. 구체적으로 net1, net2, net3 그래프의 경우의 명령문은 다음과 같다. 이때 패키지간 충돌을 방지하기 위해 sna 패키지를 명시하며, net1, net2, net3의 네트워크의 삼자 관계 전수조사 결과는 다음과 같이 출력된다.

```
sna::triad.census( net1 )
sna::triad.census( net2 )
sna::triad.census( net3 )
```

```
       003  012  102 021D 021U 021C 111D 111U 030T 030C 201 120D 120U 120C 210 300
[1,] 16243 1470 1724    5   18   21   42   30    5    0  15    6    5    2   9   5
       003  012  102 021D 021U 021C 111D 111U 030T 030C 201 120D 120U 120C 210 300
[1,] 15927 1956 1530   24   19   30   46   26    2    0  14    4    1    4  10   7
```

```
      003  012  102 021D 021U 021C 111D 111U 030T 030C 201 120D 120U 120C 210 300
[1,] 16086 1401 1969    4    8    7   28   33    1    0  26    4    1    3  17  12
```

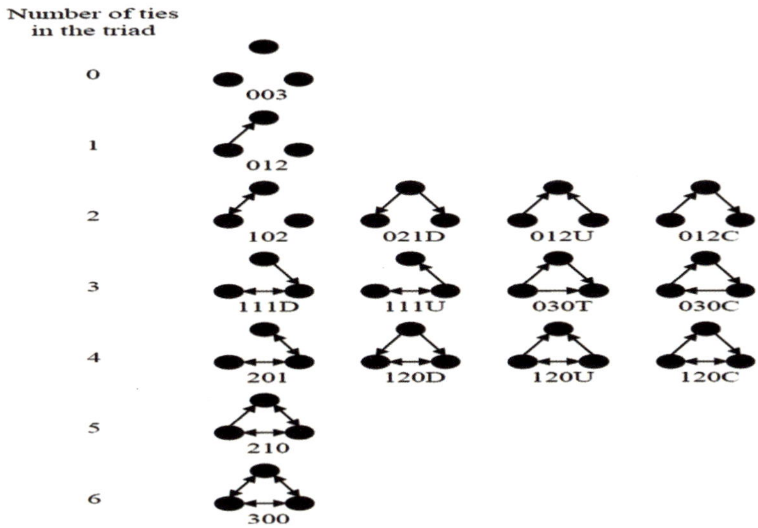

그림 4-1 네트워크 삼자 관계 전수조사(network triad census)
출처: Wasserman & Faust, 1994, p. 566

3.1.7 네트워크의 컴퍼런트의 수(network components)

전체 네트워크의 컴퍼런트 수는 components() 함수를 이용하여 분석한다. 구체적으로 net1, net2, net3 자료의 경우 명령문은 다음과 같다. 이때 패키지간 충돌을 방지하기 위해 sna 패키지를 명시한다.

```
sna::components( net1 )
sna::components( net2 )
sna::components( net3 )
```

net1, net2, net3의 컴퍼런트의 수 계산 결과는 다음과 같이 출력된다.

```
[1] 14
[1] 16
[1] 18
```

3.1.8 네트워크의 거리(network distances)

노드 간 네트워크의 거리는 geodist() 함수를 이용하여 분석한다. 먼저 최소거리를 구하고 각각 최소거리의 개수를 표로 작성한다. 구체적으로 net1, net2, net3의 경우의 명령문은 다음과 같다.

```
dist1 <- geodist( net1, inf.replace = Inf, count.paths = TRUE )
dist1$gd
dist1$counts
table( dist1$counts )

dist2 <- geodist( net1, inf.replace = Inf, count.paths = TRUE )
dist2$gd
dis2t$counts
table( dist2$counts )

dist3 <- geodist( net1, inf.replace = Inf, count.paths = TRUE )
dist3$gd
dist3$counts
table( dist3$counts )
```

net1의 연결 거리 계산결과표는 다음과 같이 출력된다.

```
 0    1    2    3    4    6
1811  558  100   20   8    3
```

net2의 연결 거리 계산결과표는 다음과 같이 출력된다.

```
 0     1    2    3    4
1568   752  167  8    5
```

net3의 연결 거리 계산결과표는 다음과 같이 출력된다.

```
   0    1    2    3    4    9
2104  315   53   14   13    1
```

지금까지는 종단 네트워크 기술통계 분석 중 전체 네트워크 수준의 기술통계 분석 방법에 대해서 살펴보았다. 연구자는 자신의 연구목적에 따라 탐색하고자 하는 종단 네트워크를 기술할 필요가 있다. 가장 기본적인 네트워크의 크기를 제시하고 전체 네트워크 수준의 밀도가 어느 정도인지 탐색해 볼 필요가 있다. 특히 밀도가 매우 낮으면 (보통 교사의 조언 네트워크의 경우 .10이하의 밀도 값을 나오며 때에 따라서는 .05 이하의 밀도 값이 산출된다) 자료의 이상값과 결측값을 다시 한 번 탐색해 볼 필요가 있다.

전체 네트워크의 밀도를 계산한 후에는 전체 네트워크의 호혜성을 탐색해 볼 필요가 있다. 특히 실험 연구나 조사 연구 상황에서 어떠한 처치나 개입 이전의 전체 네트워크의 특성과 처치나 개입 이후의 전체 네트워크의 특성을 비교하고자 할 때 호혜성은 협력을 측정하는 기술 통계치로 사용될 수 있다. 특히 경제 상황, 정치 상황 그리고 외교 상황처럼 호혜적인 관계 형성을 목적으로 하는 경우 이러한 호혜성을 시계열 분석해 볼 필요가 있다.

전체 네트워크의 호혜성 계산한 후에는 전체 네트워크의 전이성을 조사해 볼 필요가 있다. 특히 공동체 형성을 목적으로 하는 사업이나 프로그램에서 단순히 주고받는 양자 관계를 넘어서 일반화된 교환관계(generalized exchange) 정도를 탐구하고자 할 때 전체 네트워크의 전이성 지표를 활용하여 시간에 따라 전이성이 더 증가하였는지 또는 감소하였는지 알 수 있다.

전체 네트워크의 전이성 계산한 후에는 전체 네트워크의 양자 관계 전수조사와 삼자관계 전수조사를 통해 더욱더 구체적이고 상세한 네트워크 패턴을 확인해 볼 필요가 있으며, 이러한 전수조사 기술 통계량을 통해 어떤 시각화 방법과 통계모형이 적절한지를 검토해 볼 수 있다.

전체 네트워크의 양자 관계와 삼자관계 전수조사 후에는 네트워크의 컴포넌트의 수를 구해 볼 필요가 있다. 특히 다층모형을 네트워크 연구에 적용하고자 할 때 거시체계, 중간체계, 미시체계와 같은 3수준 다층모형을 적용할 수 있다. 이때 컴포넌트의 수가 많고 그러한 컴포넌트가 모여서 범위가 명확한 상위조직을 구성할 때 컴포넌트를 중간체계로 간주할 수 있다.

전체 네트워크의 분석 마지막은 전체 네트워크의 거리를 계산하는 것으로 컴포넌트가 하나면 하나의 네트워크 거리만 계산되나 다양한 크기의 컴포넌트가 존재하는 경우 그중에서 가장 거리가 먼 값을 전체 네트워크의 거리로 간주하며, 이러한 전체 네트워크의 거리도 시간이 지남에 따라서 어떻게 변화해 가는지를 탐구하는 것도 재미있는 연구 질문이 될 것이다.

3.2 행위자 수준 중심성 분석

네트워크 수준의 기술통계 분석을 수행한 후에는 행위자 수준의 중심성 분석을 수행한다. 이러한 중심성 분석 예제는 연결 중심성, 근접 중심성, 매개 중심성, 그리고 위세 중심성을 중심으로 설명하고자 하며 각각의 중심성 계산 값을 제시하고 히스토그램과 상자그림을 이용한 시각화 방법을 소개하고자 한다.

3.2.1 연결 중심성 (degree centrality) 분석

행위자 수준의 연결 중심성을 계산하기 위해서는 degree() 함수를 사용한다. net1, net2, net3의 연결 중심성 명령문은 다음과 같고, 다음과 같이 각각 출력된다.

```
sna::degree( net1 )
sna::degree( net2 )
sna::degree( net3 )
```

```
[1]   3  4  4  4  2  2  8  2  4  6
[11] 11  3  0  4  6  4  7  4  7  0
[21]  6  9  2  8  4  6  4  2  6  8
[31]  8  8  5  4  2  4  5  4  2  5
[41]  4  5  3  6  5  7  2  3  4  0

[1] 6 1 4 5 3 3 2 2 2 8 7 4 0
[14] 5 5 5 9 1 8 0 4 3 2 6 4 8
[27] 4 6 5 9 5 6 6 5 4 7 7 2 4
```

```
[40] 7 7 6 3 3 6 9 6 3 4 1

[1]   7  4  3  4  4  4  8  2  1  9
[11]  9  4  0  7  9  6  4  0  5  0
[21]  6  1  2  5  3  6  6  4  7  8
[31]  4  4 12  2  2  9  6  4  3  9
[41]  4  5  2  7  6  9  6  5  5  2
```

친구 네트워크는 방향이 있는 그래프임으로 내향 연결 중심성과 외향 연결 중심성으로 구분하여 구할 수 있다. 먼저 내향 연결 중심성은 degree(, cmode = "indegree") 함수를 사용한다. net1, net2, net3의 명령문은 다음과 같다.

```
indegree1 <- sna::degree( net1, cmode = "indegree" )
indegree2 <- sna::degree( net2, cmode = "indegree" )
indegree3 <- sna::degree( net3, cmode = "indegree" )
```

net1, net2, net3의 내향 연결 중심성의 히스토그램 생성 명령문은 다음과 같다.

```
p <- par( mar= c( 4, 4, 4, 4 ), mfrow= c( 1, 3 ) )
hist( indegree1 )
hist( indegree2 )
hist( indegree3 )
par( p )
```

net1, net2, net3의 내향 연결 중심성의 히스토그램은 다음과 같다.

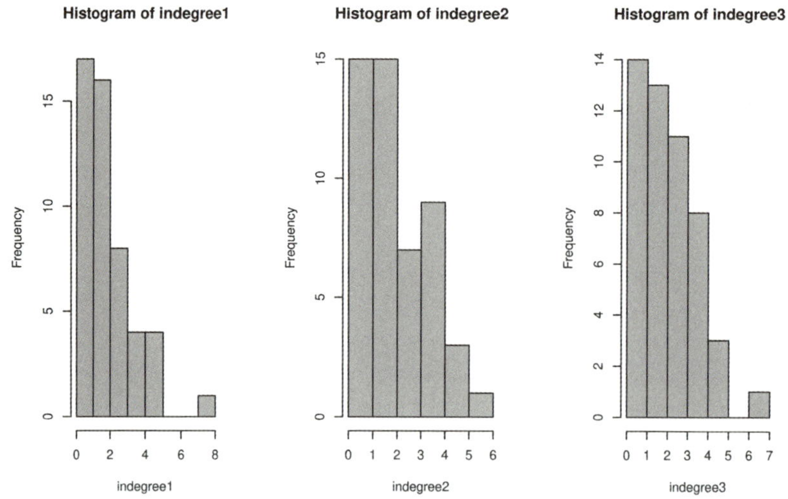

그림 4-2 친구 네트워크의 내향 연결 중심성의 히스토그램

net1, net2, net3의 내향 연결 중심성의 상자그림 생성 명령문은 다음과 같다.

```
p <- par( mar = c( 4, 4, 4, 4 ), mfrow = c( 1, 3 ) )
boxplot( indegree1 )
boxplot( indegree2 )
boxplot( indegree3 )
par( p )
```

net1, net2, net3의 내향 연결 중심성의 상자그림은 다음과 같다.

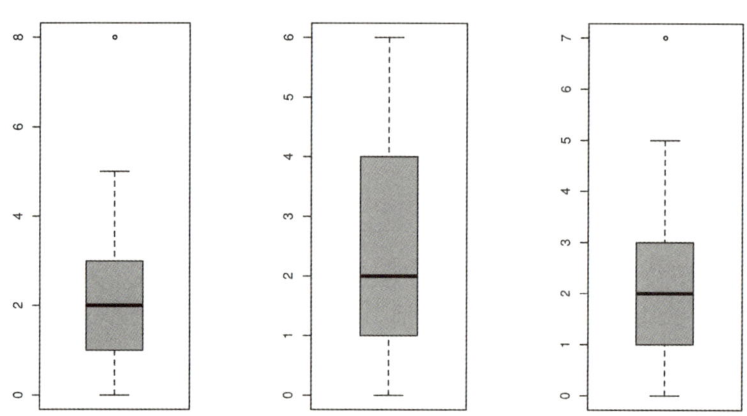

그림 4-3 친구 네트워크의 내향 연결 중심성의 상자그림

net1, net2, net3의 내향 연결 중심성 quantile은 다음과 같이 quantile() 함수를 사용한다.

```
quantile( indegree1 )
quantile( indegree2 )
quantile( indegree3 )
```

그 계산결과는 다음과 같이 출력된다.

```
0%   25%   50%   75% 100%
0     1      2      3     8
0%   25%   50%   75% 100%
0.00 1.00    2.00    3.75 6.00
0%   25%   50%   75% 100%
0     1      2      3     7
```

외향 연결 중심성은 degree(, cmode = "outdegree") 함수를 사용한다. 명령문은 다음과 같다.

```
outdegree1 <- sna::degree( net1, cmode = "outdegree" )
outdegree2 <- sna::degree( net2, cmode = "outdegree" )
outdegree3 <- sna::degree( net3, cmode = "outdegree" )
```

net1, net2, net3의 외향 연결 중심성의 히스토그램 생성 명령문은 다음과 같다.

```
p <- par( mar = c( 4, 4, 4, 4 ), mfrow = c( 1, 3 ) )
hist( outdegree1 )
hist( outdegree2 )
hist( outdegree3 )
par( p )
```

net1, net2, net3의 외향 연결 중심성의 히스토그램은 다음과 같다.

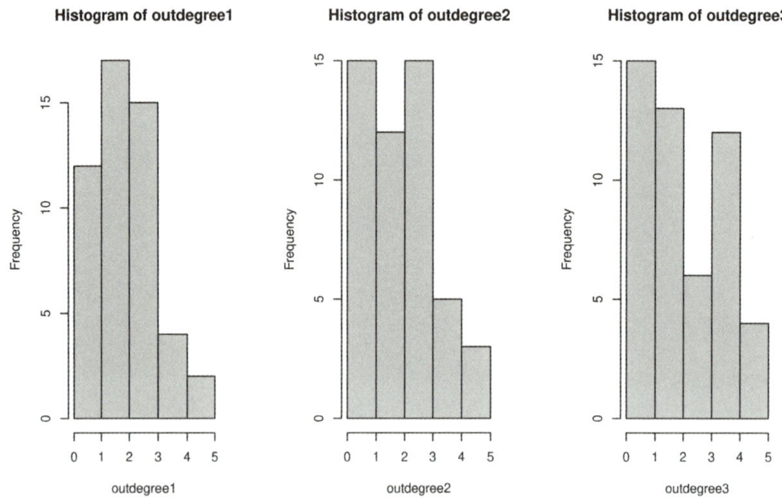

그림 4-4 친구 네트워크의 외향 연결 중심성의 히스토그램

net1, net2, net3의 외향 연결 중심성의 상자 그림 생성 명령문은 다음과 같다.

```
p <- par( mar = c( 4, 4, 4, 4 ), mfrow = c( 1, 3 ) )
boxplot( outdegree1 )
boxplot( outdegree2 )
boxplot( outdegree3 )
par( p )
```

net1, net2, net3의 내향 연결 중심성의 상자 그림은 다음과 같다.

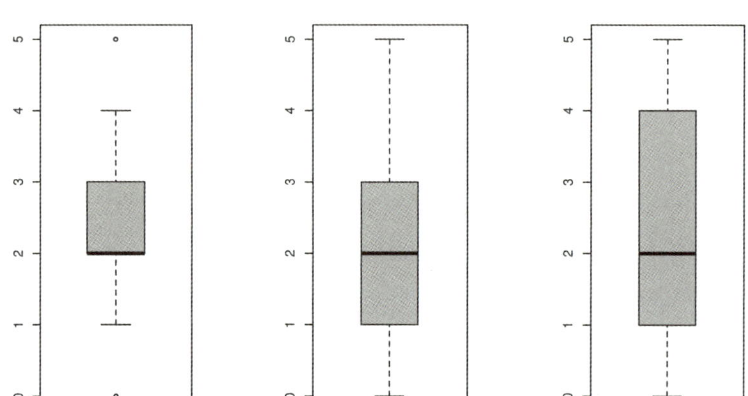

그림 4-5 친구 네트워크 외향 연결 중심성의 상자 그림

net1, net2, net3의 외향 연결 중심성 quantile도 다음과 같이 quantile()함수를 사용한다.

```
quantile( outdegree1 )
quantile( outdegree2 )
quantile( outdegree3 )
```

그 계산 결과는 다음과 같이 출력된다.

```
0%  25%  50%  75% 100%
0    2    2    3    5
0%  25%  50%  75% 100%
0    1    2    3    5
0%  25%  50%  75% 100%
0    1    2    4    5
```

net1, net2, net3의 외향 연결 중심성(x축)과 내향 연결 중심성(y축) 간의 산점도 생성 명령문은 다음과 같다.

```
p <- par( mar = c( 4, 4, 4, 4 ), mfrow = c( 1, 3 ) )
plot( indegree1 ~ outdegree1 )
plot( indegree2 ~ outdegree2 )
plot( indegree3 ~ outdegree3 )
par( p )
```

여기서 x축의 이름과 y축의 이름을 추가하고, x축의 이름과 y축의 이름을 그림의 표시하기 위해 아래쪽과 왼쪽의 여백을 4로 지정한 명령문은 다음과 같다.

```
p <- par( mar = c( 4, 4, 4, 4 ), mfrow = c( 1, 3 ) )
plot( indegree1 ~ outdegree1, ylab = “indegree1” , xlab = “outdegree1” )
```

```
plot( indegree2 ~ outdegree2, ylab = "indegree2" , xlab = "outdegree2" )
plot( indegree3 ~ outdegree3, ylab = "indegree3" , xlab = "outdegree3" )
par( p )
```

net1, net2, net3의 외향 연결 중심성과 내향 연결 중심성 간의 산점도는 다음과 같다.

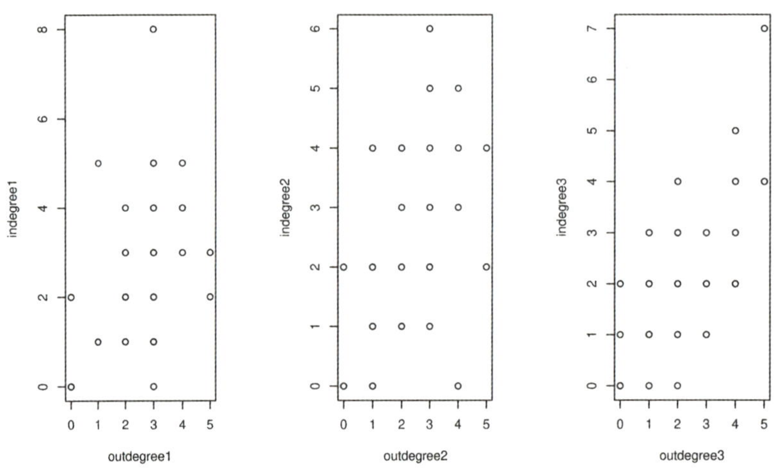

그림 4-6 친구 네트워크 외향 연결 중심성과 내향 연결 중심성 간의 산점도

3.2.2 근접 중심성(closeness centrality) 분석

행위자 수준의 근접 중심성을 계산하기 위해서는 closeness() 함수를 사용한다.

```
closeness1 <- sna::closeness( net1 )
closeness2 <- sna::closeness( net2 )
closeness3 <- sna::closeness( net3 )
```

그러나 위의 명령문은 연결되지 않은 노드가 있는 경우 근접 중심성을 제대로 산출하지 못하는 문제점이 있다. 이럴 경우는 원래 근접 중심성 식의 역수로 변환한 공식을 사용하여 근접 중심성을 계산한다. 이 경우 명령문은 방향성이 있는 네트워크 자료는 cmode = "suminvdir" (taking the sum of the inverse distances to each vertex in directed cases) 로 사용하고 방향성이 없는 네트워크 자료는 cmode = "suminvundir" (taking the sum of the inverse distances to each vertex in undirected cases)를 사용한다. net1, net2, net3는 방향성이 있는 자료임으로 다음과 같은 명령문을 사용한다.

```
closeness1 <- sna::closeness( net1, cmode = "suminvdir" )
closeness2 <- sna::closeness( net2, cmode = "suminvdir" )
closeness3 <- sna::closeness( net3, cmode = "suminvdir" )
```

net1, net2, net3의 근접 중심성 quantile도 다음과 같이 quantile()함수를 사용한다.

```
quantile( closeness1 )
quantile( closeness2 )
quantile( closeness3 )
```

그 계산결과는 다음과 같이 출력된다.

```
0%         25%        50%        75%        100%
0.00000000 0.06802721 0.11462585 0.14846939 0.25680272
0%         25%        50%        75%        100%
0.00000000 0.07823129 0.12337221 0.17453949 0.31491740
0%         25%        50%        75%        100%
0.00000000 0.05948737 0.08146259 0.12159864 0.16666667
```

net1, net2, net3의 근접 중심성의 히스토그램과 상자그림의 생성 명령문은 다음과 같다.

```
p <- par( mar = c( 4, 4, 4, 4 ), mfrow = c( 2, 3 ) )

# 히스토그램
hist( closeness1 )
hist( closeness2 )
hist( closeness3 )

# 상자그림
boxplot( closeness1 )
boxplot( closeness2 )
boxplot( closeness3 )

par( p )
```

net1, net2, net3의 근접 중심성의 히스토그램과 상자그림은 다음과 같다.

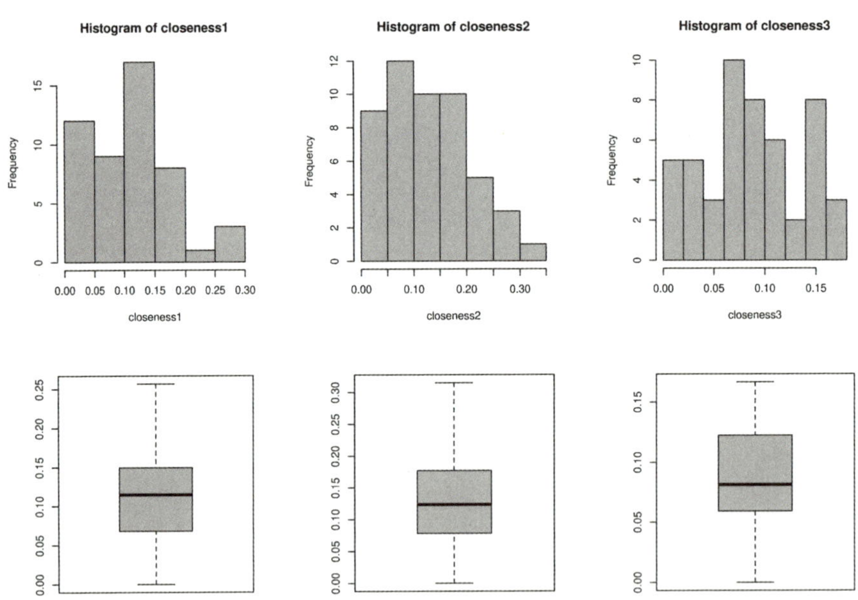

그림 4-7 친구 네트워크 근접 중심성의 히스토그램과 상자그림

3.2.3 매개 중심성 (betweenness centrality) 분석

행위자 수준의 매개 중심성을 계산하기 위해서는 betweenness() 함수를 사용한다.

```
betweenness1 <- sna::betweenness( net1 )
betweenness2 <- sna::betweenness( net2 )
betweenness3 <- sna::betweenness( net3 )
```

net1, net2, net3의 매개 중심성의 quantile도 다음과 같이 quantile() 함수를 사용한다.

```
quantile( betweenness1 )
quantile( betweenness2 )
quantile( betweenness3 )
```

그 계산결과는 다음과 같이 출력된다.

```
0%          25%         50%         75%        100%
0.000000    0.000000    3.166667   46.500000 220.000000
0%         25%        50%        75%       100%
0.00000    0.00000   17.50000   82.83333 346.00000
0%           25%          50%          75%         100%
0.00000000  0.08333333  3.93055556 13.13194444 47.58333333
```

net1, net2, net3의 매개 중심성의 히스토그램과 상자 그림의 생성 명령문은 다음과 같다.

```
p <- par( mar = c( 4, 4, 4, 4 ), mfrow = c( 2, 3 ) )

# 히스토그램 생성
hist( betweenness1 )
hist( betweenness2 )
hist( betweenness3 )

# 상자그림 생성
boxplot( betweenness1 )
boxplot( betweenness2 )
boxplot( betweenness3 )

par(p)
```

net1, net2, net3의 매개 중심성의 히스토그램과 상자 그림은 다음과 같다.

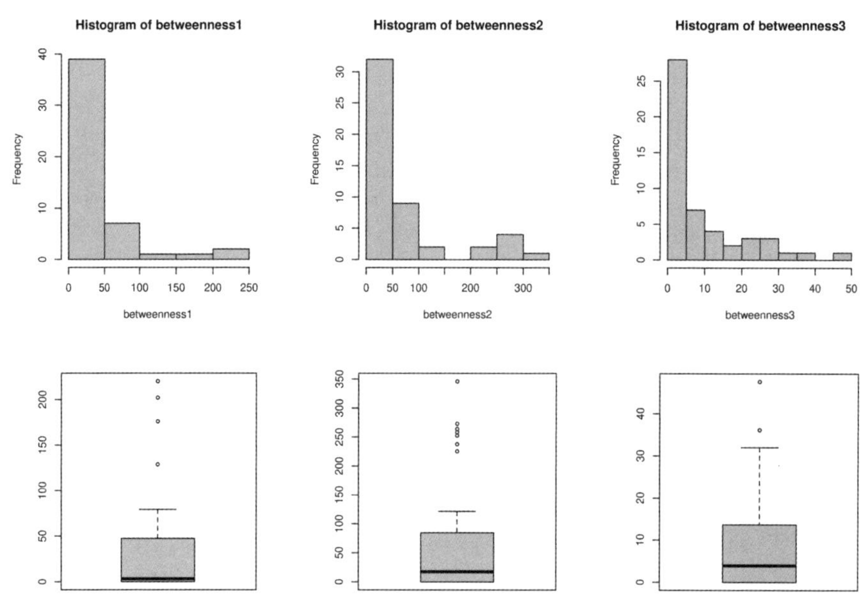

그림 4-8 친구 네트워크 매개 중심성의 히스토그램과 상자 그림

3.2.4 위세 중심성(eigenvector centrality) 분석

행위자 수준의 위세 중심성을 계산하기 위해서는 evcent() 함수를 사용한다.

```
evcent1 <- sna::evcent( net1 )
evcent2 <- sna::evcent( net2 )
evcent3 <- sna::evcent( net3 )
```

net1, net2, net3의 위세 중심성의 히스토그램과 상자 그림의 생성 명령문은 다음과 같다.

```
p <- par( mar = c( 4, 4, 4, 4 ), mfrow = c( 2, 3 ) )

# 히스토그램 생성
hist( evcent1 )
hist( evcent2 )
hist( evcent3 )

# 상자그림 생성
boxplot( evcent1 )
boxplot( evcent2 )
boxplot( evcent3 )

par( p )
```

net1, net2, net3의 위세 중심성의 히스토그램과 상자 그림은 다음과 같다.

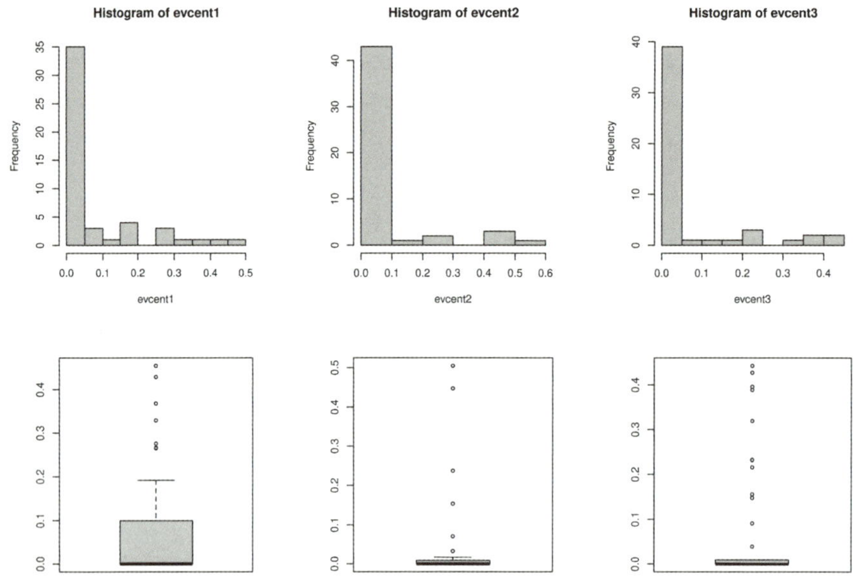

그림 4-9 친구 네트워크 위세 중심성의 히스토그램과 상자 그림

net1, net2, net3의 위세 중심성의 quantile도 다음과 같이 quantile() 함수를 사용한다.

```
quantile( evcent1 )
quantile( evcent2 )
quantile( evcent3 )
```

그 계산결과는 다음과 같이 출력된다.

```
0%           25%          50%          75%          100%
0.000000e+00 1.569670e-26 2.434308e-10 9.166945e-02 4.540454e-01
0%           25%          50%          75%          100%
0.000000e+00 1.707270e-11 2.479756e-10 8.308913e-03 5.049637e-01
0%           25%          50%          75%          100%
0.000000e+00 1.512094e-27 7.649447e-12 7.436019e-03 4.426490e-01
```

이상으로 행위자 수준의 종단 네트워크 기술통계 분석 방법에 대해서 알아보았다. 행위자 수준의 네트워크 기술통계는 주로 각각 행위자의 중심성 지표를 계산하는 것이다. 개별 행위자의 중심성 지표는 네트워크 시각화와 네트워크 통계모형에서 매우 중요하다.

네트워크 시각화의 경우 네트워크의 전체 구조를 한눈에 파악하기 위해서 누가 핵심적인 행위자인지 누가 구조적인 틈새에 위치에 있는 행위지인지 등을 지도화하고자 한다. 이때 시각화에서 주로 사용하는 방법이 행위자의 중심성 값을 반영하여 행위자를 표현하는 점의 색상, 모양, 크기를 표현한다. 따라서 시각화를 위한 사전 작업으로 행위자 수준의 중심성 분석을 자주 수행하며, 구체적인 네트워크 시각화 방법은 제3부의 5장과 6장에서 소개한다.

네트워크의 통계모형에서도 행위자 수준의 기술 통계치를 많이 활용한다. 특히 사회 영향모형에서 개별 행위자의 네트워크 중심성 지표 값을 독립변수로 사용하고자 할 때 연구모형을 명세화하고 분석을 수행하기 전에 행위자 수준의 기술통계 분석을 수행한다. 또한, 종단 네트워크 자료를 활용한 사회 영향모형에서 자신과 관계를 맺고 있는 사람에게 특정한 속성이 얼마나 많이 노출되었는지를 계산하고자 할 때도 내향 연결 중심성 수치를 활용하여 새로운 변수를 생성해 네트워크의 영향력을 검정한다. 네트워크의 모의실험에서도 행위자 수준의 기술통계 방법을 적용할 수 있다. 특히 사회 영향모형을 모의실험 할 때 시간이 지나감에 따라서 얼마나 많은 사람에게 영향을 주었는지 혹은 받았는지를 모의실험 할 때 가장 기본적인 행위자 수준의 네트워크 기술통계 분석을 수행한다.

따라서 이제까지 소개한 네트워크 수준의 기술통계 분석 방법과 행위자 수준의 기술통계 분석 방법을 충분히 연습하여 연구 결과 제시를 위한 시각화 작업, 통계모형 명세화 작업, 그리고 모의실험 함수 생성에 적극적으로 활용하면 네트워크 연구에 도움이 될 것이다.

3.3 종단 네트워크의 변화 측정

횡단 네트워크 기술통계 분석과 다르게 종단 네트워크 기술통계는 네트워크 변화를 분석할 수 있으며, 구체적으로 네트워크의 형성, 유지, 소멸의 경우의 수와 이를 기반으로 변화도 지수와 안정도 지수를 계산할 수 있다.

3.3.1 네트워크의 형성·소멸·유지

종단 네트워크의 변화를 측정하기 위해서 먼저 두 시점 간의 네트워크 형성, 소멸, 유지의 빈도를 분석한다. 만약 시점이 3개인 경우 다음 표처럼 작성한다. 이때 네트워크 형성은 N01로 명명하고, 네트워크 유지는 N11로 그리고 네트워크 소멸은 N10으로 명명한다.

표 4-2 종단 네트워크의 형성·소멸·유지 예시 표

	T1→T2	T2→T3
네트워크 형성(N01)	25	50
네트워크 유지(N11)	50	40
네트워크 소멸(N10)	25	10

3.3.2 변화도(Hamming distance)

위에서 분석한 네트워크 형성과 소멸 빈도분석을 토대로 네트워크 변화도를 계산한다. 구체적으로 변화도는 네트워크의 변화 정도를 알 수 있는 지표로 네트워크의 형성(N_{01})과 소멸(N_{10})의 합을 의미한다.

$$Hamming\ distance = N_{01} + N_{10}$$

3.3.3 안정도(Jaccard index)

위에서 분석한 네트워크 형성, 유지와 소멸 빈도분석을 토대로 네트워크 안정도를 계산한다. 구체적으로 안정도는 네트워크 형성(N_{01}), 유지(N_{11}), 소멸(N_{10})의 합에 대한 유지(N_{11})의 비율이다. 안정도는 1사이의 수치로 나타나며, 1에 가까울수록 높은 안정성을 의미한다.

$$Jaccard\ index = \frac{N_{11}}{N_{01} + N_{11} + N_{10}}$$

요약

- **종단 네트워크 자료**
  - 종단 네트워크 자료 생성하기
  - 종단 네트워크 외부자료 불러오기

- **종단 네트워크 자료 분석**
  - 전체 수준 분석(크기, 밀도, 호혜성, 전이성)
  - 행위자 수준 분석(중심성 분석)
  - 종단 네트워크 형성, 유지, 소멸 분석
  - 종단 네트워크 변화도
  - 종단 네트워크 안정도

- **네트워크 생성, 유지, 소멸**
  - 네트워크 형성(N01), 유지(N11), 소멸(N10)

- **네트워크 변화도**
  - 네트워크의 변화 정도를 알 수 있는 지표로 네트워크의 형성(N01)과 소멸(N10)의 합

- **네트워크 안정도**
  - 네트워크 형성(N01), 유지(N11), 소멸(N10)의 합에 대한 유지(N11)의 비율

연습문제

1 외부 종단 네트워크 자료를 불러오시오.

2 종단 네트워크의 밀도를 분석하시오.

3 종단 네트워크의 호혜성을 분석하시오.

4 종단 네트워크의 전이성을 분석하시오.

5 종단 네트워크의 연결, 근접, 매개, 위세 중심성을 분석하시오.

6 종단 네트워크의 생성, 유지, 소멸을 분석하시오.

7 종단 네트워크의 변화도(Hamming distance)를 분석하시오.

8 종단 네트워크의 안정도(Jaccard index)를 분석하시오.

9 부록의 초등교원 동료 네트워크 자료를 활용하여 종단 네트워크 기술통계 분석하시오.

10 부록의 초등교원 지식 · 조언 네트워크 자료를 활용하여 종단 네트워크 기술통계 분석하시오.

Part 3

시각화

chapter

05

횡단 네트워크 시각화

학습 목표

- Gephi를 활용하여 횡단 네트워크를 시각화할 수 있다.
- R를 활용하여 횡단 네트워크를 시각화할 수 있다.
- 파이썬을 활용하여 횡단 네트워크를 시각화할 수 있다.

제1절

Gephi 활용 횡단 네트워크 시각화

네트워크 시각화는 네트워크 기술통계 분석과 동일하게 먼저 네트워크 자료를 준비하고 그 자료를 시각화하기 위해서 노드와 관련된 옵션과 에지와 관련된 옵션을 지정하고, 전체 그림 편집을 수행한다.

1.1 Gephi 활용 횡단 네트워크 시각화 자료 준비

Gephi에서 네트워크 자료를 직접 입력하는 방법은 Data Laboratory로 이동하여 Add node와 Add edge를 이용하는 것이다. Add node와 Add edge는 기존 자료에 새로운 노드와 에지를 추가하고자 할 때도 이용할 수 있다. 일반적으로 Gephi에서 직접 자료 입력 방법보다는 외부자료를 불러오는 방법을 많이 사용한다.

입력한 자료를 토대로 Gephi를 활용하여 그린 시각화 그림은 다음과 같다. 먼저 첫 번째 열은 방향성이 없는 삼자관계와 방향성이 있는 삼자관계의 기본

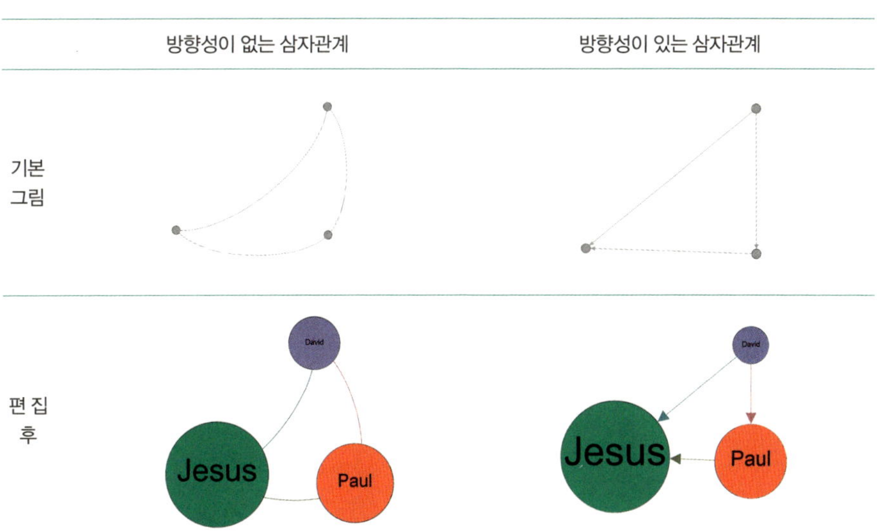

그림 5-1 방향성 유무에 따른 삼자관계 소시오그램(Gephi)

그림이다. 그리고 두 번째 열은 네트워크 중심성 중 내향 연결 중심성(indegree centrality)을 먼저 계산한 후 내향 연결 중심성이 크면 클수록 노드의 크기와 노드의 레이블의 크기를 크게 하여 그린 그림이다. 또한, 내향 연결 중심성을 토대로 노드의 색상을 다르게 표현하였다. 이처럼 Gephi를 활용한 네트워크 자료의 시각화는 크게 노드와 관련된 옵션, 에지와 관련된 옵션 그리고 전체 그림과 관련된 옵션으로 구분할 수 있다.

1.2 Gephi 활용 횡단 네트워크 시각화 개요

시각화 관련 옵션은 크게 두 가지 창에서 선택할 수 있다. 먼저 자료를 입력하거나 외부에서 불러오기를 실행한 후 Overview 창으로 이동하여 기본적인 편집이 가능하다. 일반적으로 노드의 수가 많고 에지가 많은 경우 Overview 왼쪽 아래에 있는 배치(layout)을 먼저 선택한다.

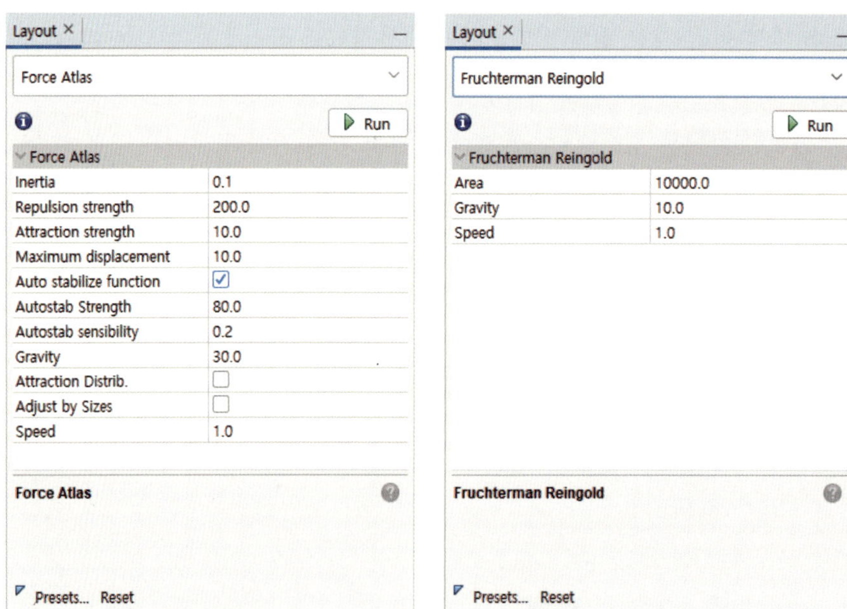

그림 5-2 그래프 레이아웃 방법(Gephi)

적절한 배치방법을 선택한 후에는 Overview 오른쪽 아래에 있는 Statistics로 이동하여 전체 네트워크를 기술하기 위한 평균 연결 정도(average degree), 밀도(Graph density), 네트워크 지름(Network diameter), 모듈 분석(Modularity), 페이지 순위(PageRank), 연결된 컴퍼넌트(Connected Components) 등을 계산한다. 또한, 노드의 개요를 위한 평균 클러스팅 지수(Avg. Clustering Coefficent)나 위세 중심성(Eigenvector Centrality)를 계산한다. 그리고 노드의 개요를 파악하기 위해 평균 경로 길이(Avg. Path Length)를 계산하다. 마지막으로 종단 네트워크의 경우 해당한 분석을 수행한다.

이러한 통계치 분석을 수행한 후 Overview 오른쪽 아래에 Statistics 옆에 있는 Filters 선택한다. Filters 중 사용하고자 하는 것을 정하고 사용 여부를 결정한다. 이러한 대략적인 기술통계 분석과 자료 선택 과정을 마친 후 본격적으로 그림을 편집하기 위해서는 Overview 왼쪽 위에 있는 Appearance를 선택한다. 기본적으로 Appearance는 왼쪽에 문자로 선택할 수 있는 Nodes(노드)와 Edges(에지) 로 구성되어 있고 오른쪽에 그림으로 선택할 수 있는 옵션이 있다. Nodes(노드)를 선택한 경우는 오른쪽 그림 옵션은 다음과 같이 4가지인 노드의 색상, 노드의 크기, 노드 레이블의 색상, 그리고 노드 레이블의 크기로 구성되어 있다.

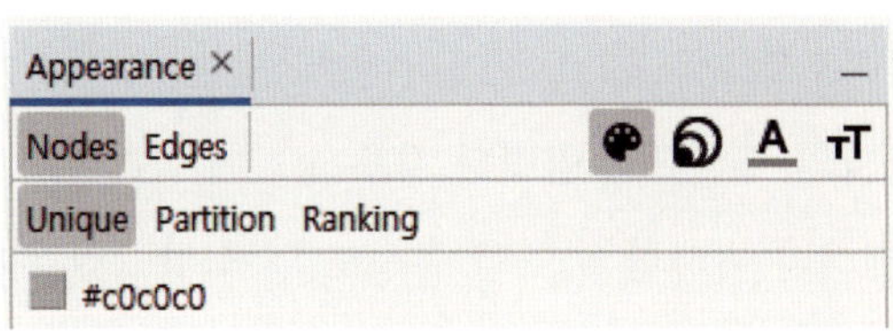

그림 5-3 Apperance에서 노드(nodes) 선택화면(Gephi)

반면 Edges(에지)를 선택한 경우는 오른쪽 그림 옵션은 다음 3가지인 에지의 색상, 에지 레이블의 색상, 그리고 에지 레이블로 구성되어 있다.

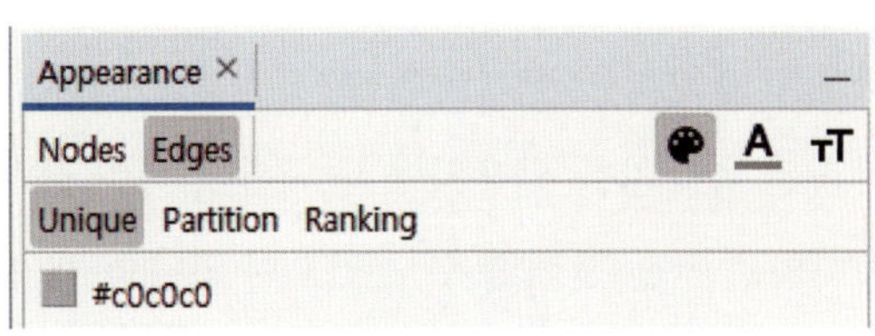

그림 5-4 Apperance에서 에지(edges) 선택화면(Gephi)

마지막으로 노드와 에지의 다양한 편집을 위해서 노드와 에지에 일괄(Unique), 분할(Partition), 순위별(Ranking) 적용을 선택할 수 있다. Gephi는 이러한 기능을 통해 네트워크 자료의 상당히 폭넓고 품질이 높은 그림 편집이 가능하다.

1.2.1 노드와 관련된 옵션

Appearance창에서 Gephi를 이용한 노드의 관련 편집은 크게 노드의 색상과 크기 그리고 노드 레이블의 색상과 크기이다. 일차적으로 Overview 창에서 이러한 노드의 색상과 크기 그리고 노드 레이블의 색상과 크기를 결정한 후 더 다양한 노드 관련 편집은 Preview 창으로 이동하여 수행할 수 있다.

(1) 노드의 색상과 크기

Appearance 창에서 노드의 색상을 결정하기 위해서는 먼저 노드의 색상 일괄(Unique) 적용, 분할(Partition) 적용, 그리고 순위별(Ranking) 적용 중 하나를 선택한다. 첫째, 일괄적용을 선택하였으면 팔레트를 이용하여 원하는 색상을 정한다.

둘째, 분할 적용을 선택하였으면 어떠한 특성(attribute)에 따라 분할 할지 결정한 후 자동으로 결정된 색상을 적용(Apply)한다. 이러한 특성에 기초하여 나누고자 할 때는 기본적으로 노드 자료에 이러한 특성값이 입력되어 있어야 한다. 예를 들어 성별이 노드의 특성으로 입력된 경우 성별에 따라 나누고 색상을 정하여 적용할 수 있다. 그러나 어떠한 노드의 특성도 입력되어 있지 않은 경우는 통계분석을 통해 산출된 측정치를 활용하여 나눌 수 있다. 예를 들어 연결 중심성 분석을 수행한 후 내향 연결 중심성에 따라 노드를 나누고 색상을 결정할 수 있다.

셋째, 순위별 적용을 선택하였으면 먼저 특성을 선택해야 한다. 기본적으로 연결 중심성(Degree), 내향 연결 중심성(In-Degree), 외향 연결 중심성(Out-Degree)이 선택할 수 있는 특성이다. 순위별 적용은 이러한 통계치의 노드 순위에 따라 노드의 색상을 결정하는 방식이다. 순위별 적용도 통계 분석을 먼저 수행한 후 거기서 산출된 측정치를 활용하여 순위를 정하여 색상을 결정할 수 있다. 순위별 색상은 다양한 색을 선택할 수도 있으나 하나의 색(또는 2~3가지 색)의 투명도를 고려하여 순위가 높을수록 진하게 그리고 순위가 낮을수록 연하게 표현하는 방식을 선택할 수 있다.

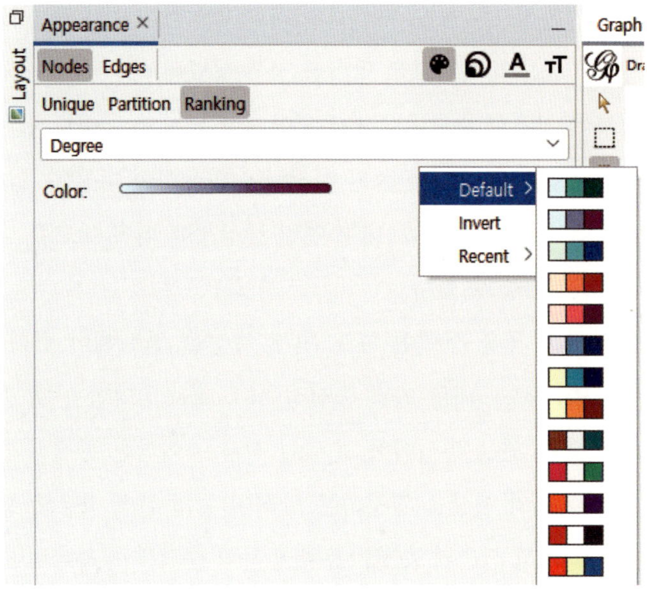

그림 5-5 Apperance에서 노드 색상 선택 후 Ranking 선택화면(Gephi)

Appearance 창에서 노드의 크기를 결정하기 위해서는 먼저 노드의 크기 일괄(Unique)적용과 순위별(ranking) 적용 중 하나를 선택한다. 첫째, 일괄적용을 선택하였으면 size 버튼을 활용하여 노드의 크기를 선택한다. 기본값은 10이다.

둘째, 순위별 적용을 선택하였으면 먼저 특성을 선택해야 한다. 기본적으로 연결 중심성(Degree), 내향 연결 중심성(In-Degree), 외향 연결 중심성(Out-Degree)이 선택할 수 있는 특성이다. 순위별 적용은 이러한 통계치의 노드 순위에 노드의 크기를 결정하는 방식이다. 특성을 선택한 후에는 최소 크기(Min size)와 최대 크기(Max size)를 결정한다. 기본값은 최소 크기 50 그리고 최대 크기 150이다.

(2) 노드 레이블의 색상과 크기 그리고 폰트(family, style)

Appearance 창에서 노드 레이블의 색상을 결정하기 위해서는 먼저 노드 레이블의 색상 일괄(Unique)적용, 분할(Partition) 적용, 그리고 순위별(ranking) 적용 중 하나를 선택한다. 첫째, 일괄적용을 선택하였으면 팔레트를 이용하여 원하는 노드 레이블의 색상을 정한다.

둘째, 분할 적용을 선택하였으면 어떠한 특성(attribute)에 따라 분할 할지 결정한 후 자동으로 결정된 색상을 적용(Apply)한다. 이러한 특성에 기초하여 나누고자 할 때는 기본적으로 노드 자료에 이러한 특성값이 입력되어 있어야 한다. 예를 들어 성별이 노드의 특성으로 입력된 경우 성별에 따라 나누고 노드 레이블의 색상을 정하여 적용할 수 있다. 그러나 어떠한 노드의 특성도 입력되어 있지 않은 경우는 통계 분석을 통해 산출된 측정치를 활용하여 나눌 수 있다. 예를 들어 연결 중심성 분석을 수행한 후 내향 연결 중심성에 따라 노드를 나누고 노드 레이블의 색상을 결정할 수 있다.

셋째, 순위별 적용을 선택한 때도 먼저 특성을 선택해야 한다. 기본적으로 연결 중심성(Degree), 내향 연결 중심성(In-Degree), 외향 연결 중심성(Out-Degree)이 선택할 수 있는 특성이다. 순위별 적용은 이러한 통계치의 노드 순위에 따라 노드 레이블의 색상을 결정하는 방식이다. 순위별 적용도 통계 분석을 먼저 수행한 후 거기서 산출된 측정치를 활용하여 순위를 정하여 노드 레이블의 색상을 결정할 수 있다. 순위별 색상은 다양한 색을 선택할 수도 있으나 하나의 색(또는 2~3가지 색)의 투명도를 고려하여 순위가 높을수록 진하게 그리고 순위가 낮을수록 연하게 표현하는 방식을 선택할 수 있다.

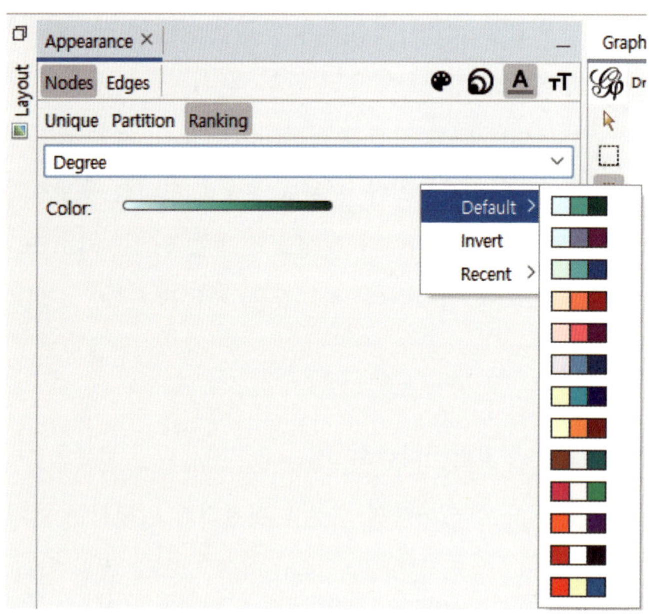

그림 5-6 Apperance에서 노드 레이블 색상 선택 후 Ranking 선택화면(Gephi)

Appearance 창에서 노드 레이블의 크기를 결정하기 위해서는 먼저 노드 레이블의 크기 일괄(Unique)적용과 순위별(ranking) 적용 중 하나를 선택한다. 첫째, 일괄적용을 선택하였으면 size 버튼을 활용하여 노드 레이블의 크기를 선택한다. 기본값은 1이다.

둘째, 순위별 적용을 선택하였으면 먼저 특성을 선택해야 한다. 기본적으로 연결 중심성(Degree), 내향 연결 중심성(In-Degree), 외향 연결 중심성(Out-Degree)이 선택할 수 있는 특성이다. 순위별 적용은 이러한 통계치의 노드 순위에 노드 레이블의 크기를 결정하는 방식이다. 특성을 선택한 후에는 최소 크기(Min size)와 최대 크기(Max size)를 결정한다. 기본값은 최소 크기 1 그리고 최대 크기 1.8이다.

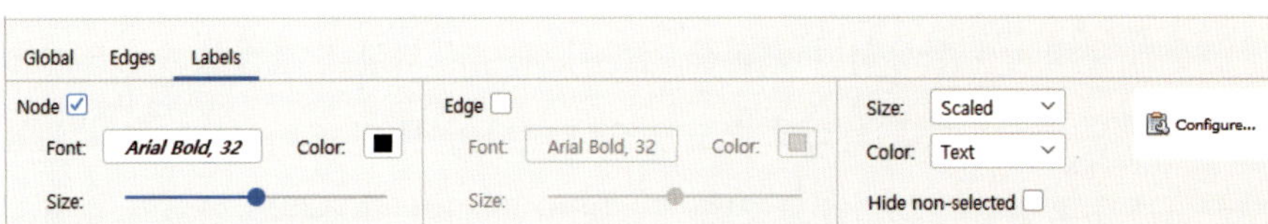

그림 5-7 Apperance에서 노드 레이블 크기 선택화면(Gephi)

Graph 창 밑에서 노드 레이블의 크기와 색상 그리고 폰트를 지정하는 방법은 위에 그림과 같이 두 가지가 있다. 첫째, 그림으로 되어 있는 Arial Bold, 32를 선택하여 원하는 폰트와 크기를 결정하거나 옆에 있는 수직선 바를 마우스로 움직여서 크기를 결정한다. 둘째, 오른쪽 위에 있는 Expand 기능을 활성화하여 위의 그림과 같이 Labels를 선택한 후 다시 Node □에 ∨표시한 후 Font(family, style), Color, 그리고 Size를 결정한다.

1.2.2 에지와 관련된 옵션

(1) 에지의 색상

Appearance 창에서 에지의 색상을 결정하기 위해서는 먼저 에지의 색상 일괄(Unique)적용, 분할(Partition) 적용, 그리고 순위별(ranking) 적용 중 하나를 선택한다. 첫째, 일괄적용을 선택하였으면 팔레트를 이용하여 원하는 에지의 색상을 정한다.

둘째, 분할 적용을 선택하였으면 어떠한 특성(attribute)에 따라 분할 할지 결정한 후 자동으로 결정된 에지의 색상을 적용(Apply)한다. 이러한 특성에 기초하여 나누고자 할 때는 기본적으로 에지 자료에 이러한 특성값이 입력되어 있어야 한다. 예를 들어 관계유형이 에지의 특성으로 입력되었을 때 관계 유형(예, 친구 관계, 연인 관계)에 따라 나누고 색상을 정하여 에지의 색상에 적용할 수 있다. 그러나 어떠한 노드의 특성도 입력되어 있지 않은 경우는 통계 분석을 통해 산출된 측정치를 활용하여 나눌 수 있다.

셋째, 순위별 적용을 선택한 때도 먼저 특성을 선택해야 한다. 특히 에지의 가중치(Weight)가 별도로 입력되면 에지의 가중치 순위를 기반으로 에지의 색상을 정할 수 있다. 이처럼 순위별 적용은 이러한 통계치의 에지 순위에 따라 에지의 색상을 결정하는 방식이다. 순위별 적용도 통계 분석을 먼저 수행한 후 거기서 산출된 측정치를 활용하여 순위를 정하여 에지의 색상을 결정할 수 있다. 순위별 색상은 다양한 색을 선택할 수도 있으나 하나의 색(또는 2~3가지 색)의 투명도를 고려하여 순위가 높을수록 진하게 그리고 순위가 낮을수록 연하게 표현하는 방식을 선택할 수 있다.

(2) 에지 레이블의 색상과 크기 그리고 폰트(family, style)

Appearance 창에서 에지 레이블의 색상을 결정하기 위해서는 먼저 에지 레이블의 색상 일괄(Unique)적용, 분할(Partition) 적용, 그리고 순위별(Ranking) 적용 중 하나를 선택한다. 첫째, 일괄적용을 선택하였으면 팔레트를 이용하여 원하는 에지 레이블의 색상을 정한다.

둘째, 분할 적용을 선택하였으면 어떠한 특성(attribute)에 따라 분할 할지 결정한 후 자동으로 결정된 에지 레이블의 색상을 적용(Apply)한다. 이러한 특성에 기초하여 나누고자 할 때는 기본적으로 에지 자료에 이러한 특성값이 입력되어 있어야 한다. 예를 들어 관계유형이 에지의 특성으로 입력되면 관계 유형(예, 친구 관계, 연인 관계)에 따라 나누고 색상을 정하여 에지 레이블의 색상에 적용할 수 있다. 그러나 어떠한 노드의 특성도 입력되어 있지 않은 경우는 통계 분석을 통해 산출된 측정치를 활용하여 분할 할 수 있다.

셋째, 순위별 적용을 선택한 때도 먼저 특성을 선택해야 한다. 특히 에지의 가중치(Weight)가 별도로 입력되면 에지의 가중치 순위를 기반으로 에지 레이블의 색상을 정할 수 있다. 이처럼 순위별 적용은 이러한 통계치의 에지 순위에 따라 에지 레이블의 색상을 결정하는 방식이다. 순위별 적용도 통계 분석을 먼저 수행한 후 거기서 산출된 측정치를 활용하여 순위를 정하여 에지 레이블의 색상을 결정할 수 있다. 순위별 색상은 다양한 색을 선택할 수도 있으나 하나의 색(또는 2~3가지 색)의 투명도를 고려하여 순위가 높을수록 진하게 그리고 순위가 낮을수록 연하게 표현하는 방식을 선택할 수 있다.

Appearance 창에서 에지 레이블의 크기를 결정하기 위해서는 먼저 에지 레이블의 크기 일괄(Unique)적용과 순위별(ranking) 적용 중 하나를 선택한다. 첫째, 일괄적용을 선택하였으면 size 버튼을 활용하여 에지 레이블의 크기를 선택한다. 기본값은 1이다.

둘째, 순위별 적용을 선택하였으면 먼저 특성을 선택해야 한다. 특히 에지의 가중치(Weight)가 별도로 입력되면 에지의 가중치 순위를 기반으로 에지 레이블의 크기를 할 수 있다. 이처럼 순위별 적용은 이러한 통계치의 에지 순위에 따라 에지 레이블의 크기를 결정하는 방식이다. 특성을 선택한 후에는 최소 크기(Min size)와 최대 크기(Max size)를 결정한다. 기본값은 최소 크기 1 그리고 최대 크기 1.8이다.

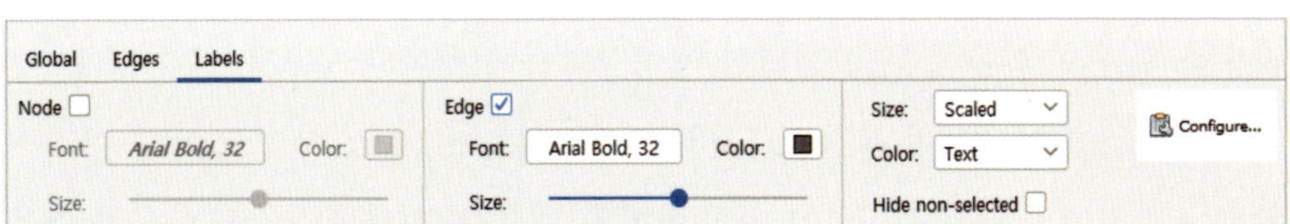

그림 5-8 Apperance에서 에지 레이블 크기 선택화면(Gephi)

Graph 창 밑에서 에지 레이블의 크기와 색상 그리고 폰트를 지정하는 방법은 위의 그림과 같다. 먼저 오른쪽 위에 있는 Expand 기능을 활성화하여 위의 그림과 같이 Labels를 선택한 후 다시 Edge □에 ∨표시한 후 Font(family, style), Color, 그리고 Size를 결정한다.

(3) 에지 화살표의 색상과 크기

기본적으로 에지 화살표의 색상은 에지의 색상과 같은 색상으로 표현된다. 따라서 에지 화살표의 색상을 수정하기 위해서는 에지의 색상을 수정하면 연동하여 수정된다.

에지 화살표의 크기를 지정하는 방법은 Preview 창으로 이동하여 Edge

Arrows의 size에 숫자를 직접 입력하고 Refresh를 선택한다.

1.2.3 전체 그림 편집

(1) 배치방법

Gephi에서는 네트워크 시각화를 위해 다양한 배치방법 선택이 가능하다. 기본적으로 Random, Expansion, Rotate, Fruchterman Reingold, Noverlap (non-overlapping), Force Atlas, Force Atlas 2, Yifan Hu, Yifan Hu Proportioanl 등을 선택할 수 있다. 배치방법은 네트워크 자료의 전체 노드 수와 에지 수 그리고 강조하고자 싶은 네트워크 특성에 따라 선택한다. 웹 블로그 네트워크와 같은 척도 없는 네트워크(scale-free network, small world network)의 경우 Force Atlas 2과 Yifan Hu 배치방법을 먼저 시도한다.

또한, 노드가 많이 겹쳐서 표현될 때는 겹치는 문제를 해결하기 위해서 Noverlap (non-overlapping) 배치 방법을 시도한다. 또한, 노드가 많이 몰려 있는 경우 expansion 배치방법을 이용하여 확대한다. 이처럼 여러 가지 배치 방법을 적용한 후 본인 연구에 가장 적합한 배치방법을 선택한다. Gephi의 가장 큰 장점은 마우스를 이용하여 직접 노드 이동할 수 있는 interactive 기능이다. 따라서 원하는 지점에 노드를 지정하여 배치 방법을 하고자 할 때는 각각의 노드를 마우스를 활용하여 이동하여 전체적인 노드의 배치를 수정할 수 있다. 또한, 특정한 두 노드 사이의 연결 경로를 전체 그림에서 별도의 색상으로 표현하고자 할 때도 화살표 그림 옵션과 비행기 그림 옵션을 이용하여 표현할 수 있다. 즉 화살표 그림 옵션을 선택하고 그런 다음 비행기 그림 옵션을 선택한 후 시작 노드와 끝 노드를 마우스로 선택하면 두 노드 사이의 연결 경로가 다른 색상으로 표현된다.

(2) 확대/축소

Gephi는 Overview와 Preview 창에서 줌 기능을 활용하여 그림을 확대하고 축소할 수 있다. Overview창에서 Graph에 마우스롤 이동하여 마우스 스크롤을 통해 확대와 축소가 가능하다. 이는 Preview창에서도 똑같다. 또한 Preview창에서는 Preview 왼쪽 하단에 zoom - +로 표시된 곳을 선택하면 확대와 축소를 할 수 있다

(3) 배경 색상

Gephi의 기본 배경 색상은 흰색(white)이다. 배경 색상 변경은 Overview와 Preview 창 모두에서 가능하다. Overview 창에서는 Graph 왼쪽 아래에 그림으로 표시된 옵션을 선택하여 배경 색상을 변경할 수 있다. Preview 창에서 Preveiw 왼쪽 아래에 □ Background로 표시된 곳을 선택하면 배경 색상을 변경할 수 있다.

(4) Preview의 Presets

Gephi는 Preview 창에 Presets 기능이 있다. Presets는 크게 Default, Default Curved, Default Straight, Text outline, Black Background, Edges Custom Color, Tag Cloud를 선택할 수 있다.

우선 Default는 노드의 레이블이 포함되어 있지 않은 세팅이다. 그리고 Default Curved는 노드의 레이블이 포함되어 있고 에지를 곡선으로 표현한 세팅이다. 반면 Default Straight는 노드의 레이블이 포함되어 있고 에지를 직선으로 표현한 세팅이다. Text outline는 노드의 레이블을 강조하기 위한 세팅이고 Black Background는 배경 색상을 검은색으로 한 세팅이다. Edges Custom Color는 노드의 모양을 없애고 에지의 색상을 초록색으로 노드 레이블의 색상을 검은색으로 세팅한 것이다.

이상으로 Gephi를 활용하여 횡단 네트워크 시각화하는 방법을 소개하였다. 처음으로 Gephi 소프트웨어를 접하는 경우 전체적인 구성이나 기능을 한눈에 파악하기는 쉽지 않다. 또한, 모든 시각화 기능을 공부하고 나서 횡단 네트워크를 시각화하고자 한다면 쉽게 지칠 수도 있다. 따라서 모든 옵션을 다 공부하고 시각화 실습을 하기보다는 우선은 예제 자료를 활용하여 다양한 시각화 방법을 탐색해 볼 필요가 있다.

시각화 작업은 시간이 오래 걸리고 시행착오가 많은 작업이다. 따라서 네트워크 시각화를 하기 전에 시각화를 통해 핵심적으로 전달하고자 하는 정보가 무엇인지를 생각해 볼 필요가 있다. 특히 네트워크 통계모형을 제시하기 전 단계로 시각화 결과를 보여주고자 할 때는 네트워크 통계모형에서 관심 있는 변수를 중심으로 시각화 작업에 반영할 필요가 있다. 또한, 행위자가 수가 너무 많아서 한눈에 알아보기 쉽지 않으면 하위집단을 식별해서 먼저 하위집단 수준에서 시각화하고 보다 자세한 시각화 결과를 제시하는 것이 좋다.

네트워크 시각화 결과가 너무 복잡하거나 불분명한 경우, 전체적인 배치방법을 변경하면서 다시 한번 시각화 결과를 수정 및 편집해서 질 좋은 시각화 결과를 제시해야 한다.

1.3 Gephi 활용 횡단 네트워크 시각화 예제

Presets 기능의 예시는 다음과 같다. 다음의 그림은 Gephi의 예시 네트워크 자료인 Les Miserables(레 미제라블)을 이용하여 그린 것이다.

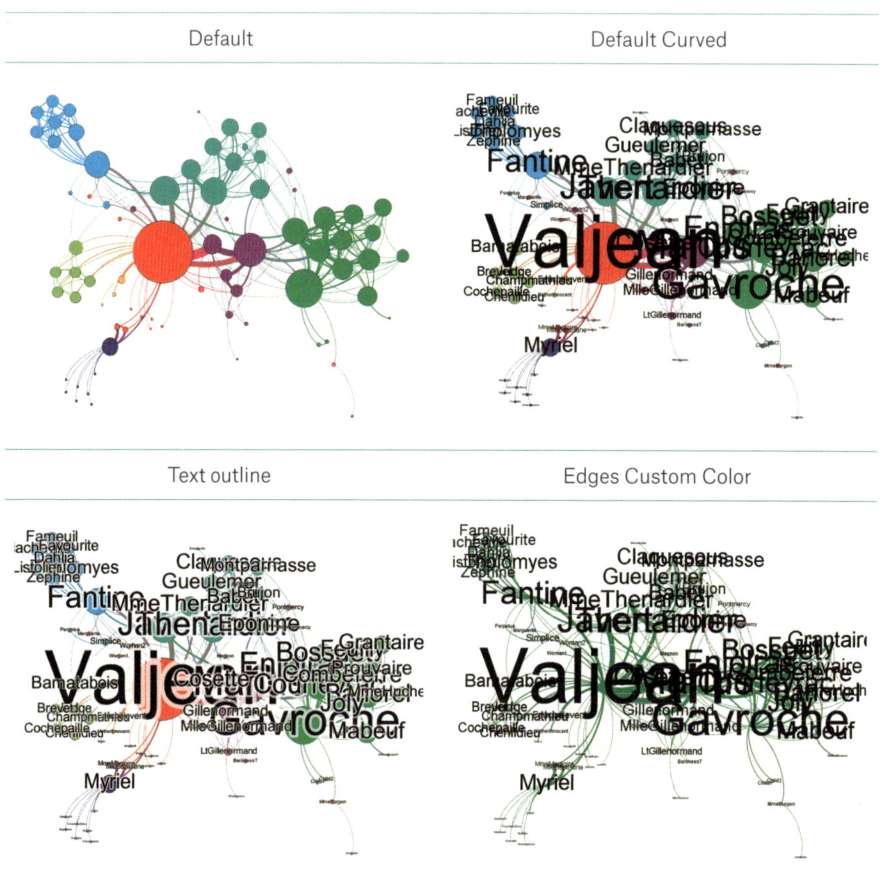

그림 5-9 레 미제라블 소시오그램(Gephi)

제2절

R 활용 횡단 네트워크 시각화

네트워크 자료를 활용하여 네트워크를 시각화하고자 할 때는 먼저 연구목적과 연구 문제에 따라 어느 면을 부각할 것인지를 초점을 두고 시각화를 설계할 필요가 있다. 특히 행위자의 수가 많고 행위자 간의 연결망이 복잡할 때보다 독자의 이해를 돕기 위해서 시각화를 단순화하여 표현할 필요가 있다. 또한, 미학적인 측면을 고려하려 아름다운 시각화를 하고자 할 때는 선행연구의 시각화 예시를 참고하여 다양한 시도를 할 필요가 있다.

igraph를 활용한 네트워크 시각화는 디지털 아트의 일종으로 같은 네트워크 자료를 토대로 질적으로 다른 작품을 산출할 가능성이 매우 크다. 따라서 학술적인 출판을 목적으로 시각화를 설계할 때는 시각디자이너 또는 디지털 아트 전문가의 도움을 받으면 좋을 것이다.

또한 igraph를 활용하여 네트워크 시각화를 설계하기 위해서는 무엇보다도 igraph 패키지의 다양한 옵션을 먼저 알아둘 필요가 있다. 즉 igraph 패키지를 통해 시각화가 가능한 다양한 방법을 먼저 학습한 후 최종적인 시각화 옵션을 명세화하는 과정이 필요하다. 이에 먼저 igraph 패키지에서 가능한 세 가지 plotting 방법을 소개하고 구체적인 옵션에 관해 설명하고자 한다.

공식적으로 그래픽 매개변수를 지정하는 방법을 알아보기 위해서 다음의 도움말을 참조할 수 있다. R 콘솔에서 ?igraph.plotting 명령문을 실행시키면 다음과 같은 내용이 나온다.[8]

'매개변수' 구역에서 아래에 설명된 매개변수에 값을 제공하는 세 가지 방법이 있다.

첫 번째 방법은 plotting 명령문을 plot.igraph, tkplot 그리고 rglplot 순서로 제공하는 것이다. 정점의 매개변수는 접두어 'vertex.'으로 시작하고 선의 매개변수는 접두어 'edge.'를 가지며 전체 매개변수는 접두사가 없다. 예를 들어, 점의 색은 vertex.color를 통해 지정할 수 있는 반면 선의 색을 edge.color으로

8 출처: Gabor Csardi (csardi.gabor@gmail.com)

설정하며 layout은 그래프의 전체 레이아웃을 지정하는데 사용된다.

두 번째 방법은 그래프의 점, 선 및 그래프 속성을 지정하는 것이다. 이 속성에는 접두어가 없다. 점의 색상은 점 속성의 색상에서 가져오며 선 속성은 선 속성 색상에서 가져온다. 그래프의 레이아웃은 레이아웃 그래프 속성에 의해 제공된다(항상 해당 명령 인수가 없다고 가정). 점 및 선 속성 설정은 주어진 '모양'을 그래프에 지정하고, 속성을 그래프와 함께 저장하거나 write_graph를 사용하여 GraphML 형식으로 저장할 때에 유용하다. 이런 과정을 통해 그래프를 다시 로드 하면 같은 모양을 갖게 된다.

세 번째 방법은 만약 매개변수가 명령줄에 제공되지 않고 해당 점 / 선 / 그래프 속성도 누락 된 경우이다. 이런 경우 igraph_options의 일반 igraph 매개변수로 표현된다. 점 매개변수는 접두사 'vertex.'을 가지며, 선 매개 변수 앞에는 'edge.'가 붙고 레이아웃과 같은 일반 매개변수에는 접두사 'plot'이 붙는다. 이러한 매개변수는 모든 그래프 또는 대부분의 그래프가 동일한 모양, 선 크기, 점 색상 등을 갖기를 원할 때 유용하다. 그러나 모든 시각화에서 이들을 설정할 필요가 없으며 또한 점/선 속성을 모든 시각화에 할당할 필요가 없다.

매개변수의 값이 여기에 설명된 세 가지 방법의 하나로 지정되지 않으면 소스 코드에 지정된 대로 기본값이 사용된다. 다른 매개변수는 다른 유형을 가질 수 있다. (예 : 점 색상은 색상 이름이 있는 문자 벡터 또는 현재 팔레트의 색상 번호가 있는 정수 벡터로 지정할 수 있다. 다른 유형은 다른 매개변수에 대해 유효하다. 그러나 항상 매개 변수가 매개 변수의 적절한 값을 얻기 위해 그래프와 함께 단일 인수로 호출되는 함수 개체가 될 수 있다는 것은 항상 사실이다.)

2.1 R 활용 네트워크 시각화 자료 준비

R을 활용하여 완전 네트워크 자료를 시각화하기 위해서 sna 패키지, igraph 패키지 그리고 ggraph 패키지 등을 활용할 수 있다. 네트워크 자료의 시각화를 위해서 먼저 R에서 직접 네트워크 자료를 입력하거나 외부 네트워크 자료를 불러올 필요가 있다. 그런 다음 노드와 에지 관련하여 여러 가지 옵션을 선택할 필요가 있다. 대표적인 노드 관련 옵션은 점의 크기, 색상, 모양, 레이블 등이 있다. 또한, 에지 관련 옵션은 선의 폭, 색상, 모양, 화살표 등이 있다.

2.2 igraph 활용 횡단 네트워크 시각화 개요

igraph 활용 네트워크 자료의 시각화 절차는 행위자 편집, 관계 편집 그리고 전체 그림 편집을 한다. 구체적인 내용은 igraph 명령문 설명을 통해서 하려고 한다.

그림 5-1 네트워크 시각화 절차

먼저 igraph 패키지를 활용하여 네트워크 자료를 시각화하기 위한 명령어는 아래와 같다.

표 5-2 네트워크 시각화 명령어(igraph)

행위자(점, node, vertex)		관계(선, edge, arc)	
명령어	의미	명령어	의미
vertex.size	점의 크기 지정	edge.width	선의 두께 지정
vertex.color	점의 색 지정	edge.color	선의 색 지정
vertex.shape	점의 형태	edge.lty	선의 유형
vertex.frame.color	점의 경계 색 지정		
vertex.label.family	점 레이블 종류	edge.label.family	선 종류
vertex.label.font	점 레이블 폰트	edge.label.font	선 레이블 형
vertex.label.color	점 레이블 색상	edge.label.color	선 레이블 색상
vertex.label.cex	점 레이블 크기		
vertex.label.dist	점 레이블 거리		
vertex.label.degree	점 레이블 위치		
		edge.arrow.size	화살의 크기 지정
		edge.arrow.width	화살의 폭 지정
		edge.arrow.mode	화살 머리 유형
		edge.curved	범위 0-1

2.2.1 행위자(노드, 점) 편집(색상, 모양, 크기, 범례)

행위자를 나타내는 점을 편집하기 위해서는 vertex 매개변수인 'vertex.' 접두어를 사용한다. 이것들은 명령문으로 추가되거나 igraph_options를 통해 추가한다. 매개변수의 값은 모든 점에 유효한 스칼라이거나 각 점에 대해 별도의 값을 갖는 벡터일 수도 있다.

(1) 크기(size)

행위자의 특성 반영하기 위해서 점의 크기를 지정한다. 크기의 기본값은 15이다. 이 기본값은 점에 짧은 레이블을 배치할 만큼 크지만, 자료의 특성에 따라 수정할 필요가 있다. 기본적으로 점의 크기는 숫자 형태의 스칼라 또는 벡터가 될 수 있으며 벡터의 경우 각 점 크기가 다를 수 있다. 이 점 크기는 세 개의 플로팅(plot, tkplot, rglplot) 명령에 대해 주어진 값에 대해 거의 같은 크기의 점을 가지도록 척도화 한다.

(2) 크기2(size2)

일부 점 모양에 대한 점의 '다른' 크기를 설정할 때 사용한다. 크기2의 기본값은 15이다. 다양한 사각형 모양의 경우 크기 2는 점의 높이를 지정하는데 사용될 수 있으며 이때 크기는 사각형 너비를 나타낸다. 단일 숫자로 크기를 지정할 수 있는 모양에서는 무시된다.

(3) 색상(color)

점의 채우기 색을 지정한다. 기본점의 색상은 'SkyBlue2' 이다. 숫자를 사용하면 팔레트가 사용된다. 더욱 자세한 내용은 팔레트를 참조한다. 문자 벡터를 사용할 경우, 3 바이트 또는 4 바이트의 RGB 지정의 색, 정숫값 또는 명명된 색상이 사용된다. 여기서 '#'로 시작하는 모든 문자열은 RGB 색상 지정으로 간주한다. 명명된 색상과 RGB 색상을 혼합할 수 있다. tkplot은 RGB 색상 지정에서 네 번째 바이트 (알파 채널)를 무시한다.

plot.igraph 및 정숫값의 경우 기본 igraph 팔레트가 사용된다 ('팔레트' 매개변수 참조하는데, R 팔레트와 다른 것을 의미한다). (어떤) 점이 색상이 없도록 하려면 NA를 색상 이름으로 지정한다.

(4) 프레임 색상(frame.color)

점의 프레임 색상을 지정한다. 기본 프레임 색상은 '검은색'이다. 점의 프레임 색상은 채우기 색상과 같은 형식이 허용된다. 점의 프레임 색상이 없도록 하려면 색상 이름에 NA를 사용한다.

(5) 모양(shape)

점의 모양을 지정한다. 기본적으로 점은 원으로 그려진다. 현재 '원(circle)', '정사각형(square, csquare)', '사각형(rectangle)', '정사각형(crectangle, vrectangle)', '원형(pie)' (vertex.shape.pie 참조), '구형(sphere)' 및 '없음(none)'이 지원된다. 이러한 모양 지정은 plot.igraph 명령에서만 지원된다. 'none'은 점의 레이블은 표시할지라도 점 자체는 그리지 않을 때 사용할 수 있다. 또한, 점을 원 차트로 사용하고자 할 때는 vertex.shape.pie에 대한 자세한 내용을 참고한다.

"구형(sphere)" 점의 모양은 점을 3D 광선구 표현하는 것이다. 이렇게 하면 raster 이미지가 생성되고 일부 그래픽 장치에서만 지원된다. 일부 장치에서는 raster 투명도가 지원되지 않으며 구체에 투명한 배경이 없다. 장치가 지원되는지 확인하려면 dev.capabilities 및 'rasterImage'기능을 참조한다.

(6) 레이블(label)

점의 상표 즉 레이블을 지정한다. 기본점 레이블은 점의 ID이다. 이러한 레이블은 문자로 전환된다. 그리고 점 레이블을 생략하고자 할 때는 NA로 지정한다.

① 레이블 폰트 패밀리(label.family)

점 레이블에 사용될 폰트 패밀리를 지정한다. 점 레이블 폰트의 기본값은 'serif'이다. 서로 다른 플로팅 명령은 다른 글꼴을 사용할 수 있어서 이 매개변수를 다른 방식으로 해석한다. 그러나 기본 표기법은 plot.igraph와 tkplot에서 모두 이해할 수 있다. 그러나 rglplot은 현재 글꼴을 지원하지 않고 이 매개변수를 완전히 무시한다. 또한 plot.igraph의 경우, 이 매개 변수는 단순히 인수 패밀리로 텍스트로 전달된다. 그리고 tkplot의 경우 일부 변환이 수행된다. 마지막으로 이 매개변수가 exixting Tk 글꼴의 이름이면 해당 글꼴이 사용되고 label.font 및 label.cex 매개 변수가 완전히 무시된다.

② 레이블 글꼴 (label.font)

점 레이블에 사용할 글꼴 내 글꼴을 지정할 때 사용한다. 기본 레이블 글꼴 값은 1로 일반 텍스트(plain text)를 의미한다. 구체적으로 글꼴 그래픽 매개변수 1은 일반 텍스트(plain text), 2는 굵은 글꼴(bold face), 3은 기울임 꼴(italic), 4는 굵게 기울임 꼴(bold and italic)이며 5는 기호 글꼴(symbol font)을 지정한다. plot.igraph의 경우, 이 매개변수는 단순히 텍스트로 전달된다.

tkplot의 경우 label.family 매개변수가 Tk 글꼴의 이름이 아닌 경우 이 매개변수를 사용하여 새로 만든 글꼴을 기울임체 및 / 또는 굵은체로 표시할지를 설정한다. 그렇지 않으면 무시된다. 일반적으로 rglplot의 경우에는 무시된다.

③ 점 레이블 글꼴 크기(label.cex)

점 레이블의 글꼴 크기를 지정한다. 기본점 레이블의 글꼴 크기는 1이다. plot.igraph의 경우 단순히 텍스트에 인수 cex로 전달된다. tkplot의 경우 12로 곱한 다음 tkfont.create의 size 인수로 사용된다. 따라서 기본 글꼴은 tkplot의 경우 12입니다. 그리고 rglplot의 경우 무시된다.

④ 점 중심에서 레이블까지 거리(label.dist)

점의 중심에서 레이블까지의 거리를 지정한다. 기본점의 중심에서 레이블까지의 거리는 0이다. 구체적으로 값이 0인 경우 레이블은 정점의 가운데에 배치된다. 1이면 레이블이 정점 옆에 표시됩니다.

⑤ 점 레이블 위치(label.degree)

점의 중심을 기준으로 점 레이블의 위치를 정의한다. 기본점 레이블의 위치는 -pi / 4이다. 이러한 위치값은 라디안 단위의 각도로 해석되며, 0은 '오른쪽으로', 'pi'는 왼쪽으로, 위로는 -pi/2이고 아래로는 pi/2입니다.

⑥ 레이블 색상(label.color)

레이블의 색상을 정의한다. 기본 레이블 색상은 검은색이다. 가능한 값에 대해 앞서 설명한 색상 정점 매개변수를 참조한다.

2.2.2 관계(에지, 선) 편집(색상, 모양, 크기, 넓이)

선 매개 변수는 인수로 사용되거나 'igraph_options'에 의해 설정 될 때 'edge.'접두사를 추가해야 한다. 구체적인 edge. 매개 변수는 다음과 같다.

(1) 색상(color)

선의 색상을 지정한다. 기본선의 색상은 darkgrey이다. 가능한 선의 색상 값은 점의 색상 값과 같다. 따라서 기본선의 색상을 변경하고자 할 때는 점의 색상 매개변수를 참고하여 선의 색상 변경을 설정할 수 있다.

(2) 너비(width)

선의 너비를 지정한다. 기본선의 너비값은 1이다.

(3) 화살표 크기(arrow.size)

방향성 있는 네트워크의 경우 화살표의 크기를 지정한다. 화살표의 크기의 기본값은 1이다. 현재 이것은 상수이므로 모든 선에 같게 적용된다. 만약 벡터가 제출되면 첫 번째 요소만 사용된다. 이것이 에지 속성으로부터 취해진다면, 첫 번째 에지의 속성만 모든 화살표에 사용되는데, 나중에 변경될 가능성이 있다.

(4) 화살표 너비(arrow.width)

방향성 있는 네트워크의 경우 화살표의 너비를 지정한다. 화살표의 너비의 기본값은 1이다. 현재 이것은 상수이므로 모든 선에 같게 적용된다. 만약 벡터가 제출되면 첫 번째 요소만 사용된다. 이것이 에지 속성으로부터 취해진다면, 첫 번째 에지의 속성만 모든 화살표에 사용된다. 이것은 미래에 변경될 가능성이 있다. 이 인수는 현재 plot.igraph에서만 사용됩니다. 옵션이 igraph에 표시되기 전과 같은 너비를 제공한다.

(5) 선의 유형(lty)

선의 유형을 지정한다. 선 유형의 기본값은 유형 1 (실선)이다. 표준 그래픽의 경우와 거의 같은 형식이 허용되며, 'blank'는 선이 없음을 의미하고 1과 'solid'는 실선을 의미한다. 이처럼 숫자 혹은 문자로 표현할 수 있다. 다른 가능한 값은 2

('dashed'), 3 ('dotted'), 4 ('dotdash'), 5 ('longdash'), 6 ('twodash') 이다.

tkplot은 또한 표준 Tk 행 유형 문자열을 허용하지만 '0' 유형 대신 'blank' 유형을 지원하지 않는다. 그리고 rglplot의 경우 이 인수는 무시된다.

(6) 선의 레이블(label)

선의 레이블을 지정한다. 그러나 기본적으로 선 레이블은 생략된다. 구체적으로 선 레이블을 생략하려면 NA를 지정한다.

① 선 레이블 폰트 패밀리(label.family)

선 레이블의 폰트를 지정한다. 자세한 내용은 점 매개변수를 참조한다.

② 선 레이블 글꼴(label.font)

선 레이블의 글꼴을 지정한다. 자세한 내용은 점 매개변수를 참조한다.

③ 선 레이블 글꼴 크기(label.cex)

선 레이블의 글꼴 크기를 지정한다. 자세한 내용은 점 매개변수를 참조한다.

④ 선 레이블 색상(label.color)

선 레이블의 색상을 지정한다. 색상 지정 방법에 점 매개변수를 참조한다.

⑤ 선 레이블 수평좌표(label.x)

선 레이블의 수평 좌표를 지정한다. NA 요소는 자동으로 계산된 좌표로 대체된다. NULL이면 모든 가장자리 수평 좌표가 자동으로 계산된다. 이 매개변수는 plot.igraph에서만 지원된다.

⑥ 선 레이블 수직좌표(label.y)

선 레이블의 수직 좌표를 지정한다.

(7) 곡선(curved)

선을 곡선으로 그릴지를 지정한다. 논리 또는 숫자 벡터 또는 스칼라가 될 수 있다. 먼저 벡터는 그래프의 선수와 같은 길이로 복제된다. 그런 다음 각 가장자리에 대해 별도로 해석된다. 숫자 값은 선의 곡률을 지정합니다. 제로(0) 곡률은 직선 모서리를 의미하고 음수 값은 모서리가 시계 방향으로 굴곡, 양의 값이 반대 방향을 의미한다. TRUE는 곡률 0.5를 의미하고, FALSE는 곡률 0을 의미한다.

기본적으로 곡률curvatire)을 지정하는 벡터는 curve_multiple 함수를 호출하여 계산된다. 이 함수는 여러 가장자리가 구부러져 있으며 모두 보인다. 이 매개변수는 루프 모서리에서 무시된다. 기본값은 FALSE입니다. 이 매개변수는 현재 rglplot에 의해 무시된다.

(8) 선의 화살표 유형(arrow.mode)

선의 화살표 유형을 지정한다. 이 매개변수가 사용자에 의해 (세 가지 방법의 하나에서) 제공되면 앞으로, 뒤로 화살표 또는 둘 다를 가질 에지를 지정하거나 전혀 화살표를 지정하지 않는다. 보통이 매개변수는 벡터 또는 스칼라값이 될 수 있다. 정수 또는 문자 유형이 될 수 있다. 정수이면 0은 화살표가 없음을 의미하고 1은 뒤로 화살표를 의미하고 2는 앞으로 화살표를 의미하고 3은 양쪽을 의미한다.

문자 벡터인 경우 '〈' 및 '〈-' 는 뒤로, '〉' 및 '-〉'는 앞으로 화살표를 지정하고 '〈〉' 및 '〈-〉' 는 두 화살표를 나타낸다. 다른 모든 값은 화살표가 없음을 의미한다. 화살표를 지정하지 않으려면 '-' 를 사용해야 한다. 기본적으로 방향이 지정되지 않은 그래프에는 화살표가 표시되지 않으며 방향 그래프에는 방향에 따라 각 가장자리에 화살표가 그려진다.

(9) 루프 각도(loop.angle)

루프선을 플로팅 할 각도를 라디안 단위로 지정한다. 기본값은 0이다. 이것이 어떻게 해석되는지 보려면 label.dist vertex 매개변수를 참조한다.

(10) 루프 각도2(loop.angle2)

루프선을 플로팅 할 때 두 번째 각도를 라디안 단위로 지정한다. 기본값은 0으로 이것은 3D에서만 사용되며 loop.angle은 2D로 충분하다.

2.2.3 전체 그림 편집(배치, 여백, 색상, 제목, 범례)

igraph 패키지를 활용하여 네트워크 자료를 시각화하기 위해서 행위자와 행위자 간의 관계를 점과 선으로 표현한다. 이에 점의 옵션과 선의 옵션을 중심으로 앞에서 살펴보았다. 점과 선을 명세화한 후에는 시각화하에서 가장 중요한 것은 전체적인 그래프의 배치 방법이다. 특히 시각화 알고리즘의 학문적인 연구로 그동안 다양한 배치 알고리즘이 제시되었다. 배치 방법을 결정한 후에 최종적인 그래프를 산출하기 위해서는 시각화 그림의 여백을 지정하는 것이다. 그런 다음 전체 그래프의 제목을 지정하고 x축 제목과 y축 제목을 추가하는 것이다.

(1) 배치(layout)

시각화를 위해 점을 배치하는 방법을 지정한다. 기본값은 layout_nicely이며, 그래프를 기반으로 배치를 선택하는 스마트 함수이다. 배치 방법은 layout_randomly, layout_in_circle, layout_with_fr, layout_with_kk 등에서 선택할 수 있다.

숫자형 행렬이면 행렬은 좌표를 지정하는 각 점마다 하나의 행을 가져야 한다. 행렬에는 x 및 y 좌표에 대해 최소한 두 개의 열이 있어야 하며 세 번째 열을 가질 수도 있다. 이 값은 3D 플롯의 z 좌표이며 2D 플롯의 경우 무시된다. 3D 플로팅 함수 rglplot에 대해 두 열 행렬을 주면 세 번째 열은 각 꼭짓점에 대해 1로 가정된다.

배치가 함수이면 이 함수는 그래프를 단일 매개변수로 호출하여 실제 좌표를 결정한다. 이 함수는 2개 또는 3개의 열이 있는 행렬을 반환해야 한다. 2D 플롯의 경우 세 번째 열은 무시된다.

(2) 여백(margin)

시각화 그래프의 여백을 지정한다. 구체적으로 왼쪽, 오른쪽, 위, 아래에 있는 빈 공간의 양을 결정한다. 길이 4 숫자 벡터로 지정한다. 기본값은 0 0 0 0 이다. 일반적으로 0과 0.5 사이의 값은 의미가 있지만 음수 값도 가능하므로 그래프 일부로 플롯이 확대된다. 4보다 짧으면 재활용된다. rglplot은 더 유연한 방식으로 그래프를 확대 및 축소할 수 있으므로 이 매개 변수를 지원하지 않는다.

(3) 팔레트(palette)

점 색상에 사용할 색상 팔레트 기본값은 categorical_pal이다. 자세한 내용 및 다른 팔레트는 해당 안내서 페이지를 참조한다. 이 매개변수는 plot에서만 지원되며 tkplot 및 rglplot에서는 지원되지 않습니다.

(4) 제목

① 총 제목(main)

시각화 그림의 총 제목입니다. annotate.plot igraph 옵션이 FALSE이면 기본값은 비어 있고 그렇지 않은 경우 그래프의 이름은 속성이다. plot에서만 지원됩니다.

② 하위 제목(sub)

시각화 그림의 하위 제목으로 기본값은 비어 있다. plot에서만 지원된다.

③ x축 제목(xlab)

x 축의 제목을 지정한다. annotate.plot igraph 옵션이 FALSE이면 기본값은 비어 있으며, 참인 경우 꼭짓점 및 가장자리 수이다. plot에서만 지원된다.

④ y축 제목(ylab)

y 축 제목을 지정한다. 기본값은 비어 있다. plot에서만 지원된다.

(5) 범례(legend)

시각화 그림에 범례를 추가하기 위해서는 R에서 사용하는 legend() 명령어를 활용한다.

(6) 기타

① 재척도(rescale)

좌표를 [-1,1] x [-1,1] (x [-1,1]) 간격으로 재조정할지 결정한다. 이 매개변수는 tkplot에 대해 구현되지 않는다. 기본값은 TRUE로 설정하면 레이아웃이 다시 조정된다.

② ASP

숫자 상수로 plot에 asp 매개변수인 종횡비를 지정한다. 기본값은 1이다. 가로

세로 비율을 사용하지 않으려면 0을 입력한다. tkplot과 rglplot에서는 무시한다.

③ 프레임 설정(frame)

시각화 그림 주위에 프레임을 넣을지 지정한다. 기본값은 FALSE이다. 부울값으로 프레임을 넣을 때는 TRUE를 사용한다. tkplot과 rglplot은 무시된다.

2.2.4 plot.igraph, tkplot 및 rglplot

plot.igraph는 R 장치에 대한 간단한 비대화 형 2D 플로팅을 수행한다. 이것은 플롯 제네릭 함수의 구현이므로 plot.igraph (graph) 대신 plot(graph)을 작성할 수 있다. 표준 R 장치를 사용함으로 R에 출력 장치가 있는 모든 출력 형식을 지원한다. 이 목록은 PostScript, PDF 파일, XFig 파일, SVG 파일, JPG, PNG와 같다. 물론 기본 장치 또는 멋진 앤티 앨리어싱 카이로 장치(anti-aliased Cairo device)를 사용하여 화면에 시각화할 수도 있다. 자세한 내용은 plot.igraph를 참조한다.

tkplot은 tcltk 패키지를 사용하여 대화형 2D 플로팅을 수행한다. tkplot는 중간 크기의 그래프만 처리할 수 있는데 1,000명의 행위자는 너무 많아 수행이 어렵다. 시각화된 그래프의 일부 매개변수는 tkplot 명령을 실행한 후 점의 위치, 색상 및 크기, 가장자리의 색상 및 너비를 대화식으로 변경할 수 있다. PostScript으로 저장할 수 있다. 자세한 내용은 tkplot을 참조한다. rglplot은 OpenGL을 사용하여 3D로 그래프를 그리는 실험적인 함수이다. 자세한 정보는 rglplot을 참조한다. plot.igraph, tkplot 및 rglplot의 예시는 아래와 같다. 위에서 설명한 것과 같이 plot(g), tkplot(g) 는 2D 그림을 rglpot(g)는 3D 그림을 산출한다.

```
g <- make_ring( 10 )                # 원 그래프 만들기
g$layout <- layout_in_circle        # 원 레이아웃 지정
plot( g )                           # 소시오그램 작성
tkplot( g )                         # 2D 그림 작성
rglplot( g )                        # 3D 그림 작성
```

다음의 그래프에서 소집단을 가진 그래프이다. 먼저 5명이 모두 연결된 그래프를 3개 만든다. 그리고 그러한 소집단이 서로 연결되는 에지를 추가한다. 그리고 소집단에 따라 점의 색상을 다르게 표현한다.

```
# 다섯명이 모두 연결된 그래프 3개 만들기
g <- make_full_graph( 5 ) %du% make_full_graph( 5 ) %du%
make_full_graph( 5 )

# 하위집단이 서로 연결되는 관계 추가
g <- add_edges( g, c( 1, 6, 1, 11, 6, 11 ) )

# 하위집단 식별하기
com <- cluster_spinglass( g, spins = 5 )

# 하위집단에 따라 점의 색상 추가
V(g)$color <- com$membership + 1

# 소시오그램 작성
plot( g,
      layout = layout_with_kk,              # Kamada-Kawai 알고리즘
                                             배치 설정
      main = "Communities in a Graph" )     # 그림 제목 추가
```

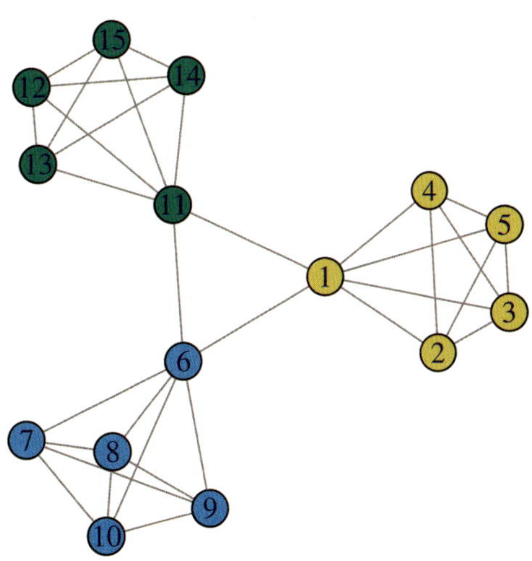

그림 5-10 소집단을 갖는 그래프 소시오그램(R)

다음은 바라바시의 무작위 그래프의 예시이다. 이 무작위 그래프의 30명의 그래프로 전체 그래프의 레이아웃은 Fruchterman Reingold 알고리즘을 사용하고, 점의 크기는 15, 점의 색상은 빨간색, 선의 화살표의 크기는 0.3, 그리고 전체 그래프의 제목은 Barabasi로 하여 작성하였다.

```
g <- barabasi.game( 30 )            # 바라바시 네트워크 자료 생성
plot( g,                            # 소시오그램 작성
      layout = layout_with_fr,      # Fruchterman-Reingold 알고리즘
                                      지정
      vertex.size = 15,             # 점의 크기 지정
      vertex.color = "red",         # 점의 색상 지정
      edge.arrow.size = 0.3,        # 점의 화살표 크기 지정
      main = 'Barabasi' )           # 제목 추가
```

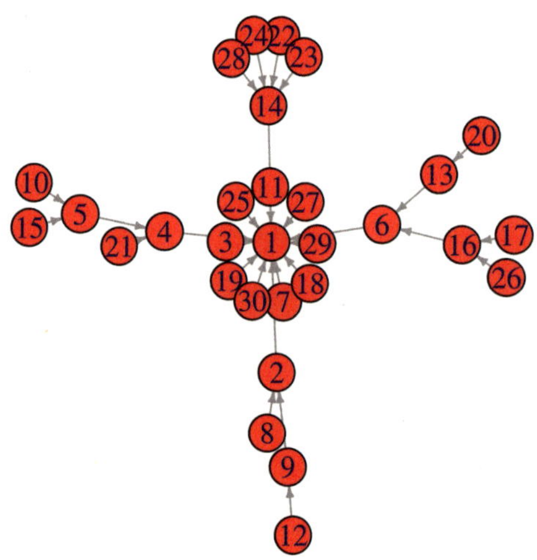

그림 5-11 바라바시의 무작위 그래프 소시오그램(R)

다음의 노드의 멤버십에 따라 다른 색상을 가지는 무작위 그래프를 그리고 다양한 레이아웃 방식으로 그린 그래프이다. 먼저 무작위 그래프는 100명의 행위자가 1/100 확률을 가지고 연결되도록 생성되었다. 그런 다음 노드의 멤버십을 구분하였다. 그런 다음 노드의 멤버십에 따라 무지개색을 할당하고 이러한 정보를 점의 색상으로 지정하였다.

첫 번째 무작위 그래프는 igraph 패키지의 레이아웃 기본값은 nicely 레이아웃 방법을 이용한 그림이다. 두 번째 무작위 그래프는 격자 레이아웃을 활용하여 그린 그림이다. 세 번째 무작위 그래프는 Kamada-Kawai 알고리즘 레이아웃을 활용하여 그린 그림이다. 네 번째 무작위 그래프는 레이아웃도 무작위 방법을 이용한 그림이다. 다섯 번째 무작위 그래프는 원형 레이아웃을 활용하여 그린 그림이다. 여섯 번째 무작위 그래프는 Fruchterman와 Reingold 알고리즘 레이아웃을 활용하여 그린 그림이다.

```
g <- sample_gnp( 100, 1 / 100 )
comps <- components( g )$membership
colbar <- rainbow( max( comps ) + 1 )
V( g )$color <- colbar[ comps + 1 ]

op <- par( mar = c( 0, 0, 3, 0 ), mfrow =c( 1, 3 ) )
plot( g, vertex.size = 5, vertex.label = NA, layout =
         layout_nicely,  main = 'Nicely(default)' )
plot( g, vertex.size = 5, vertex.label = NA, layout =
         layout_on_grid, main = 'Grid' )
plot( g, vertex.size = 5, vertex.label = NA, layout =
         layout_with_kk, main = 'Kamada-Kawai' )
par( op )
```

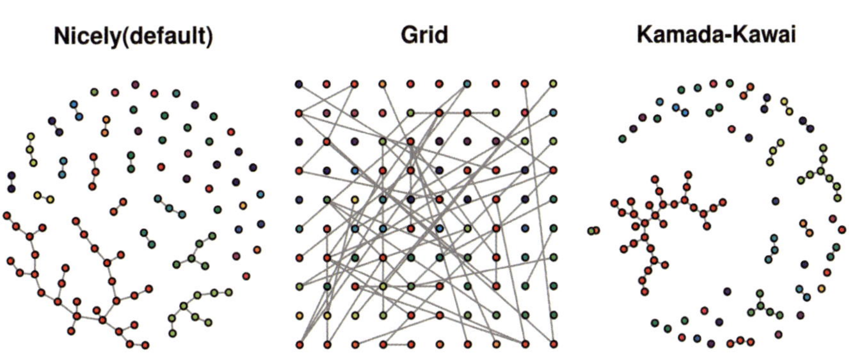

그림 5-12 기본값, Grid, Kamada와 Kawai 레이아웃에 따른 소시오그램(R)

```
op <- par( mar = c( 0, 0, 3, 0), mfrow = c( 1, 3 ) )
plot( g, vertex.size = 5, vertex.label = NA, layout =
        layout_randomly, main = 'Random' )
plot( g, vertex.size = 5, vertex.label = NA, layout =
        layout_in_circle, main = 'Circle' )
plot( g, vertex.size = 5, vertex.label = NA, layout =
        layout_with_fr, main = 'Fruchterman-Reingold' )
par( op )
```

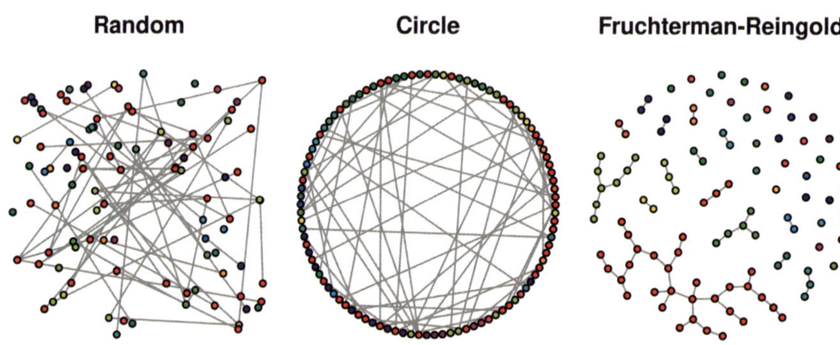

그림 5-13 임의, 원형, Fruchterman와 Reingold 레이아웃에 따른 소시오그램(R)

다음은 igraph_options를 사용하여 레이아웃을 설정하여 나무 구조의 그림을 그리는 것이다. 먼저 igraph_options을 (plot.layout=layout_as_tree) 사용한다. 그런 다음 plot() 명령문을 활용하여 다음과 같은 그림을 그린다.

```
plot( make_tree ( 31, 2, mode = "undirected" ), layout =
      layout_as_tree, vertex.size = 14, vertex.color = "green",
      main = "Tree Graph" )
```

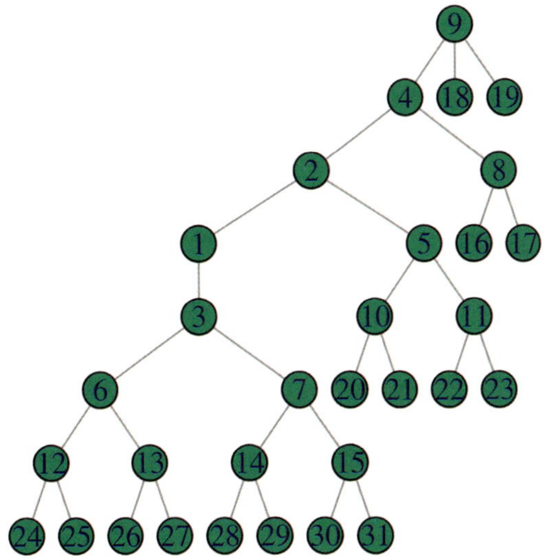

그림 5-14 나무 레이아웃에 따른 소시오그램(R)

2.3 igraph 활용 횡단 완전 네트워크 시각화 예제

igrah를 활용한 횡단 왼전 네트워크 시각화 예제는 완전 네트워크 유형에 따라 제시하고 한다. 구체적으로 완전 네트워크 유형은 첫째, 완벽한 규칙을 기반으로 한 완전 네트워크가 있다. 대표적으로 밀도 0인 네트워크, 밀도 1인 네트워크, 스타 네트워크, 원 네트워크, 나무 네트워크의 시각화 방법을 소개하고자 한다. 둘째, 완벽한 임의성을 기반으로 한 완전 네트워크가 있고, 에르도스 뢰니의 임의 그래프의 시각화 방법을 소개하고자 한다. 셋째, 사회과학 연구 대상인 네트워크는 완벽한 형태를 보이거나 완전한 임의성을 가지는 네트워크보다는 규칙과 임의성을 동시에 가지고 있는 네트워크가 있으며, 이러한 완전 네트워크로는 대표적으로 선호적 연결모형이나 작은 세상 모형의 시각화 방법을 제시하고자 한다.

2.3.1 완벽한 패턴 기반 완전 네트워크

(1) 밀도 0 네트워크(empty graph)

밀도 0인 빈 그래프를 만드는 명령어는 make_empty_graph()이다. 예를 들어 노드 30개의 연결이 없는 빈 그래프를 만드는 방법은 다음과 같다.

```
# 밀도 0 네트워크 자료생성 및 소시오그램 생성
g <- make_empty_graph( 30 )
plot( g, vertex.size = 10, vertex.label = NA, layout =
      layout_in_circle )
```

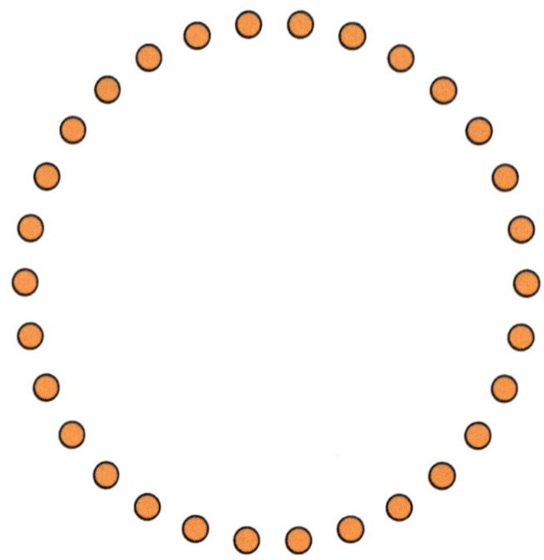

그림 5-15 밀도 0 네트워크 소시오그램(R)

(2) 밀도 1 네트워크 (full graph)

밀도 1인 완전한 그래프를 만드는 명령어는 make_full_graph()이다. 예를 들어 노드 30개의 모두 연결된 완전한 그래프를 만드는 방법은 다음과 같다.

```
# 밀도 1 네트워크 자료생성 및 소시오그램 생성
g <- make_full_graph( 30 )
plot( g, vertex.size = 10, vertex.label = NA, layout = layout_nicely )
```

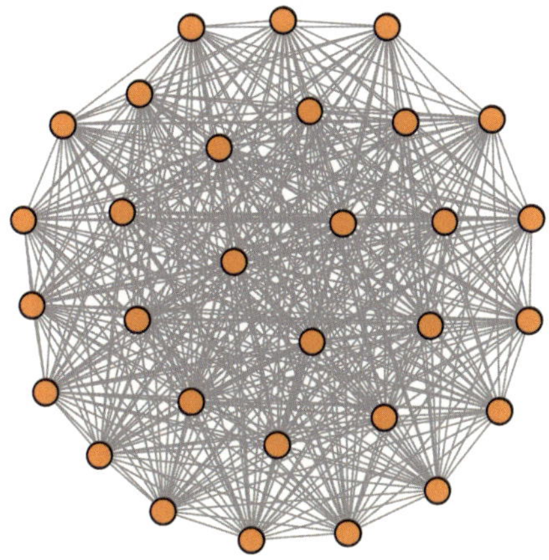

그림 5-16 밀도 1 네트워크 소시오그램(R)

(3) 스타 네트워크 (star graph)

하나의 노드에만 모두 연결된 그래프를 만드는 명령어는 make_star()이다. 예를 들어 노드 30개 중에 하나의 노드에만 연결된 그래프를 만드는 방법은 다음과 같다.

```
# 스타 네트워크 자료생성 및 소시오그램 생성
g <- make_star( 30 )
plot( g, vertex.size = 10, vertex.label = NA, layout =
      layout_as_star )
```

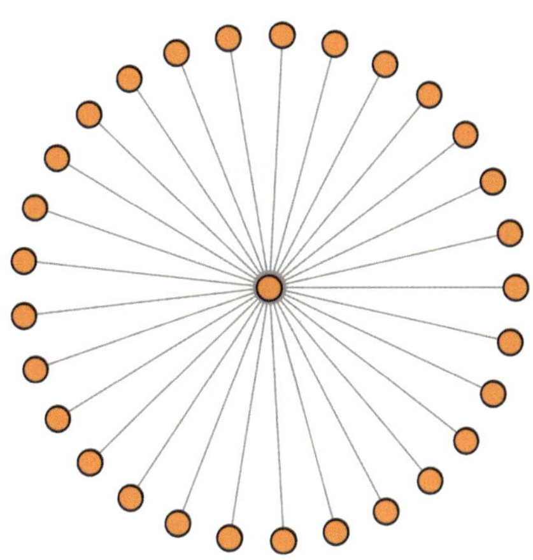

그림 5-17 스타 네트워크 소시오그램(R)

(4) 원 네트워크 (ring graph)

원 네트워크를 만드는 명령어는 make_ring()이다. 예를 들어 30명의 노드가 원 모양으로 연결된 네트워크는 다음과 같다.

```
# 원 네트워크 자료생성 및 소시오그램 생성
g <- make_ring( 30 )
plot( g, vertex.size = 10, vertex.label = NA, layout =
      layout_in_circle )
```

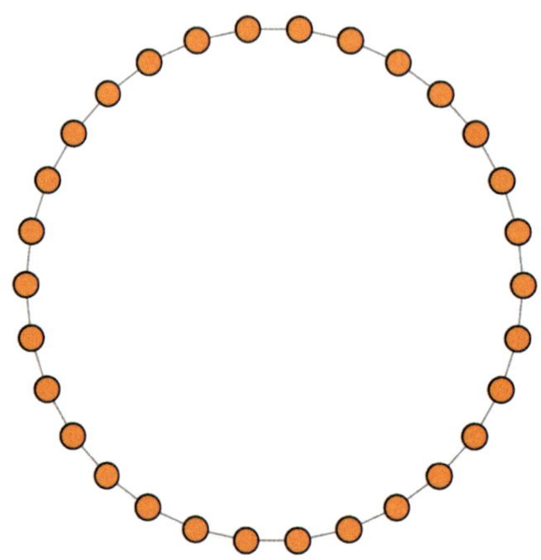

그림 5-18 원 네트워크 소시오그램(R)

(5) 나무 네트워크 (tree graph)

나무 네트워크를 만드는 명령어는 make_tree()이다.

```
# 나무 네트워크 자료생성 및 소시오그램 생성
g <- make_tree( 40, children = 3, mode = “undirected” )
plot( g, vertex.size = 10, vertex.label = NA, layout =
      layout_as_tree )
```

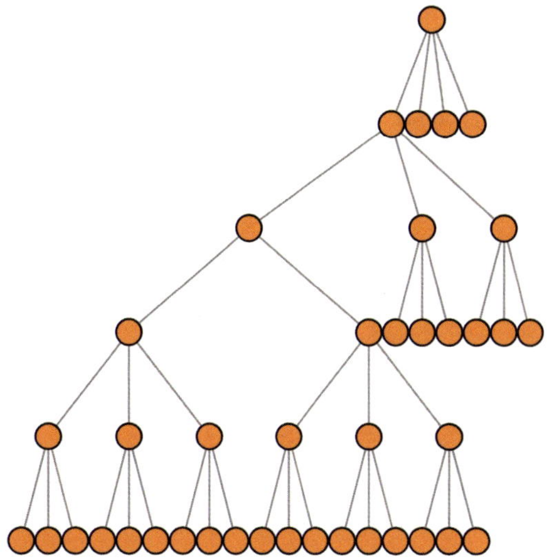

그림 5-19 나무 네트워크 소시오그램(R)

2.3.2 완벽한 임의성 기반 완전 네트워크 모형

(1) Erdos-Renyi random graph model

에르도스 뢰니의 임의 그래프를 만드는 명령어는 sample_gnm(n= , m=) 이다. 여기서 n는 노드 수를 의미하고 m은 에지 수를 의미한다. 예를 들어 100 노드의 에지가 10개인 경우는 다음과 같다.

```
# 에르도스 뢰니의 임의 네트워크 자료생성 및 소시오그램 생성
g <- sample_gnm( n = 100, m = 10 )
plot( g, vertex.size = 5, vertex.label = NA, layout = layout_nicely )
```

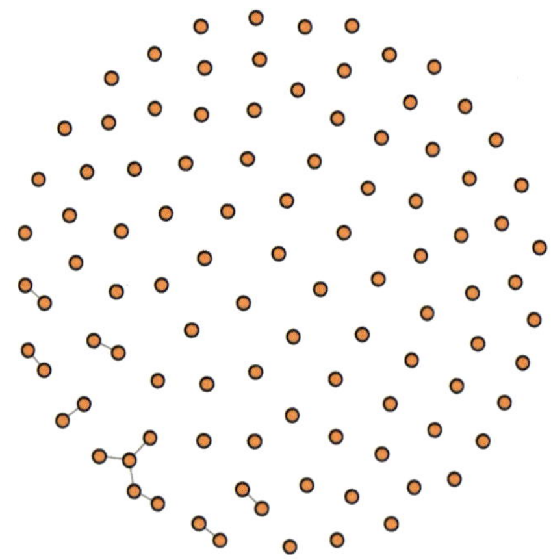

그림 5-20 에르도스 뢰니의 임의 그래프 소시오그램(R)

2.3.3 임의성+패턴 기반 완전 네트워크 모형

(1) 선호적 연결 모형(Barabasi-Albert preferential attachment model for scale-free graphs)

바라바시 알버트 라슬로(Barabasi Albert-Laszlo)의 선호적 연결모형을 만드는 명령어는 sample_pa(n= , power= , m=) 이다. 여기서 n는 노드 수를 의미하고 power는 선호적 연결을 의미하며 m은 각 시간 단계에서 추가된 에지의 수이다. 예를 들어 100 노드의 선호적 연결모형은 다음과 같다.

```
# 선호적 연결 모형 네트워크 자료생성 및 소시오그램 생성
g <-  sample_pa( n = 100, power = 1, m = 1, directed = F )
plot( g, vertex.size = 5, vertex.label = NA, layout = layout_nicely )
```

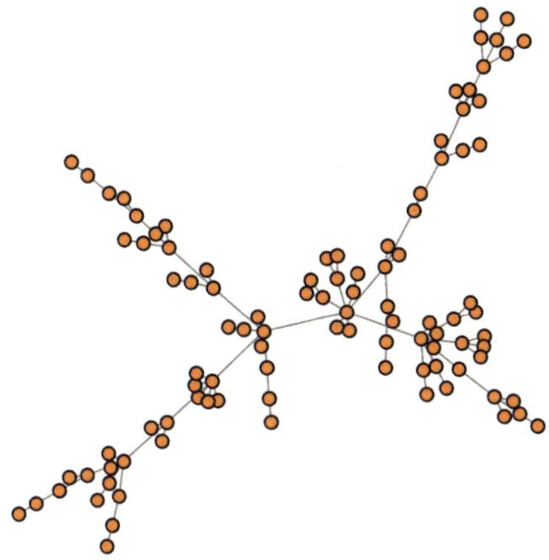

그림 5-21 바라바시 알버트의 선호적 연결모형 소시오그램(R)

(2) 작은 세상 모형(Watts-Strogatz small-world model)

워트 스트로츠의 작은 세상 모형을 만드는 명령어는 sample_smallworld(dim= , size= , nei= , p=)이다. 격자에 치수와 치수 노드가 있는 격자를 만들고 확률 p로 무작위로 가장자리를 재배열한다. 모서리가 연결되어있는 근처는 nei이다.

```
# 작은 세상 모형 네트워크 자료생성 및 소시오그램 생성
g <- sample_smallworld( dim = 2, size = 10, nei = 1, p = 0.1 )
plot( g, vertex.size = 5, vertex.label = NA, layout =
      layout_in_circle )
```

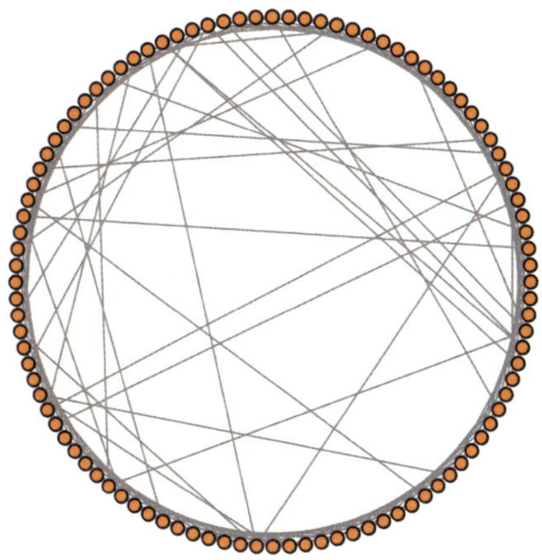

그림 5-22 워트 스트로츠의 작은 세상 모형 소시오그램(R)

작은 세상 모형은 다음 그림과 같이 임의성과 규칙의 중간 정도의 위치한 모형이다.

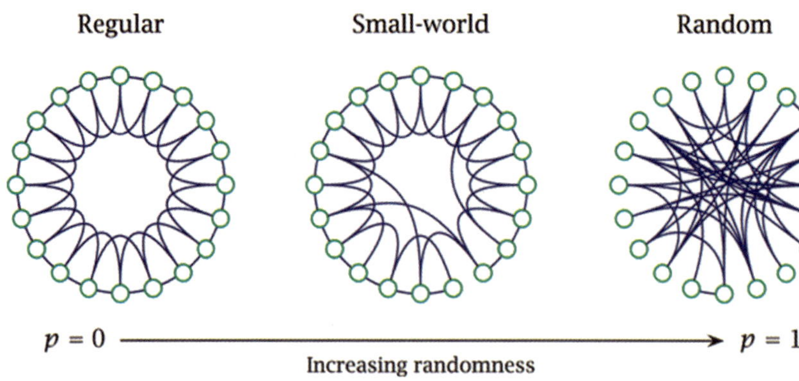

그림 5-23 임의성 증가에 따른 워트 스트로츠의 작은 세상 모형 소시오그램
출처: http://anesthesiology.pubs.asahq.org/article.aspx?articleid=2043029

2.4 tidygraph와 ggraph 활용 횡단 완전 네트워크 시각화 예제[9]

네트워크 시각화는 그동안 igraph패키지를 많이 사용하였으나, 최근에는 tidygraph와 ggraph 패키지를 활용하여 시각화 한다. 구체적인 횡단 네트워크 시각화 명령어 비교표는 다음과 같다.

표 5-3 네트워크 시각화 명령어(igraph와 tidygrap 그리고 ggraph)

	igraph	tidygraph / ggraph

네트워크 객체 생성	`graph_from_data_frame()`
	`vertices: node list`
	`d: edge list`
	`directed: T or F`
		`tbl_graph()`
		`nodes: nodes`
		`edges: edges`
		`directed: T or F`

소시오그램 작성	`set.seed()`
	`plot()`
		`geom_node_point()`
		`geom_edge_link()`
		`geom_node_text()`
		`labs()`

....

9 출처: Kassambara, A. (2017). Network Analysis and Visualization in R: Quick Start Guide. Kindle Edition.

특히 tidygraph와 ggraph 패키지를 활용하기 위해서 먼저 패키지를 설치한다. 네트워크 자료는 navdata 패키지에 포함된 자료를 활용한다. navdata 패키지는 깃헛을 통해 설치한다.

```
# 관련 패키지 설치
if ( !require( devtools ) ) install.packages( “devtools” )
    devtools::install_github( “kassambara/navdata” )

install.packages( c( “tidyverse”, “igraph”, “tidygraph”, “ggraph” ) )
```

네트워크 자료 분석을 위해 문자 id 에지리스트 파일에서 숫자 id 노드리스트와 숫자 id 에지리스트 파일을 생성한다. 먼저 노드 리스트는 id와 label 형식으로 만든다.

```
# 숫자 id 노드리스트와 숫자 id 에지리스트 파일 생성
library( navdata )
data( phone.call )

library( tidyverse )
sources <- phone.call %>%
   distinct( source ) %>%
   rename( label = source )

destinations <- phone.call %>%
   distinct( destination ) %>%
   rename( label = destination )

nodes <- full_join( sources, destinations, by = “label” )
nodes <- nodes %>%
   mutate( id = 1:nrow( nodes ) ) %>%
   select( id, everything() )
```

숫자 id 에지 리스트는 from to weight 형식 즉 삼항 형식인 *i j x* 로 만든다.

```
# 삼항 형식(from, to, weight)의 네트워크 자료로 변환
library( tidyverse )
phone.call <- phone.call %>%
   rename( weight = n.call )

edges <- phone.call %>%
   left_join( nodes, by = c( "source" = "label" ) ) %>%
   rename( from = id )

edges <- edges %>%
   left_join( nodes, by = c( "destination" = "label" ) ) %>%
   rename( to = id )

edges <- select( edges, from, to, weight )
```

비교를 위해 igraph 패키지를 활용한 네트워크 객체 생성 및 소시오그램 작성은 다음 명령문과 같다.

```
# igraph 패키지를 활용한 네트워크 객체 생성 및 소시오그램 작성
library( igraph )
net.igraph <- graph_from_data_frame( vertices = nodes,
                                      d = edges,
                                      directed = T )

set.seed( 123 )
plot( net.igraph, vertex.size = 30, vertex.label.cex = 5,
      edge.arrow.size = 0.7, layout=layout_with_graphopt )
```

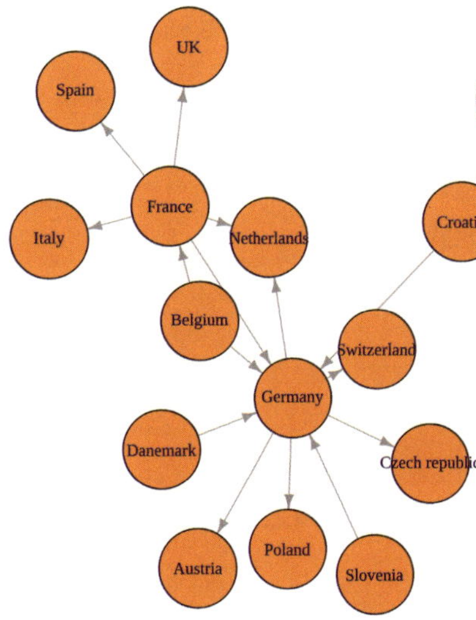

그림 5-24 가상의 자료를 활용한 유럽 국가간 통신 소시오그램(igraph)

tidygraph와 ggraph 패키지를 활용한 네트워크 객체 생성 및 소시오그램 작성은 다음 명령문과 같다.

```
# tidygygraph와 ggraph 패키지를 활용한 네트워크 객체 생성 및
소시오그램 작성
library( tidygraph )
net.tidy <- tbl_graph( nodes = nodes,
                       edges = edges,
                       directed = T )

library( ggraph )
ggraph( net.tidy, layout = "graphopt" ) +
        geom_node_point() +
        geom_edge_link( aes( width = weight ), alpha = 0.8 ) +
        scale_edge_width( range = c( 0.2, 2 ) ) +
        geom_node_text( aes( label = label ), repel = T) +
        labs( edge_width = "phone.call" ) +
        theme_graph()
```

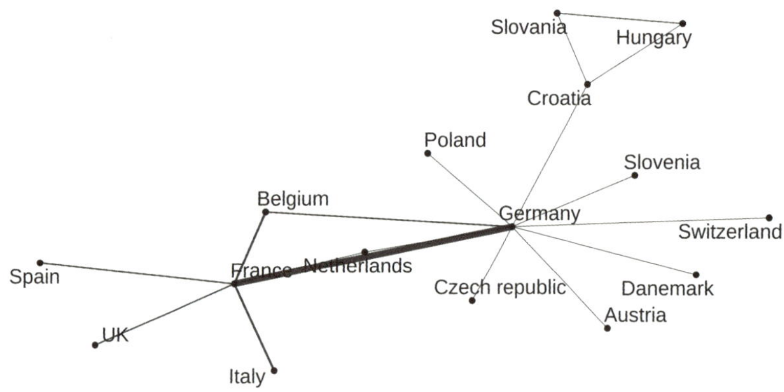

그림 5-25 유럽 국가 간 통신 네트워크(모의 자료)의 소시오그램(ggraph)

```
# 중심성을 반영한 유럽 국가 간 가상의 통신 네트워크의 소시오그램
library( ggraph )
set.seed( 123 )
net.tidy %>%
    activate( nodes ) %>%
    mutate( centrality = centrality_authority() ) %>%
    ggraph( layout = "graphopt" ) +
    geom_edge_link( width = 1, colour = "lightgray" ) +
    geom_node_point( aes( size = centrality, colour = centrality ) ) +
    geom_node_text( aes( label = label), repel = TRUE ) +
    scale_color_gradient( low = "yellow", high = "red" ) +
    theme_graph()
```

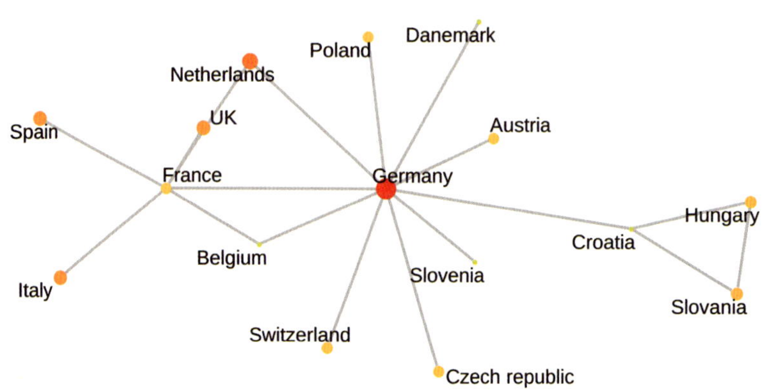

그림 5-26 위세중심성을 반영한 유럽 국가 간 통신 네트워크(모의자료)의 소시오그램(ggraph)

선 그래프로 작성하고자 할 때는 다음의 명령문을 활용한다.

```
# 유럽 국가 간 가상의 통신 네트워크의 소시오그램(선 형태 배치)
ggraph( net.tidy, layout = "linear" ) +
        geom_edge_arc( aes( width = weight), alpha = 0.8 ) +
        scale_edge_width( range = c( 0.2, 2) ) +
        geom_node_text( aes( label = label), repel = TRUE ) +
        labs( edge_width = "Number of calls" ) +
        theme_graph() +
        theme( legend.position = "top" )
```

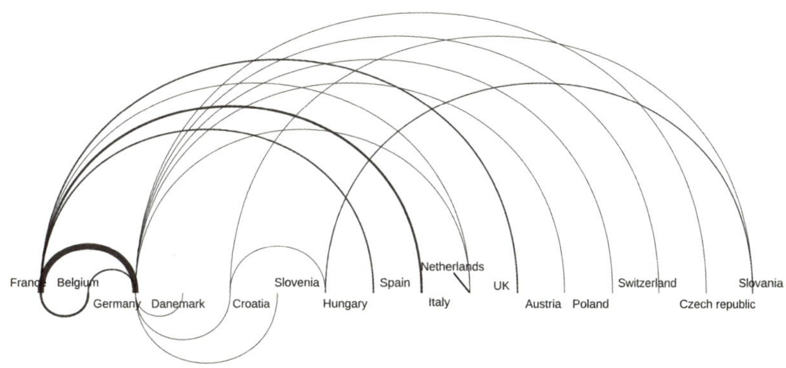

그림 5-27 유럽 국가 간 통신 네트워크(모의 자료)의 소시오그램(선 형태, ggraph)

선 그래프를 원모양으로 레이아웃 하로가 할 때는 circular = T 기능을 활용한다.

```
# 유럽 국가 간 가상의 통신 네트워크의 소시오그램(원 형태 배치)
ggraph( net.tidy, layout = "linear", circular = TRUE ) +
        geom_edge_arc( aes( width = weight ), alpha = 0.8 ) +
        scale_edge_width( range = c( 0.2, 2 ) ) +
        geom_node_text( aes( label = label ), repel = TRUE ) +
        labs( edge_width = "Number of calls" ) +
        theme_graph() +
        theme( legend.position = "top" )
```

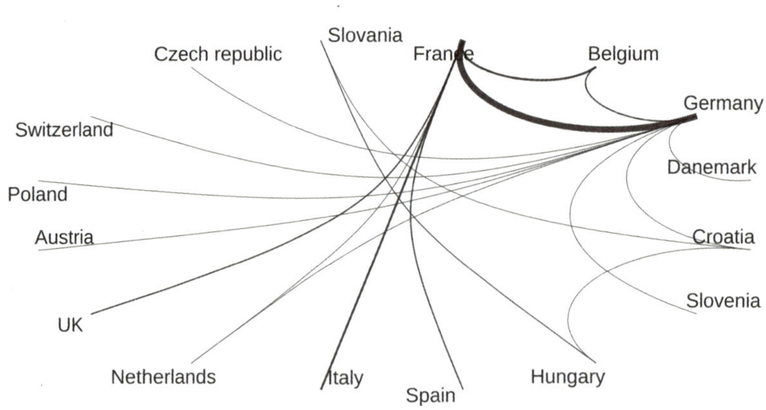

그림 5-28 유럽 국가 간 통신 네트워크(모의 자료)의 소시오그램(원 형태, ggraph)

제3절

파이썬 활용 횡단 네트워크 시각화

파이썬에서 네트워크 관련 패키지를 비교한 표는 다음과 같다. 구체적으로 igraph 패키지는 R과 파이썬에서 모두 사용이 가능하며 고급 레이아웃와 커뮤니티가 내장되어 있으나 오픈 MP(open Multi-Processing: 공유 메모리 다중 처리 프로그래밍 API)는 지원하지 않는다. 또한 NetworkX 패키지는 파이썬 전용으로 설치가 용이하나 고급 레이아웃과 커뮤니티가 내장되어 있지 않으며 오픈 MP도 지원하지 않는다. 반면 NetworkKit와 graph-tool 패키지는 오픈 MP을 사용할 수 있으며 고급 레이아웃과 커뮤니티가 내장되어 있다.

표 5-4 파이썬 네트워크 관련 패키지 비교[10]

	graph-tool	iGraph	NetworkX	NetworkKit
실행 언어	C/C++	C/C++	파이썬	C/C++
사용언어	파이썬	C, R, 파이썬	파이썬	파이썬, C++
설치노력	어려움	중간	쉬움	중간
오픈 MP 지원 (Open Multi-Processing)	예	아니요	아니요	예
상대적인 감속	1	1--4	40-135	N/A
빌트인 커뮤니티	예	예	아니요	예
빌트인 고급 레이아웃	예	예	아니요	예

3.1 파이썬 활용 횡단 네트워크 시각화 자료 준비

파이썬에서 NetworkX 패키지를 활용하여 네트워크 자료를 직접 입력하는 방법은 먼저 빈 그래프를 만들고 노드를 추가하고 마지막으로 에지를 추가한다. 즉 방향성이 없는 빈 그래프를 만드는 함수는 Graph()로 먼저 빈 Graph()를 만들어서 G에 저장한다.

3.1.1 노드 추가하기

빈 그래프에 노드를 추가하는 방법은 add_nodes_from() 함수를 사용한다. 따라서 단순 방향성 있는 네트워크인 D에 1, 2, 3의 이름으로 된 노드를 추가할 경우는 리스트 기능을 활용한다. 입력된 노드를 확인하기 위해서 nodes() 함수를 사용한다.

3.1.2 에지 추가하기

빈 그래프에 에지를 추가하는 방법 중 여러 에지를 한꺼번에 입력하고자 할 때는 add_edges_from() 함수를 활용한다. 입력된 에지를 확인하기 위해서 edges() 함수를 활용하고 추가된 노드와 에지의 수를 확인하기 위해서는 number_of_nodes() 함수와 number_of_edges() 함수를 사용한다.

3.1.3 노드에 속성 추가하기

입력한 노드의 속성을 한꺼번에 입력하고자 할 때는 add_nodes_from() 함수를 이용한다.

3.1.4 에지에 속성 추가하기

입력한 에지의 속성을 부여하는 방법 중 한꺼번에 입력하는 방법은 먼저 에지를 relations = ([('david', 'paul'), ('david', 'jesus'), ('paul', 'jesus'), ('jesus', 'paul')])처럼 별도로 저장한 후 D.add_edges_from(relations, frequency = 2)처럼 입력

....

10 출처: Zinoviev, D. (2018). Complex Network Analysis in Python. Pragmatic Bookshelf. Kindle Edition.

할 수 있다.

3.1.5 Gephi와 NetworkX 파일 호환

NetworkX에서 Gephi 파일을 불러오는 형식으로 호환이 가능하다. 구체적으로 Gephi에서 작성한 그래프 파일을 GraphML 형식으로 내보내기 해서 저장하면 NetworkX 패키지에서 사용할 수 있다.

3.1.6 matplotlib 패키지 사용시 한글 레이블 깨짐 해결

matplotlib.pyplot.show() 사용할 때 네트워크 시각화에서 한글 레이블이 깨져서 나오는 경우가 있는데, 그랬을 때는 한글 폰트를 내려받고 font_family=' '를 지정해 주어야 한다(박건영, 2018). 특히 구글 코랩에서 이러한 한글 깨짐 문제를 해결하고자 할 때는 다음 코드를 먼저 실행한 후 런타임을 다시 시작하고 밑의 코드만 실행하면 된다(그림 5-29 참조).

```
!sudo apt-get install -y fonts-nanum
!sudo fc-cache -fv
!rm ~/.cache/matplotlib -rf
```

```
import networkx as nx
import matplotlib.pyplot as plt
plt.rc('font', family = 'NanumBarunGothic')
D = nx.DiGraph()
D.add_edges_from( [ ( "민석", "민정" ), ( "민석", "은주" ),
                  ( "민정", "은주" ) ] )
nx.draw( D, with_labels = True, font_family = 'NanumBarunGothic' )
```

3.2 NetworkX 활용 횡단 네트워크 시각화 개요

NetworkX 패키지를 활용하여 네트워크 자료를 시각화하기 먼저 networkx와

matplotlib 패키를 설치하고 불러온다. 파이썬 명령어는 아래와 같다.

```
pip install networkx
pip install matplotlib
import networkx as nx
import matplotlib.pyplot as plt
```

패키지를 설치하고 불어온 후에 NetworkX 패키지를 활용하여 네트워크 자료를 시각화하기 위한 명령어는 아래와 같다.

표 5-5 네트워크 시각화 명령어(NetworkX)

점(node): draw_networkx_nodes()		선(edge): draw_networkx_edges()	
node_size	점의 크기 지정	width	선의 두께 지정
node_color	점의 색 지정	edge_color	선의 색 지정
		style	선의 유형
alpha	점의 경계 색 지정	alpha	
draw_networkx_labels()		draw_networkx_edge_labels()	
font_family	점 레이블 폰트	arrowsize	화살의 크기 지정
font_size	점 레이블 폰트크기	arrowstyle	화살 머리 유형

3.2.1 네트워크 시각화

NetworkX 패키지를 활용하여 네트워크 자료를 시각화하기 위해서 사용하는 함수는 draw()이다. 기본적인 시각화는 단순히 노드와 에지를 있는 자료 그대로 표현하는 것이다.

첫 번째 줄은 방향성 있는 빈 그래프를 작성하여 'D' 이름으로 저장의미이며, 두 번째 줄은 방향성 있는 관계를 추가하라는 의미이며, 세 번째 줄은 방향성 있는 네트워크를 그리라는 의미이며, 네 번째 줄은 이러한 그림을 show() 함수를 활용하여 시각화하라는 의미이다.

```
D = nx.DiGraph()
D.add_edges_from( [ ( 1, 2 ), ( 1, 3 ), ( 2, 3 ) ] )
```

```
nx.draw( D, with_labels = True )
plt.show()
```

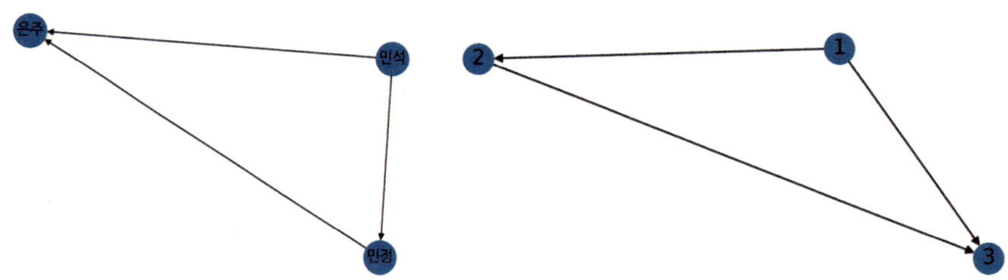

그림 5-29 삼자관계 소시오그램(파이썬)

3.2.2 Degree에 따른 노드의 크기 변화

네트워크의 중심성 정보를 활용하여 시각화하고자 할 때는 먼저 네트워크의 중심성을 계산하여 그 값을 시각화하에 적용한다. 연결 중심성의 기반으로 노드의 크기를 산출하여 시각화하고자 할 때 node_size 함수를 활용할 수 있다. 구체적으로 살펴보면, 첫 번째 줄이 방향성 있는 빈 그래프를 작성하여 D라는 이름으로 저장하는 것이며, 두 번째 줄이 방향성 있는 관계를 추가하는 것이며, 세 번째 줄이 연결 중심성을 계산하여 'degree'로 저장하는 것이며, 네 번째 줄이 노트의 크기(node_size)를 degree 값을 반영하여 그림을 그리는 것이며. 마지막으로 다섯 번째 줄에 show() 함수가 이러한 그림을 보여 달라는 의미이다.

3.2.3 Degree에 따른 노드의 색상 변화

연결 중심성의 기반으로 노드의 크기를 산출하여 시각화하고자 할 때 node_color 함수를 활용할 수 있다. 예를 들어 다음의 명령문을 활용하면 노드의 색상을 degree에 따라 표현할 수 있다. 구체적으로 살펴보면, 첫 번째 줄이 방향성 있는 빈 그래프를 작성하여 D로 저장하는 것이고, 두 번째 줄이 방향성 있는 관계를 추가하라는 것이며, 세 번째 줄이 연결 중심성을 계산하여 degree이라는 이름으로 저장하는 것이고, 네 번째 줄이 노트의 색(node_color)을 degree를 반영하여 그림을 그리라는 의미이며, 마지막으로 다섯 번째 줄이 show() 함수를 활용하여 그림을 보여 달라는 의미이다.

```
D = nx.DiGraph()
D.add_edges_from(  [ ( 1, 2 ), ( 1, 3 ), ( 2, 3 ), ( 1, 4 ) ] )
degree = dict( D.degree )
nx.draw( D, node_color = [ D.degree( v ) for v in D ], with_labels
         = True )
plt.show()
```

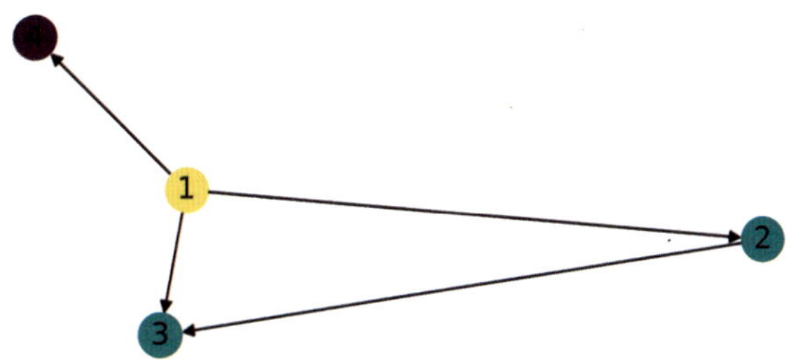

그림 5-30 사자 관계 소시오그램(중심성에 따른 노드의 색상 변화, 파이썬)

3.2.4 배치방법

기본적인 draw() 함수에 그래프의 형태에 따라 여러 가지 옵션을 줄 수 있다. 즉 무작위로 노드를 배치하고자 할 때는 draw_random()를 사용하며, 원 위에 노드를 배치하고자 할 때는 draw_circular()를 사용한다. 또한, nlist에 정의된 대로 동심원에 그리고자 할 때는 draw_shell()를 사용하며, 위세 중심성 값에 기반을 두어 그리고자 할 때는 draw_spectral() 사용한다. 이처럼 파이썬에서도 다양한 알고리즘을 활용하여 배치할 수 있다.

```
D = nx.DiGraph()
D.add_edges_from( [ ( 1, 2 ), ( 1, 3 ), ( 2, 3 ), ( 1, 4 ), ( 1, 5
                  ), ( 1, 6 ) ] )
degree = dict ( D.degree )
nx.draw_random( D, node_size =[ v * 100 for v in degree.values() ],
                node_color = [ D.degree( v ) for v in D ],
                with_labels = True )
plt.show()
```

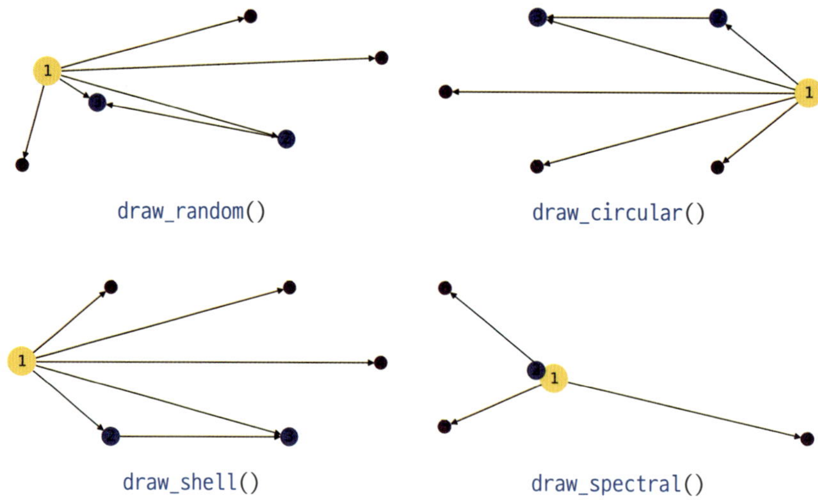

그림 5-31 레이아웃 방법에 따른 소시오그램(파이썬)

구체적으로 강제 그래프 그리기 알고리즘(force-directed graph drawing)[11]은 심미적으로 즐거운 방식으로 그래프를 그리는 알고리즘 유형이다. 강제 그래프 그리기 알고리즘의 목적은 그래프의 노드를 2차원 또는 3차원 공간에 배치하여 모든 선의 길이가 거의 같거나 짧고, 가능한 한 교차 선이 거의 없도록 선 집합 사이에 힘을 할당하고, 상대적인 위치에 기초한 노드집합을 생성한 다음, 선과 노드의 동작을 시뮬레이션하거나 에너지를 최소화하기 위해 이러한 힘을 사용한다.

강제 그래프 그리기 알고리즘(force-directed graph drawing)의 역사는 1963년 Tutte의 논문에서 시작된다. Tutte(1963)는 그래프의 평면 매립의 바깥면의 꼭짓점을 볼록한 위치에 고정하고, 각 선에 스프링과 같은 인력을 배치하고, 각 면에 볼록한 인력을 배치함으로써 다면체 그래프의 모든 면이 볼록한 면에 그릴 수 있는 평형상태 방식을 제안하였다. 이 경우 힘의 단순한 특성으로 인해 시스템은 로컬 최소치에서 벗어날 수 없으며, 오히려 고유한 전역 최적 구성으로 수렴한다. 이 작업으로 인해 볼록한 면이 있는 평면형 그래프를 삽입하는 것을 종종 Tutte 삽입이라고 한다.

이러한 인접점에 대한 인력의 결합과 모든 점에 대한 반발력의 결합은

---

11 출처: https://en.wikipedia.org/wiki/Force-directed_graph_drawing

Eades(1984)에 의해 처음 사용되었다. 또한 Kamada와 Kawai(1989)는 점의 그래프 이론적 거리와 같은 이상적인 스프링 길이를 가진 모든 점 쌍 사이에 스프링 힘만 사용한다는 아이디어를 제시하였으며, Fruchterman와 Reingold(1991)는 이러한 유형의 힘에 기반을 둔 배치 방법에 관한 선구적인 연구를 수행하였다.[12]

표 5-6 네트워크 시각화 배치방법 함수(Networkx)

배치방법	layout function	All-in-one function
random	pos=nx.random_layout	nx.draw_random
circular	pos=nx.circular_layout	nx.draw_circular
shell	pos=nx.shell_layout(G, nlist = None)	nx.draw_shell
spectral	pos=nx.spectral_layout	nx.draw_spectral
force-directed		
spring	pos=nx.spring_layout	nx.draw_spring
kamada_kawai	pos=nx.kamada_kawai_layout	
fruchterman_reingold	pos=nx.fruchterman_reingold_layout	

다음은 draw_spring() 함수를 이용한 시각화 결과이다.

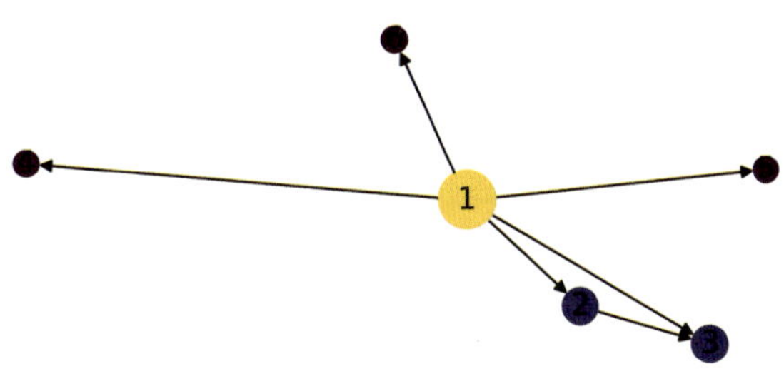

그림 5-32 draw_spring() 이용한 소시오그램(파이썬)

만약 Fruchterman Reingold 알고리즘에 기반하여 시각화하고자 할 때는 nx.draw_fruchterman_reingold_layout(D)처럼 입력한다. 따라서 이러한 명령어는 NetworkX 패키지를 활용하여 D 네트워크 자료를 Fruchterman-Reingold 알고리즘에 기반을 두어 그리라는 것을 의미한다. 그러나 이러한 알고리즘은 노드의 위치를 정하는 기능이 없음으로 노드의 위치를 특정한 값으로 정하고자 할

....

12 출처: Kobourov, 2014.

때는 다음의 예시처럼 노드의 위치를 정해 주는 명령문을 활용할 수 있다.

```
pos = nx.fruchterman_reingold_layout( D )
nx.draw( D, pos, with_labels = True )
plt.show()
```

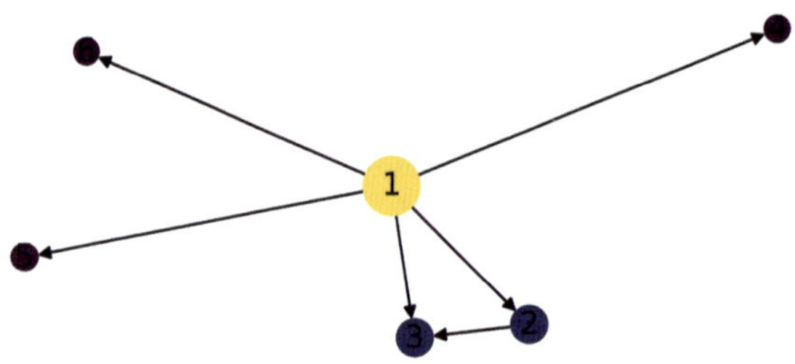

그림 5-33 노드의 위치를 고정한 소시오그램(파이썬)

3.3 NetworkX 활용 횡단 네트워크 시각화 예제

NetworkX를 활용한 횡단 네트워크 시각화 예시는 완벽한 패턴 기반 완전 네트워크 시각화, 완벽한 임의성 기반 완전 네트워크 시각화, 그리고 임의성+패턴 기반 완전 네트워크 시각화로 분류하여 제시하고자 한다. 먼저 패턴 네트워크 시각화와 임의 네트워크 시각화는 다음과 같은 명령문을 활용하여 횡단 네트워크 자료를 모의 생성한다.

표 5-7 네트워크 유형별 시각화 명령어(Networkx)

네트워크 유형	파이썬 명령문
완벽한 패턴 네트워크	path_graph() cycle_graph() star_graph() complete_graph() balanced_tree() grid_2d_graph()
완벽한 임의 네트워크	erdos_renyi_graph()
임의성+패턴 네트워크	barabasi_albert_graph() connected_watts_strogatz_graph()

3.3.1 완벽한 패턴 기반 완전 네트워크

(1) 경로 네트워크

경로 네트워크는 하나로 모두 연결된 네트워크로 path_graph()를 이용한다.

(2) 원 네트워크

원 네트워크는 경로가 하나의 원으로 연결된 네트워크로 cycle_graph()를 이용한다.

(3) 별 네트워크

별 네트워크는 별 모양의 네트워크로 하나의 행위자를 중심으로 연결된 네트워크이다. star_graph()를 이용하여 자료를 생성한다.

(4) 완전 네트워크(밀도=1)

완전 네트워크는 행위자가 모두가 서로 연결된 네트워크로 complete_graph()를 이용하여 네트워크 자료를 생성한다.

이상의 네 가지의 네트워크를 생성하고 시각화하는 명령문은 다음과 같다.

```
G = nx.path_graph( 30 )
nx.draw( G )
plt.show()

G = nx.cycle_graph( 30 )
nx.draw( G )
plt.show()

G = nx.star_graph( 30 )
nx.draw( G )
plt.show()

G = nx.complete_graph( 30 )
nx.draw( G )
plt.show()
```

위의 명령문으로 시각화한 결과는 아래와 같다.

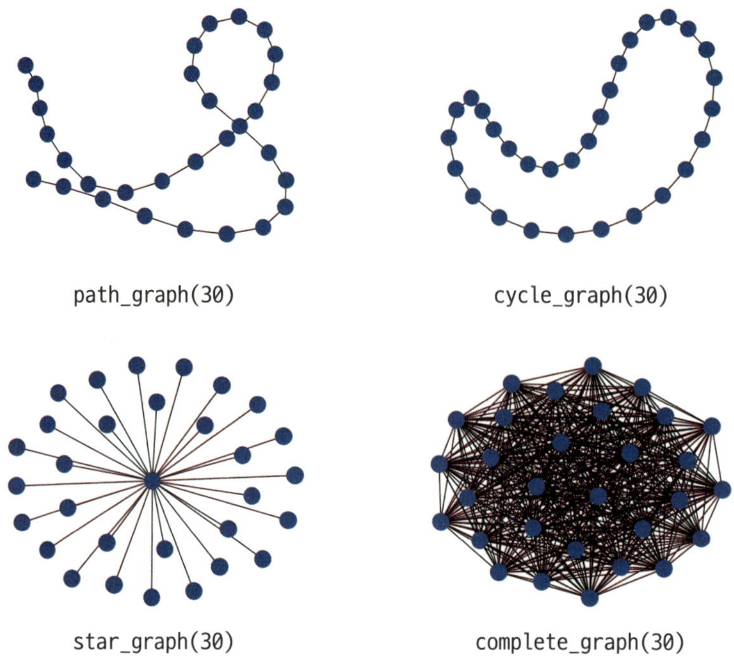

그림 5-34 경로, 원형, 스타, 밀도 1 네트워크의 소시오그램(파이썬)

(5) 나무 네트워크

나무 네트워크는 구조적 등위성을 갖는 나무 모양의 네트워크로 balanced_tree()를 이용하여 네트워트 자료를 생성한다.

(6) 격자 네트워크

격자 네트워크는 격자 모양의 네트워크로 grid_2d_graph()를 이용한다.

위의 두 가지의 네트워크를 생성하고 시각화하는 명령문과 시각화 결과는 다음과 같다.

```
G = nx.balanced_tree( 2, 5 )
nx.draw( G )
plt.show()
```

```
G = nx.grid_2d_graph( 5, 4 )
nx.draw( G )
plt.show()
```

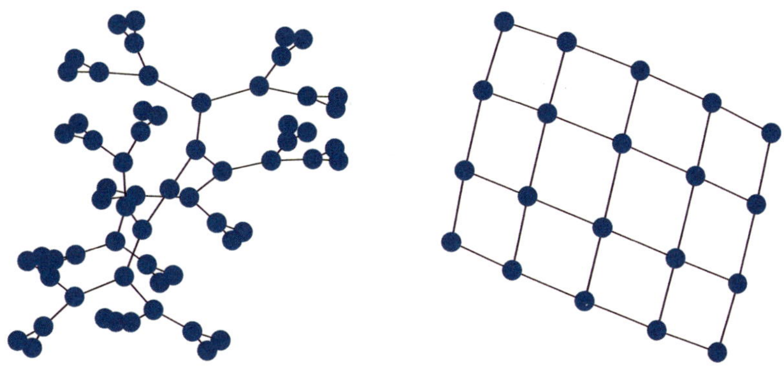

그림 5-35 나무와 격자 네트워크의 소시오그램(파이썬)

3.3.2 완벽한 임의성 기반 완전 네트워크 모형

(1) Erdos-Renyi random graph model

에르도스 뢰니의 임의 그래프를 만드는 명령어는 erdos_renyi_graph(n= , p=)이다. 여기서 n는 노드 수를 의미하고 p는 밀도를 의미한다. 예를 들어 30 노드의 0.1 밀도를 갖는 완전 네트워크의 경우는 다음과 같다.

```
G = nx.erdos_renyi_graph( 30, 0.1 )
pos = nx.fruchterman_reingold_layout( G )
degree = dict( G.degree )
nx.draw( G,
         pos,
         node_size = [v * 30 for v in degree.values() ],
         node_color = [ G.degree( v ) for v in G ] )
plt.show()
```

위의 명령문으로 시각화한 결과는 아래와 같다.

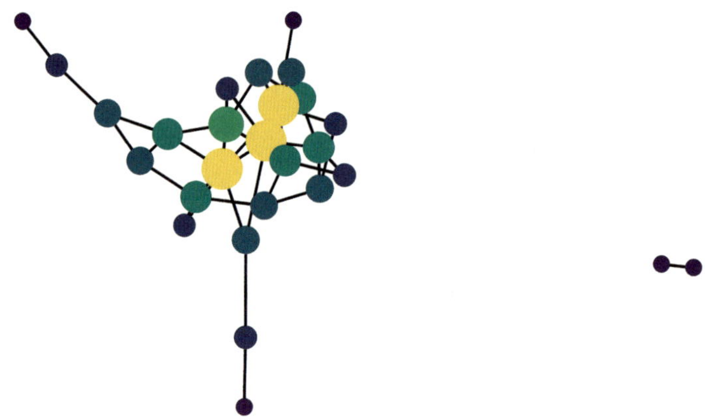

그림 5-36 에르도스 뢰니의 네트워크의 소시오그램(파이썬)

3.3.3 임의성+패턴 기반 완전 네트워크 모형

(1) 선호적 연결 모형(Barabasi-Albert preferential attachment model for scale-free graphs)

바라바시 알버트의 선호적 연결모형을 만드는 명령어는 barabasi_albert_graph(n= , m=) 이다. 여기서 n는 노드 수를 의미하고 m은 각 시간 단계에서 추가된 에지의 수이다. 예를 들어 30 노드의 선호적 연결모형은 다음과 같다.

```
G = nx.barabasi_albert_graph( 30, 1 )
pos = nx.fruchterman_reingold_layout( G )
degree = dict( G.degree )
nx.draw( G,
         pos,
         node_size = [ v * 30 for v in degree.values() ],
         node_color = [ G.degree( v ) for v in G ] )
plt.show()
```

위의 명령문으로 시각화한 결과는 아래와 같다.

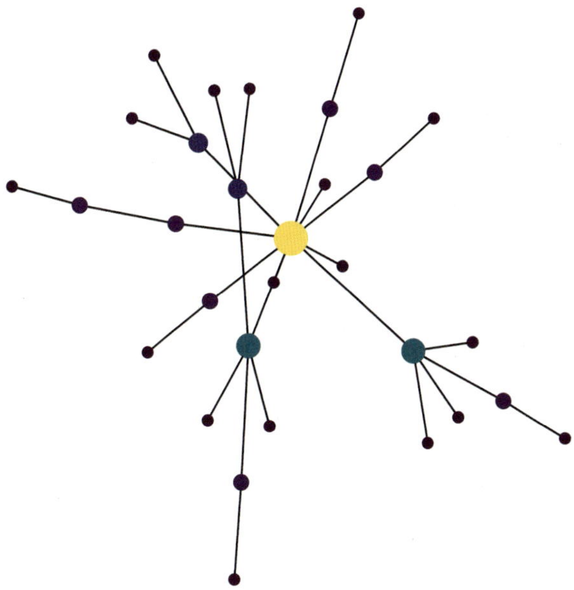

그림 5-37 바라바시 알버트 선호적 연결모형의 소시오그램(파이썬)

(2) 작은 세상 모형(Watts-Strogatz small-world model)

connected_watts_strogatz_graph(size= , nei= , p=)는 워트와 스트로츠의 작은 세상 모형을 만드는 함수이다. 이 함수는 격자에 치수와 치수 노드가 있는 격자를 만들고 확률 p로 무작위로 가장자리를 재배열합니다. 모서리가 연결되어 있는 근처는 nei이다.

```
G = nx.connected_watts_strogatz_graph( 30, 3, 0.2 )
degree = dict( G.degree )
nx.draw_circular( G,
            node_size = [ v * 30 for v in degree.values() ],
            node_color = [ G.degree( v ) for v in G] )
plt.show()
```

위의 명령문으로 시각화한 결과는 아래와 같다.

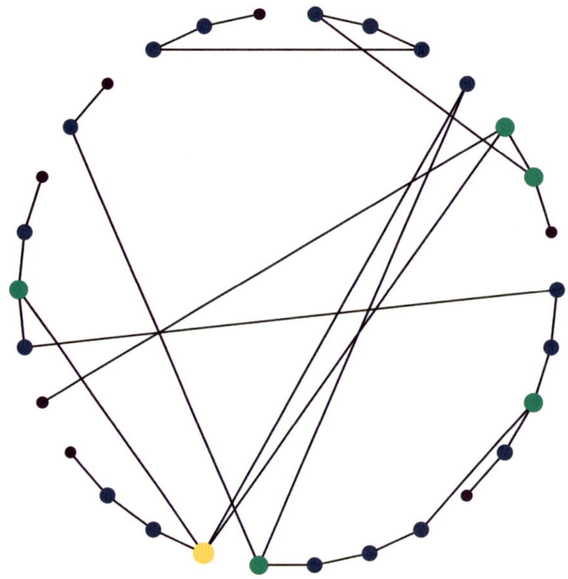

그림 5-38 워트 스트로츠의 작은 세상 모형 소시오그램(파이썬)

3.3.4 degree 분포

네트워크 연결정도의 분포를 탐색하기 위해서 degree 히스토그램을 작성한다. Degree 히스토그램은 matplotlib를 활용하며 구체적으로 첫째, matplotlib와 networkx 패키지를 로드하고, 둘째, matplotlib와 networkx 패키지를 활용하여 임의 그래프를 생성하며, 셋째, degree의 내림차순(reverse=True)으로 정렬한 후, 넷째, bar()를 활용하여 히스토그램을 작성한다. 마지막으로 title()를 이용하여 히스토그램의 제목을 추가하고, xlable()와 ylable()를 이용하여 x축 이름과 y축 이름을 추가한다.

```
import collections
import networkx as nx
import matplotlib.pyplot as plt

G = nx.gnp_random_graph( 50, .10 )
degree_sequence = sorted( [d for n, d in G.degree()], reverse =
                         True )
```

```
degreeCount = collections.Counter( degree_sequence )
deg, cnt = zip(*degreeCount.items())

fig, ax = plt.subplots()
plt.bar( deg, cnt, width = .80, color = 'b' )
plt.title( "Degree Histogram" )
plt.ylabel( "Count" )
plt.xlabel( "Degree" )
```

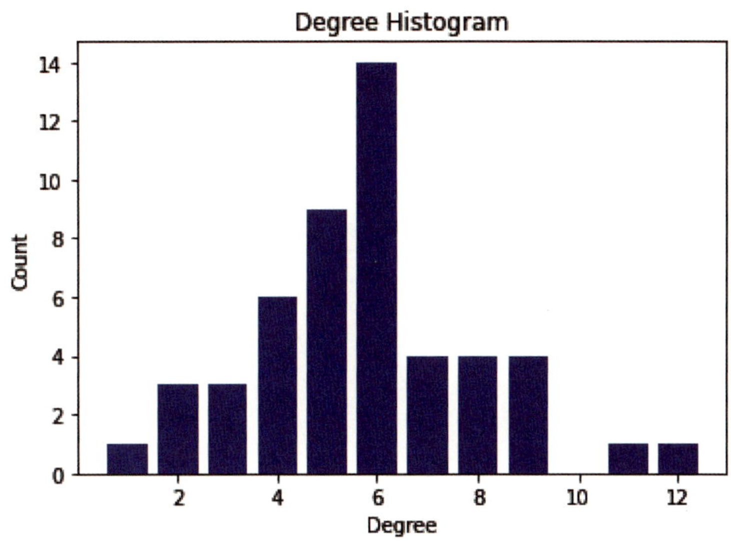

그림 5-39 degree 분포 히스토그램(파이썬)

이상으로 파이썬에서 NetworkX 패키지를 활용한 횡단 네트워크 시각화 방법을 알아보았다. 파이썬을 활용한 네트워크 시각화는 R과 같이 클라우드 상에서 구글 코랩을 사용하면 소프트웨어를 설치하지 않고 쉽게 할 수 있다. 또한, R에서 사용하는 igraph 패키지를 파이썬에서도 이용할 수 있으므로 R과 같은 시각화 작업을 수행할 수 있다. 그러나 파이썬에서는 최근 R의 ggraph 패키지와 같은 쉬운 문법을 제공하지 않기 때문에 정교한 시각화 작업의 시간과 노력이 많이 소요될 것이다. 그럼에도 데이터 과학, 기계학습, 그리고 딥러닝에서 파이썬이 점점 많이 활용되고 있는 점을 고려할 때 파이썬 네트워크 패키지를 학습해서 활용해 볼 필요가 있다.

요약

횡단 네트워크 자료 시각화

- Gephi 활용 횡단 네트워크 시각화
- R 활용 횡단 네트워크 시각화
- 파이썬 활용 횡단 네트워크 시각화

Gephi 활용 횡단 네트워크 시각화

- 노드 설정, 에지 설정, 레이블 설정, 배치 설정

R 활용 횡단 네트워크 시각화

- 노드 설정, 에지 설정, 레이블 설정, 배치 설정

파이썬 활용 횡단 네트워크 시각화

- 노드 설정, 에지 설정, 레이블 설정, 배치 설정

연습문제

1 Gephi를 활용하여 부록에 있는 횡단 네트워크 자료를 불러오시오.

2 Gephi를 활용하여 횡단 네트워크를 시각화하시오.

3 R를 활용하여 완벽한 패턴 기반의 완전 네트워크를 시각화하시오.

4 R를 활용하여 완벽한 임의성 기반의 완전 네트워크를 시각화하시오.

5 R를 활용하여 임의성+패턴 기반의 완전 네트워크를 시각화하시오.

6 파이썬을 활용하여 완벽한 패턴 기반의 완전 네트워크를 시각화하시오.

7 파이썬을 활용하여 완벽한 임의성 기반의 완전 네트워크를 시각화하시오.

8 파이썬을 활용하여 임의성+패턴 기반의 완전 네트워크를 시각화하시오.

9 부록의 고등학생 도움 네트워크 자료 활용하여 횡단 네트워크를 시각화하시오.

10 부록의 초등교원 지식·조언 네트워크 자료 활용하여 횡단 네트워크를 시각화하시오.

chapter

06

종단 네트워크 시각화

학습 목표

- 종단 네트워크 자료의 결측값을 처리할 수 있다
- 종단 네트워크를 시각화할 수 있다.
- 소시오그램을 통해 네트워크와 특성의 상호진화를 탐색할 수 있다.
- 종단 네트워크 자료를 활용하여 네트워크 영화를 만들 수 있다.

제1절

종단 네트워크 시각화 자료 준비

종단 네트워크 시각화도 종단 네트워크 기술통계 분석처럼 먼저 종단 네트워크 자료를 준비할 필요가 있다. 특히 네트워크 시각화는 노드와 에지의 수에 따라서 가독성이 중요하며, 이러한 가독성과 미학적인 측면을 고려한 시각화를 계획하여 종단 네트워크 자료를 측정하고 수집할 필요가 있다. 일반적으로 노드의 수가 30개 내외 정도가 시각화의 가독성 측면에서 적정한데, 만약 노드의 수가 50개가 넘어갈 때는 하위그룹 식별을 통해서 가독성을 높일 필요가 있으며, 반복측정 횟수가 많고 다양한 종단 네트워크의 변화를 역동적으로 표현하기 위해서 네트워크 애니메이션을 활용할 필요가 있다.

종단 네트워크 시각화를 위한 자료 준비 중 R을 활용한 방법은 먼저 R에서 자료를 읽고 그 자료를 네트워크 형태로 저장한다. 가장 많이 저장하는 형식은 csv(comma separated value: 쉼표로 구분된 값)와 엑셀(excel)이다. 엑셀 자료도 쉽게 csv 형태로 표현할 수 있으므로 csv 형태로 된 자료를 불러오고 네트워크 인접행렬 형태로 저장하는 방법은 다음과 같다.

먼저, sna 패키지를 활용할 때 library() 함수를 활용하여 패키지를 불러오고 (i, j) 에지 리스트 형태로 첫 번째로 측정한 네트워크 자료를 rbind()와 c() 함수를 활용하여 입력한다. 그리고 write.csv() 명령문을 활용하여 자료(m)를 csv 파일형태로 저장(data.csv)한다. 이때 row names을 false로 해 준다. 그리고 read.csv() 함수를 활용하여 csv로 저장된 자료(data.csv)를 불러온다. 또한, statnet 패키지의 network() 함수를 활용하여 위에서 입력한 자료(m1)가 에지 리스트 형태(matrix.type = "edgelist")임을 알려 주고 새로운 이름(m2)으로 저장한다. 이러한 방법으로 반복 측정한 종단 네트워크 자료를 저장하다.

여기서 네트워크 자료가 에지 리스트 형태의 csv 파일 형식으로 저장된 외부자료면 read.csv() 함수를 활용하여 csv로 저장된 자료(data.csv)를 불러온 후 statnet 패키지의 network() 함수를 이용하여 에지 리스트 형태(matrix.type = "edgelist")로 저장한다. 만약 외부 네트워크 자료가 n*n 인접행렬 형태의 csv 파일이면 network() 함수를 인접행렬 형태(matrix.type = "adjacency")로 변경하여 저장한다. 그리고 외부 네트워크 자료가 n*n 인접행렬 형태의 .dat 파일 형식이면 read.table() 함수를 이용하여 자료를 불러온다.

이때 주의할 점은 파일 경로를 다시 지정하거나 외부자료를 작업 경로에 저장되어 있어야 한다. 두 가지 방법 중 작업 경로를 변경하는 것이 더 편한 방법이며 작업 경로 변경은 setwd() 함수를 사용한다.

마지막으로 종단 네트워크 자료와 특성 자료의 결측값을 탐색하고, 결측 메커니즘에 따라 종단 네트워크 자료와 특성 자료의 결측값을 처리한다. 구체적인 네트워크 결측값 처리방법은 김종민(2019c) 논문의 내용을 참고한다.

제2절
종단 네트워크 시각화 개요

종단 네트워크 시각화도 행위자와 행위자 간의 관계를 점과 선으로 표현하는 것인데 이를 위해 점의 옵션과 선의 옵션을 지정한다. 이러한 점과 선을 명세화한 후에는 시각화하에서 가장 중요한 것은 전체적인 그래프의 배치(layout) 방법이다. 특히 시각화 알고리즘의 학문적인 연구로 그동안 다양한 배치 알고리즘이 제시되었다. 배치 방법을 결정한 후에 최종적인 그래프를 산출하기 위해서는 시각화 그림의 여백을 지정하는 것이다. 그런 다음 전체 그래프의 제목을 지정하고 x축 제목과 y축 제목을 추가하는 것이다.

그림 6-1 종단 네트워크 시각화 절차

2.1 행위자(점) 편집(색상, 모양, 크기, 범례)

소시오그램에서 행위자를 표현하는 점을 편집한다. 구체적으로 첫째, 점의 크기를 지정한다. 크기의 기본값은 15이다. 이 기본값은 점에 짧은 레이블을 배치할 때는 충분히 크나 일반적으로 연결 중심성을 기반으로 점의 크기를 설정한다.

둘째, 점의 채우기 색을 지정한다. 기본적으로 점의 색상은 'SkyBlue2' 이다. 숫자를 사용할 때 팔레트가 사용하고, 문자 벡터를 사용할 때는, 3바이트 또는 4바이트의 RGB 지정의 색, 정숫값 또는 명명된 색상이 사용한다.

셋째, 점의 모양을 지정한다. 기본적으로 점은 원으로 표현된다. '원(circle)', '정사각형(square, csquare)', '사각형(rectangle)', '정사각형(crectangle, vrectangle)', '원형(pie)', '구형(sphere)' 및 '없음(none)'이 지원된다. 이러한 모양 지정은 plot.igraph 명령에서만 지원된다.

넷째, 점의 상표 즉 레이블을 지정한다. 기본적으로 점 레이블은 점의 ID이다. 이러한 레이블은 문자로 전환되며 점 레이블을 생략하고자 할 때는 NA로 지정한다.

2.2 관계(선) 편집(색상, 모양, 크기, 넓이)

소시오그램에서 관계를 표현하는 선을 편집한다. 구체적으로 첫째, 선의 색상을 지정한다. 기본적으로 선의 색상은 darkgrey이다. 가능한 선의 색상 값은 점의 색상 값과 같다. 따라서 선의 색상을 변경하고자 할 때는 점의 색상 매개변수를 참고하여 선의 색상 변경을 설정할 수 있다. 특성 변수가 있는 경우 특성 변수의 수준에 따라 선의 색상을 지정한다.

둘째, 선의 너비를 지정한다. 기본선의 너빗값은 1이다.

셋째, 방향성 있는 네트워크의 경우 화살표의 크기를 지정한다. 화살표의 크기의 기본값은 1이며 모든 선에 같게 적용된다.

넷째, 방향성 있는 네트워크의 경우 화살표의 너비를 지정한다. 화살표의 너비의 기본값은 1이며 모든 선에 같게 적용된다.

다섯째, 선의 유형을 지정한다. 선 유형의 기본값은 유형 1 (실선)이며 'blank'는 선이 없음을 의미하고 1과 'solid'는 실선을 의미한다. 이처럼 숫자 혹은 문자로 표현할 수 있다. 다른 가능한 값은 2 ('dashed'), 3 ('dotted'), 4 ('dotdash'), 5 ('longdash'), 6 ('twodash') 이다.

여섯째, 선의 레이블을 지정한다. 그러나 기본적으로 선 레이블은 생략된다.

일곱째, 선의 화살표 유형을 지정한다. 0은 화살표가 없음을 의미하고 1은 뒤로 화살표를 의미하고 2는 앞으로 화살표를 의미하고 3은 양쪽을 의미한다.

2.3 전체 그림 편집(배치, 여백, 색상, 제목, 범례)

전체 그림을 편집하기 위해서 다음과 같은 절차를 따른다.

첫째, 배치 방법을 지정한다. 배치 방법은 시각화를 위해 점을 배치하는 방법으로 기본값은 layout_nicely이다. 배치 방법은 layout_randomly, layout_in_circle, layout_with_fr, layout_with_kk 등에서 선택할 수 있다.

둘째, 여백을 지정한다. 구체적으로 왼쪽, 오른쪽, 위, 아래에 있는 빈 공간의 양을 결정한다. 길이 4 숫자 벡터로 지정한다. 기본값은 0 0 0 0 이다. 일반적으로 0과 0.5 사이의 값은 의미가 있지만, 음수 값도 가능하므로 그래프 일부로 플롯이 확대된다. 4보다 짧으면 재활용된다.

셋째, 색상을 지정한다. 색상 팔레트 기본값은 categorical_pal이다. 자세한 내용 및 다른 팔레트는 해당 설명서 페이지를 참조한다.

넷째, 제목을 추가한다. 총 제목(main)과 하위 제목(sub)을 추가할 수 있으며 기본값은 비어 있다. 그런 다음 x축의 제목(xlab)을 지정한다. 기본값은 비어 있다. 또한, y축 제목(ylab)을 지정한다. 기본값은 비어 있다.

다섯째, 소시오그램에 범례를 추가하기 위해서는 legend()를 활용한다.

여섯째, 종단 네트워크의 소시오그램의 경우 행위자들의 위치를 고정해 가독성과 해석 가능성을 높인다.

제3절

종단 네트워크 시각화 예제

3.1 학생의 친구 종단 네트워크 시각화

종단 네트워크 시각화 예제 중 R를 활용한 예제는 RSiena 웹사이트에 제공된 명령문[13]을 토대로 설명하고자 한다. 여기서 종단 네트워크는 네덜란드 중학생 50명의 친구 네트워크이다. 중1(만 13세)부터 중3(만15세)까지 3개년의 패널 자료로 1년에 1회 측정한 종단 네트워크이다.

먼저 횡단 네트워크 기술통계 분석을 위해 사용한 statnet 패키지('network' 패키지와 'sna' 패키지가 포함됨)를 설치하고 불러온다. 그런 다음 종단 네트워크 분석을 위한 RSiena 패키지를 설치하고 불러온다.

```
# 관련 패키지 설치 및 불러오기
install.packages( c( "statnet", "RSiena" ) )
library( statnet )
library( RSiena )
```

RSiena에 내장된 친구 네트워크와 음주 자료를 불러온다. 친구 네트워크는 s501, s502, s503 이름으로 저장되어 있고, 여기서 s501이란 student(학생) 50명 자료 중 1 차년도(wave 1) 자료이고, s502이란 student(학생) 50명 자료 중 2 차년도(wave 2) 자료이며, s503이란 student(학생) 50명 자료 중 3 차년도(wave 3) 자료를 의미한다. 또한, 특성자료 중 음주 자료는 s50a 이름으로 저장되어 있다.

제일 먼저 네트워크 자료를 명확하게 표현하기 위해 친구 네트워크 자료의 이름을 friend.data.w1, friend.data.w2, friend.data.w3로 변경하여 저장한 후, 특성자료 중 음주 자료의 이름도 명확하게 표현하기 위해서 drink로 변경하여 저장한다.

....

13 RscriptSNADescriptives.R(version: September 8, 2020),
출처: https://www.stats.ox.ac.uk/~snijders/siena/RSienaSNADescriptives.R

```
# 친구 네트워트 자료와 음주 빈도 자료 이름 변경
friend.data.w1 <- s501
friend.data.w2 <- s502
friend.data.w3 <- s503
drink <-s50a
```

자료를 네트워크 형식의 자료로 변환하기 위해서는 as.network() 함수를 이용한다. 따라서 friend.data.w1, friend.data.w2, friend.data.w3자료를 as.network() 함수를 이용하여 변환한다.

```
# 친구 네트워크 자료 구조 변환
net1 <- as.network( friend.data.w1 )
net2 <- as.network( friend.data.w2 )
net3 <- as.network( friend.data.w3 )
```

친구 종단 네트워크 자료인 50*50 정방행렬(1-mode 자료)가 제대로 불러왔는지 확인하기 위해서 plot.sociomatrix() 를 함수를 이용한다.

```
# 친구 종단 네트워크의 자료 확인
plot.sociomatrix( net1, drawlab = F, diaglab = F )
plot.sociomatrix( net2, drawlab = F, diaglab = F )
plot.sociomatrix( net3, drawlab = F, diaglab = F )
```

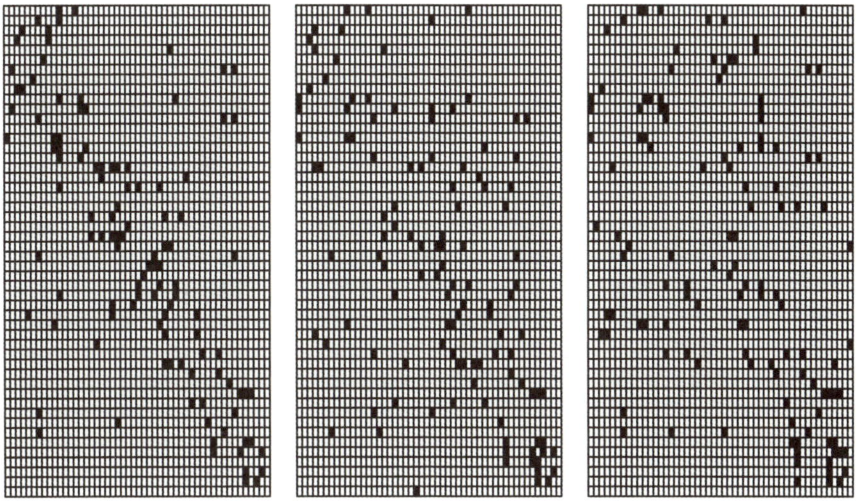

그림 6-1 친구 종단 네트워크 소시오행렬 그림

종단 친구 네트워크 자료에 각 시점에 음주 특성 자료를 추가하기 위해서는 다음과 같은 명령문을 사용한다. 즉 네트워크 1차년도 자료(net1)에 노드 속성으로 음주 1차년도 자료(drink[, 1])를 추가한다.

```
# 노드의 특성(음주빈도)을 친구 네트워크에 추가
net1 %v% "drink" <- drink[ , 1 ]
net2 %v% "drink" <- drink[ , 2 ]
net3 %v% "drink" <- drink[ , 3 ]
```

이러한 노드 속성 자료를 기반으로 음주 빈도별 친구 종단 네트워크를 시각화한다.

```
# 음주 빈도별 친구 종단 네트워크의 소시오그램
plot( net1, vertex.col = "drink" )
plot( net2, vertex.col = "drink" )
plot( net3, vertex.col = "drink" )
```

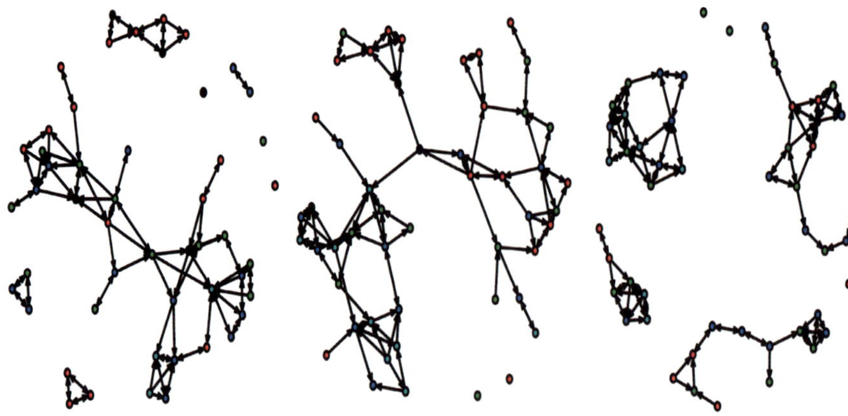

그림 6-2 음주 빈도별 친구 종단 네트워크 소시오그램

음주 빈도별 친구 종단 네트워크 소시오그램은 친구 네트워크가 유유상종(McPherson, Smith-Lovin, & Cook, 2001; Monge & Contractor, 2003) 효과가 있는지를 확인하는 목적으로 사용할 수 있다. 즉 음주 빈도가 동일한 학생끼리(같은 색) 친구 네트워크를 형성하고 유지하는지 확인할 수 있다. 그러나 이 소시오그램은 누가 네트워크 구조에서 중심적인 위치는 있는지 확인할 수가 없다.

이에 네트워크의 구조인 연결 중심성을 소시오그램에 반영하여 이를 확인하는 방법은 다음과 같다. 먼저 각 친구 종단 네트워크의 연결 중심성을 먼저 계산한다.

```
# 친구 종단 네트워크의 연결 중심성 계산
degree1 <- rowSums( as.matrix( net1 ) )
degree2 <- rowSums( as.matrix( net2 ) )
degree3 <- rowSums( as.matrix( net3 ) )
```

연결 중심성 계산 후 노드의 크기를 연결 중심성을 기반으로 설정한다. 이때 연결 중심성이 0인 노드를 위해서 1를 더해 준다. 그리고 연결 중심성이 너무 큰 경우를 위에서 1.5로 나누어 준다.

```
# 노드의 크기를 조절한 음주 빈도별 친구 종단 네트워크의 소시오그램
plot( net1, vertex.col = “drink”, vertex.cex = (degree1 + 1) / 1.5 )
plot( net2, vertex.col = “drink”, vertex.cex = (degree2 + 1) / 1.5 )
plot( net3, vertex.col = “drink”, vertex.cex = (degree3 + 1) / 1.5 )
```

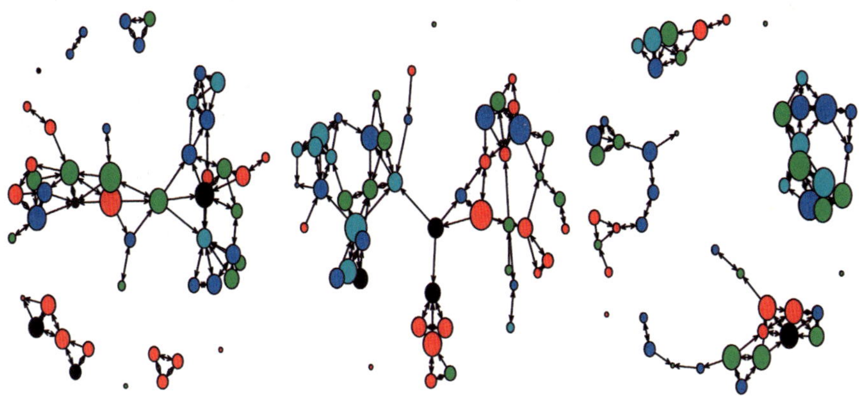

1차 연도 친구 네트워크　　2차 연도 친구 네트워크　　3차 연도 친구 네트워크

그림 6-3 연결 중심성을 반영한 음주 빈도별 친구 종단 네트워크 소시오그램

노드의 크기를 연결 중심성을 기반으로 한 음주 빈도별 친구 종단 네트워크 소시오그램의 경우 이전 소시오그램과 비교해 네트워크의 구조적 특성을 한눈에 파악할 수 있다는 장점이 있다. 그러나 이러한 소시오그램에서 특정한 행위자의 종단 네트워크 변화 양상을 알기가 매우 힘들다. 왜냐하면 노드의 위치가 각각의 시점마다 다르게 표현되기 때문이다. 따라서 노드의 위치를 고정한 상태에서 각각의 소시오그램을 작성할 필요가 있다. 이럴 때 'coord' 매개변수를 이용해서 노드의 위치를 고정한다.

```
# 노드의 위치를 고정한 음주 빈도별 친구 종단 네트워크의 소시오그램
c <-  plot( net1, vertex.col = “drink”, vertex.cex = (degree1 + 1)
          / 1.5 )
plot( net2, coord = c, vertex.col = “drink”, vertex.cex = (degree2
      + 1) / 1.5 )
```

```
plot( net3, coord = c, vertex.col = "drink", vertex.cex = (degree3
      + 1) / 1.5 )
```

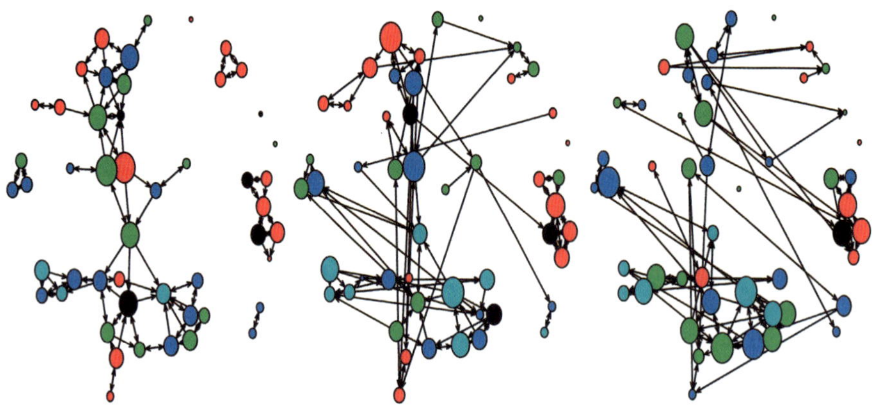

그림 6-4 연결 중심성을 반영한 음주 빈도별 친구 종단 네트워크 소시오그램(노드 위치 고정)

지금까지 학생 종단 네트워크 시각화 방법에 대해서 알아보았다. 구체적으로 종단 네트워크 자료를 불러오고 plot.sociomatrix()를 이용하여 기본적인 이분 네트워크를 탐색한 후 노드의 속성을 반영하기 위해서 개별 학생 수준의 네트워크 기술통계 분석을 수행한다. 대체로 중심성 분석을 수행한 후 노드의 크기를 중심성에 따라서 표현한다. 이럴 때 종단 네트워크의 변화를 시각적으로 탐색하기 위해서 각각의 노드의 위치를 고정한다.

학생 네트워크 연구는 네트워크 구성원의 범위가 명확한 조직을 연구하고자 할 때 유용한 예시자료이다. 특히 규모가 작은 조직을 연구할 때 소규모의 학급의 학생 네트워크 연구가 중요한 예시가 될 것이다.

3.2 교원의 동료 네트워크와 지식·조언 네트워크 시각화

교원 종단 네트워크 시각화 예제는 부록에 제시된 자료를 토대로 설명하고자 한다. 여기서 교원 종단 네트워크는 대한민국 초등교원 동료 네트워크와 지식 · 조언 네트워크로, 3월부터 6월까지 4개월 동안의 패널 자료로 한 달에 한 번 측정한 종단 네트워크이다. 먼저 횡단 네트워크 기술통계 분석을 위해 사용한 sna 패키지를 설치하고 불러온다. 그런 다음 종단 네트워크 분석을 위한 RSiena 패키지를 설치하고 불러온 후, 자료를 불러오기 위해 xtable 패키지를 불러온다.

```
install.packages( c( "sna", "RSiena" ) )
library( sna )
library( RSiena )
library( xtable )
```

부록에 네트워크와 개인 성취감 결여 정도를 .dat 파일 형식으로 저장한다. 즉 초등교원의 동료 네트워크는 s8f1, s8f2, s8f3, s8f4 이름으로 저장한다. s8f1이란 school(학교) 아이디 8의 첫 번째(friendship wave 1)자료를 의미한다. 또한, 지식·조언 네트워크 s8w1, s8w2, s8w3, s8w4 이름으로 저장한다. s8w1이란 school(학교) 아이디 8의 첫 번째(wave 1)자료를 의미한다. 개인 성취감 결여 자료는 s8b3 이름으로 저장한다. 자료를 간단하게 표현하기 위해 지식·조언 네트워크의 이름을 w1, w2, w3, w4로 변경하여 저장하고, 동료 네트워크의 이름도 f1, f2, f3, f4로 변경하여 저장한다. 그리고 교원 소진(Hock, 1988; Maslach, 1976; Maslach & Jackson, 1981) 중 개인 성취감 결여의 이름도 burnout3로 변경하여 저장한다.

```
# 초등교원의 지식·조언 네트워크(4회 반복측정)
w1 <- as.matrix( read.table( "s8w1.dat" ) )
w2 <- as.matrix( read.table( "s8w2.dat" ) )
w3 <- as.matrix( read.table( "s8w3.dat" ) )
w4 <- as.matrix( read.table( "s8w4.dat" ) )

# 초등교원의 지식·조언 네트워크(4회 반복측정)
f1 <- as.matrix( read.table( "s8f1.dat" ) )
f2 <- as.matrix( read.table( "s8f2.dat" ) )
f3 <- as.matrix( read.table( "s8f3.dat" ) )
```

```
f4 <- as.matrix( read.table( "s8f4.dat" ) )

# 초등교원의 개인 성취감 결여(4회 반복측정)
burnout3 <- as.matrix( read.table( "s8b3.dat" ) )
```

네트워크 자료와 특성 자료에 결측값이 포함되면 결측값을 처리한다. 일반적으로 네트워크 자료 경우는 결측값을 '0'으로 대체하고 특성 자료의 경우 'NA'로 입력한다. 참고로 부록의 자료에서 네트워크 결측값은 9로 입력이 되어 있고, 특성 자료의 경우는 99로 입력이 되어 있다. 자세한 네트워크 자료의 결측값 처리 방법은 김종민(2019c) 논문을 참조한다.

```
# 초등교원 네트워크의 결측값 '0'으로 대체
w1[ w1 %in% c( 9 ) ] <- 0
w2[ w2 %in% c( 9 ) ] <- 0
w3[ w3 %in% c( 9 ) ] <- 0
w4[ w4 %in% c( 9 ) ] <- 0

f1[ f1 %in% c( 9 ) ] <- 0
f2[ f2 %in% c( 9 ) ] <- 0
f3[ f3 %in% c( 9 ) ] <- 0
f4[ f4 %in% c( 9 ) ] <- 0

# 개인 성취감 결여의 결측값 처리
burnout3[ burnout3 %in% c( 99 ) ] <- NA
```

네트워크의 구조인 연결 중심성을 소시오그램에 반영하기 위해 먼저 각 네트워크의 연결 중심성을 먼저 계산한다. R 명령문은 다음과 같다. 동료 네트워크와 지식·조언 네트워크를 구별하기 위해서 다른 객체 이름으로 저장한다.

```
# 초등교원 동료 네트워크의 연결 중심성 계산
deg1 <- rowSums( as.matrix( f1 ) )
deg2 <- rowSums( as.matrix( f2 ) )
deg3 <- rowSums( as.matrix( f3 ) )
deg4 <- rowSums( as.matrix( f4 ) )

# 초등교원 지식·조언 네트워크의 연결 중심성 계산
de1 <- rowSums( as.matrix( w1 ) )
de2 <- rowSums( as.matrix( w2 ) )
de3 <- rowSums( as.matrix( w3 ) )
de4 <- rowSums( as.matrix( w4 ) )
```

연결 중심성 계산 후 노드의 크기를 연결 중심성을 기반으로 설정한다. 이때 연결 중심성이 너무 큰 경우를 위해서 로그값으로 변환한다. 또한, 교원 소진 중 개인 성취감 결여 수준에 따라 노드의 색상을 표현하도록 설정한다. 그리고 노드의 위치를 고정한 상태에서 각 시점의 소시오그램을 작성하기 위해 coord = c2를 이용해서 노드의 위치를 고정한다.

```
# 초등교원 동료 네트워크의 시각화(점 크기= 연결 중심성; 점
색상=정서 고갈)
c <- gplot( f1, vertex.cex = log( deg1 ), vertex.col = burnout1 + 1 )
gplot( f2, coord = c, vertex.cex = log( deg2 ), vertex.col =
        burnout1 + 1 )
gplot( f3, coord = c, vertex.cex = log( deg3 ), vertex.col =
        burnout1 + 1 )
gplot( f4, coord = c, vertex.cex = log( deg4 ), vertex.col =
        burnout1 + 1 )

# 초등교원 지식·조언 네트워크의 시각화(점 크기= 연결 중심성; 점
색상=개인 성취감 결여)
c2<- gplot( w1, vertex.cex = log( de1 ), vertex.col = burnout3 + 1 )
gplot( w2, coord = c2, vertex.cex = log( de2 ), vertex.col =
```

```
        burnout3 + 1 )
gplot( w3, coord = c2, vertex.cex = log( de3 ), vertex.col =
        burnout3 + 1 )
gplot( w4, coord = c2, vertex.cex = log( de4 ), vertex.col =
        burnout3 + 1 )
```

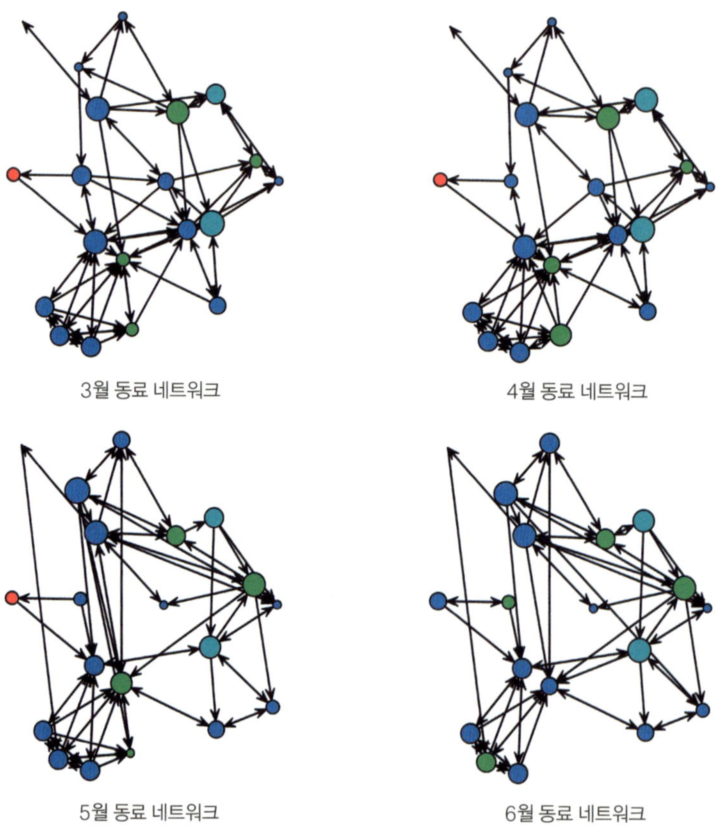

그림 6-5 학교 8의 연결 중심성을 반영한 교원소진(정서 고갈) 수준별 종단 동료 네트워크 소시오그램(노드 위치 고정) (N=16)

이 네트워크 자료의 경우 학년별 두 학급의 소규모 학교지만 초등교원의 동료 네트워크가 매월 변화하고 있는 것을 소시오그램을 통해 알 수 있으며, 교원소진 수준도 변화하고 있는 것을 알 수 있다. 그러나 본 소시오그램은 관계를 표현하는 선이 굵은 검은색으로 다른 색상을 인식하는 데 방해가 된다. 따라서 에지의 색상과 굵기를 변경하여 소시오그램을 작성할 필요가 있다.

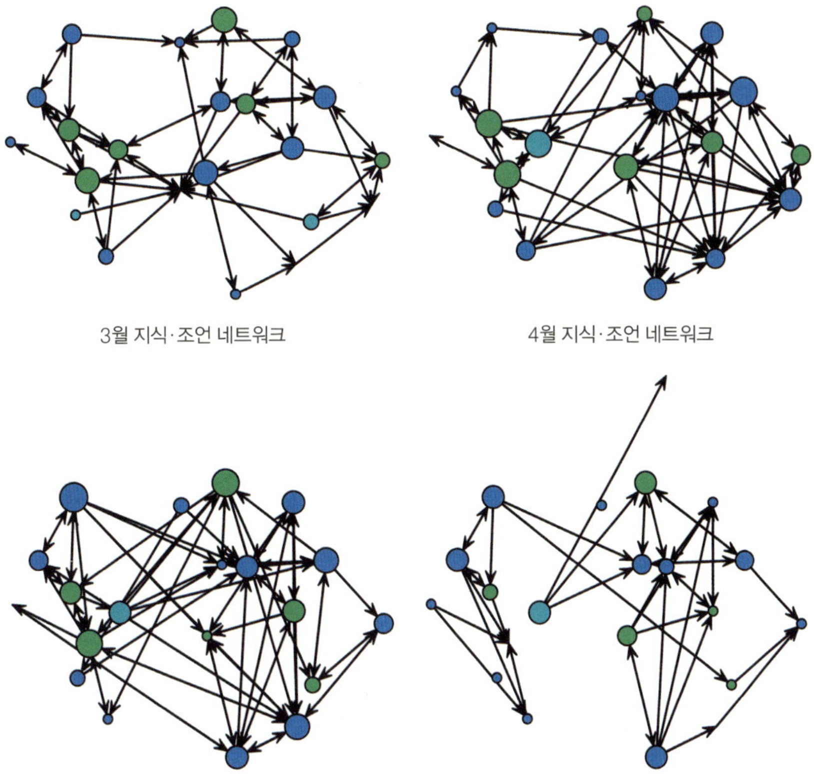

그림 6-6 학교 8의 연결 중심성을 반영한 교원소진(개인 성취감 결여) 수준별 종단 지식·조언 네트워크 소시오그램(노드 위치 고정) (N=16)

초등교원의 지식·조언 네트워크도 매월 변화하고 있는 것을 소시오그램을 통해 알 수 있으나 본 소시오그램도 관계를 표현하는 선이 굵은 검은색으로 다른 색상을 인식하는 데 방해가 되어 에지의 색상과 굵기를 변경하여 소시오그램을 새롭게 작성할 필요가 있다.

이에 선의 색상과 굵기를 변경하고 각 시점의 제목을 추가하는 방법을 살펴보면 다음과 같다. 먼저 초등교원 네트워크의 다양한 사례를 알아보기 위해서 새로운 자료를 불러온다(부록에 학교 아이디 5 종단 네트워크 자료). 그리고 마지막 명령문에서 에지의 색을 회색(edge.col = "grey75")으로 하고 굵기는 0.5로 하는 기능(edge.lwd=0.5)을 추가한다. 또한 main=" " 기능을 이용하여 각 시점의 그림 제목을 추가한다. 이때 그림 제목은 한글로 입력할 수 있다. 마지막으로 네 시점의 소시오그램을 2*2 형태로 제시하기 위해 par() 함수를 사용한다. 여기서 mfrow=c(2, 2) 명령어를 활용하여 2*2 형태로 표현한다.

```
op <- par( mar = c( 0, 0, 0, 0), mfrow = c( 2, 2 ) )

c <- gplot( f1,
            vertex.cex = log( deg1 ),
            vertex.col = burnout1 + 1,
            edge.lwd = 0.5,
            edge.col = "grey75",
            main= "3월 동료 네트워크" )

gplot( f2,
       coord = c,
       vertex.cex = log( deg2 ),
       vertex.col = burnout1 + 1,
       edge.lwd = 0.5,
       edge.col = "grey75",
       main = "4월 동료 네트워크" )

gplot( f3,
       coord = c,
       vertex.cex = log( deg3 ),
       vertex.col = burnout1 + 1,
       edge.lwd = 0.5,
       edge.col = "grey75",
       main = "5월 동료 네트워크" )

gplot( f4,
       coord = c,
       vertex.cex = log( deg4 ),
       vertex.col = burnout1 + 1,
       edge.lwd = 0.5,
       edge.col = "grey75",
       main = "6월 동료 네트워크" )

par( op )
```

초등교원의 동료 네트워크의 소시오그램 결과는 다음 그림과 같다. 그림처럼 그림 제목의 한글 글씨가 작고 네 개의 그림 간의 여백이 커서 개별 동료 네트워크 소시오그램은 잘 보이질 않는다.

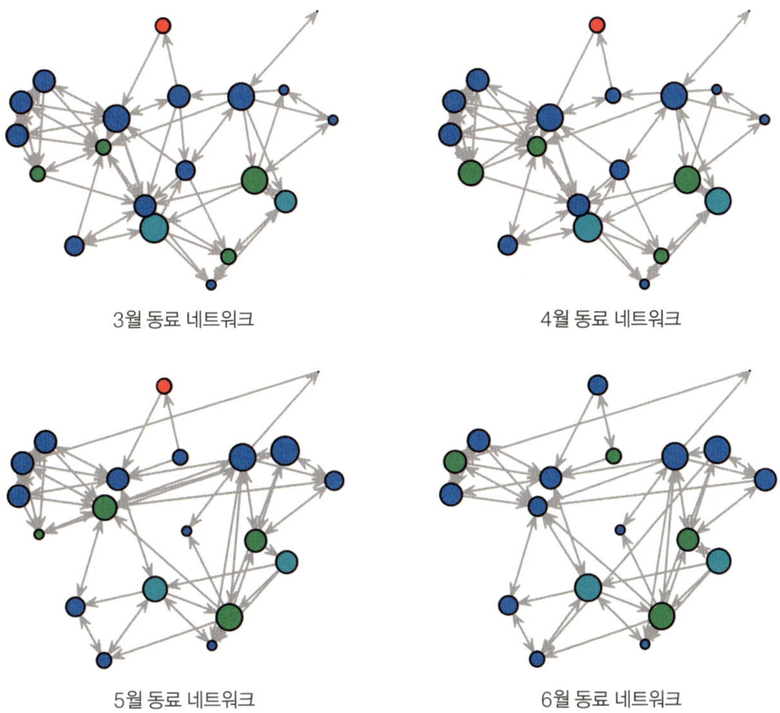

그림 6-7 초등학교 5의 교원소진(정서 고갈) 수준별 종단 동료 네트워크 소시오그램(노드 위치 고정) (N=25)

이처럼 소시오그램의 그림 제목이 제대로 보이질 않을 때는 그림 제목 크기를 조절 한다. 구체적으로 다음 조언 네트워크의 소시오그램처럼 그림 제목 크기를 'cex.main = 1.5' 로 하여 한글 제목을 명확하게 표기할 수 있다. 이처럼 추가 편집을 통해서 소시오그램의 가독성을 높일 필요가 있다.

```
op <- par( mar = c( 0, 0, 2, 0), mfrow = c( 2, 2 ) )

c2 <- gplot( w1,
             vertex.cex = log( de1 ),
             vertex.col = burnout1 + 1,
             edge.lwd = 0.5,
             edge.col = "grey75",
             main= "3월 지식·조언 네트워크", cex.main = 1.5 )

gplot( w2,
       coord= c2,
       vertex.cex = log( de2 ),
       vertex.col = burnout1 + 1,
       edge.lwd = 0.5,
       edge.col = "grey75",
       main = "4월 지식·조언 네트워크", cex.main = 1.5 )

gplot( w3,
       coord = c2,
       vertex.cex = log( de3 ),
       vertex.col = burnout1 + 1,
       edge.lwd = 0.5,
       edge.col = "grey75",
       main = "5월 지식·조언 네트워크", cex.main = 1.5 )

gplot( w4,
       coord = c2,
       vertex.cex = log( de4 ),
       vertex.col = burnout1 + 1,
       edge.lwd = 0.5,
       edge.col = "grey75",
       main = "6월 지식·조언 네트워크", cex.main = 1.5 )

par( op )
```

구체적으로 소시오그램의 가독성을 높이기 위해서 데이터 예술(data art) 관점에서 그림의 배경 색, 점의 크기·색상·모양, 선의 두께·색상·형태 등을 고려하여 다양한 시도를 해 볼 필요가 있다. 특히 소시오그램을 포함한 논문을 출판하기 위해서 소시오그램의 미학적인 요소를 배우고 미적 감각을 향상할 필요가 있다. 그러나 본인의 미적 감각이 부족한 때는 전문가의 도움을 구하거나 다른 사람이 작성한 소시오그램을 많고 모방하는 것이 최선의 길이다.

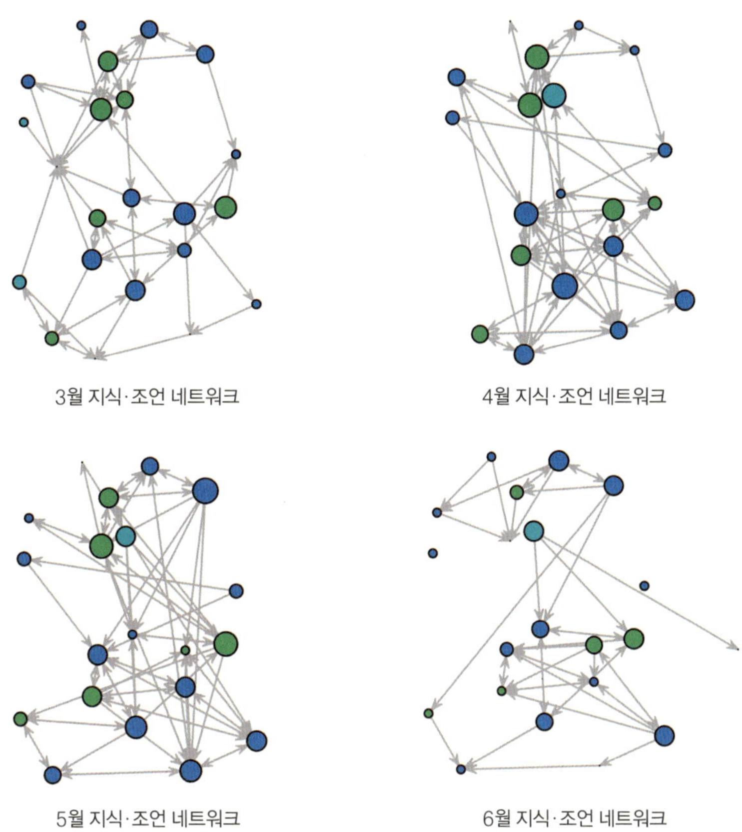

그림 6-8 학교 5의 연결 중심성을 반영한 교원소진(개인 성취감 결여) 수준별 종단 지식·조언 네트워크 소시오그램(노드 위치 고정) (N=25)

또한, 소시오그램을 통해 교원 소진 수준과 지식·조언 네트워크 변화의 상호진화 가능성을 생각해 볼 수 있다. 그러나 시각화 그림만으로 그 정도를 명확하게 파악하기 힘들다. 특히 네트워크의 크기가 커질수록 그림을 통한 상호진화 가능성을 판단하기는 매우 어렵다. 따라서 이러한 상호진화 가능성 가설을 검정하기 위해서 네트워크 통계모형을 이용한다.

3.3 네트워크 영화

교원 지식·조원 네트워크 자료를 기반으로 네트워크 영화를 만드는 절차는 다음과 같다.

첫째, statnet 계열의 R 패키지의 경우 관계목록(edgelist) 형태의 네트워크 자료가 필요하다. 따라서 먼저 인접행렬 형태로 저장된 각 시점의 횡단 네트워크 자료를 불러온 후 dgTMatrix을 이용하여 삼항 형식(triplet format=(i, j, x))으로 변환한다. 여기서 삼항 형식 변환이란 희소행렬(sparse matrix)을 관계목록(edgelist) 형식(i, j, x)으로 변환하는 것으로 변환된 삼항 형식에서 지정되지 않은 모든 항목은 인접행렬에서 모두 0인 값이고, 인접행렬에서 0 이 아닌 값은 삼항 형식(i, j, x)의 값으로 변환된다. 여기서 i는 행의 번호(sender의 아이디)를 의미하고, j는 열의 번호(receiver의 아이디)를 의미하며, x는 관계의 정도(가중 네트워크면 관계 빈도 값이고, 이산 네트워크면 모두 1로 입력)를 의미한다. 이때 주의할 점은 일반적인 R과 다르게 i와 j의 번호가 0부터 시작함으로 각각 1을 더해 주어야 한다(예, $i+1$, $j+1$). 그런 다음 네트워크 결측값을 처리해 주고, network(, matrix.type= "edgelist") 함수를 이용하여 statnet 계열의 R 패키지에서 사용할 수 있는 관계목록(edgelist) 형식으로 저장한다. 본 예제에서는 네 시점 교원의 지식·조언 네트워크를 각각 w1, w2, w3, w4 이름으로 저장하였다.

```
# 학교 8의 초등교원 지식·조원 네트워크

## 3월의 초등교원 지식·조원 네트워크
a <- as.matrix( read.table( “s8w1.dat” ) )
n <- as( a, “dgTMatrix” )
edge <- cbind( n@i + 1, n@j + 1, n@x )
edge[ , 3 ][ edge[ , 3 ] %in% c( 9 ) ] <- NA
w1 <- network( edge, matrix.type = “edgelist” )

## 4월의 초등교원 지식·조원 네트워크
a <- as.matrix( read.table( “s8w2.dat” ) )
n <- as( a, “dgTMatrix” )
```

```
edge <- cbind( n@i + 1, n@j + 1, n@x )
edge[ , 3 ][ edge[ , 3 ] %in% c( 9 ) ] <- NA
w2 <- network( edge, matrix.type = "edgelist" )

## 5월의 초등교원 지식·조원 네트워크
a <- as.matrix( read.table( "s8w3.dat" ) )
n <- as( a, "dgTMatrix" )
edge <- cbind( n@i + 1, n@j + 1, n@x )
edge[ , 3 ][ edge[ , 3 ] %in% c( 9 ) ] <- NA
w3 <- network( edge, matrix.type = "edgelist" )

## 6월의 초등교원 지식·조원 네트워크
a <- as.matrix( read.table( "s8w4.dat" ) )
n <- as( a, "dgTMatrix" )
edge <- cbind( n@i + 1, n@j + 1, n@x )
edge[ , 3 ][ edge[ , 3 ] %in% c( 9 ) ] <- NA
w4 <- network( edge, matrix.type = "edgelist" )
```

둘째, 각 시점의 에지 리스트 파일을 list() 함수를 이용하여 하나의 리스트 형식의 객체로 저장한다. 본 예제에서는 advicelist 이름으로 리스트 파일을 저장하였다.

```
advicelist <- list( w1, w2, w3, w4 )
```

셋째, networkDynamic() 함수를 이용하여 리스트 객체를 저장한다. 본 예제에서는 advice 이름으로 저장하였다. R 명령문은 다음과 같다.

```
advice <- networkDynamic( network.list = advicelist )
```

넷째, ndtv 패키지를 설치하고 불러온다. 그런 다음 render.d3movie() 함수를 이용하여 네트워크 영화를 제작한다.

```
install.packages( "ndtv" )
library( ndtv )

render.d3movie( advice,
               plot.par=list(displaylabels=T ),
               output.mode = 'htmlWidget' )
               proximity.timeline( advice,default.dist = 6,
                                   mode = 'sammon',
                                   labels.at = 17,
                                   vertex.cex = 4 )
```

다음 그림은 x축을 시간으로 y축을 친구들 간의 근사적인 거리로 설정한 것이다. 시간이 지나감에 따라 친구들 간의 근사적 거리가 변화가 없는 경우 x축과 평행한 선으로 표시가 되고 변화가 있는 경우는 그 변화 정도가 시기별로 표현된다. 이러한 그림을 통해서 종단 네트워크의 변화를 탐색해 볼 수 있다.

본 예시의 경우 시간 1에서 시간 2로 변화할 때 친구들 간의 거리 변화가 많이 발생하였고 시간 3에서 4로 변화할 때 친구들 간의 거리 변화가 거의 없는 것으로 나타났다.

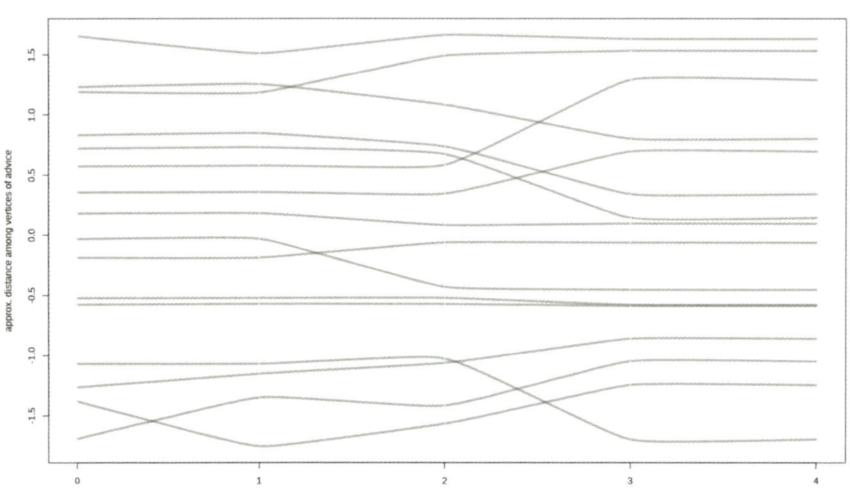

그림 6-9 초등학교 8의 교원 지식·조언 네트워크의 변화

다음은 네트워크 영화를 html의 widget 형식으로 표현한 것이다. 실제 파일은 재생 버튼을 누르면 네트워크의 표현되는 모습을 확인할 수 있으나 지면의 한계상 각 시기의 그림을 각각 제시하였다. 4회 측정 자료라서 일반적인 영화처럼 상영시간이 길지 않지만 1,000회 정도의 네트워크 모의 자료나 실제 자료가 있다면 몇 분 정도의 네트워크 영화를 제작할 수 있을 것이다. 특히 사회 영향 과정이나 사회 선택 과정을 영화화하여 보여준다면 사회 구조 속에서 행위자가 어떠한 관계를 맺고 그에 따라서 어떠한 특성이나 행동의 변화가 있는지를 쉽게 파악할 수 있을 것이다.

이처럼 네트워크 영화(또는 애니메이션)는 네트워크 역동성 연구와 함께 연구 결과로 제시가 되면 사람들의 관심과 흥미를 유발하고 연구 결과의 이해도를 높일 수 있는 좋은 방법이 될 것이다. 아직 네트워크 영화 방법은 새로운 방법이라서 이 분야에 관심이 있는 독자라면 지금부터 네트워크 영화 제작 경험과 기술을 습득하면 좋을 것이다.

더욱 자세한 내용은 ndtv 패키지 설명서나 sunbelt workshop 안내서 자료를 활용하기를 바란다.

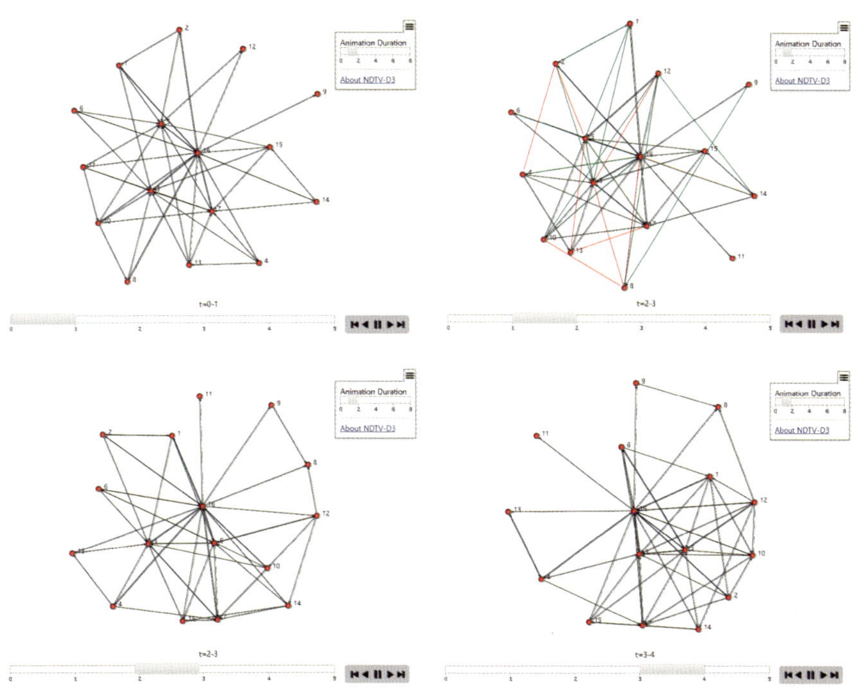

그림 6-10 학교 8의 초등교원 지식·조언 네트워크 영화 정지화면

요약

종단 네트워크 자료 시각화

- 종단 네트워크 자료 불러오기
- 네트워크 결측값 처리하기
- 네트워크와 특성의 상호진화 탐색

종단 네트워크 시각화

- 노드 크기 설정, 노드 색상 설정
- 에지 넓이 설정, 에지 색상 설정
- 노드 위치 고정

종단 네트워크 영화

- 노드 설정, 에지 설정, 레이블 설정, 레이아웃 설정

연습문제

1 종단 네트워크 자료를 불러오시오.

2 종단 네트워크의 결측값을 처리하시오.

3 노드의 위치를 고정한 종단 네트워크의 소시오그램을 작성하시오.

4 종단 네트워크 자료를 활용하여 네트워크 영화를 제작하시오.

5 다양한 종류의 종단 네트워크의 소시오그램을 작성하고 데이터 예술(data art) 관점에서 평가하시오.

6 종단 네트워크 자료와 종단 특성 자료를 활용하여 소시오그램을 작성하시오.

7 위에서 작성된 소시오그램을 네트워크와 특성의 상호진화 관점에서 해석하시오.

8 네트워크와 특성의 상호진화를 효과적으로 시각화하는 방법에 대해 논하시오.

9 네트워크 시각화의 한계에 대해 논하시오.

10 연구의 내적 타당도를 증진하기 위한 네트워크 시각화 방법에 관해 논하시오.

Part 4

통계모형

chapter

07

횡단 네트워크 통계모형

학습 목표

- 횡단 네트워크 통계모형의 개념을 이해할 수 있다
- 횡단 네트워크 자료를 토대로 사회 영향모형을 검정할 수 있다.
- 횡단 네트워크 자료를 토대로 사회 선택모형을 검정할 수 있다.
- p_2와 p^* 모형의 방법론적 특성을 비교하여 설명할 수 있다.
- 지수임의그래프 모형(ERGM)을 이해하고 적용할 수 있다.

1장부터 6장까지 네트워크 개념과 측정, 네트워크 분석 소프트웨어 소개, 횡·종단 네트워크 기술통계 분석 방법, 횡·종단 네트워크 시각화 방법에 대해서 알아보았다. 7장부터는 8장까지는 횡·종단 네트워크 통계모형에 관해서 설명하고자 한다. 먼저 횡·종단 네트워크 분석 방법으로 네트워크 통계모형을 적용해야 하는 상황과 맥락을 소개하고자 한다.

일반적으로 사회과학 연구를 위해서 연구자는 관심 있는 네트워크를 선정하고 측정 방법을 설계하여 횡·종단 네트워크 자료를 수집한 다음 가장 기초적인 분석으로 횡·종단 네트워크 자료를 탐색하는 기술통계 분석과 시각화 작업을 수행할 것이다. 연구 필요성과 목적에 따라서 횡·종단 네트워크 기술통계 분석 결과 시각화 결과만으로 충분히 의미 있는 연구 결과가 될 수 있을 것이다. 특히 새로운 연구 주제나 연구대상인 경우는 횡·종단 네트워크를 기술하고 시각화하는 것이 연구의 첫걸음이 될 수 있다.

그런데 사회과학 연구 중 양적 연구는 일반적으로 연구자가 연구가설을 제시하고 수집한 자료를 기반으로 연구가설을 검정하여 이론을 검증하고 수립하려고 하는 것을 목적으로 한다. 이때 횡·종단 네트워크의 기술통계 분석 방법과 및 시각화 방법은 기본적인 연구 결과 제시를 위해서는 유용할 수 있지만, 연구가설을 검정하는 데 적합하지 않은 방법이다. 따라서 이러한 상황에서 연구자가 관심 있어 하는 횡·종단 네트워크 자료를 검정하기 위해서는 네트워크 통계모형의 적용을 시도해야 할 것이다.

사회과학 연구를 위한 네트워크 통계모형은 전통적인 통계모형을 적용할 수도 있고 새로운 데이터 마이닝 분석 기법이나 빅 데이터 분석 방법 또는 기계학습, 딥러닝 기반의 분석 방법을 적용할 수 있다. 이에 어떠한 관점에서 어떠한 자료를 분석하는지에 따라서 네트워크 통계모형의 분류가 달라질 수 있지만, 일반적으로 사회 네트워크 연구에서 네트워크 통계모형은 세 가지로 분류한다.

구체적으로 사회 네트워크를 위한 통계적 모형은 첫째, 네트워크를 독립변수로 하고, 행위자의 특성 및 행동을 종속변수로 삼아 네트워크의 영향을 분석하는 사회 영향모형(social influence models)이다.

둘째, 네트워크를 종속변수로 하고 행위자의 특성 및 행동을 독립변수로 삼아 네트워크의 결정요인을 분석하는 사회 선택모형(social selection models)이다.

셋째, 사회 영향모형과 사회 선택모형을 하나의 모형으로 구현하는 상호진화모형(coevolution of networks and behavior)이다. 특히 상호진화 모형은 종단 네트워크 자료를 기반으로 분석하는 모형임으로 본서에는 8장에서 다루고자 한다. 이에 7장에서는 사회 영향모형과 시회 선택모형을 중심으로 설명하고자 한다.

제1절
사회 영향모형

사회 영향모형은 사회 네트워크가 행위자의 특성 또는 행동 등에 어떠한 영향을 미치는 분석하는 모형이다. 일반적으로 사회 영향모형 연구의 목적은 특정한 사회적 위치에 있는 개인이 다른 개인적 성과를 산출하는지를 탐구하는 것이다.

연구목적을 달성하기 위해서 구체적인 연구 질문은 특정 네트워크 위치에 있는 개인은 개별성과에 차이가 있는가? 로 설정한다.

이론을 검증하기 위한 연구가설은 '네트워크(설명변수, 또는 독립변수)는 행위자의 특성 또는 행동(결과변수, 성과변수, 종속변수)에 영향을 미친다'로 설정한다.

이에 연구 결론은 '특정한 네트워크 위치에 있는 행위자들은 더 많은 속성을 갖는 경향이 있다(또는 특정한 행동을 더 많이 하는 경향이 있다)'로 도출될 수 있다.

사회 영향 통계모형은 전통적인 양적 연구 통계모형과 매우 유사하다. 가장 큰 차이점은 사회 네트워크 변수를 독립변수(설명변수, 예측변수)로 설정한다는 점이다. 따라서 전통적인 양적 연구 통계모형인 회귀모형, 구조방정식 모형, 다층모형을 활용하여 횡·종단 네트워크 자료를 분석할 수 있다. 일반적으로 전통적인 양적 연구 통계모형의 경우 개체 간의 독립성을 가정한다. 그러나 사회 네트워크 자료의 경우 개체 간 독립성을 만족하지 못하는 경우가 매우 흔하다. 따라서 사회 영향 통계모형의 가장 큰 한계는 개체 간의 독립성을 가정한다는 점이다. 특히 호혜성과 전이성이 존재하는 경우는 개체 간 독립성 가정을 충족하지 못해 잘못된 연구 결과와 연구 결론이 도출될 가능성이 있다. 따라서 개체 간 독립성이 심각하게 위협받을 때는 조건부 독립모형을 도입할 필요가 있다.

표 7-1 사회 영향모형의 목적, 연구 질문, 가설, 및 결론

	사회 영향 모형(social influence models)
목적	특정 사회적 위치에 있는 개인이 다른 개인 성과를 갖는지 여부 (whether individuals in certain social positions have different individual outcomes)
연구 질문	특정 네트워크 위치에 있는 개인은 개인 성과가 어떻게 다른가? (how do individuals in certain network positions differ in their individual outcomes?)
가설	네트워크를 설명 변수(network as a explanatory factor) 행위자 특성을 성과 변수(actor attribute as an outcome)
결론	네트워크 구조에 특정 위치에 있는 사람들이 어떤 특성을 더 갖는 경향이 있음 (people who occupy certain positions tend to have more of the attributes)

사회 영향모형은 일반적인 연구자가 모두 관심을 두는 모형이다. 교육학의 경우 학생의 학업성취도 결정요인을 분석할 때 새로운 변수로 학생 네트워크 변수의 효과를 검정하는 것이다. 또한, 교사의 교직 만족감과 행복감의 결정요인을 분석할 때 교사의 동료 네트워크나 도움 네트워크의 효과를 보여 줄 수 있다. 이는 조직 연구에서도 많이 활용되는 연구모형으로 새로운 기술이나 방법을 도입할 때 사회 네트워크의 영향을 고찰할 수 있다. 또한, 지방선거 투표율에 친구 네트워크가 미치는 영향, 새로운 쇼핑몰 방문에 친구 네트워크가 미치는 영향, 새로운 사회 규범에 친구 네트워크가 미치는 영향, 새로운 문화에 친구 네트워크가 미치는 영향 등 정치학 연구, 경제학 연구, 사회학 연구, 문화인류학 연구 등에 폭넓게 적용될 수 있는 통계모형이다.

우리나라 속담에 '친구 따라 강남 간다' 처럼 친구 네트워크 효과의 다양한 측면을 연구할 수 있다. 이러한 연구는 '근묵자흑(近墨者黑)'과 같은 고사성어나 '까마귀 노는 데 백로야 가지 마라!' 와 같은 속담처럼 누구와 네트워크를 맺는지에 따라 본인의 특성이나 행동이 영향을 받을 수 있다는 점에 초점을 둔다. 따라서 개인의 건강, 소득, 재산, 진로, 직업 등 모든 분야에 적용될 수 있는 연구모형이다. 이에 사회 영향모형은 적용 가능성이 크고, 연구결과의 파급력이 큰 범용 통계모형이라 할 수 있다.

구체적으로 전통적인 통계모형인 회귀모형, 구조방정식 모형, 그리고 다층

모형에서 사회 영향모형을 활용하는 방법을 알아보자.

1.1 회귀모형

1.1.1 회귀모형 적용 절차

회귀모형에서 사회 영향모형을 적용하기 위한 절차는 다음과 같다.

첫째, 독립변수와 종속변수를 설정한다. 이때 독립변수는 네트워크 변수로 설정한다.

둘째, 횡단 네트워크 자료의 기술통계 분석을 시행한다. 특히 독립변수로 사용하기 위해서 행위자 수준의 네트워크 기술통계 분석을 시행한다. 일반적으로 행위자 수준의 중심성을 분석하고 분석 결과를 저장한다.

셋째, 파일 합치기 등을 통해 독립변수와 종속변수를 하나의 객체(파일)로 만든다.

넷째, 전통적인 회귀모형 분석을 시행한다.

1.1.2 회귀모형 활용 연구 예시

① 연구 목적

회귀모형을 활용한 사회 영향모형 연구 예시는 2017년에 교육연구논총에 출간된 김성연과 김종민 연구로 예비 초등교사의 도움 및 친구 네트워크의 특성과 그 네트워크 중심성이 행복감에 미치는 영향연구이다.

② 네트워크 자료 분석 방법

예비 초등교사 62명을 연구대상으로 설문조사를 하고 네트워크 분석을 통해 산출한 행위자 수준의 중심성 측정치를 활용하여 중다회귀분석을 실시하였다.

③ 연구 결과

연구 결과는 다음과 같다. 성별과 학업 스트레스 통제 후, 초등 예비교사의 행복감은 전체 도움 수혜자와 대학 생활을 관련 도움 수혜자의 경우 도움을 받을수록, 중재자 역할이 증가할수록, 그리고 친한 친구로 지명받을수록 증가하는 것으로 나타났다(김성연, 김종민, 2017).

1.2 구조방정식 모형

1.2.1 구조방정식 모형 적용 절차

구조방정식 모형에서 사회 영향모형을 적용하기 위한 절차는 다음과 같다.

첫째, 독립변수, 매개변수, 종속변수를 설정한다. 이때 독립변수 또는 매개변수는 네트워크 변수로 설정한다.

둘째, 횡단 네트워크 자료의 기술통계 분석을 시행한다. 특히 독립변수 또는 매개변수로 사용하기 위해서 행위자 수준의 네트워크 기술통계 분석을 시행한다. 일반적으로 행위자 수준의 중심성인 연결·근접·매개·위세 중심성을 분석하고 그 중심성 측정치를 변수로 저장한다.

셋째, 파일 합치기 등을 통해 독립변수(또는 매개변수)와 종속 변수를 하나의 객체(파일)로 만든다.

넷째, 전통적인 구조방정식모형 분석을 시행한다.

1.2.2 구조방정식 모형 활용 연구 예시

① 연구목적

구조방정식 모형을 활용한 사회 영향모형 연구 예시는 2016년에 교육심리연구에 출간된 임현정과 김종민 연구로 PLS-SEM을 적용하여 초등학교 고학년의 학업성취, 친구 관계, 자아개념 및 행복감 간의 관계를 탐색한 연구이다.

② 네트워크 자료 분석 방법

연구모형은 [그림 1]과 같다. 여기서 독립변수로 사용한 친구 관계는 초등학생의 중심성 지표로 내향 연결 중심성, 외향 연결 중심성, 내향 근접 중심성, 외향 근접 중심성, 매개 중심성을 하위지표로 구성하여 사용하였다(임현정, 김종민, 2016a).

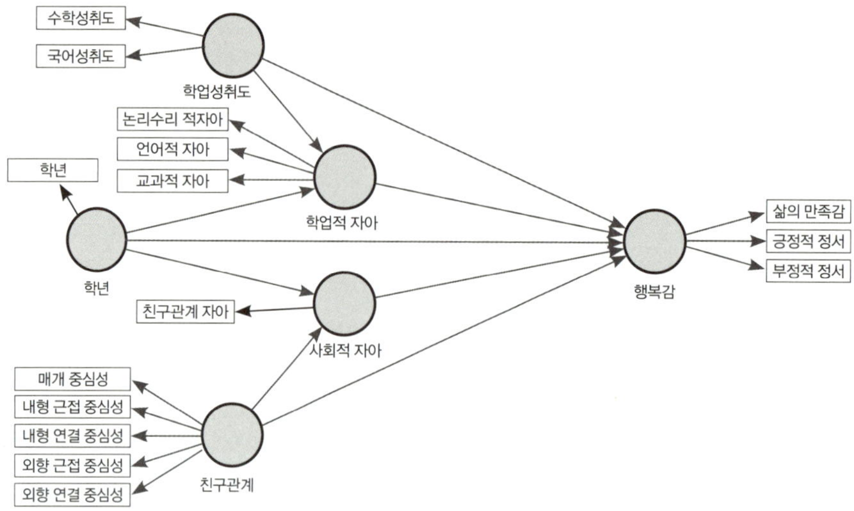

그림 7-1 초등학교 고학년의 학업성취, 친구관계, 자아개념 및 행복감 간의 관계 구조 모형
출처: 임현정, 김종민, 2016a, p. 457

③ 연구 결과

연구 결과는 다음과 같다. 학년을 통제한 상태에서 학업성취와 친구 관계는 행복감에 직접적인 영향을 미치지 않았으나 학업성취는 학업적 자아개념을 매개로 하여 행복감에 간접적인 영향을 미치고 있었으며, 친구 관계는 사회적 자아개념을 매개로 행복감에 간접적인 영향을 미치고 있었다(임현정, 김종민, 2016). 즉, 학업적 자아개념은 학업성취와 행복감의 관계를 완전히 매개하는 것으로 나타났고, 사회적 자아개념은 친구 관계와 행복감의 관계를 완전히 매개하는 것으로 나타났으며, 학업성취, 친구 관계, 학업적 자아개념, 사회적 자아개념, 학년은 초등학생 행복감의 분산을 38.4% 설명하는 것으로 나타났다(임현정, 김종민, 2016a).

1.3 다층모형

1.3.1 다층모형 적용 절차

다층모형에서 사회 영향모형을 적용하기 위한 절차는 다음과 같다.

첫째, 각 수준의 독립변수와 종속변수를 설정한다. 이때 각 수준의 독립변수를 네트워크 변수로 설정한다.

둘째, 횡단 네트워크 자료의 기술통계 분석을 시행한다. 특히 네트워크 자료를 독립변수로 사용하기 위해서 행위자 수준의 네트워크 기술통계 분석을 시행한다. 일반적으로 행위자 수준의 중심성인 연결·근접·매개·위세 중심성을 분석하고 그 중심성 측정치를 변수로 저장한다.

셋째, 파일 합치기 등을 통해 독립변수와 종속변수를 하나의 객체(파일)로 만든다.

넷째, 전통적인 다층모형 분석을 시행한다.

1.3.2 다층모형 활용 연구 예시

(1) 2수준 다층모형

① 연구목적

다층모형을 활용한 사회 영향 모형연구 첫 번째 예시는 2015년에 초등교육연구에 출간된 김종민 연구로 초등교원의 동료 네트워크가 교직 만족감과 행복감에 미치는 영향을 탐색하였다.

② 네트워크 자료 분석 방법

20개 초등학교 513명의 교사를 대상으로 사회 네트워크 분석과 2수준 다층모형을 적용하였다. 구체적으로 2수준 다층분석모형은 외향 연결 중심성 독립변수모형으로 교사 수준과 학교 수준에서 동료 네트워크의 외향 연결 중심성을 독립변수로 추가한 모형과 내향 연결 중심성 독립변수모형으로 교사 수준과 학교 수준에서 동료 네트워크의 내향 연결 중심성을 독립변수로 추가한 모형이다. 2수준 다층모형 수식은 다음과 같다.

1수준 모형(교사 수준)

$$y_{ij} = \beta_{0j} + \beta_{1j}\text{ 교사성별}_{ij} + \beta_{2j}\text{ 교사학력}_{ij} + \beta_{3j}\text{ 교사경력(월)}_{ij} + \beta_{4j}\text{ 담임}_{ij} + \beta_{5j}\text{ 부장교사이상}_{ij} + \beta_{6j}\text{ 독립변수}_{ij} + r_{ij}$$

$$r_{ij} \sim N(0, \sigma^2)$$

(7-1)

2수준 모형(학교 수준)

$$\beta_{0j} = \gamma_{00} + \gamma_{10}(\text{학교학급수}_j - \overline{\text{학교학급수}}) + \gamma_{02}(\overline{\text{남자교사비율}_j} - \overline{\text{남자교사비율}})$$
$$+ \gamma_{03}(\text{교총가입비율}_j - \overline{\text{교총가입비율}}) + \gamma_{04}(\text{독립변수}_j - \overline{\text{독립변수}}) + u_{0j}$$

$$\beta_{1j} = \gamma_{10}$$
$$\beta_{2j} = \gamma_{20}$$
$$\beta_{3j} = \gamma_{30}$$
$$\beta_{4j} = \gamma_{40}$$
$$\beta_{5j} = \gamma_{50}$$
$$\beta_{6j} = \gamma_{60} \qquad u_{0j} \sim N(0, \tau_{00})$$

③ 연구결과

연구 결과는 초등교원의 동료 네트워크는 교직 만족감과 행복감 증진에 긍정적인 영향을 주는 것으로 나타났는데, 구체적으로 교사 동료 네트워크의 외향 연결 중심성은 교사의 특성(성별, 학력, 경력, 담임 여부, 보직)과 학교의 특성(학급수, 남자 교사 비율, 교총 가입 비율)을 통제한 상태에서 교직 만족감과 행복감의 증진 그리고 부정적 정서의 감소에 유의미한 영향이 있었고, 교사 동료 네트워크의 내향 연결 중심성 또한 교직 만족감과 행복감의 증진에 유의미한 영향을 주는 것으로 나타났다(김종민, 2015a).

(2) 3수준 다층모형

① 연구목적

다층모형을 활용한 사회 영향모형 연구 두 번째 예시는 2017년에 교육논총에 출간된 강혜진, 안성현, 정주영, 한영진, 김종민 연구로 초등교사의 자기효능감과 도움 네트워크의 중심성이 초등학교 교사-교사 간 신뢰에 어떠한 영향을 미치는지에 대해 탐색하였다.

② 네트워크 자료 분석 방법

이를 위해 18개 초등학교, 484명의 교사를 대상으로 사회 네트워크 분석과 3수준 다층모형 분석을 적용하였다. 첫 번째 예시의 차이점은 초등교사의 친한 동료 네트워크 자료를 기반으로 학교 내에서 친한 동료 소집단 구성원을 파악하였다. 특히 친한 동료 소집단 구성원이 서로 겹치지 않도록 분석하기 위해 KliqueFinder 0.15(Frank, 2013) 소프트웨어를 활용하였다. 이러한 초등교사의 친한 동료 소집단 구성원 분석 결과를 기반으로 친한 동료 소집단을 다층모형에서 2수준으로 설정하였다. 3수준 다층모형 수식은 다음과 같다.

〈 1수준 모형(교사 수준) 〉

$$Y_{ijk} = \pi_{0jk} + \pi_{1jk}(\text{교사 효능감}) + \pi_{2jk}(\text{직위}) + \pi_{3jk}(\text{현재 경력}) + \pi_{4jk}(\text{성별}) + \pi_{5jk}(\text{외향 연결 중심성}) + \pi_{6jk}(\text{내향 연결 중심성}) + e_{ijk},\ e_{ijk} \sim N(0, \sigma^2) \quad (7\text{-}2)$$

〈 2수준 모형(친한 동료 소집단 수준) 〉

$$\pi_{0jk} = \beta_{00k} + r_{0jk},\ r_{0jk} \sim N(0, \tau_{pi})$$

$$\pi_{1jk} = \beta_{10k}, \pi_{2jk} = \beta_{20k}, \pi_{3jk} = \beta_{30k}, \pi_{4jk} = \beta_{40k}, \pi_{5jk} = \beta_{50k}, \pi_{6jk} = \beta_{60k}$$

〈 3수준 모형(학교 수준) 〉

$$\beta_{00k} = \gamma_{000} + \gamma_{001}(\text{학교 규모}) + u_{00k},\ u_{00k} \sim N(0, \tau_\beta)$$

$$\beta_{10k} = \gamma_{100}, \beta_{20k} = \gamma_{200}, \beta_{30k} = \gamma_{300}, \beta_{40k} = \gamma_{400}, \beta_{50k} = \gamma_{500}, \beta_{60k} = \gamma_{600}$$

③ 연구결과

연구 결과는 초등교사의 자기효능감은 교사-교사 간 신뢰에 통계적으로 유의미한 영향이 드러났고, 교사의 도움 네트워크 중 외향 연결 중심성은 교사-교사 간 신뢰에 통계적으로 유의미한 영향을 미치는 것으로 나타났으나, 내향 연결 중심성의 영향력은 통계적으로 유의미하지 않은 것으로 나타났다(강혜진 외, 2017).

제2절

사회 선택모형

사회 선택모형(social selection models)은 네트워크 결정요인을 파악하는 것으로 독립변수를 행위자의 특성 및 행동으로 정하고 네트워크를 종속변수로 삼아 분석하는 통계모형이다. 일반적으로 사회 선택모형 연구의 목적은 개인들이 사회 구조에 어떻게 영향을 미치는지 탐구하는 것으로 누가 누구를 선택했는지 관심을 두는 모형이다.

연구목적을 달성하기 위해서 구체적인 연구 질문은 개인은 네트워크 구조에 어떤 영향을 미치는가? 개인은 어떤 기준으로 네트워크 파트너 또는 위치를 선택하는가? 이다.

이론을 검증하기 위한 연구가설은 '행위자의 특성 또는 행동(설명 변수 또는 독립변수, 종속변수)이 네트워크(결과변수, 성과변수, 종속변수) 구조에 영향을 미친다'로 설정한다.

이에 연구 결론은 '비슷한 특성 또는 행동을 하는 행위자끼리 네트워크를 형성한다(유유상종)'로 도출될 수 있다.

표 7-2 사회 선택모형의 목적, 연구 질문, 가설, 및 결론

사회 선택모형(social selection models)	
목적	개인이 사회 구조에 미치는 영향(누가 누구를 선택하는지) (how individuals affect social structure (who select whom))
연구 질문	개인이 네트워크 구조에 어떤 영향을 미치는가? 개인은 어떤 기준으로 네트워크 파트너 또는 직위를 선택하는가? (how do individuals affect network structure? on what basis do individuals choose network partners or positions?)
가설	행위자 특성을 설명 변수(actor attribute as a explanatory factor) 네트워크 구조를 성과 변수(network structure as an outcome)
결론	유유상종 효과(homophily effects: birds of a feather flock together)

사회 선택 통계모형은 전통적인 양적 연구 통계모형과 다르다. 가장 큰 차이점은 네트워크 구조를 종속변수(결과변수, 성과변수)로 설정한다는 점과 모든 개체 간 독립성 가정을 하지 않는다는 점이다. 특히 네트워크의 호혜성이 존재하는 경우나 네트워크의 호혜성과 전이성이 모두 존재하는 경우는 개체 간 독립성 가정을 충족하지 못한다. 따라서 개체 간 독립성이 심각하게 위협받을 때는 사회 선택 통계모형을 도입할 필요가 있다.

물론 소외자끼리는 개체 간 독립성 가정을 만족하기 때문에 개체 간 독립성 자체를 부정하는 것은 아니다. 정확하게 표현하면, 이상적인 사회 선택 통계모형은 개체 간 독립성, 개체 간 의존성, 개체 간 상호의존성을 모두 포함하는 모형을 설정하고자 하는 것이다. 따라서 이러한 모형의 가장 큰 한계와 문제점은 추정할

수 있지 않아 모형 자체가 생성되지 않거나 효과 모수의 추정치의 표준오차가 안정적이지 않을 수 있다는 점이다.

1981년에 p_1 모형이 제안된 이후 지난 40년간 사회 네트워크 선택 통계모형은 큰 발전을 이루었다. 이에 p_1 모형, p_2 모형 그리고, p^* 모형을 구체적으로 살펴보고자 한다.

2.1 p_1 모형

2.1.1 p_1 모형 특성

1981년에 제안된 p_1 모형은 최초의 사회 선택 통계모형으로 볼 수 있다. 특히 방향성이 있는 완전 네트워크로 일원 네트워크(complete, one-mode, and directed network)에서 행위자들 간의 사회 네트워크의 확률을 모형화한 최초의 모형이라는 점에 큰 의의가 있다. 구체적으로 p_1 모형은 n명의 행위자의 네트워크에서 짝관계(dyads)의 확률을 명세화한 것이다(Van Duijn, Snijders, & Zijlstra, 2004). 이전 모형들은 양자관계나 삼자관계를 통계 모형화하려고 시도하였다. 그러나 이러한 모형들의 한계는 완전 네트워크를 모형화하지 못했다는 점이다.

p_1 모형(Holland & Leinhardt, 1981)의 가정은 짝 간 독립성 가정(dyads independence)이다. 따라서 짝 내에서는 독립성, 의존성, 상호의존성을 모형화할 수 있으나 짝 간에는 독립성만 모형화 할 수 있다. 즉 짝 간 의존성, 짝 간의 상호의존성은 모형화할 수 없다는 한계가 있다.

2.1.2 p_1 모형 수식

p_1 모형의 수식은 (7-3)처럼 밀도, 호혜성, 활동성, 대중성을 모형화할 수 있다.

$$P(Y_{ij}=y_1, Y_{ji}=y_2) = \exp[y_1(\mu+\alpha_i+\beta_j)+y_2(\mu+\alpha_j+\beta_i)+y_1y_2\rho]/k_{ij}, \qquad (7\text{-}3)$$
$$\text{for } y_1, y_2 \in \{0,1\}; i, j = 1, \ldots, n; i \neq j.$$

여기서 첫째, 밀도(density) 모수 μ는 전체적인 네트워크 정도를 표현하는 모수이다.

둘째, 호혜성(reciprocity) 모수 ρ는 짝 내 네트워크를 주고받은 정도를 표현한 모수이다.

셋째, 활동성(activity) 모수는 두 개로 α_i와 α_j이다. 구체적으로 'y_{ij}변수에서 포함된 확률 는 방향성 있는 짝 네트워크에서 행위자 i가 행위자 j에게 향하는 네트워크 정도를 추정한 모수이고, y_{ji}변수에서 포함된 확률 α_j는 행위자 j가 행위자 i에게 향하는 네트워크 정도를 추정한 모수이다"(김종민, 2015b, p. 757). 이러한 활동성 모수는 α_i와 α_j는 p_2 모형에서 네트워크를 보내는 자 모수(sender parameter, activity)라 칭하기도 한다(Zijlstra & Van Duijn, 2005).

넷째, 대중성(popularity) 모수도 두 개로 β_j와 β_i이다. "활동성 모수와 비슷한 방법으로 y_{ij}변수에서 포함된 확률 β_j는 방향성 있는 짝 네트워크에서 행위자 j가 행위자 i에게 향하는 네트워크 정도를 추정한 모수이고, 변수에서 포함된 확률 는 행위자 i가 행위자 j에게 향하는 네트워크 정도를 추정한 모수이다"(김종민, 2015b, p. 757). 이러한 대중성(또는 인기) 모수 β_j와 β_i는 p_2 모형에서 네트워크를 받는 자 모수(receiver parameter)라 칭하기도 한다(Zijlstra & Van Duijn, 2005).

마지막으로 k_{ij}는 전체 확률을 100%로 규준화 시키는 상수(normalizing constant)이다(Zijlstra & Van Duijn, 2005).

2.1.3 p_1 모형의 한계

모형은 유방향성의 네트워크 통계모형이다. 이러한 모형의 가장 큰 장점은 짝 네트워크를 모형화 하기 위해 밀도 모수, 호혜성 모수, 활동성 모수, 그리고 대중성 모수로 개념화하였다는 점이다. 또한 이러한 구분을 통해 짝 네트워크의 확률을 추정한다는 하였다는 점이다. 그러나 p_1 모형의 가장 큰 단점은 행위자 수의 2배 만큼의 활동성과 대중성 모수를 갖는다는 점이다. 이러한 특성으로 행위자의 수가 증가할수록 활동성과 대중성 모수도 증가하여 추정해야 하는 모수의 수가 많아진다는 점이다(Zijlstra & Van Duijn, 2005). 이런 추정의 한계를 극복하고자 제시된 모형이 p_2 모형이다.

2.2 p_2 모형

2.2.1 p_2 모형 특성

p_2 모형은 유방향 짝 네트워크의 통계적 모형이다. p_1 모형처럼 밀도 모수, 호혜

성 모수, 활동성 모수 그리고 대중성 모수로 개념화하였고 이러한 모수를 추정하는 모형이다. 가장 큰 특성은 활동성 모수와 대중성 모수에 무선 효과를 추가한 확률모형이라는 점이다(Van Duijn, Snijders, & Zijlstra, 2004). 무선 효과를 추가한 이유는 활동성과 대중성의 고정효과의 모수를 줄여 추정의 어려움을 해결하기 위함이었다.

이러한 p_2 모형은 다층모형 중 2수준 교차분류 다층모형이다. 구체적으로 1수준을 짝 내 수준으로 그리고 2수준을 짝 간 수준으로 설정하고 다시 2수준을 네트워크를 보내는 자(sender: 2수준a, 활동성)와 네트워크를 받는 자(receiver: 2수준b, 대중성)로 설정한 것이다. 효과 모수 추정의 어려움을 해결하고자 짝 간 수준을 무선 효과로 설정한 것이다.

이러한 초창기의 p_2 모형은 다변량 분석과 다층분석(Zijlstra, Van Duijn, & Snijders, 2006)이 가능한 형태로 발전하여 활용 범위가 넓어졌다. 또한 네트워크 효과 모수 추정 방법을 컴퓨터 시뮬레이션을 통한 MCMC(Markov Chain Monte Carlo)추정방법을 도입하여 그 모수 추정 과정을 실시간으로 보여주는 기능을 소프트웨어 도입하였다. 그리고 효과 모수의 추정 결과의 적합성을 판단하기 위해서 베이지안 모형적합도 지수(Zijlstra, Van Duijn, & Snijders, 2005)를 산출하여 활용하였다.

모형의 가장 큰 장점은 다양한 모형 명세화가 가능하다 점이다. 특히 1수준 모형 명세화에 짝 특성 변수를 활용할 수 있다. 일반적으로 짝 특성 변수는 두 가지 유형으로 분류할 수 있다. 첫째, 각 행위자 특성의 짝 차이점수(differences, 양수와 음수를 고려) 방법이다. 둘째, 각 행위자 특성의 절댓값 짝 차이점수(absolute differences)방법이다. p_2 모형에서 이러한 두 가지 짝 특성 변수의 모형 명세화가 가능하다.

2.2.2 p_2 모형 수식

일반적인 모형의 수식은 (7-4)와 같다.

2 수준a: i 활동성(activity)

$\alpha_i = X_{1i}\gamma_1 + A_i$

2 수준b: j 대중성(popularity)

$\beta_j = X_{2j}\gamma_2 + B_j$

1 수준:

$$\log\left(\frac{p(y_{ij}=1)}{1-p(y_{ij}=0)}\right) = \alpha_i + \beta_j + \mu_{ij} + \rho_{ij} \qquad (7\text{-}4)$$

밀도(density) $\mu_{ij} = \mu + Z_{1ij}\sigma_1$

호혜성(reciprocity) $\rho_{ij} = \rho + Z_{2ij}\sigma_2$

먼저 1수준의 변수와 효과 모수를 살펴보면 다음과 같다.

첫째, 밀도 변수는 μ_{ij}이다. 구체적으로 밀도 변수는 평균밀도(μ)와 밀도효과를 설명하는 짝 특성 변수(dyadic attributes; Z)의 추정된 모수값(σ_1)의 합이다. 이때 평균밀도(μ)는 고정효과이다. 둘째, 호혜성 변수는 ρ_{ij}이다. 밀도 변수처럼 호혜성 변수도 평균호혜성(ρ)과 호혜성 효과를 설명하는 짝 특성 변수의 추정된 모수값(σ_2)의 합이다. 여기서 평균호혜성(ρ)는 고정효과이다.

이제 2 수준의 변수와 효과 모수를 살펴보면 다음과 같다. 첫째, 2 수준a의 종속변수는 활동성 변수로 α_i이다. 활동성 종속변수는 활동성 임의효과(A_i)와 활동성 효과를 설명하는 변수(X)의 추정된 모수값(γ_j)의 합이다. 활동성 임의효과(A_i)는 모수의 임의효과로 분산을 추정한다. 둘째, 2 수준b의 종속변수는 대중성 변수로 β_j이다. 대중성 종속변수는 대중성 임의효과(B_j)와 대중성 효과를 설명하는 변수(X)의 추정된 모수값(γ_2)의 합이다. 대중성 임의효과(B_j)는 모수의 임의효과로 분산을 추정한다. 즉 모든 행위자의 무선 효과의 분산은 $\sigma^2_A, \sigma^2_B, \sigma^2_{AB}; E(A) = E(B) = 0$이고, 행위자간 무선 효과는 상호독립을 가정한다(Van Duijn, Snijders, & Zijlstra, 2004).

2.2.3 p_2 모형 활용 연구 예시

(1) 2수준 p_2 모형

① 연구목적

2수준 p_2 모형을 활용한 사회 선택 통계 모형연구의 예시는 2015년에 교육평가연구에 출간된 김종민 연구로 경기도 소재 남자 고등학생의 영어 도움 네트워크 자료를 토대로, p_2을 활용하여 네트워크의 구조(호혜성)와 고등학생의 특성(성취목표, 영어 학습 동기 및 영어 학업성취도)이 영어도움 네트워크에 어떤 영향을 주는지 분석하였다.

② 네트워크 자료 분석 방법

p_2 모형의 종속변수는 고등학생의 같은 반 영어 도움 네트워크이었고, 독립변수는 영어 학습 내재적 동기, 영어 학업성취도 점수, 학업적 숙달 목표, 사회적 수행접근목표, 그리고 영어점수 짝 차이 점수를 사용하였다. p_2 모형의 수식은 다음과 같다.

2 수준a (i: 활동성):

$$\alpha_i = \text{영어학습 내재적 동기}_i \gamma_1 + \text{사회적 수행접근목표}_i \gamma_2 + A_i$$

2 수준b (j: 대중성):

$$\beta_j = \text{영어점수}_j \gamma_3 + \text{학업적 숙달목표}_j \gamma_4 + B_j$$

1 수준 (짝 수준): (7-5)

$$\log\left(\frac{p(\text{도움}_{ij}=1)}{1-p(\text{도움}_{ij}=0)}\right) = \alpha_i + \beta_j + \mu(\text{밀도}) + \text{영어점수 짝차이}_{ij}\sigma_1 + \rho(\text{호혜성})$$

③ 연구 결과

연구 결과는 남자 고등학생의 특성인 사회적 수행접근목표, 영어 학습 내재적 동기 그리고 영어 학업성취도 점수가 높을수록 영어 도움 네트워크가 증가하였고, 네트워크 구조인 호혜성은 같은 반 남자 고등학생의 영어 도움 네트워크에 긍정적인 영향을 주었다(김종민, 2015b).

(2) 2수준 p_2 모형 + 하위그룹 식별

① 연구목적

하위그룹 식별 분석과 p_2 모형을 활용한 사회 선택 통계 모형연구의 예시는 2016년에 교육평가연구에 출간된 임현정, 김종민 연구로 초등학생 학업 도움 네트워크 형성에 성취목표, 학업성취도 및 형식적·비형식적 조직이 미치는 영향을 탐색하였다.

② 응집력 있는 하위그룹(cohesive subgroup) 식별 방법

Frank(1995)는 응집력 있는 하위그룹(cohesive subgroup)을 식별하는 KliqueFinder 소프트웨어 개발하였는데, 가장 큰 특징은 하위그룹 소속 구성원이 중복되지 않게 하위그룹을 식별하는 것이다(Frank, 1995, 1996; Frank & Zhao, 2005). 수식은 (7-6)과 같다.

$$\log\left(\frac{p(\omega_{ij}=1)}{1-p(\omega_{ij}=0)}\right)=\theta_0+\theta_1 samesubgroup_{ij} \tag{7-6}$$

'$\omega_{ij}=1$'은 행위자 i와 행위자 j가 관계(에지) 유, '$\omega_{ij}=0$'은 행위자 i와 행위자 j가 관계 무(無)을 표현한 것으로, '$samesubgroup_{ij}=1$'은 행위자 i와 행위자 j가 같은 하위그룹 구성원, '$samesubgroup_{ij}=0$ '은 행위자 i와 행위자 j가 다른 하위그룹 구성원을 표현한 것으로 θ_1은 하위그룹의 특징을 나타낸다(임현정, 김종민, 2016b).

하위그룹 구성원 식별은 승산비 AD/BC를 활용한다. [그림 7-2]에서 n_g는 하위그룹g 구성원의 수, A는 행위자 i와 행위자 j가 간 네트워크가 없고 다른 하위그룹에 소속된 경우이며, B는 행위자 i와 행위자 j가 간 네트워크가 있고 다른 하위그룹에 소속된 경우이고, C는 행위자 i와 행위자 j가 간 네트워크가 없고, 같은 하위그룹에 소속된 경우이고, D는 행위자 i와 행위자 j가 간 네트워크가 있고, 같은 하위그룹에 소속된 경우를 의미한다(임현정, 김종민, 2016b).

승산비는 하위그룹 외부의 네트워크가 없는 경우와 하위그룹 안의 네트워크가 있는 경우의 곱에 하위그룹 외부의 네트워크가 있는 경우와 하위그룹 안의 네트워크가 없는 경우의 곱을 나눈 값으로 나타낼 수 있으며 θ_1을 최대화하기 위해 행위자들을 배치하는 방법으로 응집력 있는 하위그룹을 정의할 수 있다(임현정, 김종민, 2016). θ_1은 그림 7-2의 log-odds의 반값으로 (θ_1 = 0.5log[AD/CD]) 정의할 수 있다(Frank, 1996).

<table>
<tr><td colspan="2"></td><td colspan="2">네트워크의 유무</td><td></td></tr>
<tr><td colspan="2"></td><td>무($\omega_{ij}=0$)</td><td>유($\omega_{ij}=1$)</td><td></td></tr>
<tr><td rowspan="2">동일 하위그룹 소속 여부</td><td>다른 하위그룹(0)</td><td>A</td><td>B</td><td>$n(n-1)-\Sigma n_g(n_g-1)$</td></tr>
<tr><td>같은 하위그룹(1)</td><td>C</td><td>D</td><td>$\Sigma n_g(n_g-1)$</td></tr>
<tr><td colspan="2"></td><td>$n(n-1)-\Sigma\Sigma\omega_{ij}$</td><td>$\Sigma\Sigma\omega_{ij}$</td><td>$(n-1)$</td></tr>
</table>

그림 7-2 하위그룹 구성원간의 연관성과 행위자간의 관계 형성에 대한 승산비
(출처: Frank, 1995)

③ 연구 결과

연구 결과는 학업 도움 네트워크 형성에 학업 도움 제공자와 수혜자의 학업 수행접근목표 차이가 유의한 영향을, 학업 도움 제공에 사회 숙달 목표는 정적인 영향을, 사회수행접근목표는 부적인 영향을, 그리고 학업 도움 수혜에 정적인 영향을 주는 것으로 나타났다(임현정, 김종민, 2016b). 또한 학업 도움 네트워크 형성에 학업 도움 제공자와 수혜자의 학업성취도 차이의 절댓값과 형식적 조직인 같은 반 그리고 비형식적 조직인 친한 친구 하위그룹은 모두 정적인 영향을 주었다 (비형식 조직효과 〉 형식 조직효과)(임현정, 김종민, 2016b).

(3) 3수준 p_2 모형

① 연구목적

3수준 p_2 모형을 활용한 사회 선택 통계 모형연구의 예시는 2018년에 미래교육학연구에 출간된 최현희, 김종민 연구로 경기도 다문화 밀집지역 초등 6학년생의 다문화 수용성과 그들의 친구 네트워크와의 관계를 탐색하였다.

② 네트워크 자료 분석 방법

3수준 다층 p_2 모형을 활용하여 그 관계를 분석하였다. 1수준은 짝 내 수준, 2수준은 짝 간 수준 그리고 3수준은 학급 수준으로 설정하였다. p_2 모형의 수식은 다음과 같다. 참고로 학급 수준은 수식에서 제외하였다.

2 수준a: i 활동성(activity)

$$\alpha_i = \text{개방성}_i\gamma_1 + \text{관계성}_i\gamma_2 + \text{공감}_i\gamma_3 + \text{인식}_i\gamma_4 + A_i$$

2 수준b: j 대중성(popularity)

$$\beta_j = \text{개방성}_j\gamma_5 + \text{관계성}_j\gamma_6 + \text{공감}_j\gamma_7 + \text{인식}_j\gamma_8 + B_j \tag{7-7}$$

1 수준 (짝 수준):

$$\log\left(\frac{p(y_{ij}=1)}{1-p(y_{ij}=0)}\right) = \alpha_i + \beta_j + \mu_{ij} + \rho_{ij}$$

밀도(density) $\mu_{ij} = \mu + \text{성별}_{ij}\sigma_1 + \text{다문화학생}_{ij}\sigma_2$

호혜성(reciprocity) $\rho_{ij} = \rho$

③ 연구 결과

3 수준 다층 p_2 모형 분석 결과, 첫째, 다문화학생 40%대 학급에서는 다문화 수용성의 요인인 개방성과 인식이 높아질수록, 40%대와 30%대 학급에서는 다문화 수용성의 요인인 공감이 낮아질수록 더 많은 또래를 친한 친구로 지목할 가능성이 커지는 것으로 드러났고, 둘째, 다문화학생 40%대 학급에서는 다문화 수용성의 요인인 공감이 높아질수록, 20%대 학급에서는 다문화 수용성의 요인인 관계성이 높아질수록, 인식은 낮아질수록 더 많은 또래로부터 친한 친구로 지목받을 가능성이 커지는 것으로 나타났으며, 셋째, 또래 네트워크는 성별 유유상종 효과, 10%대 학급에서는 다문화학생 유유상종 효과를 보여주었다(최현희, 김종민, 2018).

2.2.4 p_1 모형과 p_2 모형의 한계

이상에서 살펴본 p_1 모형과 p_2 모형의 가장 큰 한계점은 짝 간 독립성 가정이다. 따라서 이러한 모형은 짝 내의 독립성, 의존성, 그리고 상호의존성은 모형화할 수 있다. 그러나 p_1 모형과 p_2 모형은 짝 간은 상호독립성(dyads independence) 가정으로 삼자 간 관계에서 전이성을 모형화하기 힘들고 네트워크의 국소 의존성을 모형화가 어렵다. 특히 친구 네트워크에서 자주 발견되는 삼자관계 이상의 다양한 전이성 유형을 모형화하기 어렵다. 이런 한계점을 해결한 모형이 p^* 모형이다.

2.3 p^* 모형

2.3.1 p^* 모형 특성

p^* 모형은 1986년 처음으로 Frank와 Strauss의 의해 논의되었다. 그들은 마르코프 무선 그래프(Markov random graph)의 확률분포에 대한 논의를 시작하였고, 후속 연구인 마르코프 무선 그래프 확률분포 모수의 추정연구로 더 발전시켜 마침내 Wasserman과 Pattison(1996)의 연구에서 일반적인 네트워크 구조의 모수를 확률화 하는 모형을 p^*(P-Star) 모형으로 칭했다. 이러한 p^* 모형은 짝 간 조건부 종속(dyads are conditionally dependent) 가정한다. 따라서 가장 현실적인 네트워크 확률모형으로 볼 수 있다.

p^* 모형은 크게 ERGM(Exponential Random Graph Models; Robins et al., 2007a, 2007b)과 SAOM(Stochastic Actor-Oriented Models; Snijders, 1996, 2001)로 나눌 수 있다. 두 모형의 공통점은 컴퓨터 시뮬레이션을 이용하여 네트워크 분포의 확률을 생성한다는 점과 행위자 특성의 효과가 다른 변수를 포함하지 않는 한 모두에게 동일한 효과를 준다고 가정하는 점이다(Prell, 2012). 두 모형의 가장 큰 차이점은 ERGM은 관찰된 네트워크를 이미 균형 상태라고 가정하지만 SAOM은 이런 가정을 받아들이지 않고 관찰된 네트워크 역시 다른 상태에서 출발하여 변화하고 있는 진화를 가정한다는 것이다(Prell, 2012).

2.3.2 p^* 모형 수식

일반적인 수식은 (3) 과 같다. 수식 (3) 에서 k는 전체 확률을 규준화 시키는 상수이고, 지수 함수(exponential function) 안에 있는 합은 모든 효과의 합을 의미한다. η_A는 A구성(혹은 배열)에 해당하는 모수(the parameter corresponding to the configuration A; A의 변수들의 모든 짝이 조건부 종속이라고 가정될 때만 0이 아님)이며, $g_A(y) = \prod y_{ij \in A} y_{ij}$는 A구성에 해당하는 네트워크 통계치(the network statistic corresponding to configuration A)로 네트워크 y에서 그 구성이 관찰되면 1이고 그렇지 않으면 0이다(Robins et al., 2007a, p. 179).

$$p(Y=y) = \left(\frac{1}{K}\right)\exp\left\{\sum_{A=1}^{A} \eta_A g_A(y)\right\} \tag{7-8}$$

2.3.3 p^* 모형 활용 연구 예시

(1) SAOM 활용 p^* 모형(Micro 분석 결과)

① 연구 목적

p^* 활용한 사회 선택 통계 모형연구의 첫 번째 예시는 2015년에 교육평가연구에 출간된 김종민 연구로 남자 고등학생의 영어 도움 네트워크 자료를 토대로, p^*을 활용하여 네트워크의 구조와 고등학생의 특성이 영어 도움 네트워크에 어떤 영향을 주는지 분석하였다.

② 네트워크 자료 분석 방법

p^* 모형의 종속 변수는 고등학생의 같은 반 영어 도움 네트워크이었고, 독립변수는 네트워크 구조인 호혜성과 전이성, 그리고 영어점수, 내재적 동기 및 사회적 수행접근목표이었다. p^* 모형 수식은 다음과 같다.

$$p(Y=y) = \left(\frac{1}{K}\right)\exp\left\{\begin{array}{l}\sum_{A=1}^{6}\eta_A g_A(y) = \eta_1\text{밀도}_1 + \eta_2\text{호혜성}_2 + \eta_3\text{전이성}_3 + \\ \quad \eta_4\text{영어점수alter}_4 + \eta_5\text{내재적 동기ago}_5(y) + \\ \quad \eta_6\text{사회적 수행접근목표ago}_6(y)\end{array}\right\}$$

(7-9)

③ 연구 결과

연구 결과는 남자 고등학생의 사회적 수행접근목표, 영어 학습 내재적 동기 그리고 영어 학업성취도 점수가 높을수록 영어 도움 네트워크가 증가하였고, 호혜성과 전이성은 남자 고등학생의 영어 도움 네트워크에 긍정적인 영향을 주었다(김종민, 2015b).

(2) SAOM 활용 p^* 모형(Macro + Micro 분석 결과)

① 연구 목적

p^* 활용한 사회 선택통계 모형연구의 두 번째 예시는 2017년에 교육평가연구에

출간된 김종민 연구로 초등교원의 학생평가를 위한 조언 또는 정보 네트워크를 탐색하였다.

② 네트워크 자료 분석 방법

SAOM를 사용하여 개별학교별 분석과 메타분석(Snijders, 1996, 2001; Snijders & Baerveldt, 2003)을 실시하였다. SIENA의 메타 분석 방법은 "모수 변수가 같지만 동일한 모형 명세화를 사용한다는 가정 없이 서로 다른 네트워크를 개별적으로 분석한 다음 SIENA08.exe 소프트웨어를 사용하여 메타 분석을 통해 출력 파일을 결합하는 방법이다"(Ripley et al., 2022, p.113). 따라서 다음 수식을 활용하여 학교 네트워크를 분석하였다.

$$p(Y=y) = \left(\frac{1}{K}\right)\exp\left\{\sum_{a=1}^{7}\beta_a S_{ia}(x) = \begin{matrix}\beta_1 S_{i1}(x) + \beta_2 S_{i2}(x) + \beta_3 S_{i3}(x) + \beta_4 S_{i4}(x) \\ + \beta_5 S_{i5}(x) + \beta_6 S_{i6}(x) + \beta_7 S_{i7}(x)\end{matrix}\right\} \quad (7\text{-}10)$$

Snijders와 Baerveldt(2003)의 방법에 따라 메타 분석에서 추정치를 결합한 메타 분석 절차와 마찬가지로 각 네트워크 연구의 조합으로 거시 수준을 구축하고 각 효과의 통계적 유의성을 검정하기 위해 피셔 유형의 단측 p 값 조합을 사용하였다(Snijders et al., 2008).

③ 연구 결과

연구 결과는 학생평가를 위한 초등교사 네트워크에 영향을 주는 요인은 상호성, 전이성, 평가 관련 연수, 보직 여부, 그리고 학급담임 여부이었다(김종민, 2017).

제3절

R을 활용한 횡단 네트워크 통계모형 분석[14]

3.1 statnet 활용 횡단 네트워크 통계모형 분석

R에서 사용 가능한 사회 선택모형을 위한 대표적인 패키지는 statnet이다. R을 활용하여 횡단 네트워크 통계모형을 분석하기 위해서 먼저 statent를 설치하고 불러온다. 그리고 Luke(2015)가 제공한 자료를 활용하기 위해 UserNetR패키지를 깃헛을 통해 설치하고 불러온다. 그런 다음 TCnetworks 자료를 불러오고, TCnetworks의 네 가지 변수를 설정한다.

```
# 패키지 설치 및 로드하기
install.packages( c( “statnet”, “devtools” ) )
install_github( “DougLuke/UserNetR” )

library( statnet )
library( devtools )
library( UserNetR )

# 네트워크 자료 불러오기(TCnetworks)
data( TCnetworks )

# 자료 탐색하기
TCnetworks

# 변수 설정하기
TCcnt <- TCnetworks$TCcnt
TCcoll <- TCnetworks$TCcoll
TCdiss <- TCnetworks$TCdiss
TCdist <- TCnetworks$TCdist
```

14 출처: Luke(2015)의 11장의 자료와 명령문을 활용하였다.

종속변수인 TCdiss 자료의 기초 요약 정보를 확인한다. 확인결과, 총 25개의 조직의 103개의 관계가 있는 자료로 무향 네트워크이고 밀도는 0.343이었고, 조직 특성변수로 조직유형, 조직수준, 리더 조직 여부, 관계빈도(년)가 포함되어 있었다.

```
summary( TCdiss, print.adj = FALSE )
```

네트워크의 시각화를 위해 먼저 노드의 연결 중심성을 구하고 조직 수준을 노드의 색으로 반영하여 소시오그램을 작성한다. 또한, 조직 수준의 범례("Local", "State", "National")를 왼쪽 아래에 추가한다.

```
# 연결 중심성 계산
deg <- degree( TCdiss, gmode = "graph" )

# 조직의 수준 특성 노드에 추가
level <- TCdiss %v% 'agency_lvl'

# 소시오그램 작성
plot( TCdiss,                  # 네트워크 자료 이름
      usearrows = FALAS,       # 선의 화살표 없음
      displaylabels = TRUE,    # 점의 레이블 표시
      vertex.cex = log( deg ), # 점의 크기는 연결 중심성의 로그값을
                                 반영
      vertex.col = level + 1,  # 점의 색상은 조직의 수준을 반영
      label.pos = 3,           # 점의 레이블 위치
      label.cex = 0.7,         # 점의 레이블 크기
      edge.lwd = 0.5,          # 선의 두께
      edge.col = "grey75" )    # 선의 색상은 회색 계열

# 범례 추가
legend( "bottomleft",
        legend = c( "Local", "State", "National" ),
```

```
      col = 2:6,
      pch = 19,
      pt.cex = 1.5 )
```

ERGM 모형 명세화를 위해 다음처럼 연구모형을 설정하였다. 첫째, 기초모형으로 모형 0은 종속변수를 네트워크로 하고 독립변수는 에지(edges)로 모형 명세화한다. 에지의 효과의 추정치가 0이면 네트워크를 맺을 확률이 1/2인 것을 의미하고 양의 무한대에 가까워질수록 네트워크 맺을 확률이 1에 근접해 가고 음의 무한대에 가까워질수록 네트워크 맺을 확률이 0에 근접해 간다. 기본적으로 로지스틱 회귀모형 계수 값을 해석하듯이 지수 함수를 이용하여 승산 비를 계산하여 해석한다.

```
# ERGM 모형 명세화(기초모형)
Model0 <- ergm( TCdiss ~ edges,
                          control = control.ergm( seed = 40 ) )
# 모형 결과
summary( Model0 )
```

연구모형 0의 분석 결과는 다음과 같다. 먼저 ERGM 수식이 제시된다. 그런 다음 MCMC MLE 추정 방법을 위해 몇 번 반복했는지 산출한다. 그런 다음 MCMC MLE 분석 결과가 제시된다. 맨 왼쪽에 있는 경우 독립변수이고 순서대로 모수 효과의 추정치, 추정의 표준오차, MCMC %, z 값, p 값, 통계적 유의 여부 ***, **, * 표시로 제시된다. 그리고 Null 모형의 Deviance 값과 잔차 모형의 Deviance 값이 제시되며 모형적합도 지수인 AIC 값과 BIC 값이 제시된다.

```
Maximum Likelihood Results:

        Estimate   Std. Error   MCMC %   z value   Pr(>|z|)
edges   -0.6485    0.1216       0        -5.333    <1e-04 ***
---
```

```
Signif. codes:  0 '***' 0.001 '**' 0.01 '*' 0.05 '.' 0.1 ' ' 1

    Null Deviance:   415.9 on 300 degrees of freedom
Residual Deviance:   385.9 on 299 degrees of freedom

AIC: 387.9  BIC: 391.6 (Smaller is better. MC Std. Err. = 0)
```

둘째, 행위자 수준의 특성(node attributes)을 모형 명세화한다. 행위자 수준의 특성은 이산변수인지 연속변수인지에 따라서 사용하는 함수가 달라진다. 먼저 무방향성 네트워크일 때 이산변수면 nodefactor() 함수를 이용하고 연속변수면 nodecov() 함수(node covariate의 약자)를 사용한다. 반면 유방향 네트워크일 때 이산변수면 nodeifactor() 함수(내향 행위자의 이산 특성변수)와 nodeofactor() 함수(외향 행위자의 특성)를 이용하고, 연속 변수면 nodeicov() 함수(내향 행위자의 연속 특성변수)와 nodeocov()함수 (외향 행위자의 연속 특성변수)를 활용한다. 따라서 lead_agencey는 무방향 네트워크의 이산변수임으로 nodefactor() 함수를 사용하였고, tob_yrs는 무방향성 네트워크의 연속 변수임으로 nodecov() 함수를 사용하였다.

```
# ERGM 모형 명세화(모형1: 행위자 수준의 특성)
Model1 <- ergm( TCdiss ~ edges +
                         nodefactor( 'lead_agency' ) +
                         nodecov( 'tob_yrs' ),
                         control = control.ergm( seed = 40 ) )

# 모형1의 결과
summary( Model1 )
```

연구모형 1의 분석 결과는 다음과 같다. 연구모형 0의 분석 결과와 구성은 같다. 다만 추가된 독립변수의 nodefactor.lead_agency.1의 모수 추정치와 nodecov.tob_yrs 모수 추정치가 추가되었고, Deviance 값과 모형적합도인 AIC와 BIC 지수 값이 변화되었다.

먼저 모수 추정치의 경우 네트워크에 리더 조직 여부는 통계적으로 유의미하지 않았고, 관계 빈도(년)는 통계적으로 유의미하였다. 구체적으로 관계 빈도가 올라갈수록 네트워크를 형성할 확률이 증가하는 것으로 나타났다. 모형적합도 AIC 지수(387.9 → 329.5)와 BIC 지수 값(391.6 → 340.6)은 모형 0에 비해 감소하여 모형1이 모형 0보다 더 적합한 모형으로 볼 수 있다.

```
Maximum Likelihood Results:

                    Estimate  Std. Error  MCMC %  z value  Pr(>¦z¦)
edges               -0.6485   0.1216      0       -5.333   <1e-04 ***
nodefactor.lead_    17.93665  933.55514   0       0.019    0.98467
agencey.lvl
nodecov.tob_yrs     0.05994   0.02283     0       2.625    0.00867 **
---
Signif. codes:  0 '***' 0.001 '**' 0.01 '*' 0.05 '.' 0.1 ' ' 1

    Null Deviance:   415.9 on 300 degrees of freedom
Residual Deviance:   323.5 on 297 degrees of freedom

AIC: 329.5  BIC: 340.6 (Smaller is better. MC Std. Err. = 0)
```

셋째, 짝 수준의 특성(dyadic attributes)을 모형 명세화한다. 짝 수준의 특성은 짝 수준의 특성 차이를 어떻게 처리하는지에 따라서 사용하는 옵션이 달라진다. 먼저 각각의 짝 수준의 차이에 관심이 없을 때는 nodematch(, diff = False) 함수를 사용한다.

```
# ERGM 모형 명세화(모형 2b: 짝 수준 특성)
Model2a <- ergm( TCdiss ~ edges +
                          nodecov( 'tob_yrs' ) +
                          nodematch( 'agency_lvl', diff = TRUE ),
                          control = control.ergm( seed = 40 ) )
```

```
# 모형2b의 결과
summary( Model2a )
```

연구모형 2a의 분석 결과는 다음과 같다. 연구모형 1의 분석 결과와 구성은 같다. 다만 모형1에서 통계적으로 유의미한 독립변수인 nodecov.tob_yrs 모수 추정치만 남고 nodematch.agency_lvl 모수 추정치가 추가되었고, Deviance값과 모형적합도인 AIC와 BIC 지수 값이 변화되었다.

먼저 모수 추정치의 경우 네트워크에 관계 빈도(년)는 통계적으로 유의미하였고, 조직수준별 유유상종 효과가 통계적으로 유의미하였다. 모형적합도 AIC 지수(329.5 → 348.2)와 BIC 지수 값(340.6 → 359.4)은 모형 1보다 증가하여 모형1이 모형 2a보다 더 적합한 모형으로 볼 수 있다. 따라서 모형 2a의 명세화는 수정이 필요하다.

```
Maximum Likelihood Results:

                         Estimate  Std. Error  MCMC %  z value  Pr(>|z|)
edges                    -2.48077  0.34131     0       -7.268   <1e-04 ***
nodecov.tob_yrs          0.11331   0.02006     0       5.648    <1e-04 ***
nodematch.agencey_lvl 0.68751   0.27698     0       2.482    0.0131 *
---
Signif. codes:  0 ‘***’ 0.001 ‘**’ 0.01 ‘*’ 0.05 ‘.’ 0.1 ‘ ’ 1

    Null Deviance:   415.9 on 300 degrees of freedom
Residual Deviance:   342.2 on 297 degrees of freedom

AIC: 348.2  BIC: 359.4 (Smaller is better. MC Std. Err. = 0)
```

이에 연구모형 2b는 모형적합도를 증진을 위해 각각의 짝 수준의 차이를 모형에 추가한다. 이때는 nodematch(, diff = True) 함수를 사용한다.

```
# ERGM 모형 명세화(모형 2b: 짝 수준 특성)
Model2b <- ergm( TCdiss ~ edges +
                          nodecov( 'tob_yrs' ) +
                          nodematch( 'agency_lvl', diff = TRUE ),
                          control = control.ergm( seed = 40 ) )

# 모형2b의 결과
summary( Model2b )
```

연구모형 2b의 분석 결과는 연구모형 1의 분석 결과와 구성은 같다. 다만 모형1에서 통계적으로 유의미한 독립변수인 nodecov.tob_yrs 모수 추정치만 남고 각각의 짝의 차이를 위해 nodematch.agency_lvl.1, nodematch.agency_lvl.2, nodematch.agency_lvl.3 모수 추정치가 추가되었고, Deviance 값과 모형적합도인 AIC와 BIC 지수 값이 변화되었다. 먼저 모수 추정치의 경우 네트워크에 관계빈도(년)는 통계적으로 유의미하였고, 조직수준별 유유상종 효과는 두 개의 수준(수준 1과 수준 3)에서만 통계적으로 유의미하였다. 모형적합도 AIC 지수 값(329.5 → 339.9)와 BIC 지수 값(340.6 → 358.4)은 모형 1보다 증가하여 모형1이 모형 2b보다 더 적합한 모형으로 볼 수 있다. 따라서 모형 2b의 명세화는 수정이 필요하다.

```
Maximum Likelihood Results:

                         Estimate Std. Error MCMC % z value  Pr(>|z|)
edges                    -2.77924 0.36851    0       -7.542  <1e-04 ***
nodecov.tob_yrs          0.13314  0.02174    0       6.123   <1e-04 ***
nodematch.agencey_lvl.1  1.61450  0.49835    0       3.240   0.00120 **
nodematch.agencey_lvl.2  -0.21484 0.39735    0       -0.541  0.58873
nodematch.agencey_lvl.3  1.30157  0.44220    0       2.943   0.00325 **
---
Signif. codes:  0 '***' 0.001 '**' 0.01 '*' 0.05 '.' 0.1 ' ' 1

Null Deviance:
```

```
415.9 on 300 degrees of freedom
Residual Deviance:
329.9 on 295 degrees of freedom

AIC: 339.9  BIC: 358.4 (Smaller is better. MC Std. Err. = 0)
```

넷째, 관계의 특성(edge attributes)을 모형 명세화한다. 관계 특성은 edgecov() 함수를 이용한다. 여기서는 네트워크 거리와 연락빈도를 관계의 특성으로 설정하였다.

```
# 네트워크 거리와 네트워크 빈도를 행렬로 전환
as.sociomatrix( TCdist, attrname = 'distance' )[1:5, 1:5]
as.sociomatrix( TCcnt, attrname = 'contact' )[1:5, 1:5]

# ERGM 모형 명세화(모형 3: 관계의 특성)
Model3 <- ergm( TCdiss ~ edges +
                         nodecov( 'tob_yrs' ) +
                         nodematch( 'agency_lvl', diff = TRUE ) +
                         edgecov( TCdist, attr = 'distance' ) +
                         edgecov( TCcnt, attr = 'contact' ),
                         control = control.ergm( seed = 40 ) )

# 모형3의 결과
summary( Model3 )
```

연구모형 3의 분석 결과는 연구모형 2b의 분석 결과와 구성은 같으나 모형2b의 독립변수인 nodecov.tob_yrs, nodematch.agency_lvl.1, nodematch.agency_lvl.2, nodematch.agency_lvl.3 모수 추정치가 남고, edgecov.distance와 edgecove.contact 변수가 추가되었고, Deviance값과 모형적합도인 AIC와 BIC 지수 값이 변화되었다. 먼저 모수 추정치의 경우 네트워크에 관계빈도(년)는 통계적으로 유의미하였고, 조직수준별 유유상종 효과는 두 개의 수준(수준 1과 수준 3)에서만 통계적으로 유의미하였다. 에지 특성변수 중 연락빈도 변수만 통계적으로 유의미하였다. 모형적합도 AIC 지수 값(339.9 → 251)와 BIC 지수 값(358.4 → 276.9)은 모형 2b보다 감소하여 모형3이 모형 2b보다 더 적합한 모형으로 볼 수 있다.

```
Maximum Likelihood Results:

                        Estimate Std. Error MCMC % z value Pr(>|z|)
edges                   -4.85061 0.62966    0      -7.703  <1e-04 ***
nodecov.tob_yrs         0.12876  0.02827    0      4.554   <1e-04 ***
nodematch.agencey_lvl.1 1.79510  0.62570    0      2.869   0.00412 **
nodematch.agencey_lvl.2 -0.64601 0.50816    0      -1.271  0.20363
nodematch.agencey_lvl.3 1.72185  0.54687    0      3.149   0.00164 **
edgecov.distance        -0.00018 0.00025    0      -0.726  0.46776
edgecov.contact         1.12425  0.14696    0      7.650   <1e-04 ***
---
Signif. codes:  0 '***' 0.001 '**' 0.01 '*' 0.05 '.' 0.1 ' ' 1

     Null Deviance:   415.9 on 300 degrees of freedom
Residual Deviance:   237.0 on 293 degrees of freedom

AIC: 251  BIC: 276.9 (Smaller is better. MC Std. Err. = 0)
```

다섯째, 공유된 파트너(shared partner)를 모형 명세화한다. 공유된 파트너의 특성은 edge를 공유한 것인지 dyad를 공유한 것인지에 따라서 edgewise shared partner와 dyadwise shared partner 그리고 nonedge shared partner로 분류할 수 있다. 이러한 공유된 파트너의 효과를 적절하게 모형화하기 위해서 기하학적인 가중치(geometrical weight)를 부여할 수 있고 이러한 특성을 GWESP, GWDSP, GWNSP로 모형 명세화할 수 있다. 본 예제에는 가장 많이 활용되는 GWESP 효과를 모형에 추가하였다. 이때 어느 정도 가중치를 부여할 것인지를 정해야 하는데 0.7를 많이 사용한다.

```
# ERGM 모형 명세화(모형 4: 전이성 효과)
Model4 <- ergm( TCdiss ~ edges +
```

```
                         nodecov( 'tob_yrs' ) +
                         nodematch( 'agency_lvl', diff = TRUE ) +
                         edgecov( TCdist, attr = 'distance' ) +
                         edgecov( TCcnt, attr = 'contact' ) +
                         gwesp( 0.7, fixed = TRUE),
                         control = control.ergm( seed = 40 ) )
# 모형4의 결과
summary( Model4 )
```

연구모형 4의 분석 결과는 연구모형 3의 분석 결과와 구성은 같다. 다만 모형3의 독립변수인 nodecov.tob_yrs, nodematch.agency_lvl.1, nodematch.agency_lvl.2, nodematch.agency_lvl.3, edgecov.distance, edgecove.contact 변수에서 gwesp.fixed.0.7 변수가 추가되었고, Deviance값과 모형 적합도인 AIC와 BIC 지수값이 변화되었다. 먼저 모수 추정치의 경우 네트워크에 관계빈도(년)는 통계적으로 유의미하였고, 조직 수준별 유유상종 효과는 두 개의 수준(수준 1과 수준 3)에서만 통계적으로 유의미하였고 에지 특성 변수 중 연락빈도 변수만 통계적으로 유의미하였으며 gwesp.fixed.0.7 변수가 통계적으로 유의미하여 공유된 파트너 효과가 있는 것으로 나타났다. 모형적합도 AIC 지수 값(251 → 246.9)과 BIC 지수 값(276.9 → 276.5)은 모형 3보다 감소하여 모형4가 모형 3보다 더 적합한 모형으로 볼 수 있다.

```
Maximum Likelihood Results:

                        Estimate Std. Error MCMC % z value Pr(>¦z¦)
edges                   -6.28013 0.97392    0      -6.448  <1e-04 ***
nodecov.tob_yrs          0.09787 0.02961    0       3.305  0.00090 ***
nodematch.agencey_lvl.1  1.57859 0.61367    0       2.572  0.01010 *
nodematch.agencey_lvl.2 -0.31856 0.46902    0      -0.679  0.49701
nodematch.agencey_lvl.3  1.51662 0.53343    0       2.843  0.00447 **
edgecov.distance        -0.00017 0.00023    0      -0.732  0.46437
edgecov.contact          1.03967 0.14836    0       7.008  <1e-04 ***
gwesp.fixed.0.7          0.86719 0.38080    0       2.277  0.02277 *
```

```
---
Signif. codes:  0 '***' 0.001 '**' 0.01 '*' 0.05 '.' 0.1 ' ' 1

    Null Deviance:   415.9 on 300 degrees of freedom
Residual Deviance:   230.9 on 292 degrees of freedom

AIC: 246.9  BIC: 276.5 (Smaller is better. MC Std. Err. = 0.2561)
```

모형 4의 구체적인 모형적합도 지수를 검정하기 위해서 gof() 함수를 이용한다. 또한, 모형적합도 결과를 시각적으로 확인하기 위해서 plot() 함수를 이용한다.

```
library( coda )
Model.fit <- gof( Model4 )
summary( Model.fit )

op <- par( mfrow = c( 2, 2 ) )
plot( Model.fit, cex.axis = 1.6, cex.label = 1.6 )
par( op )
```

마지막으로 MCMC 추정값을 진단하기 위해 mcmc.diagnostics()함수를 이용한다.

```
# MCMC 진단
mcmc.diagnostics( Model4 )
```

3.2 statnetWeb 활용 횡단 네트워크 통계모형 분석

statnetWeb 활용한 횡단 네트워크 통계모형 분석은 다음과 같다. 먼저 분석할 네트워크 자료를 지정한다. 이에 Data 메뉴에서 미국 고등학생 친구 네트워크인 faux.mesa.high 자료를 선택한다. 그리고 Fit Model 메뉴로 이동한다. ERGM terms 중에 기본인 edges를 Add Term(s) 클릭하여 모형 명세화한다. 하단에 Fit Model를 클릭하여 통계모형을 분석한다. 분석 결과는 다음과 같다.

그림 7-3 statnetWeb 활용 횡단 네트워크 기본모형 분석결과

gwesp 효과를 추가하려면 R의 명령문을 ERGM terms에 입력하고 Add Term(s)를 클릭한다. 예를 들어 gwesp(0.25, fixed =TRUE) 입력한 후 모형에 추가하여 추정한 결과는 다음과 같다.

그림 7-4 statnetWeb 활용 횡단 네트워크 GWESP 모형 분석결과

MCMC Diagnostics를 확인하기 위해서 MCMC Diagnostics로 이동한다. 위의 모형의 결과는 다음과 같다.

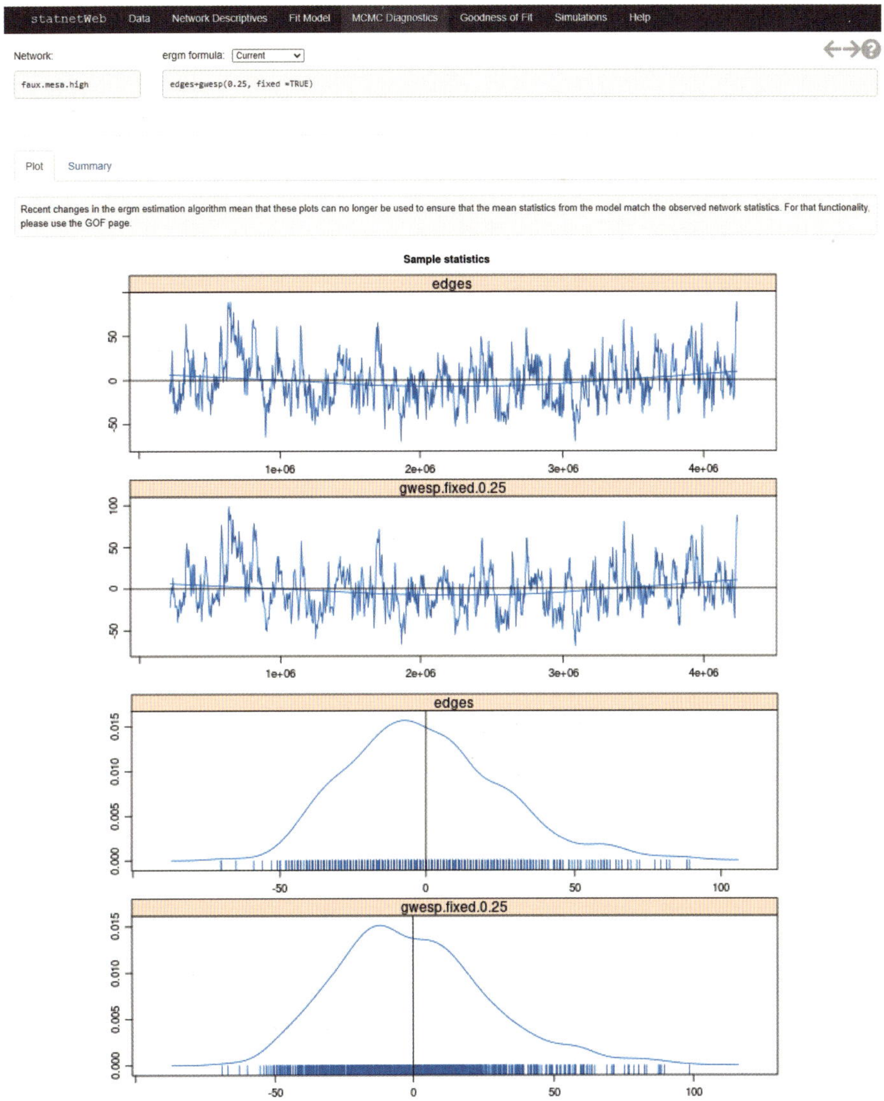

그림 7-5 statnetWeb 활용 횡단 네트워크 모형 분석결과의 MCMC 진단

위의 모형의 모형적합도를 확인하기 위해서는 Goodness of Fit 메뉴로 이동한다. 모형적합도 결과의 일부분은 다음과 같다.

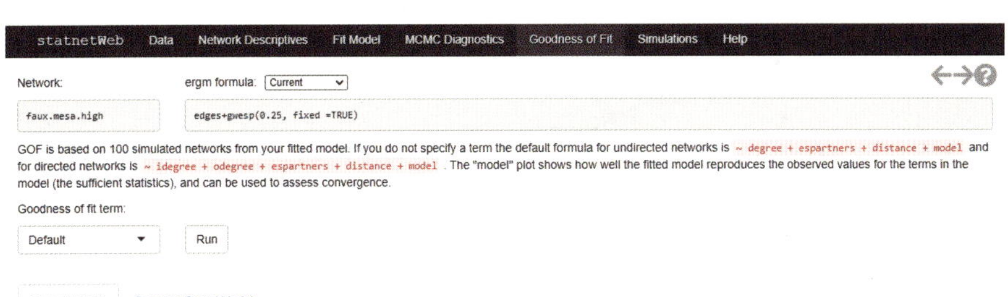

```
Goodness-of-fit for degree

          obs min  mean max MC p-value
degree0    57  37 55.90  79       0.90
degree1    51  28 43.89  62       0.42
degree2    30  26 39.15  52       0.16
degree3    28  18 26.79  39       0.94
degree4    18   9 17.35  32       0.82
degree5    10   3  9.92  20       1.00
degree6     2   1  5.74  12       0.16
degree7     4   0  3.08   9       0.68
degree8     1   0  1.58   6       1.00
degree9     2   0  0.72   3       0.38
degree10    1   0  0.42   3       0.64
degree11    0   0  0.19   2       1.00
degree12    0   0  0.14   1       1.00
degree13    1   0  0.08   1       0.16
degree14    0   0  0.01   1       1.00
degree15    0   0  0.01   1       1.00
degree16    0   0  0.01   1       1.00
degree17    0   0  0.02   1       1.00

Goodness-of-fit for edgewise shared partner

     obs min   mean max MC p-value
esp0  83  56  76.15 103       0.40
esp1  70  57 105.44 160       0.06
esp2  36   4  19.20  45       0.06
esp3  13   0   2.19  10       0.00
```

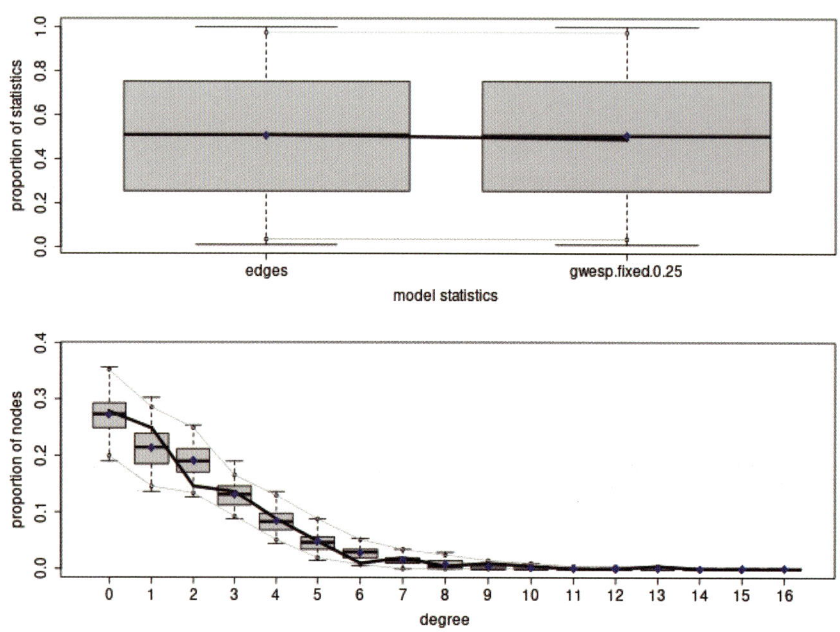

그림 7-6 statnetWeb 활용 횡단 네트워크 모형 적합도 분석결과

요약 |

횡단 네트워크 통계모형

- 사회 영향모형
- 사회 선택모형

횡단 네트워크 사회 영향모형

- 회귀모형
- 구조방정식 모형
- 다층모형

횡단 네트워크 사회 선택모형

- p_1 모형: 짝 간 독립성 가정
- p_2 모형: 짝 간 독립성 가정+대중성과 활동성 임의효과
- p^* 모형: 전이성 모형화 가능

R 활용 횡단 네트워크 통계모형

- statnet 패키지(ERGM 패키지)
- statnetWeb 활용
- 노드 특성, 짝 특성, 에지 특성, 공유된 파트너 효과 모형화
- 모형적합도 분석

연습문제

1 사회과학연구에 네트워크 통계모형 적용의 필요성을 논하시오.

2 사회 영향모형의 일반적인 연구목적, 연구 질문, 가설, 결론을 설명하시오.

3 사회 선택모형의 일반적인 연구목적, 연구 질문, 가설, 결론을 설명하시오.

4 p_1 모형의 특성을 설명하시오.

5 p_1 모형의 수식을 설명하시오.

6 p_1 모형의 한계와 문제점을 예를 들어 설명하시오.

7 p_2 모형의 특성을 설명하시오.

8 p_2 모형의 수식을 설명하시오.

9 p_2 모형의 한계와 문제점을 예를 들어 설명하시오.

10 p^* 모형의 특성과 수식을 설명하시오.

chapter

08

종단 네트워크 모형

학습 목표

- 종단 네트워크 통계모형의 개념을 이해할 수 있다
- 종단 네트워크 자료를 토대로 사회 영향모형을 검정할 수 있다.
- 종단 네트워크 자료를 토대로 사회 선택모형을 검정할 수 있다.
- 시간 지수 임의 그래프 모형의 방법론적 특성을 설명할 수 있다.
- 확률론적 행위자 기반 모형의 방법론적 특성을 설명할 수 있다.

상호진화모형(coevolution of networks and behavior)은 사회 영향모형과 사회선택모형을 하나의 모형으로 구현한 모형이다. 따라서 일반적으로 상호진화 모형 연구의 목적은 개인적 결과와 사회적 시스템이 얽혀있는 방식을 탐구하는 것이다.

연구목적을 달성하기 위해서 구체적인 연구 질문은 시간이 지남에 따라 개인적 결과와 네트워크 구조가 어떻게 상호 진화하는가? 로 설정한다.

이론을 검증하기 위한 연구가설은 '네트워크(설명변수, 또는 독립변수)는 행위자의 특성 또는 행동(결과변수, 성과변수, 종속변수)에 영향을 미친다.'와 '행위자의 특성 또는 행동(설명변수 또는 독립변수, 종속변수)이 네트워크(결과변수, 성과변수, 종속변수) 구조에 영향을 미친다.' 설정한다.

이에 연구 결론은 '네트워크 연결이 속성에 미치는 영향 및 속성이 네트워크 연결에 미치는 영향뿐만 아니라 내생적인 네트워크의 역학이 네트워크 연결에 영향을 미친다'로 도출될 수 있다. 이처럼 상호진화 모형은 사회 영향모형과 사회선택모형 그리고 내생적인 네트워크 역학을 동시에 검정하는 모형이다.

상호진화 모형의 가장 큰 장점은 종단 네트워크 자료와 종단 특성(또는 행동) 자료를 활용하여 내생적인 네트워크의 역학뿐만 아니라 사회영향 모형의 효과와 사회선택 모형의 효과를 분리할 수 있다는 점이다. 그러나 가장 큰 단점은 모형이 생성되지 않을 수 있으며 네트워크 및 특성자료의 결측값에 영향을 받을 수

표 8-1 상호진화 모형의 목적, 연구 질문, 가설, 및 결론

상호진화 모형(dynamic models)	
목적	개인성과와 사회 시스템이 어떻게 얽혀 있는지 (how individual outcomes and the social system are intertwined)
연구 질문	개인성과 및/또는 네트워크 구조는 시간에 따라 어떻게 상호 진화하는가? (how do individual outcomes and/or network structure co-evolve over time?)
가설	행위자 특성 및 네트워크를 설명 변수 (actor attribute and network as a explanatory factor) 행위자 특성 및 네트워크 구조를 성과 변수 (actor attribute and network structure as an outcome)
결론	네트워크 역동(network dynamic) 내생적 네트워크 역학 및 네트워크 연결이 특성에 미치는 영향 및 특성(별도로)이 네트워크 연결에 미치는 영향

있고 완벽한 모형 명세화에 대한 부담이 있다. 또한, 다양한 모형 명세화가 가능하지만 이런 점이 오히려 연구자가 모형 명세화 작업의 어려움을 가중할 수 있다. 그리고 모형에 따라서 시간에 관한 가정이 상이한데 구체적으로 시간을 연속으로 가정하는지와 분절로 가정하는지에 따라서 다른 통계모형을 적용하며 그 분석결과 및 결론이 상이할 수 있다는 어려움이 아직 남아 있다.

제1절

시간 지수 임의 그래프 모형(TERGM)

네트워크 자료에 대한 통계모형은 임의 그래프 모형을 기반으로 개발되었는데 지수 임의 그래프 모형도 임의 그래프 모형을 기반으로 지수족 함수를 사용하여 횡단 네트워크 자료의 통계모형으로 제안되었다. 이러한 횡단 네트워크 자료에 대한 지수 모형의 이론적 기초는 Markovian 속성에 초점을 맞춘 Besag(1975)의 연구 때문에 마련되었다. Besag(1975)의 작업을 바탕으로 Holland & Leinhardt (1981)는 네트워크 자료에 대한 지수 모형을 발표했다. Holland & Leinhardt (1981) 논문에 대한 논의로 Fienberg & Wasserman(1981)은 지수 모형을 로그 선형 모형으로 간주하고 우도 추정 문제를 연구하였고, Frank & Strauss(1986)와 Strauss & Ikeda(1990)는 이러한 모형과 의사 우도 추정방법을 추가로 개발했으며 Wasserman & Pattison(1996)이 지수 임의 그래프 모형(ERGM)을 도출했다.

ERGM의 방법론적 특성은 다음과 같다. 첫째, ERGM은 모형에서 모형 명세화하기 어려운 전이적 삼자관계와 같은 복잡한 네트워크 구조를 모형 명세화할 수 있고(김종민, 2015b). 둘째, ERGM은 횡단 네트워크 구조를 모형화하는 데 널리 사용되는 방법이다. 셋째, ERGM은 k-star, k-triangle, k-two-path와 같은 더 복잡한 구조를 모형 명세화할 수 있다.

종단 네트워크를 모형화할 때 인기 있는 두 모형은 시간 지수 임의 그래프 모형(Temporal Exponential Random Graph Model: TERGM : Hanneke et al., 2010; Leifeld et al., 2018b)과 확률적 행위자 기반 모형이다(SAOM : Snijders, 1996, 2001, 2005; Snijder et al., 2010a; 2010b; Steglich et al., 2006; 2010; Ripley et al., 2022).

TERGM과 SAOM의 수학적 핵심은 매우 유사하며(Leifeld, & Cranmer, 2019), 둘 다 ERGM과 연관되어 있다(Wasserman & Pattison, 1996). 가장 큰 차이점은 시간에 대한 관점(이산적인지 연속적인지)과 시간적 종속성의 처리에 있다(Amati, Lomi, & Mira, 2018; Block et al., 2019; Leifeld, & Cranmer, 2019).

1.1 시간 지수 임의 그래프 모형(TERGM) 특성

시간 지수 임의 그래프 모형(Temporal Exponential Random Graph Model: TERGM)은 현재 시간 *t*에서 관찰된 의존성을 현재시간 *t*의 네트워크부터 이전시간 *t-k* 단계까지의 네트워크의 함수의 확률을 정의한다. 또한, 시간 지수 임의 그래프 모형(Temporal Exponential Random Graph Model: TERGM)은 ERGM을 기반으로 한다. 따라서 ERGM의 한계가 그대로 적용된다.

ERGM의 주요 한계는 첫째, 모형이 생성되지 않는 문제로 이는 낮은 모형 적합도 지수와 관련된 추정 문제이다. 본질에서 이러한 문제는 ERGM으로 계산할 수 없는 방식으로 모형을 잘못 명세화하여 발생한다. 새로운 모형 명세화 방법은 이러한 문제점을 해결하고자 제안이 되었다. 구체적으로 k-star, k-triangle 및 k-two-path 통계(Hunter, Goodreau, & Handcock, 2008; Robins et al., 2007a, 2007b)와 같은 ERGM 모형 명세화 방법이 제안되었다.

둘째, 결측 자료 문제이다. 네트워크 자료에서 결측값은 통계적 추론을 위한 모수가 적은 양의 네트워크 결측값에 의해 편향될 수 있어 사회적 선택 과정 및 사회적 영향 과정의 부정확한 결론으로 이어질 수 있어서 특히 문제가 될 수 있다.

1.2 시간 지수 임의 그래프 모형(TERGM) 수식

먼저 지수 임의 그래프 모형(ERGM)의 확률 밀도 함수로 다음과 같이 표현할 수 있다.

$$P(N,\theta) = \frac{1}{\sum_{N^* \in \mathrm{N}} \exp\{\theta^T h(N^*)\}} exp\{\theta^T h(N)\} \tag{8-1}$$

여기서 N은 관측된 네트워크이고, 는 모수이며, $h(N)$은 네트워크에서 계산된 통계 벡터이며, N^*는 정점 수(고정 N)를 유지하는 네트워크의 가능한 모든 순열 집합에서 네트워크의 특정 순열을 나타낸다(Leifeld & Cranmer, 2019). 순열은 같은 수의 노드(node)로 정의되지만, 반드시 같은 수의 에지(edge)는 아니다.

지수 임의 그래프 모형의 수직을 기반으로 시간 지수 임의 그래프 모형(Temporal Exponential Random Graph Model: TERGM)의 수식은 다음과 같다.

$$P(N^t|N^{t-k},...,N^{t-1},\theta) = \frac{\exp(\theta^T h(N^t N^{t-1},...N^{t-k})}{c(\theta,N^{t-k},...N^{t-1})} \tag{8-2}$$

TERGM의 가정은 $t-k$와 t 사이의 네트워크를 기반으로 형성된 통계가 현재 시간 t의 네트워크에서 관찰된 의존성을 구성하고 있다는 것이다. TERGM의 분모는 EGRM의 분모와 같은 종류의 정규화 상수이다. 시계열 네트워크의 확률에 대해 모든 기간에 곱으로 네트워크 확률을 계산한다.

$$P(N^{k+1},...,N^T|N^1,...,N^K,\theta)= \sum_{t=k+1}^{T} P(N^t|N^{t-k},...N^{t-1}) \tag{8-3}$$

이 모형은 시간 단계 간의 시간적 종속성을 잡아내기 위해 h에 정의된 네트워크 통계에 뛰어난 유연성을 가진 '메모리 효과'로 모형 명세화 할 수 있다.

h_m 통계는 짝(dyads)의 상태 (네트워크 연결이 있을 때 N_{ij}^t, N_{ij}^{t-1} 네트워크 연결이 없을 때 $(1-N_{ij}^t)$, $(1-N_{ij}^{t-1})$ 로 표현) t-1에서 t로 변화하는지를 계산한다. 예를 들어 짝(i 및 j)의 상태가 한 기간에서 다음 기간으로 변경되지 않을 때마다 짝 안정성(dyadic stability)은 다음과 같이 표현할 수 있다.

$$h_m= \sum_{i \neq j} N_{ij}^t N_{ij}^{t-1}+(1-N_{ij}^t)(1-N_{ij}^{t-1}) \tag{8-4}$$

또한 정적인 자기 회귀(positive autoregression, 지연된 결과 네트워크)는 다음과 같이 표현할 수 있다.

$$h_m= \sum_{i \neq j} N_{ij}^t N_{ij}^{t-1} \tag{8-5}$$

네트워크 형성(edge innovation, tie formation)은 다음과 같이 표현할 수 있다.

$$h_m = \sum_{i \neq j} N_{ij}^t (1 - N_{ij}^{t-1}) \tag{8-6}$$

마지막으로 네트워크 소멸(edge loss, tie dissolution)은 다음과 같이 표현할 수 있다.

$$h_m = \sum_{i \neq j} (1 - N_{ij}^t) N_{ij}^{t-1} \tag{8-7}$$

시간적 이질성을 해결하는 두 가지 접근 방식은 첫째, 서로 다른 시간 범위에서 완전히 다른 모형(Cranmer, Desmarais, & Kirkland, 2012), 둘째, 부드러운 시간 함수 모형이다(Cranmer, Heinrich, & Desmarais, 2014).

$$h_t = \sum_{i \neq j} N_{ij}^t f(t) \text{ where } f(t) \text{ is a function of time} \tag{8-8}$$

예를 들어, 선형 시간 추세는 $f(t) = t$로 표현할 수 있고, 2차 추세는 $f(t) = t^2$로 표현할 수 있으며, 형태의 임의의 다항 함수는 $f(t) = a + bt + t^2$로 표현할 수 있으며, 기하적 소멸은 $f(t) = \sqrt{t}$로 표현할 수 있으며, 형태의 단계적 함수는 다음과 같이 만약 $a < t < c$ 이면 $f(t) = 1$ 그렇지 않으면 0으로 표현할 수 있으며 외부 공변수 (X)과 시간 간의 상호작용 효과는 다음과 같이 표현할 수 있다.

$$h_{t \cdot cov} = \sum_{i \neq j} N_{ij}^t X_{ij}^t f(t) \tag{8-9}$$

1.3 시간 지수 임의 그래프 모형 (TERGM) 추정

TEGRM의 추정은 tergm 패키지(Leifeld et al., 2017)의 MCMC(Markov Chain Monte Carlo) 최대 우도 추정방법(MCMC-MLE: Hanneke et al., 2010)이나 Btergm 패키지(Leifeld et al., 2018a, 2018b)의 부트스트랩된 신뢰구간을 포함한 최대 의사우도 추정방법(maximum pseudolikelihood estimation with bootstrapped confidence intervals: Desmarais & Cranmer, 2010, 2012)을 사용할 수 있다.

제2절

확률적 행위자 기반 모형(SAOM)

2.1 확률적 행위자 기반 모형(SAOM) 특성

확률적 행위자 기반 모형은 항상 개별 행위자가 다른 행위자와의 관계(네트워크 연결)를 지속적으로 생성, 유지 또는 종료함에 따라 네트워크가 진화한다고 가정한다. 특히 확률적 행위자 기반 모형 행위자의 결정이 네트워크 자체의 구조, 의사 결정을 내리는 중심 행위자의 특성 및 행동, 그리고 네트워크에 있는 다른 행위자의 특성 및 행동(변경)에 의해 영향을 받는다고 가정한다(Snijders, 1996, 2001, 2005). 또한 SIENA(Simulation Investigation for Empirical Network Analysis) 소프트웨어를 통한 확률적 행위자 기반 모형은 연속 시간과 $t-1$과 t 사이의 미니 단계가 있는 1차 마르코프 과정을 가정하며, 이는 네트워크 변화율과 네트워크 효과 함수 기능을 통해 구현된다(Snijders, 2005; Snijder, Bunt, & Steglich, 2010; Steglich et al., 2006, 2010).

확률적 행위자 기반 모형은 개별 행위자들의 선택에 따라 네트워크가 형성된다는 가정에 기초한 것으로 다음과 같은 통계적 가정을 하고 있다(Snijders, Bunt, & Steglich, 2010b).

첫째, 네트워크는 연속적으로 변화한다. 즉 시간 모수는 연속적이다.

둘째, 네트워크의 변화는 마르코프 과정(Makov process)이다.

셋째, 개별 행위자는 외향 연결 네트워크(outgoing ties)를 통제한다.

넷째, 개별 행위자는 네트워크를 변화시킬 수 있다.

2.2 확률적 행위자 기반 모형(SAOM) 수식

확률적 행위자 기반 모형(SAOM) 수식은 다음과 같다. SAOM의 일반적인 형태이다(Wasserman, & Pattison, 1996).

$$p(X=x)=\left(\frac{1}{K}\right)\exp\left\{\sum_{A}^{a}\beta_A S_A(x)\right\} \qquad (8\text{-}10)$$

$\frac{1}{K}$은 표준화를 위한 상수이다.

A는 네트워크의 개별 효과를 의미하며, β_A는 효과 A에 대한 모수를 의미한다.

$S_A(x)$는 효과 A에 따라 정의된 함수다

표 8-2 SAOM(RSiena)의 주요 효과

효과		수식	네트워크와 특성의 변화 과거(t-1) ⇨ 현재(t)	효과 설명
내생 효과	밀도	$\sum_j x_{ij}$		관계를 갖게 되는 전체적인 경향
	호혜성	$\sum_j x_{ij}x_{ji}$		상호적 관계를 갖게 되는 경향
	전이적 삼자관계	$\sum_{j,h} x_{ih}x_{ij}x_{jh}$	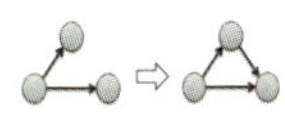	가장 기본적인 효과로 전이적인 삼자관계의 경향
	순환적 삼자관계	$\sum_{j,h} x_{ij}x_{jh}x_{hi}$	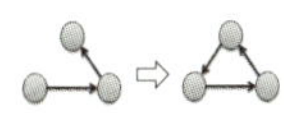	일반적인 호혜성과 비위계성으로 이해될 수 있는 삼자관계의 경향
선택 효과	활동성	$\sum_j x_{ij}v_i$	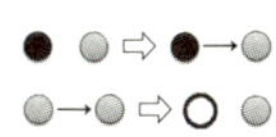	다른 행위자를 좀 더 많이 지명하는 경향
	대중성	$\sum_j x_{ij}v_j$	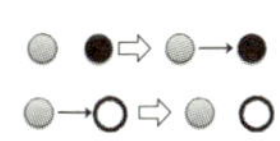	다른 행위자로부터 좀 더 많이 지명받는 경향
	유사성	$\sum_j x_{ij}(same_{ij} - \overline{same})$	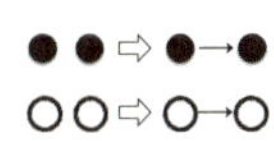	행위자의 특성 변수 값이 유사할수록 좀 더 관계를 맺을 수 있는 경향
영향 효과	평균 유사성	$x_{i+}^{-1}\sum_j x_{ij}(same_{ij}^{z} - \overline{same}^{z})$	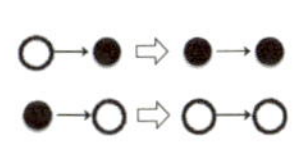	관계를 맺고 있는 행위자들의 특성 변수 평균에 동화되는 경향

*네트워크 변화: 선과 화살표 변화, 특성 변화: 색의 변화

출처: 임현정, 김종민, 2018, p. 285

내생 효과인 밀도(관계를 갖게 되는 전체적인 경향)의 수식은 다음과 같다.

$$\sum_j N_{ij} \tag{8-11}$$

내생 효과인 호혜성(상호적 관계를 갖게 되는 경향) 수식은 다음과 같다.

$$\sum_j N_{ij}N_{ji} \tag{8-12}$$

내생 효과인 전이적 삼자관계 수식은 다음과 같다.

$$\sum_{j,h} N_{ih} N_{ij} N_{jh} \tag{8-13}$$

내생 효과인 순환적 삼자관계 수식은 다음과 같다.

$$\sum_{j,h} N_{ij} N_{jh} N_{hi} \tag{8-14}$$

내생 효과인 기하적인 가중치가 부여된 공유된 파트너 효과(GWESP)의 수식은 다음과 같다.

$$N_{ij} e^{\alpha} \left\{ 1-(1-e^{-\alpha})^{\sum_{h=1}^{n} N_{ih} N_{hi}} \right\} \tag{8-15}$$

선택효과인 활동성 효과(activity effects; ego effects)의 수식은 다음과 같다.

$$\sum_{j} N_{ij} X_j \tag{8-16}$$

선택효과인 대중성 효과(popularity effects; alter effects)의 수식은 다음과 같다.

$$\sum_{j} N_{ij} X_j \tag{8-17}$$

선택효과인 유사성 효과(homophily effects; similarity effects)의 수식은 다음과 같다.

$$\sum_{j} N_{ij} I\{X_i = X_j\} \tag{8-18}$$

영향효과인 유사성 효과의 수식은 다음과 같다.

$$N_{i+}^{-1} \sum_{j} N_{ij} (X_{ij}^{z} - \overline{X}^{z}) \tag{8-19}$$

2.3 확률적 행위자 기반 모형(SAOM) 추정

확률적 행위자 기반 모형에서 기본이면서 권장되는 추정 방법은 적률추정법 또는 일반적률추정법이며 베이지안 방법은 다층 (다중 그룹) 네트워크 자료에만 사용할 수 있다. 최도우도 방법은 계산 시간이 오래 걸리고 네트워트 변화 비율을 산출하지 못하는 한계가 있다. 시뮬레이션 알고리즘 측면에서 확률적 행위자 기반 모형은 추정을 위한 정확한 계산이 불가능하므로 연속 시간 마르코프 프로세스를 가정한 시뮬레이션 기반 추정 절차를 사용한다(Snijders, 2017). 확률적 행위자 기반 모형을 분석하기 위한 R 패키지인 RSiena 명령문의 구조는 다음과 같다.

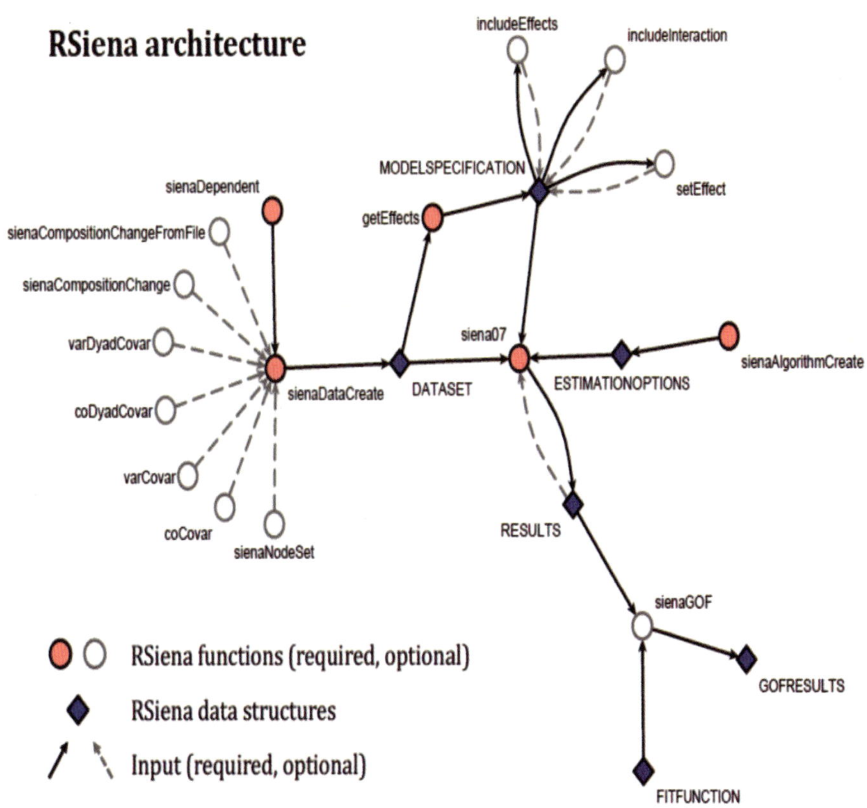

그림 8-1 RSiena 명령문의 구조
출처: Ripley et al., 2022, p. 22

표 8-3 RSiena의 주요 명령어

<table>
<tr><th colspan="2">효과</th><th>RSiena 명령어</th><th colspan="2">효과</th><th>RSiena 명령어</th></tr>
<tr><td colspan="2">종속 변수</td><td>sienaDependent</td><td colspan="2">구성원변경</td><td>sienaCompositionChangeFromFile
sienaCompositionChange</td></tr>
<tr><td rowspan="4">독립변수</td><td>시간 가변 짝 변수</td><td>varDyadCovar</td><td rowspan="4">내생 효과</td><td>밀도</td><td>density</td></tr>
<tr><td>시간 불변 짝 변수</td><td>coDyadCovar</td><td>호혜성</td><td>recip</td></tr>
<tr><td>시간 가변 변수</td><td>varCovar</td><td>전이적 삼자관계</td><td>transTrip</td></tr>
<tr><td>시간 불변 변수</td><td>coCovar</td><td>순환적 삼자관계</td><td>cycle3</td></tr>
<tr><td colspan="2">노드집합</td><td>sienaNodeSet</td><td></td><td></td><td></td></tr>
<tr><td colspan="2">자료생성</td><td>sienaDataCreate</td><td rowspan="3">선택 효과</td><td>활동성</td><td>egoX</td></tr>
<tr><td colspan="2" rowspan="4">모형 명세화</td><td>getEffects</td><td>대중성</td><td>altX</td></tr>
<tr><td>includeEffects</td><td>유사성</td><td>simX</td></tr>
<tr><td>includeinteraction</td><td rowspan="2">영향 효과</td><td rowspan="2">평균 유사성</td><td rowspan="2"></td></tr>
<tr><td>setEffects</td></tr>
</table>

2.4 확률적 행위자 기반 모형(SAOM) 활용 연구 예시

2.4.1 p_2 모형과 SAOM 모형 분석 결과 비교(고등학생 종단 네트워크 연구)

(1) 연구목적

SAOM 모형 활용한 종단 네트워크 통계모형 연구의 첫 번째 예시는 2017년에 미래교육학연구에 출간된 강유림, 신혜성, 김성우, 김종민 연구로 남자 고등학생의 학급 내 친구 하위집단을 식별하고, 학급 내 친구 하위집단, 사회적 성취목표, 학습유형, 학업성취도가 학업도움 네트워크 형성에 미치는 영향을 파악하였다. 이를 위한 연구 문제로 첫째, 남자 고등학생의 학급 내 친구 네트워크의 하위집단은 어떠한가? 둘째, 남자 고등학생의 학급 내 친구 하위집단, 학습유형, 사회적 성취목표, 그리고 학업성취도는 학업 도움 네트워크 형성에 어떠한 영향을 미치는가? 이었다(강유림 외, 2017).

(2) 네트워크 자료 분석 방법

네트워크 자료는 남자고등학교 2학년생의 2015년 1학기 말과 2학기 말 두 시점에 수집된 자료로 총 14개 반 466명의 응답에서 결측값과 불성실한 응답을 한 학생을 뺀 3개 반 82명이었다. 학생들은 같은 반, 다른 반 친구와의 친구 네트워크와 도움 네트워크 질문에 응답하였다. 네트워크 자료의 분석 방법은 먼저 남자 고등학생들의 학급 내 친한 친구 네트워크 하위집단 식별하였고, 학업도움 네트워크의 종속변수로 하여 네트워크 형성요인을 탐색하였다. 종단 학업도움 네트워크의 p_2모형과 p^*모형 수식은 다음과 같다.

2 수준a (i: 활동성):

$$\alpha_i = \text{사회숙달}_i\gamma_1 + \text{수행접근}_i\gamma_2 + V_i\gamma_3 + A_i\gamma_4 + R_i\gamma_5 + K_i\gamma_6 + \text{학업성취도}_i\gamma_2 + a_i$$

2 수준b (j: 대중성):

$$\beta_j = \text{수행접근}_j\gamma_8 + \text{수행회피}_j\gamma_9 + V_i\gamma_{10} + A_i\gamma_{11} + R_i\gamma_{12} + K_i\gamma_{13} + b_j$$

1 수준 (짝 수준): (8-11)

$$\log\left(\frac{p(\text{도움}_{ij}=1)}{1-p(\text{도움}_{ij}=0)}\right) = \alpha_i + \beta_j + \mu(\text{밀도}) + \rho(\text{호혜성}) + \text{학업성취도 절댓값 짝차이}_{ij}\sigma_1 + \text{사전도움}_{ij}\sigma_2 + \text{하위집단}_{ij}\sigma_3$$

$$p(Y=y) = \left(\frac{1}{K}\right)\exp\left(\begin{array}{l}\sum_{A=1}^{15}\eta_A g_A(y) = \eta_1\text{밀도}_1(y) + \eta_2\text{호혜성}_2(y) + \eta_3\text{전이성}_3(y) \\ + \eta_4\text{사회숙달ego}_1(y) + \eta_5\text{수행접근ago}_5(y) + \eta_6 V\text{ago}_6(y) \\ + \eta_7 A\text{ago}_7(y) + \eta_8 R\text{ago}_9(y) + \eta_8 K\text{ago}_9(y) \\ + \eta_{10}\text{학업성취도ago}_{10}(y) + \eta_{11}\text{수행접근alter}_{11}(y) \\ + \eta_{12}\text{수행회피alter}_{12}(y) + \eta_{13} V\text{alter}_{13}(y) + \eta_{14} A\text{alter}_{14}(y) \\ + \eta_{15} K\text{alter}_{15}(y)\end{array}\right)$$

(3) 연구 결과

연구 결과는 먼저 학급 내 친구 하위집단은 4~5개의 집단(4~7명으로 구성)이었고, 남자 고등학생은 사회적 숙달 목표가 높고 청각적 학습유형 선호도가 높을수록, 사회적 수행접근목표는 낮을수록 학업에 관한 도움을 많이 제공하지만, 사회적 수행접근목표가 높을수록, 사회적 수행 회피가 낮을수록 그리고 청각적 학습 유형 선호도가 낮을수록 학업에 관한 도움을 많이 구하였다(강유림 외, 2017). 또한 고성취학생이 다른 학생에게 학업 도움을 많이 주었고, 사회적 수행 회피가 낮은 학생이 학업에 관한 도움을 많이 구하였으며, 동일 하위집단이며 유사한 학업성취를 보이는 학생 간 학업 도움 네트워크가 형성되었는데 이는 유유상종 효과로 볼 수 있다(강유림 외, 2017).

2.4.2 메타 SAOM 모형 분석 결과(초등교원 종단 네트워크 연구)

(1) 연구목적

SAOM 모형 활용한 종단 네트워크 통계모형 연구의 두 번째 예시는 2019년에 학교교육연구에 출간된 김종민 연구로 학생평가를 위한 조언·정보 네트워크를 중심으로 경기도 초등교원의 종단 네트워크를 측정하고 분석하였다. 구체적인 연구 문제는 (1) 경기도 초등교원의 학생평가를 위한 조언·정보 네트워크의 실태는 어떠한가? (2) 경기도 초등교원의 학생평가를 위한 조언·정보 네트워크 형성에 영향을 미치는 요인은 무엇인가? 이다(김종민, 2019a).

(2) 네트워크 자료 분석 방법

네트워크 자료는 경기도 초등학교의 교원을 대상으로 2014학년도 1학기와 2014학년도 2학기에 수집한 14개 초등학교의 461명이었다. 네트워크 종속변수는 초등교원의 학생평가를 위한 조언·정보 종단 네트워크이었고 활동 종속변수는 평가활동이었으며, 독립변수는 전이성, 신임교원, 보직교원, 교원연수, 같은 성별, 같은 학년, 그리고 같은 대학동문이었다.

SAOM 모형 중 모형 1는 밀도, 전이적 삼자관계, 같은 성별, 같은 학년, 같은 출신대학이었고, 모형 2는 활동성(신임교원, 보직교원)효과와 대중성(평가관련 교원연수 빈도)효과를 추가하였다. 먼저 개별 SAOM 모형 분석 후 메타분석하였다. 모형 3은 행동 종속변수로 초등교원의 학생평가를 위한 평가활동을 SAOM 모형에 포함하였다.

(3) 연구 결과

연구 결과는 다양한 초등교원의 학생평가를 위한 조언과 정보 네트워크가 있었으며, 초등교원의 학생평가 조언·정보 네트워크 형성요인은 전이성과 같은 학년

교원 여부로 드러났다(김종민, 2019a).

2.4.3 TERGM모형 SAOM 모형 비교(초등교원 종단 네트워크 연구)

(1) 연구목적

SAOM 모형 활용한 종단 네트워크 통계모형 연구의 세 번째 예시는 2019년에 교육평가연구에 출간된 김종민 연구로 초등교원의 종단 조언 네트워크에 관한 통계모형을 경험적으로 비교하였다.

Snijders(2017)는 네트워크 통계모형을 비교 준거로 적합도, 개념적 타당성, 모형 명세화 가능성, 해석 가능성 및 실용성을 제안하면서 관측 사이에 경과 된 시간이 불규칙하거나 네트워크 변경에 규칙적인 영향을 미치지 않는 과정을 모형화할 때 SAOM이 이산 시간 모형에 비해 이점이 될 수 있다고 하면서 모형의 적합도와 함께 잘못된 모형 명세화에 따른 추정 결과의 견고성을 확인(Block et al., 2019; Snijders, 2017)을 강조하였다.

(2) 네트워크 자료 분석 방법

종속변수는 2018학년도 1학기에서 4회 측정한 초등교원의 조언 네트워크로 독립변수는 교사 소진, 총 교육 경험, 교육 학년 수준, 공식 리더십 역할이었고, 이러한 자료를 토대로 종단 네트워크 통계모형을 비교하였다. 특히 TERGM (MCMC 최대우도 추정방법 사용) 모형은 기억 효과(짝 안정성, 자기 회귀, 네트워크 형성 및 네트워크 소멸), 지연된 호혜성, 선형 또는 비선형 시간 추세항을 고려하였다.

(3) 연구 결과

종단 네트워크 자료를 위한 통계모형 비교 결과는 다음과 같다.

첫째, SAOM에서 측정된 네트워크는 목적 함수에 따라 i의 직접적인 영향을 받는 네트워크 상태만 포함하나, TERGM에서 측정된 네트워크의 모든 순열을 포함한다. 또한 SAOM의 의존성은 i의 관점이나 TERGM의 의존성은 에지(i와 j)의 관점이다.

둘째, TERGM은 행위자 주체성의 가정이 거의 없는 상태에서 관계(에지)를 모형화하나 연구자의 의도에 따라 행위자의 주체성 여부를 모형화할 수 있다. 반면 SAOM은 행위자가 외향 연결을 스스로 결정한다는 가정을 기반으로 함으로 높은 주체성을 가지고 행위자는 관계를 형성, 유지나 소멸 할 수 있는 능력과 동기를 가진다(Snijders, 2001, 2005).

셋째, SAOM은 필요한 미니 단계 수를 결정하여 순차적인 시간적 종속성을 가정하는데 무조건부 추정에서는 관찰된 네트워크 사이에서, 많은 에지(edge)가 변경되면 시뮬레이션이 중지되나 조건부 추정에서는 연속 네트워크 간의 변화량을 반영하여 미리 설정된 미니 단계 후에 중지된다(Snijders, 2001, 2005). 그러나 TERGM은 순차 시간 의존성을 가정하지 않고 측정된 종단 네트워크 자료만 모형화해 시간 의존성이 없이 결합하여 네트워크 간의 독립을 가정한다(Leifeld & Cranmer, 2019).

넷째, SAOM은 첫 시점의 네트워크를 모형화하지 않고 1차 마르코프 과정을 통해 네트워크 변화를 모형화한다(Lusher et al., 2013). 따라서 이전 시점(t–1)의 네트워크는 현재 시점(t)의 네트워크에만 영향을 미친다. 그러나 TERGM은 네트

표 8-4 종단 네트워크 자료를 위한 통계모형 비교

	SAOM	TERGM
기본 특성	네트워크의 변화를 모형화함	네트워크 자체를 모형화함
확률 정의	행위자 관점에서 의존성을 모형화 (행위자의 네트워크를 모형화)	모든 순열 조합 (네트워크의 에지를 모형화)
행위자의 주체성	주체성 있음	원칙적으로 없음 (그러나 모형 명세화를 통해 가능)
시간 업데이트 과정	있음 (미니 스텝의 수에 따라)	없음 (각 관찰 시점 간의 독립)
과거 시간에 대한 조건성	있음	원칙적으로 없음 (그러나 메모리 효과를 통해 가능)
장기적인 시간 의존성	없음 (1차 마르코프 과정)	있음 (t-k 시간까지 의존성)
행위자 동질성 해석	가능	필요하지 않음
표본 크기 제한	제한됨	제한 없음
추정 방법	적률법(기본), 일반적률법(추천), 최대우도법, 베이지안 방법(다층자료)	MCMC 최대우도법(작은 표본) 부트스트랩 신뢰구간 활용 MPLE(큰 표본)

출처: 김종민, 2019b, p. 449, 한글 번역

워크의 변화보다는 시간에 따른 네트워크 구조 모형화에 중점을 둔 네트워크 자체의 모형(Leifeld & Cranmer, 2019)으로 이전 시점의 조건을 가정하지 않아 이전 시점 (*t–1*)의 네트워크는 현재 시점 (*t*)의 네트워크에 영향을 미치지 않으나 '기억' 효과를 포함하면 이전 시점을 모형화할 수 있다.

다섯째, SAOM은 1차 마르코프 과정을 가정하기 때문에(Snijders, 2001, 2005), 장기적인 시간 의존성을 가정하지 않으나 TERGM은 과거에 최대 K 개의 시간까지 시간적 종속성을 가정하여(Leifeld & Cranmer, 2019), 이전 시점 (*t–k* : 예 : *t–3*, *t–2* 또는 *t–1*)의 네트워크는 현재 시점 (*t*)의 네트워크에 영향을 미칠 수 있다.

제3절

R을 활용한 종단 네트워크 통계모형 분석[15]

R을 활용한 종단 네트워크 통계모형 분석을 위해 경기도 소재 혁신초등학교 1개의 56명교원의 3월, 4월, 5월, 6월 동안의 친한 동료 네트워크와 지식·조언 네트워크를 자료를 활용하였다. 먼저 네트워크 결측값 처리 전의 친한 동료 종단 네트워크의 밀도는 .100(3월), .101(4월), .103(5월), .104(6월)로 큰 변화가 없었다. 평균 연결정도는 5.500(3월), 5.543(4월), 5.675(5월), 5.700(6월)이었고 4회 평균 연결 정도는 5.605로 약 6명의 친한 동료가 있는 것으로 파악되었다. 또한 네트워크 결측값 처리 전의 지식·조언 종단 네트워크의 밀도는 .111(3월), .115(4월), .097(5월), .098(6월)로 5월까지 증가하다 6월에는 조금 감소하였다. 평균 연결 정도는 6.130(3월), 6.326(4월), 5.325(5월), 5.375(6월)이었고 4회 평균 연결 정도는 5.789로 약 6명의 조언자가 있는 것으로 파악되었다.

....

15 [김종민, 2017, 종단 네트워크 통계모형 비교 분석: 초등 교원 사회 네트워크 변화를 중심으로. 한국연구재단 신진연구자지원사업]에서 수집한 자료를 활용

표 8-5 초등교원의 종단 동료 네트워크와 지식·조언 네트워크의 기술통계(결측값 처리 전)

네트워크	관찰 시점	3월	4월	5월	6월
동료 (평균 연결 정도 5.605)	밀도	.100	.101	.103	.104
	평균 연결 정도	5.500	5.543	5.675	5.700
	총 연결 수	253	255	227	228
	결측값 비율	.179	.179	.286	.286
	Mutual	122	122	116	116
	Asymmetric	182	180	118	120
	Null	1,766	1,768	1,326	1,324
	total(MAN)	2,070	2,070	1,560	1,560
지식·조언 (평균 연결 정도 5.789)	밀도	.111	.115	.097	.098
	평균 연결 정도	6.130	6.326	5.325	5.375
	총 연결 수	282	291	213	215
	결측값 비율	.179	.179	.286	.286
	Mutual	136	152	104	112
	Asymmetric	178	172	114	104
	Null	1,756	1,746	1,342	1,344
	total(MAN)	2,070	2,070	1,560	1,560

표 8-6 초등교원의 종단 동료 네트워크와 지식·조언 네트워크의 연결 변화 빈도표(결측값 처리 전)

	시기	0→0	0→1	1→0	1→1	Distance	Jaccard	결측값(비율)
동료	1→2	2,268	9	7	246	16	.939	550 (18%)
	2→3	1,722	38	53	167	91	.647	1,100 (36%)
	3→4	1,971	2	1	226	3	.987	880 (29%)
지식·조언	1→2	2,224	24	15	267	39	.873	550 (18%)
	2→3	1,709	35	81	155	116	.572	1,100 (36%)
	3→4	1,978	9	7	206	16	.928	880 (29%)

네트워크 결측값 처리(결측값 '0'으로 대체) 후의 친한 동료 종단 네트워크의 밀도는 .082(3월), .083(4월), .074(5월), .074(6월)로 5월과 6월은 결측값으로 밀도가 줄어드는 것으로 나타났다. 평균 연결 정도도 4.518(3월), 4.554(4월),

4.054(5월), 4.071(6월)이었고 4회 평균 연결정 도는 4.299로 약 4명의 친한 동료가 있는 것으로 파악되어 결측값 처리 영향을 많이 받은 것으로 드러났다. 또한 네트워크 결측값 처리(결측값 '0'으로 대체) 후의 조언 종단 네트워크의 밀도는 .092(3월), .094(4월), .069(5월), .070(6월)로 5월과 6월에 결측값 처리 방법으로 인해 감소하는 것으로 나타났다. 평균 연결 정도는 5.036(3월), 5.196(4월), 3.804(5월), 3.839(6월)이었고 4회 평균 연결정도는 4.469로 약 4명의 조언자가 있는 것으로 파악되었다.

이처럼 종단 네트워크의 일반적인 결측값 처리 방법을 사용하면 밀도와 평균 연결 정도 및 전체평균 연결 정도가 과소 추정되는 경향이 발생하여 해석에 주의를 요한다.

표 8-7 초등 교원의 종단 동료 네트워크와 지식·조언 네트워크의 기술통계(결측값 처리 후)

네트워크	관찰 시점	3월	4월	5월	6월
동료 (평균 연결 정도 4.299)	밀도	.082	.083	.074	.074
	평균 연결 정도	4.518	4.554	4.054	4.071
	총 연결 수	253	255	227	228
	결측값 비율	.000	.000	.000	.000
	Mutual	122	122	116	116
	Asymmetric	262	266	222	224
	Null	2,692	2,692	2,742	2,742
	total(MAN)	3,080	3,080	3,080	3,080
지식·조언 (평균 연결 정도 4.469)	밀도	.092	.094	.069	.070
	평균 연결 정도	5.036	5.196	3.804	3.839
	총 연결 수	282	291	213	215
	결측값 비율	.000	.000	.000	.000
	Mutual	136	152	104	112
	Asymmetric	292	278	218	206
	Null	2,652	2,650	2,758	2,762
	total(MAN)	3,080	3,080	3,080	3,080

표 8-8 초등교원의 종단 동료 네트워크와 지식·조언 네트워크의 연결 변화 빈도표(결측값 처리 후)

	시기	0→0	0→1	1→0	1→1	Distance	Jaccard	결측값(비율)
동료	1→2	2,818	9	7	246	16	.939	0 (0%)
	2→3	2,765	60	88	167	148	.530	0 (0%)
	3→4	2,851	2	1	226	3	.987	0 (0%)
지식·조언	1→2	2,774	24	15	267	39	.873	0 (0%)
	2→3	2,731	58	136	155	194	.444	0 (0%)
	3→4	2,858	9	7	206	16	.928	0 (0%)

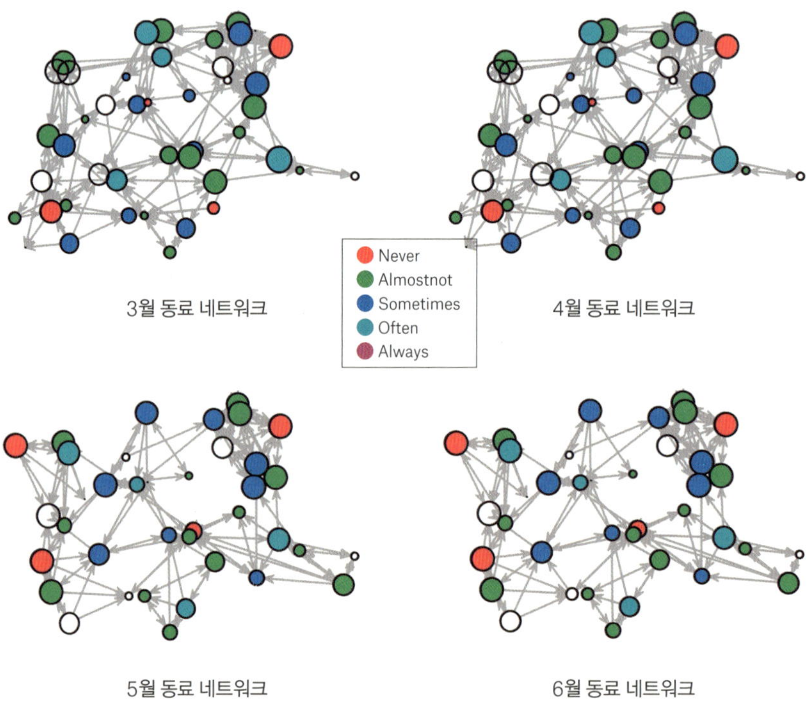

그림 8-2 초등교원의 종단 동료 네트워크와 정서적 고갈 빈도(색상)(N=56)

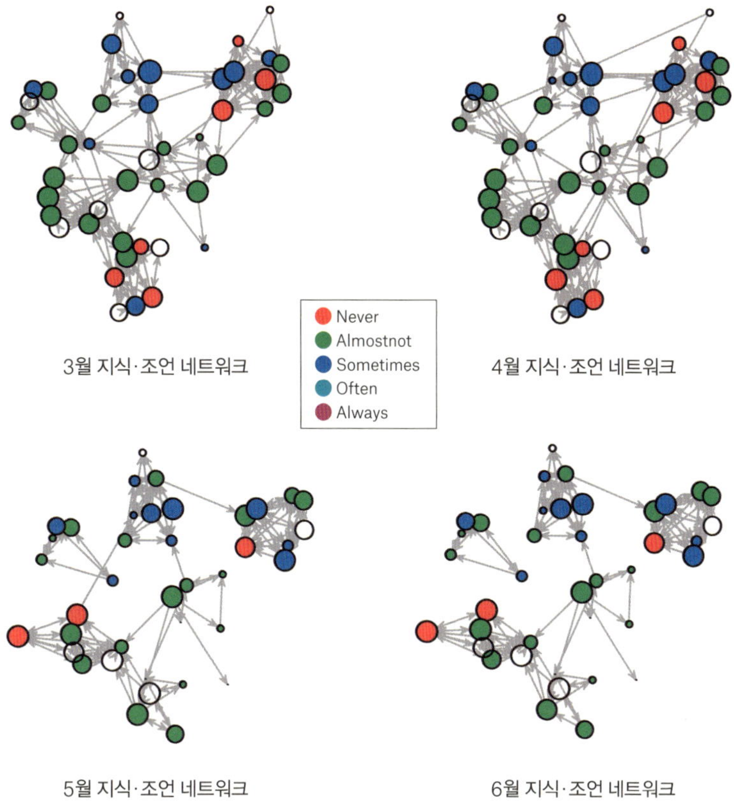

그림 8-3 초등교원의 종단 지식·조언 네트워크와 성취감 결여 빈도(색상)(N=56)

3.1 회귀모형 활용한 사회 영향모형

R을 활용한 종단 네트워크 통계모형의 분석을 위해 먼저 필요한 패키지를 불러온다.

```
library( dplyr )
library( Matrix )
library( reshape )
library( magrittr )
```

첫째, 회귀모형에서 사용할 수 있는 형태로 초등교원의 종단 동료 네트워크를 불러온다. 본 예시에서는 교원의 종단 네트워크 자료를 활용하여 사회 영향모형을 검증하려고 한다. 구체적으로 종속변수는 교원 소진(정서고갈과 개인 성취감 결여)로 설정하고 독립변수는 교원의 동료 네트워크와 조언 네트워크로 설정하였다. 이에 독립변수 자료 중 3월의 동료 네트워크(colleague networks)를 n*n 인접행렬 자료에서 n*3 데이터 프레임 형식으로 변환한다.

```
# 사회 영향 모형(초등교원의 동료 네트워크가 개인 성취감 결여에
미치는 영향)
## 인접행렬 자료에서 관계목록 파일로 전환
a <- as.matrix( read.table( "s33f1.dat" ) )
n <- as(a, "dgTMatrix" )
edge <- cbind( n@i + 1, n@j + 1, n@x )

# 결측값 처리(9로 입력된 값은 결측값으로 처리)
edge[ , 3][ edge[ , 3] %in% c( 9 ) ] <- NA

# 데이터 프레임으로 전환
data1 <- data.frame( edge )

# 변수 이름 변경
data1 <- rename( data1,
                 c( X1 = "nominator",
                    X2 = "nominee",
                    X3 = "relation" ) )
```

둘째, 회귀모형에서 사용할 수 있는 형태로 초등교원의 교원 소진 자료를 불러온다. 본 예시에서는 교원 소진 중 개인 성취감 결여 종단자료를 사용하고자 한다. 이에 첫 번째 열은 교원 id, 두 번째 열부터 다섯 번째 열까지 3월 개인 성취감 결여(yvar1), 4월 개인 성취감 결여(yvar2), 5월 개인 성취감 결여(yvar3), 6월 개인 성취감 결여(yvar4)로 설정한다.

```
# 행렬 자료로 변환
burnout3 <- as.matrix( read.table( “s33b3_R.dat” ) )

# 결측값 처리(99로 입력된 값을 결측값으로 처리)
burnout3[ burnout3 %in% c( 99 ) ] <- NA

# 데이터 프레임으로 전환
data <- data.frame( burnout3 )

# 변수 이름 변경
data <- rename( data,
                c( V1= “nominee”,
                   V2 = “yvar1”,
                   V3 = “yvar2”,
                   V4 = “yvar3”,
                   V5 = “yvar4” ) )
```

셋째, 회귀모형에서 사용할 수 있는 형태로 독립변수와 종속변수 파일을 하나의 파일로 합친다.

```
# 독립변수와 종속변수를 하나의 데이터셋으로 합치기
data2 <- data[, 1:2]

# nominee를 기준으로 파일 합치기
data <- left_join( data1, data2, by = “nominee” )

# nominee를 문자로 인식
data$nominee <- as.character( data$nominee )
```

넷째, 회귀모형에서 사용할 수 있는 형태로 특정 네트워크에서 관계를 맺는 행위자들의 특성에 노출(exposure) 정도를 계산하여 독립변수로 저장한다. 본 예시에는 교원의 동료 네트워크를 통해 관계를 맺고 있는 동료 교원들의 개인 성취감 결여의 값을 이용하여 노출의 독립변수(exposure)를 생성한다. 누구와도 관계가 없는 사람의 노출 변수 값이 '0'이 되는 것을 방지하기 위해서 노출 독립변수의 1를 더한 값을 다시 새로운 독립변수(exposure_plus)로 저장한다.

```
# 관계를 맺는 행위자의 특성에 노출 정도 계산
tempdata <- data.frame( table( data$nominee ) )
names(tempdata) <- c( "nominee", "indegree" )
tempdata$nominee <- as.character( tempdata$nominee )
data <- left_join( data, tempdata, by = "nominee" )

attach(data)

## 노출=네트워크 관계*행위자 특성
exposure <- relation * yvar1

## 노출_플러스=노출*(내향 연결 중심성 + 1 )
exposure_plus <- exposure * ( indegree + 1 )
```

다섯째, 회귀모형에서 사용할 수 있는 형태로 노출 변수와 노출+1 변수의 개별 행위자의 평균을 계산하고 저장한다. 일반적으로 종단 네트워크를 활용한 사회 영향모형의 독립변수로 노출의 평균을 사용하거나 합을 사용할 수 있으나 비교 가능성을 위해서 합보다는 평균을 선호한다. 본 예시에서도 개별 행위자의 평균을 최종 독립변수로 사용하고자 한다.

```
# 행위자별 평균 노출 정도 계산
mean_exposure <-
data %>%
group_by( nominator ) %>%
summarize( exposure_mean = mean( exposure ) )

# 행위자별 평균 노출+1 정도 계산
mean_exposure_plus <-
```

```
data %>%
group_by( nominator ) %>%
summarize( exposure_plus_mean = mean( exposure_plus ) )
```

여섯째, 회귀모형에서 사용할 수 있는 형태로 노출 관련 파일과 기존 자료 파일을 하나의 파일(final_data)로 합친다.

```
# 노출 관련 파일 합치기
exposure_s <- left_join( mean_exposure, mean_exposure_plus,
                         by = "nominator" )

# 변수 이름 생성
names(data2) <- c( "nominator", "yvar1" )

# 기존파일에 노출 관련 파일 합치기
final_data <- left_join( exposure_s, data2, by = "nominator" )

# 최종 데이터셋 만들기
data3 <- data
data3 <- rename( data3, c( nominee = "nominator" ) )
final_data <- left_join( final_data, data3, by = "nominator" )
```

일곱째, 사회 영향모형을 위한 회귀모형을 명세화한다. *t* 시점의 특성 변수에 네트워크 변수의 영향을 검정하기 위해서 우선 *t-1* 시점의 특성 변수를 통제 변수로 한다. 이러한 모형은 특성 변수의 변화에 네트워크 독립변수의 영향력을 검정할 수 있는 좋은 모형이다. 본 예시에서는 3월의 개인 성취감 결여를 통제한 상태에서의 네트워크에 따른 노출효과를 검정하기 위해서 3월의 개인 성취감 결여를 통제변수로 동료 네트워크에 따른 개인 성취감 결여 노출 정도를 독립변수로 그리고 4월의 개인 성취감 결여를 종속변수로 설정한다.

```
# 회귀모형 1a 명세화: 4월의 개인 성취감 결여(종속변수), 3월의 개인 
성취감 결여(통제변수), 평균 노출 정도(독립변수)
model1a <- lm( yvar2 ~ yvar1.x + exposure_mean, data = final_data )

# 회귀모형 1a의 분석 결과
summary( model1a )
```

먼저 모형 1a의 회귀모형 분석 결과는 다음과 같다. 노출 정도의 효과 계수는 −0.1798(표준오차 0.0995), p 값은 0.094로 .10 유의수준에서 통계적으로 유의미하였다.

```
Residuals:

   Min        1Q       Median     3Q        Max
-0.22804   -0.10870   0.00468   0.07519   0.22695

Coefficients:

                  Estimate    Std. Error    t value    Pr(>|t|)
(intercept)         0.6035        0.2737       2.20    0.046 *
yvar1.x             0.8484        0.0590      14.37    2.3e-09 ***
exposure_mean      -0.1798        0.0995      -1.81    0.094
---
Signif. codes: 0 '***' 0.001 '**' 0.01 '*' 0.05 '.' 0.1 ' ' 1
Residual standard error: 0.143 on 13 degrees of freedom
    (38 observations deleted due to missingness)
Multiple R-squared: 0.944,  Adjusted R-squared: 0.935
F-statistic: 109 on 2 and 13 DF,  p-value: 7.33e-09
```

```
# 회귀모형 1b 명세화: 4월의 개인 성취감 결여(종속변수), 3월의 개인 
성취감 결여(통제변수), 평균 노출+1 정도(독립변수)
model1b <- lm( yvar2 ~ yvar1.x + exposure_plus_mean, data = 
final_data )
```

```
# 회귀모형 1b 분석 결과
summary( model1b )
```

모형 1b의 회귀모형 분석 결과는 다음과 같다. 노출+1 정도의 효과 계수는 −0.01207(표준오차 0.00452), *p* 값은 0.0193으로 .05 유의수준에서 통계적으로 유의미하였다.

```
Residuals:

   Min         1Q        Median      3Q         Max
-0.19845   -0.08774   -0.00025   0.08192    0.17954

Coefficients:

                      Estimate   Std. Error   t value   Pr(>¦t¦)
(intercept)             0.6939       0.2294      3.03   0.0098 *
yvar1.x                 0.8341       0.0536     15.55   8.8e-10 ***
exposure_plus_mean     -0.0121       0.0045     -2.67   0.0193 *
---
Signif. codes: 0 '***' 0.001 '**' 0.01 '*' 0.05 '.' 0.1 ' ' 1
Residual standard error: 0.128 on 13 degrees of freedom
    (38 observations deleted due to missingness)
Multiple R-squared: 0.955,     Adjusted R-squared: 0.948
F-statistic:  137 on 2 and 13 DF,  p-value: 1.83e-09
```

여덟째, 노출의 지연효과를 검정하는 회귀모형을 명세화한다. 즉 *t-2* 시점의 특성이 *t* 시점에 특성에 영향을 미치는지 검정한다. 본 예시에서는 종속변수는 5월의 개인 성취감 결여로 설정하고, 종속변수는 3월의 개인 성취감 결여 그리고 독립변수는 3월의 동료 네트워크에서 관계를 맺은 교원들의 개인 성취감 결여의 평균, 즉 동료 네트워크를 통해 평균적으로 얼마나 개인 성취감 결여에 노출되었는지이다. 이는 3월 한 달 동안 개인적 성취감 결여를 많이 경험한 동료들과의 네트워크가 많을수록 그 영향효과가 지연돼서 4월보다 5월에 개인 성취감 결여를 더 많이 느낀다는 가설을 검정하고자 하는 것이다.

```
# 회귀모형 2a 명세화: 5월의 개인 성취감 결여(종속변수), 3월의 개인
성취감 결여(통제변수), 평균 노출 정도(독립변수)
model2a <- lm( yvar3 ~ yvar1.x + exposure_mean, data = final_data )

# 회귀모형 2a 분석 결과
summary( model2a )
```

```
Residuals:

   Min        1Q      Median      3Q       Max
 -0.2810   -0.0744   -0.0539    0.1141    0.2172

Coefficients:

                    Estimate  Std. Error  t value  Pr(>|t|)
(intercept)           0.0527      0.4122     0.13  0.90144
yvar1.x               0.4624      0.0078     5.92  0.00036 ***
exposure_mean         0.3713      0.1558     2.38  0.04436 *
---
Signif. codes: 0 '***' 0.001 '**' 0.01 '*' 0.05 '.' 0.1 ' ' 1
Residual standard error: 0.159 on 8 degrees of freedom
    (43 observations deleted due to missingness)
Multiple R-squared: 0.827,     Adjusted R-squared: 0.783
F-statistic: 19.1 on 2 and 8 DF,  p-value: 0.000903
```

모형 2a의 회귀모형 분석 결과, 노출 정도의 효과 계수는 0.3713(표준오차 0.1558), p 값은 0.04436으로 .05 유의수준에서 통계적으로 유의미하였다. 또한 모형 2b 회귀모형 분석 결과, 노출+1 정도의 효과 계수는 .10 유의수준에서도 통계적으로 유의미하지 않았다. 이러한 결과는 5월의 동료 네트워크의 결측값 처리 방법에 기인할 수도 있어 해석에 주의를 요한다.

```
# 회귀모형 2b 명세화: 5월의 개인 성취감 결여(종속변수), 3월의 개인
성취감 결여(통제변수), 평균 노출+1 정도(독립변수)
model2b <- lm( yvar3 ~ yvar1.x + exposure_plus_mean, data =
final_data )

# 회귀모형 2b 분석 결과
summary( model2b )
```

```
Residuals:

   Min        1Q       Median      3Q       Max
 -0.2579   -0.1373    0.0051    0.1293    0.2842

Coefficients:

                     Estimate  Std. Error  t value  Pr(>¦t¦)
(intercept)          0.63108     0.43695     1.44   0.1867
yvar1.x              0.45057     0.09820     4.59   0.0018 ***
exposure_plus_mean   0.00740     0.00917     0.81   0.4433
---
Signif. codes: 0 ‘***’ 0.001 ‘**’ 0.01 ‘*’ 0.05 ‘.’ 0.1 ‘ ’ 1
Residual standard error: 0.199 on 8 degrees of freedom
    (43 observations deleted due to missingness)
Multiple R-squared: 0.726,    Adjusted R-squared: 0.657
F-statistic: 10.6 on 2 and 8 DF, p-value: 0.00564
```

아홉째, 노출의 다른 지연효과를 검정하는 회귀모형을 명세화한다. 즉 *t-3* 시점의 특성이 *t* 시점에 특성에 영향을 미치는지 검정한다. 본 예시에서는 종속변수는 6월의 개인 성취감 결여로 설정하고, 종속변수는 3월의 개인 성취감 결여 그리고 독립변수는 3월의 동료 네트워크에서 관계를 맺은 교원들의 개인 성취감 결여의 평균, 즉 동료 네트워크를 통해 평균적으로 얼마나 개인 성취감 결여에 노출되었는지이다.

```
# 회귀모형 3a: 6월의 개인 성취감 결여(종속변수), 3월의 개인 성취감 결여(통제변수), 평균 노출 정도(독립변수)
model3a <- lm( yvar4 ~ yvar1.x + exposure_mean, data = final_data )

# 회귀모형 3a 분석 결과
summary( model3a )
```

모형 3a의 회귀모형 분석 결과, 노출 정도의 효과 계수는 0.4421(표준오차 0.1302), p 값은 0.012로 .05 유의수준에서 통계적으로 유의미하였다.

```
Residuals:

   Min       1Q      Median      3Q       Max
 -0.1821   -0.0882   -0.0158   0.0790   0.2036

Coefficients:

                     Estimate   Std. Error   t value   Pr(>|t|)
(intercept)           -0.1186       0.3444     -0.34   0.739
yvar1.x                0.4872       0.0653      7.46   7.2e-05 ***
exposure_mean          0.4221       0.1302      3.24   0.012 *
---
Signif. codes: 0 '***' 0.001 '**' 0.01 '*' 0.05 '.' 0.1 ' ' 1
Residual standard error: 0.133 on 8 degrees of freedom
    (43 observations deleted due to missingness)
Multiple R-squared: 0.885,    Adjusted R-squared: 0.857
F-statistic: 30.9 on 2 and 8 DF,  p-value: 0.000173
```

```
# 회귀모형 3b 명세화: 6월의 개인 성취감 결여(종속변수), 3월의 개인 성취감 결여(통제변수), 평균 노출+1 정도(독립변수)
model3b <- lm( yvar4 ~ yvar1.x + exposure_plus_mean, data =
final_data )
```

```
# 회귀모형 3b 분석 결과
summary( model3b )
```

또한 모형 3b 회귀모형 분석 결과, 노출+1 정도의 효과 계수는 .10 유의수준에서도 통계적으로 유의미하지 않았다. 이러한 결과는 6월의 동료 네트워크의 결측값 처리 방법에 기인할 수도 있어 해석을 주의를 필요로 한다.

```
Residuals:

    Min 1Q   Median   3Q   Max
    -0.2042 -0.1280 -0.0231 0.0976  0.3035

Coefficients:

                          Estimate   Std. Error  t value  Pr(>|t|)
    (intercept)             0.4067       0.3953     1.44  0.33360
    yvar1.x                 0.4772       0.0888     4.59  0.00067 ***
    exposure_plus_mean      0.0117       0.0083     0.81  0.19625
---
Signif. codes: 0 '***' 0.001 '**' 0.01 '*' 0.05 '.' 0.1 ' ' 1
Residual standard error: 0.18 on 8 degrees of freedom
    (43 observations deleted due to missingness)
Multiple R-squared: 0.788,     Adjusted R-squared: 0.734
F-statistic: 14.8 on 2 and 8 DF, p-value: 0.00204
```

3.2 TERGM과 SAOM을 활용한 사회 선택모형

종단 네트워크의 통계모형을 비교하기 위해서 본 연구에서는 ERGM 모형 중에 대표적으로 활용되는 TERGM(Temporal Exponential Random Graph Models) 모형과 SAOM(Stochastic Actor-Oriented Models) 모형 중에 대표적으로 활용되는 SIENA 모형을 활용하여 분석하였다.

먼저 TERGM 모형은 네트워크 형성과 네트워크 소멸을 각각 모형화할 수 있다. 구체적으로 네트워크 형성과 소멸 각각에 다른 내생 효과 변수와 외생 효과 변수를 고려할 수 있는 모형이다. 본 연구모형 1에서는 네트워크 형성과 소멸에 내생 효과만을 고려하였다. 구체적으로 호혜성(mutual)를 고려하였고 전이성(cyclicalties과 transitiveties)를 고려하였다.

본 연구모형 2에서는 내생 효과와 외생 효과 변수를 모두 고려하였다. 내생 효과는 호혜성(mutual)과 전이성(gwesp.fixed.0)을 변수로 투입하였고 외생 효과 변수에는 교원의 담당 학년, 보직 여부, 교원 경력 그리고 교원 소진 중 정서적 고갈을 투입하였다. 특히 교원경력은 친한 동료로 지명받은 사람의 교원 경력 효과(nodeicov)를 보고자 하였고 정서 고갈은 친한 동료를 지명한 사람(nodeocov)과 지명받은 사람(nodeicov)의 각각이 효과를 보고자 하였다. 또한 담당 학년과 보직 여부는 유유상종(homophily: nodematch) 효과를 보고자 하였다.

3.2.1 TERGM 모형

R을 활용한 종단 네트워크 통계모형의 분석을 위해 먼저 필요한 패키지를 불러온다.

```
library( statnet )
library( tsna )
library( latticeExtra )
library( ndtv )
library( htmlwidgets )
```

첫째, TERGM 패키지에서 사용할 수 있는 형태로 초등교원의 종단 동료 네트워크를 불러온다. 4개의 동료 네트워크를 list() 함수를 이용해서 하나의 객체로 만들고 networkDynamic() 함수를 이용해서 변환한다. 초등교원의 종단 조언 네트워크로 같은 과정으로 자료를 불러온다.

```
# 종속변수(네트워크 변수) 불러오기

## 3월의 초등교원 동료 네트워크
a <- as.matrix( read.table( “s33f1.dat” ) )
n <- as( a, “dgTMatrix” )
edge <- cbind( n@i + 1, n@j + 1, n@x )
edge[ , 3][ edge[ , 3] %in% c( 9 ) ] <- NA
f1 <- network( edge, matrix.type = “edgelist” )

## 4월의 초등교원 동료 네트워크
a <- as.matrix( read.table( “s33f2.dat” ) )
n <- as( a, “dgTMatrix” )
edge <- cbind( n@i + 1, n@j + 1, n@x )
edge[ , 3][ edge[ , 3] %in% c( 9 ) ] <- NA
f2 <- network( edge, matrix.type = “edgelist” )

## 5월의 초등교원 동료 네트워크
a <- as.matrix( read.table( “s33f3.dat” ) )
n <- as( a, “dgTMatrix” )
edge <- cbind( n@i + 1, n@j + 1, n@x )
edge[ , 3][ edge[ , 3] %in% c( 9 ) ] <- NA
f3 <- network( edge, matrix.type = “edgelist” )

## 6월의 초등교원 동료 네트워크
a <- as.matrix( read.table( “s33f4.dat” ) )
n <- as( a, “dgTMatrix” )
edge <- cbind( n@i + 1, n@j + 1, n@x )
edge[ , 3][ edge[ , 3] %in% c( 9 ) ] <- NA
f4 <- network( edge, matrix.type = “edgelist” )

# 종단 네트워크 변수 만들기
friendlist <- list( f1, f2, f3, f4 )
friend <- networkDynamic( network.list = friendlist )
```

둘째, 독립변수로 사용하기 위해서 특성 변수를 불러온다. read.table() 함수를 이용한다. 특성 변수의 결측값을 탐색하고 결측값(NA)을 처리한다.

```
# 독립변수(특성 변수) 불러오기
burnout3 <- read.table( "s33b3.dat" )
burnout1 <- read.table( "s33b1.dat" )
att <- read.table( "s33att.dat" )

# 독립변수(특성 변수) 결측값 처리(99로 입력된 값을 결측값으로 변환)
burnout3[ burnout3 %in% c( 99 ) ] <- NA
burnout1[ burnout1 %in% c( 99 ) ] <- NA
att[ att %in% c( 99 ) ] <- NA
```

셋째, 그런 다음 노드의 개별 특성을 네트워크에 할당하기 위해 벡터를 생성한다. as.vector() 함수를 이용한다.

```
# 노드 특성 변수를 벡터로 전환
## 교원 특성 변수(담당 학년, 보직 여부, 교원 경력)
grade <- as.vector( att[ , 1 ] )
leader <- as.vector( att[ , 2 ] )
total <- as.vector( att[ , 3 ] )

## 교원 소진(개인 성취감 결여, 정서 고갈)
burnout3 <- as.vector( burnout3[ , 1:4 ] )
burnout1 <- as.vector( burnout1[ , 1:4 ] )
```

넷째, 노드의 특성을 동료 네트워크에 할당한다. 조언 네트워크가 같은 절차를 따른다. set.vertex.attribute() 함수를 이용한다.

```
# 초등교원 동료 네트워크에 노드 특성 추가
set.vertex.attribute( friend, "Grade", grade )          ## 담당 학년
```

```
set.vertex.attribute( friend, “Leader”, leader )     ## 보직 여부
set.vertex.attribute( friend, “total”, total )       ## 교원 경력
set.vertex.attribute( friend, “Burnout3”, burnout3 ) ## 개인 성취감
                                                        결여
set.vertex.attribute( friend, “Burnout1”, burnout1 ) ## 정서 고갈
```

다섯째, 모형 1를 명세화를 한다. stergm() 함수를 이용하여 형성(formation) 영향요인과 소멸(dissolution) 영향요인을 추가한다. 두 영향요인은 다르게 설정할 수 있으나 본 예시에서는 같게 설정하였다. times = c(1:4)는 첫 시점부터 네 번째 시점까지 모형화하겠다는 의미다. 원하는 시작 시점과 종료 시점을 지정할 수 있다.

```
# 모형 1 명세화
## 내생 효과: 호혜성+순환적 삼자관계+전이적 삼자관계

friend.14 <- stergm( friendlist,

             # 초등교원의 동료 네트워크 형성 모형 명세화
             formation=~ edges + mutual + cyclicalties +
             transitiveties,

             # 초등교원의 동료 네트워크 소멸 모형 명세화
             dissolution=~ edges + mutual + cyclicalties +
             transitiveties,

             # 모수 추정 방법 지정
             estimate = “CMLE”,

             # 시작 및 종료 시점 지정
             times = c( 1:4 ) )
```

여섯째, 모형 1의 분석 결과 요약을 확인한다.

```
# 모형 1의 결과
summary( friend.14 )
```

교원 동료 네트워크 모형 1의 TERGM 분석 결과는 다음과 같다.

```
Monte Carlo Conditional Maximum Likelihood Results:

                         Estimate Std. Error MCMC % z value  Pr(>|z|)
Form~edges                -2.8199     0.2029      0  -13.90  <1e-04 ***
Form~mutual                0.7955     0.0976      0    8.15  <1e-04 ***
Form~cyclicalties         -0.4546     0.0339      0  -13.42  <1e-04 ***
Form~transitiveties        0.8788     0.1948      0    4.51  <1e-04 ***
Persist~edges              2.0642     0.2194      0    9.41  <1e-04 ***
Persist~mutual             0.8876     0.1739      0    5.11  <1e-04 ***
Persist~cyclicalties      -0.1383     0.0371      0   -3.73  0.00019 ***
Persist~transitiveties     0.0798     0.2061      0    0.39  0.69885
---
Signif. codes:  0 '***' 0.001 '**' 0.01 '*' 0.05 '.' 0.1 ' ' 1

    Null Deviance:
12809 on 9240 degrees of freedom
Residual Deviance:
5316 on 9232 degrees of freedom

AIC: 5332 BIC: 5389 (Smaller is better. MC Std. Err. = 9.91)
```

일곱째, MCMC 진단을 수행한다.

```
# MCMC 진단
mcmc.diagnostics( friend.14,
                  center = TRUE,
                  esteq = TRUE,
                  vars.per.page = 4 )
```

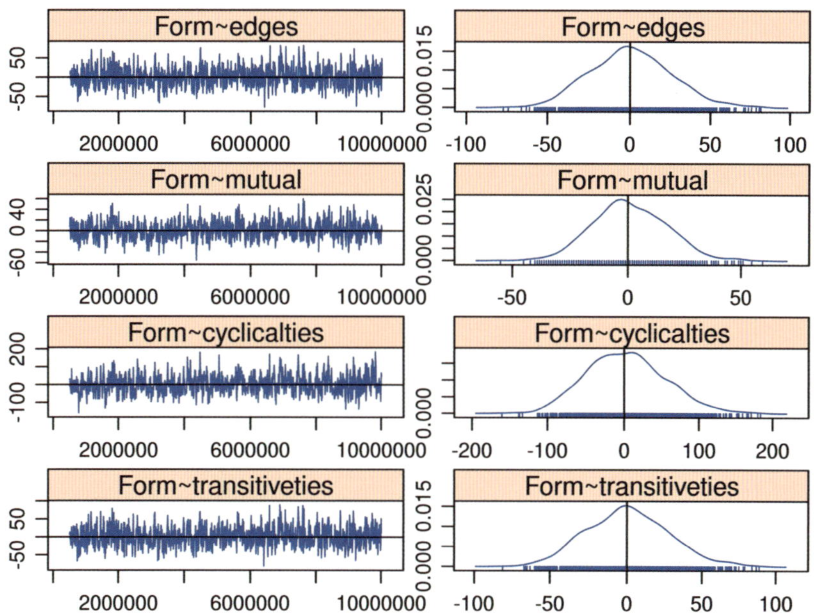

그림 8-4 교원 동료 네트워크 형성 모형 결과의 MCMC 적합도 진단결과(모형 1)

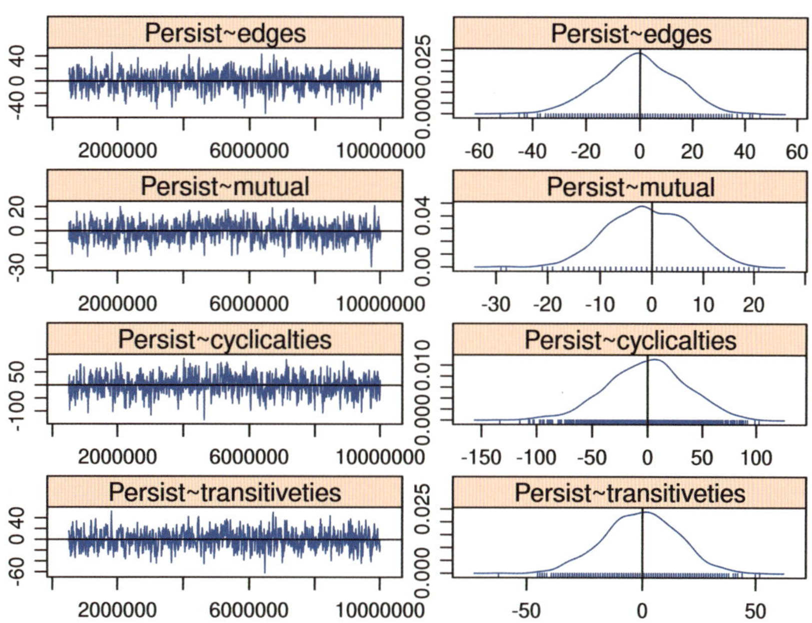

그림 8-5 교원 동료 네트워크 소멸 모형 결과의 MCMC 적합도 진단결과(모형 1)

여덟째, 모형 2를 명세화하고 모형 결과를 확인한 후, MCMC 진단을 수행한다.

```
# 모형 2 명세화

## 내생 효과: 호혜성 +
           전이성

## 외생 효과: 담당 학년의 유유상종 효과 +
           보직 교원의 유유상종 효과 +
           교원 경력의 대중성 효과 +
           정서 고갈의 활동성 효과 +
           정서 고갈의 대중성 효과

friend.att2 <- stergm( friend,
           # 초등교원 동료 네트워크의 형성 모형 명세화
           formation=~ edges +
                   mutual +
                   gwesp(0, fixed=TRUE) +
                   nodematch( "Grade" ) +
                   nodematch( "Leader" ) +
                   nodeicov( "total" ) +
                   nodeocov( "Burnout1" ) +
                   nodeicov( "Burnout1" ),

           # 초등교원 동료 네트워크의 소멸 모형 명세화
           dissolution=~ edges +
                   mutual +
                   gwesp(0, fixed=TRUE) +
                   nodematch( "Grade" ) +
                   nodematch( "Leader" ) +
                   nodeicov( "total" ) +
                   nodeocov( "Burnout1" ) +
                   nodeicov( "Burnout1" ),
           estimate = "CMLE",
           times = c( 1:4 ) )

# 모형 2 분석 결과
summary( friend.att2 )
```

모형 2의 분석 결과는 다음과 같다.

```
Monte Carlo Conditional Maximum Likelihood Results:

                         Estimate Std. Error MCMC % z value Pr(>|z|)
Form~edges                -2.4814     0.2053      0  -12.08 <1e-04 ***
Form~mutual               -0.1150     0.1202      0   -0.96 0.33868
Form~gwesp.fixed.0        -0.1962     0.1768      0   -1.11 0.26711
Form~nodematch.Grade       1.1679     0.1302      0    8.97 <1e-04 ***
Form~nodematch.Leader      0.3187     0.1004      0    3.17 0.00151 **
Form~nodeicov.total        0.0002     0.0022      0    0.08 0.93497
Form~nodeocov.Burnout1     0.0035     0.0016      0    2.17 0.02972 *
Form~nodeicov.Burnout1     0.0010     0.0017      0    0.59 0.55605
Persist~edges             -1.2824     0.1849      0   -6.94 <1e-04 ***
Persist~mutual             1.6030     0.1269      0   12.63 <1e-04 ***
Persist~gwesp.fixed.0      1.1954     0.1666      0    7.17 <1e-04 ***
Persist~nodematch.Grade -0.1962     0.0862      0   -2.28 0.02284 *
Persist~nodematch.Leader 0.0118     0.0765      0    0.15 0.87714
Persist~nodeicov.total  -0.0069     0.0019      0   -3.58 0.00034 ***
Persist~nodeocov.Burnout10.0280     0.0081      0    3.39 0.00069 ***
Persist~nodeicov.Burnout1-0.0021    0.0014      0   -1.44 0.15041
---
Signif. codes:  0 '***' 0.001 '**' 0.01 '*' 0.05 '.' 0.1 ' ' 1

Null Deviance:
12809 on 9240 degrees of freedom
Residual Deviance:
7506 on 9214 degrees of freedom

AIC: 7538  BIC: 7652 (Smaller is better. MC Std. Err. = 4.7)
```

```
# MCMC 적합도 진단
mcmc.diagnostics( friend.att2,
                  center = TRUE,
                  esteq = TRUE,
                  vars.per.page = 4 )
```

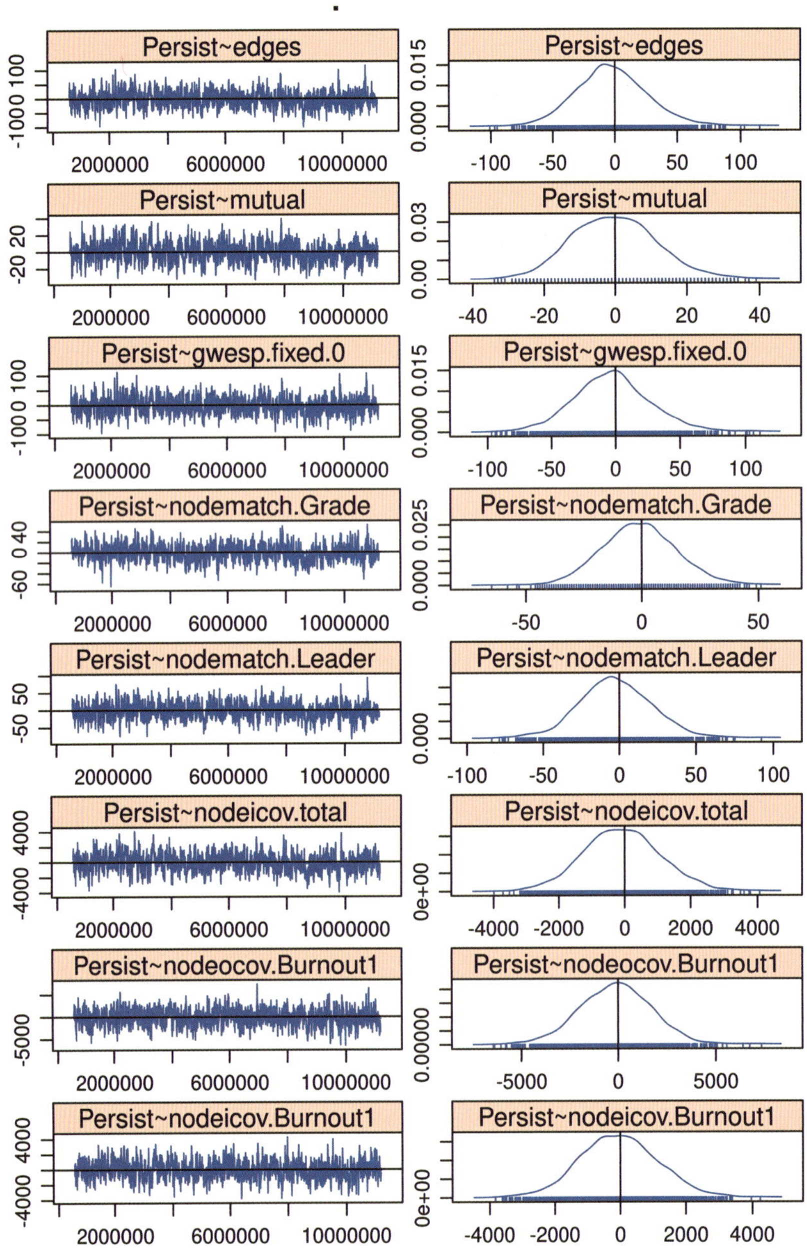

그림 8-6 초등교원 동료 네트워크 소멸 모형 결과의 MCMC 적합도 진단결과(모형 2)

3.2.2 SAOM 모형

R을 활용한 종단 네트워크 통계모형의 분석을 위해 먼저 필요한 패키지를 불러온다.

```
library( RSiena )
library( sna )
library( lattice )
library( plyr )
library( dplyr )
library( tidyr )
library( statnet )
library( ggplot2 )
library( ggnetwork )
library( magrittr )
```

첫째, RSiena 패키지에서 사용할 수 있는 형태로 초등교원의 종단 동료 네트워크를 불러온다. as.matrix(read.table()) 함수를 이용한다. 초등교원의 종단 조언 네트워크도 같은 형식으로 불러온다. 네트워크의 결측값을 탐색하고 결측값(NA)을 처리한다. array()함수를 이용해서 종단 네트워크 객체를 만든다. 여기서 dim = c(56, 56, 4)는 56명의 행, 56명의 열, 그리고 4회 반복 측정 자료를 의미한다. sienaDependent() 함수를 이용하여 종단 네트워크를 siena 모혀의 종속변수로 지정한다.

```
# 초등교원 종단 동료 네트워크 데이터를 행렬로 전환
f1 <- as.matrix( read.table( "s33f1.dat" ) )
f2 <- as.matrix( read.table( "s33f2.dat" ) )
f3 <- as.matrix( read.table( "s33f3.dat" ) )
f4 <- as.matrix( read.table( "s33f4.dat" ) )

# 초등교원 종단 동료 네트워크 결측값 처리
f1[ f1 %in% c( 9 ) ] <- NA
f2[ f2 %in% c( 9 ) ] <- NA
f3[ f3 %in% c( 9 ) ] <- NA
f4[ f4 %in% c( 9 ) ] <- NA
```

```
# 종단 동료 네트워크를 리스트 파일로 만들기
friendshipData <- array( c( f1, f2, f3, f4 ), dim = c( 56, 56, 4 ) )

# siena 모형의 종속변수(네트워크 변수)로 지정
## 초등교원의 종단 동료 네트워크
friendship <- sienaDependent( friendshipData )
```

둘째, 독립변수로 사용하기 위해서 특성 변수를 불러온다. read.table() 함수를 이용한다. 특성 변수의 결측값을 탐색하고 결측값(NA)을 처리한다. 교원 소진은 시간 가변 변수로 설정하고 교원 특성 변수(담당 학년, 보직 여부, 교원 경력)는 시간 불변 변수로 설정한다.

```
# 교원 소진과 교원 특성 변수 데이터를 행렬로 전환
burnout3 <- as.matrix( read.table( "s33b3.dat" ) )
burnout1 <- as.matrix( read.table( "s33b1.dat" ) )
att <- as.matrix( read.table( "s33att.dat" ) )

# 교원 소진과 교원 특성 변수의 결측값 처리
burnout3[ burnout3 %in% c( 99 ) ] <- NA
burnout1[ burnout1 %in% c( 99 ) ] <- NA
att[ att %in% c( 99 ) ] <- NA

# 교원 소진은 시간 가변 변수(varCovar)로 설정
burnout3 <- varCovar( burnout3 )      # 개인 성취감 결여
burnout1 <- varCovar( burnout1 )      # 정서 고갈

# 교원 특성 변수는 시간 불변 변수(coCovar)로 설정
grade <- coCovar( att[ , 1 ] )        # 담당 학년
leader <- coCovar( att[ , 2 ] )       # 보직 여부
total <- coCovar( att[ , 3 ] )        # 교원 경력
```

셋째, 네트워크 종속변수와 특성 독립변수를 하나의 객체(myData)로 합친

다. sienaDataCreate() 함수를 이용한다.

```
# 최종 데이터셋 생성: 종속변수 + 독립변수
myData <- sienaDataCreate( friendship,
                          burnout3, burnout1, grade, leader, total )
```

넷째, 기본 모형 명세화를 위해서 getEffects()를 지정한다. 또한, print01Report()을 이용하여 프로젝트 이름(여기서는 selection_s33으로 설정)을 정하고 기본 결과를 확인한다.

그리고 sienaAlgorithmCreate()를 이용해서 모수 추정 알고리즘을 지정한다. 모수 추정은 기본값이 적률추정법이며, n3 = 4000은 4,000회 반복 추정하는 것을 의미하는데, 반복 횟수는 연구자가 지정할 수 있다. 또한, diagonalize 매개변수의 범위는 0에서 1까지로, 이 매개변수에 대한 기댓값이 도함수 행렬이 대각화되는 정도를 결정한다. 이 값이 1(총 대각화)은 가장 큰 안정성을 제공하고, 값이 작을수록 효율성이 높아지는데, 적률 추정법(MoM)의 기본값은 0.2이다. 마지막으로 doubleAveraging 매개변수는 Robbins-Monro 업데이트 단계를 더 효율적일 수 있는 이중 평균 단계(Bather, 1989; Kushner & Yin, 2003; Schwabe & Walk, 1996)로 대체하는 것으로, 기본값은 doubleAveraging=0이며 하위 단계 2.1(subphase 2.1)부터 이 단계를 사용하기 시작한다.

```
# 기본 모형 명세화
myEffect <- getEffects( myData )

# 모형의 기술통계 분석결과 txt 파일로 저장
print01Report( myData, modelname = 'selection_s33' )

# 모수 추정 알고리즘 지정
Algorithm <- sienaAlgorithmCreate( projname = 'selection_s33',
                                   n3 = 4000,
                                   diagonalize = 0.2,
                                   doubleAveraging = 0 )
```

다섯째, siena07()를 이용하여 기본 모형의 모수를 추정한다. 먼저 모수 추정 알고리즘을 지정하고, 자료와 모형 명세화를 지정한다. 또한, 중간 결과가 포함된 그래픽 인터페이스를 보고 싶지 않거나 컴퓨터에 이를 표시하는 데 문제가 있는 경우 batch = T로 지정하고, 그렇지 않은 경우는 batch = F로 지정한다. 그리고 알고리즘이 취한 중간 단계에 대한 자세한 정보를 콘솔에서 보려면 verbose = T로 지정하고, 그렇지 않은 경우는 verbose = F로 지정한다. 마지막으로 내부적으로 계산된 통계뿐만 아니라 모의 생성된 네트워크 자료에 관심이 있으면 전체 네트워크 자료에 접근할 수 있는데 이런 경우 returnDeps = T로 지정한다.

```
# 모수 추정
answer0 <- siena07( Algorithm,          # 모수 추정 알고리즘
                    data = myData,      # 자료 지정
                    effects = myEffect, # 모형 명세화 지정
                    batch = F,          # 중간 결과 보기
                    verbose = F,        # 알고리즘이 취한 중단 단계 정보
                    returnDeps = T )    # 모의 생성된 전체 네트워크 자료
```

여섯째, 기본 모형의 결과를 확인한다.

```
# 기본 모형 결과 확인
answer0
```

일곱째, 모형 1을 모형 명세화한다. includeEffects()를 이용한다. 다시 알고리즘을 지정하고 siena07()을 이용하여 모수를 추정한다.

```
# 모형 명세화(내생 효과: 호혜성, 전이성)
myEffect <- includeEffects( myEffect, recip, gwespFF, name=
“friendship” )
```

```
# 새로운 모형의 모수 알고리즘 지정
Algorithm <- sienaAlgorithmCreate( projname = 'selection_s33',
                                  n3 = 4000,
                                  diagonalize = 0.2,
                                  doubleAveraging = 0 )

# 모수 추정
answer1 <- siena07( Algorithm,
                    data = myData,
                    effects = myEffect,
                    batch = F,
                    verbose = F,
                    returnDeps = T )
```

교원 동료 네트워크의 SAOM 모형 1의 분석 결과는 다음과 같다.

```
                                   Estimate    Standard   Convergence
                                                Error       t-ratio

Rate parameters:

0.1 Rate parameter period 1        0.3883     (0.0978)
0.2 Rate parameter period 2        3.6350     (0.0978)
0.3 Rate parameter period 3        0.0821     (0.0978)

Other parameters:

1.  eval outdegree (density)      -2.9598     (0.0978)      0.0036
2.  eval reciprocity               1.3663     (0.0978)      0.0227
3.  eval GWESP I -> K -> J (69)    1.8230     (0.0978)      0.0166

Overall maximum convergence ratio: 0.0317

Total of 5187 iteration steps.
```

여덟째, 모형 2를 모형 명세화하고 모형 2의 분석 결과를 확인한다.

```
# 모형 2의 명세화
## 내생효과 중 호혜성(recip), 전이성(gwespFF) 효과 추가
myEffect <- includeEffects( myEffect,
                            recip,
                            gwespFF,
                            name = “friendship” )

## 담당학년(grade) 유사성(simX) 효과 추가
myEffect <- includeEffects( myEffect,
                            simX,
                            interaction1 = “grade”,
                            name = “friendship” )

## 보직교원(leader) 유사성(simX) 효과 추가
myEffect <- includeEffects( myEffect,
                            simX,
                            interaction1 = “leader”,
                            name = “friendship” )

## 정서 고갈(burnout1)의 활동성(egoX) 효과와 대중성(altX) 효과 추가
myEffect <- includeEffects( myEffect,
                            egoX,
                            altX,
                            interaction1 = “burnout1”,
                            name = “friendship” )

## 교원경력(total)의 활동성(egoX) 효과 추가
myEffect <- includeEffects( myEffect,
                            egoX,
                            interaction1 = “total”,
                            name = “friendship” )

# siena 알고리즘 생성
Algorithm <- sienaAlgorithmCreate( projname = ‘selection_s33’,
                                   n3 = 4000,
                                   diagonalize = 0.2,
```

```
                                    doubleAveraging = 0 )

# siena 모형 모수 추정
answer2 <- siena07( Algorithm,
                    data = myData,
                    effects = myEffect,
                    batch = F,
                    verbose = F,
                    returnDeps = T )
```

교원 동료 네트워크의 SAOM 모형 2의 분석 결과는 다음과 같다.

```
                                   Estimate    Standard    Convergence
                                                 Error       t-ratio

Rate parameters:

0.1 Rate parameter period 1         0.3888     (0.0993)
0.2 Rate parameter period 2         3.7355     (0.4799)
0.3 Rate parameter period 3         0.0815     (0.0470)

Other parameters:

1.  eval outdegree (density)      -3.1695     (0.2611)        0.0163
2.  eval reciprocity                1.1489     (0.3049)       -0.0226
3.  eval GWESP I -> K -> J (69)     1.5131     (0.2191)       -0.0047
4.  eval grade similarity           4.6301     (0.8437)        0.0150
5.  eval leader similarity          0.0243     (0.2469)        0.0194
6.  eval total ego                  0.0131     (0.0166)       -0.0704
7.  eval burnout1 alter            -0.0224     (0.1350)       -0.0296
8.  eval burnout1 ego               0.2065     (0.1437)         00280

Overall maximum convergence ratio: 0.0979

Total of 5803 iteration steps.
```

아홉째, 모형 2의 적합도를 분석한다. 모형적합도 분석 결과를 시각화하기 위해서 먼저 내향 연결 중심성 분포, 외향 연결 중심성 분포, 최단 거리 분포, 삼자관계 전수 조사 분포, 위세 중심성 분포 함수를 만든다.[16]

```
# 내향 및 외향 연결 중심성 분포 함수 생성
  igraphNetworkExtraction <- function( i, data, sims, period,
                                       groupName, varName ) {
  require( igraph )
  dimsOfDepVar <- attr( data[ [groupName] ]$depvars[ [varName]],
                   "netdims")
  missings <- is.na( data[ [groupName] ]$depvars[ [varName]
  ][,,period] ) |
    is.na( data [ [groupName ] ]$depvars[ [varName] ] [ ,, period
        + 1 ] )
  if (is.null(i)) {
    original <- data[ [groupName ] ]$depvars[ [varName] ] [ ,,
    period + 1 ]
    original[ missings ] <- 0
    returnValue <- graph.adjacency( original )
}
else
{
  missings <- graph.adjacency( missings )

  returnValue <- graph.difference(
    graph.empty( dimsOfDepVar ) +
      edges( t( sims[ [i] ][ [groupName] ][ [varName] ][ [period] ]
[,1:2] ) ),
    missings )
  }
  returnValue
}
```

16 출처: https://sites.duke.edu/dnac/siena-tutorial-using-r/

```
# 최단 거리 분포 함수 생성
GeodesicDistribution <- function( i, data, sims, period, groupName,
varName, levls=c( 1:5, Inf ), cumulative=TRUE, ... ) {
  x <- networkExtraction( i, data, sims, period, groupName, varName )
  require( sna )
  a <- sna::geodist( symmetrize(x) )$gdist
  if (cumulative)
    { gdi <- sapply( levls, function(i){ sum(a <= i) }) }
  else
    { gdi <- sapply( levls, function(i){ sum(a == i) }) }
  names( gdi ) <- as.character( levls )
  gdi
}

# 삼자관계 전수 조사(triad census) 분포 함수 생성
TriadCensus <- function( i, data, sims, wave, groupName, varName,
levls=1:16
                    ){
  unloadNamespace( "igraph" )
  require( sna )
  require( network )
  x <- networkExtraction( i, data, sims, wave, groupName, varName )
    if ( network.edgecount( x ) <= 0){x <- symmetrize( x ) }
  tc <- sna::triad.census( x )[ 1, levls ]
  tc
}
```

SAOM의 적합도 분석은 sienaGOF()을 이용한다. 적합도 분석 결과, 내향 연결 중심성 분포를 제외하고 다른 모형적합도는 좋은 것으로 보인다.

```
# 내향 연결 중심성 분포(indegree centrality distribution)
## 적합도 검증
```

```
( gof.id <- sienaGOF( answer2,
                      verbose = F,
                      varName = "friendship",
                      IndegreeDistribution,
                      join = T,
                      cumulative = F ) )

## 적합도 결과 그림
plot( gof.id )
```

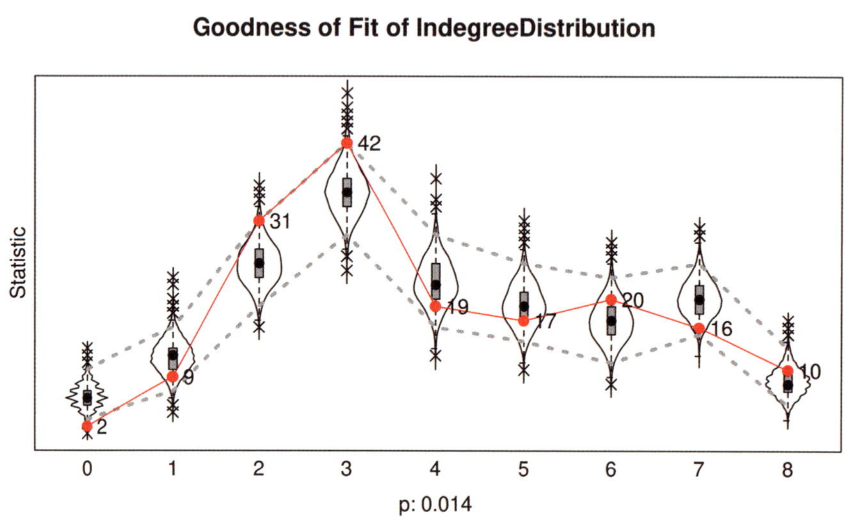

그림 8-7 교원 동료 네트워크 SAOM 모형의 내향 연결 중심성 적합도(모형 2)

```
# 외향 연결 중심성 분포(outdegree centrality distribution)
## 적합도 검증
( gof.od <- sienaGOF( answer2,
                      verbose = F,
                      varName = "friendship",
                      OutdegreeDistribution,
                      join = T,
                      cumulative = F ) )
```

```
## 적합도 결과 그림
plot( gof.od )
```

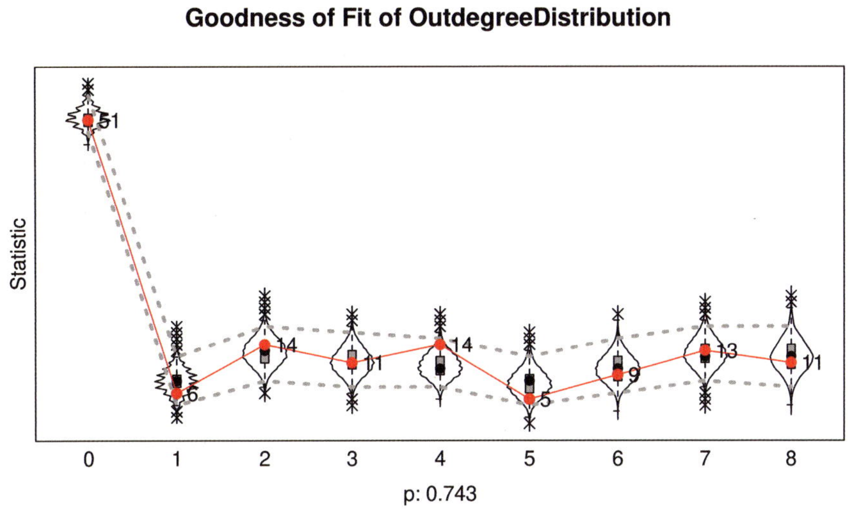

그림 8-8 교원 동료 네트워크 SAOM 모형의 외향 연결 중심성 적합도(모형 2)

```
# 최단거리 분포(geodesic distance distrbution)
## 적합도 검증
( gof.gd <- sienaGOF( answer2,
                      verbose = F,
                      varName = "friendship",
                      GeodesicDistribution,
                      join = T,
                      cumulative = F ) )

## 적합도 결과 그림
plot( gof.gd )
```

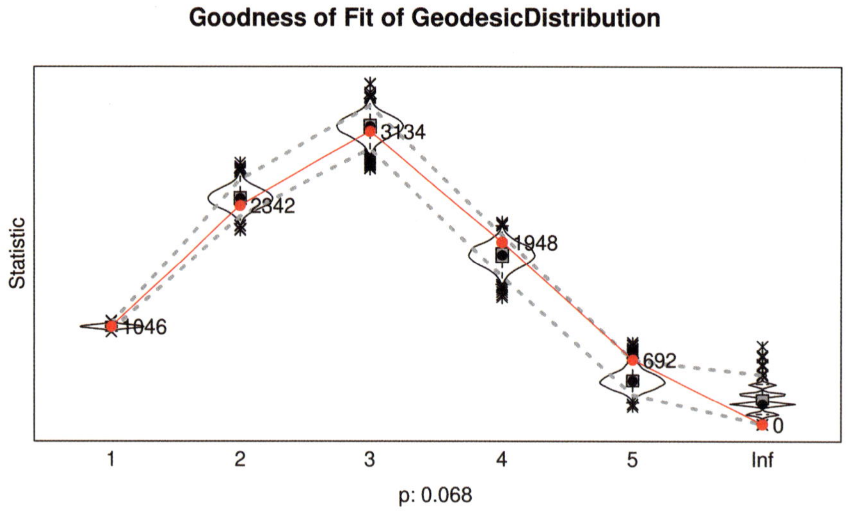

그림 8-9 교원 동료 네트워크 SAOM 모형의 최단 거리 분포 적합도(모형 2)

```
# 삼자관계 전수조사(triad census)
## 적합도 검증
( gof.tc <- sienaGOF( answer2,
                 verbose = F,
                 varName = "friendship",
                 TriadCensus,
                 join = T ) )

## 적합도 결과 그림
plot( gof.tc, scale = TRUE, center = TRUE )
```

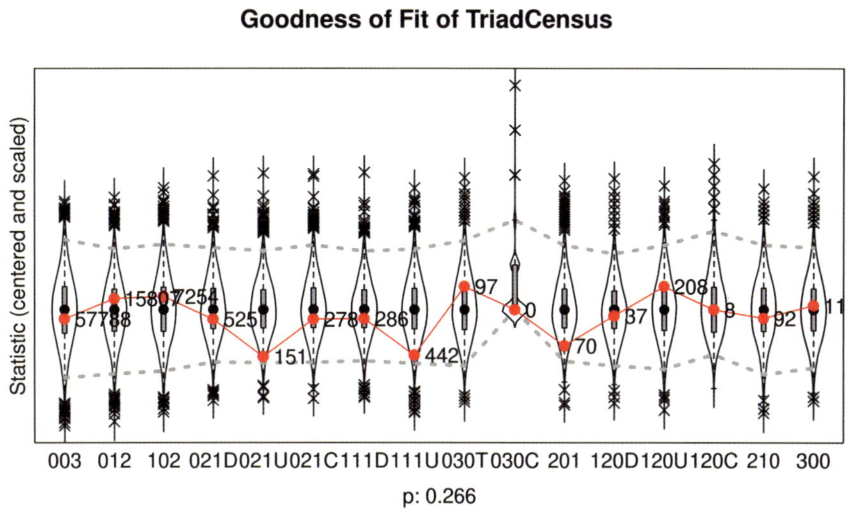

그림 8-10 교원 동료 네트워크 SAOM 모형의 삼자관계 전수 조사 적합도(모형 2)

열 번째, 모형 2의 시간 비동질성을 분석한다. 분석 결과 시간 비동질성을 유의미하지 않아서 시간은 동질한 것으로 판단하였다.

```
# siena 모형에서 시간 동질성 검증
t2 <- sienaTimeTest( answer2 )

# 시간 동질성 검증 결과 확인
summary( t2 )
```

```
Joint significance test of time heterogeneity:
chi-squared = 10.41, d.f. = 16, p = 0.8445,

Individual significance tests and one-step estimators:

                          Initial Est.  One Step Est.  p-Value
outdegree (density)            -3.1778        -2.7534   0.0000
reciprocity                     1.1436         0.8445   0.0000
GWESP I -> K -> J (69)          1.1528         1.2641   0.0000
grade similarity                4.6410         6.2933   0.0000
leader similarity               0.0236         0.8881   0.9230
```

```
total ego                               0.0146       0.0054   0.3680
burnout1 alter                         -0.0250      -0.1997   0.8570
burnout1 ego                            0.2102       0.5430   0.1380
(*)Dummy2:outdegree (density)           0.0000      -0.4994   0.2030
(*)Dummy3:outdegree (density)           0.0000      -0.7531   0.6260
(*)Dummy2:reciprocity                   0.0000       0.3552   0.6850
(*)Dummy3:reciprocity                   0.0000      -0.4567   0.9400
(*)Dummy2:GWESP I -> K -> J (69)        0.0000       0.2811   0.3480
(*)Dummy3:GWESP I -> K -> J (69)        0.0000       1.9030   0.4570
(*)Dummy2:grade similarity              0.0000      -1.8495   0.3000
(*)Dummy3:grade similarity              0.0000      -5.0234   0.9650
(*)Dummy2:leader similarity             0.0000      -1.0454   0.1270
(*)Dummy3:leader similarity             0.0000       0.1752   0.5340
(*)Dummy2:total ego                     0.0000       0.0141   0.3330
(*)Dummy3:total ego                     0.0000      -0.1114   0.3620
(*)Dummy2:burnout1 alter                0.0000       0.1629   0.9200
(*)Dummy3:burnout1 alter                0.0000       1.7944   0.1560
(*)Dummy2:burnout1 ego                  0.0000      -0.3946   0.4380
(*)Dummy3:burnout1 ego                  0.0000       0.6968   0.5340

Effect-wise joint significance tests
(i.e. each effect across all dummies):

                                      chi-sq.     df       p-value

outdegree (density)                      1.62      2         0.445
reciprocity                              0.21      2         0.900
GWESP I -> K -> J (69)                   1.06      2         0.589
grade similarity                         1.21      2         0.546
leader similarity                        2.33      2         0.312
total ego                                1.26      2         0.533
burnout1 alter                           2.15      2         0.340
burnout1 ego                             0.76      2         0.684
```

3.3 RSiena를 활용한 상호진화 모형

RSiena을 활용한 상호진화 모형의 분석을 위해 먼저 필요한 패키지를 불러온다. 사회 선택모형의 자료를 활용한다.

```
library( RSiena )
library( sna )
library( lattice )
library( plyr )
library( dplyr )
library( tidyr )
library( statnet )
library( ggplot2 )
library( ggnetwork )
library( magrittr )
```

첫째, RSiena 패키지에서 사용할 수 있는 형태로 초등교원의 종단 조언 네트워크를 불러온다. as.matrix(read.table()) 함수를 이용한다. 초등교원의 종단 동료 네트워크도 같은 형식으로 불러온다. 네트워크의 결측값을 탐색하고 '0'으로 대체한다. array() 함수를 이용해서 종단 동료 네트워크와 조언 네트워크 객체를 만든다. 여기서 dim = c(56, 56, 4)는 56명의 행, 56명의 열, 그리고 4회 측정 자료를 의미한다.

```
## 초등교원의 종단 조언 네트워크(3월, 4월, 5월, 6월)
w1 <- as.matrix( read.table( “s33w1.dat” ) )
w2 <- as.matrix( read.table( “s33w2.dat” ) )
w3 <- as.matrix( read.table( “s33w3.dat” ) )
w4 <- as.matrix( read.table( “s33w4.dat” ) )

## 초등교원의 종단 동료 네트워크(3월, 4월, 5월, 6월)
f1 <- as.matrix( read.table( “s33f1.dat” ) )
```

```
f2 <- as.matrix( read.table( "s33f2.dat" ) )
f3 <- as.matrix( read.table( "s33f3.dat" ) )
f4 <- as.matrix( read.table( "s33f4.dat" ) )

# 종속변수 결측값을 '0'으로 대체
## 초등교원의 종단 조언 네트워크 결측값 대체
w1[ w1 %in% c( 9 ) ] <- 0
w2[ w2 %in% c( 9 ) ] <- 0
w3[ w3 %in% c( 9 ) ] <- 0
w4[ w4 %in% c( 9 ) ] <- 0

## 초등교원의 종단 동료 네트워크 결측값 대체
f1[ f1 %in% c( 9 ) ] <- 0
f2[ f2 %in% c( 9 ) ] <- 0
f3[ f3 %in% c( 9 ) ] <- 0
f4[ f4 %in% c( 9 ) ] <- 0

#종속변수(네트워크 변수)를 리스트 파일로 전환
## 초등교원의 종단 조언 네트워크(56명을 4회 반복측정)를 리스트
파일로 전환
adviceData <- array( c( w1, w2, w3, w4 ),
                     dim = c( 56, 56, 4 ) )

## 초등교원의 종단 동료 네트워크(56명을 4회 반복측정)를 리스트
파일로 전환
friendshipData <- array( c( f1, f2, f3, f4 ),
                         dim = c( 56, 56, 4 ) )

# siena 모형의 종속변수(네트워크 변수)로 지정
## 초등교원의 종단 조언 네트워크
advice <- sienaDependent( adviceData )

## 초등교원의 종단 동료 네트워크
friendship <- sienaDependent( friendshipData )
```

둘째, RSiena 패키지에서 사용할 수 있는 형태로 초등교원의 교원 소진 특성 자료를 불러온다. as.matrix(read.table()) 함수를 이용한다. 정서 고갈과 개인 성취감 결여 변수를 각각 종속변수로 사용하기 위해 각각의 객체로 만든다. 정서 고갈과 개인 성취감 결여 변수의 결측값을 탐색하고 NA로 처리한다. sienaDependent()함수를 이용해서 종속 특성 변수를 만든다.

```
# 종속변수(특성 변수)를 행렬로 전환
burnout3 <- as.matrix( read.table( "s33b3.dat" ) )  # 개인 성취감
결여 변수
burnout1 <- as.matrix( read.table( "s33b1.dat" ) )  # 정서 고갈
변수

# 종속변수의 결측값 처리
burnout3[ burnout3 %in% c( 99 ) ] <- NA
burnout1[ burnout1 %in% c( 99 ) ] <- NA

# siena 모형의 종속변수로 설정('개인 성취감 결여'와 '정서 고갈'
변수)
burnout3 <- sienaDependent( burnout3, type = "behavior" )
burnout1 <- sienaDependent( burnout1, type = "behavior" )
```

셋째, 독립변수로 사용하기 위해서 특성 변수를 불러온다. read.table() 함수를 이용한다. 특성 변수의 결측값을 탐색하고 결측값(NA)을 처리한다. 시간 불변 특성 변수를 coCovar()를 이용해서 만든다.

```
# 독립변수(특성 변수)를 행렬로 전환
att1 <- as.matrix( read.table( "s33att.dat" ) )

# 특성 변수의 결측값 처리(99로 입력된 값을 결측값으로 처리)
att1[ att1 %in% c( 99 ) ] <- NA
```

```
# siean 모형의 시간 불변 특성 변수로 설정(담당 학년, 보직 교원,
교원 경력)
grade <- coCovar( att1[ , 1 ] )
leader <- coCovar( att1[ , 2 ] )
total <- coCovar( att1[ , 3 ] )
```

넷째, 네트워크 종속변수, 특성 종속변수 그리고 특성 독립변수를 하나의 객체(myData)로 합친다. sienaDataCreate() 함수를 이용한다.

```
# 데이터셋 생성
myData <- sienaDataCreate( friendship, advice,
                           burnout3, burnout1, grade, leader, total )
```

다섯째, 모형 명세화를 위해 getEffects()를 지정한다. print01Report()을 이용하여 프로젝트 이름(여기서는 s33으로 설정)을 정하고 기본 결과를 확인한다.

```
# 기본 모형 명세화
myEffect <- getEffects( myData )

# 기본 결과 확인
print01Report( myData, modelname = ‘s33’ )
```

여섯째, 모형 1 모형 명세화를 위해 includeEffects()을 이용한다.

```
# 모형 명세화
myEffect <- includeEffects( myEffect,
                            recip, gwespFF,
                            name= “friendship” )
myEffect <- includeEffects( myEffect,
```

```
                                  recip, gwespFF,
                                  name= "advice" )
myEffect <- includeEffects( myEffect,
                                  crprod,
                                  name= "friendship",
                                  interaction1= "advice" )
myEffect <- includeEffects( myEffect,
                                  crprod,
                                  name= "advice",
                                  interaction1= "friendship" )
myEffect <- includeEffects( myEffect,
                                  crprodRecip,
                                  name= "friendship",
                                  interaction1= "advice" )
myEffect <- includeEffects( myEffect,
                                  simX,
                                  interaction1 = "grade",
                                  name= "friendship" )
myEffect <- includeEffects( myEffect,
                                  simX,
                                  interaction1 = "grade",
                                  name= "advice" )
myEffect <- includeEffects( myEffect,
                                  simX,
                                  interaction1 = "leader",
                                  name= "friendship" )
myEffect <- includeEffects( myEffect,
                                  altX,
                                  interaction1 = "leader",
                                  name= "advice" )
myEffect <- includeEffects( myEffect,
                                  egoX,
                                  altX,
                                  interaction1 = "burnout1",
                                  name= "friendship" )
myEffect <- includeEffects( myEffect,
```

```
                         egoX,
                         interaction1 = "burnout3",
                         name= "advice" )
myEffect <- includeEffects( myEffect,
                         altX,
                         interaction1 = "total",
                         name= "advice" )
myEffect <- includeEffects( myEffect,
                         egoX,
                         interaction1 = "total",
                         name= "friendship" )
```

일곱째, sienaAlgorithmCreate()를 이용해서 모수 추정 알고리즘을 지정하고 siena07()을 이용하여 모수를 추정한다. 모수 추정은 기본값이 적률 추정법이며 n3=4000는 4,000회 반복 추정하는 것을 의미한다. 반복 횟수는 연구자가 지정할 수 있다.

```
# 추정 알고리즘 설정
Algorithm <- sienaAlgorithmCreate( projname = 's33',
                                   n3 = 4000,
                                   diagonalize = 0.2,
                                   doubleAveraging = 0 )

# 모수 추정
answer3 <- siena07( Algorithm,
                data = myData,
                effects = myEffect,
                batch = F,
                verbose = F,
                returnDeps = T )
```

여덟째, 모형의 결과를 확인한다. 결과의 가독성을 위해서 xtable() 이용해서 html 파일 형식으로 결과를 확인한다.

```
# 모형 결과 요약
summary( answer3 )

# 표 형식으로 html로 저장
xtable( answer3, file = “final.htm”, type = “html” )

## 결과표 함수(outTable) 생성
outTable <- function( x ) {
  coef <- x$theta
  coefPretty <- sprintf( “%.3f”, round(coef, 3) )
  se <- diag( x$covtheta )**0.5
  sePretty <- sprintf( “%.3f”, round(se, 3) )
  pval <- 2*pnorm( -abs(coef / se) )
  symp <- symnum( pval, corr = FALSE,
                  cutpoints = c( 0, .001, .01, .05, .1, 1),
                  symbols = c( "***", "**", "*", "+" ," " ) )
  convPretty <- sprintf( “%.3f”, round(abs(x$tconv), 3) )
  out1 <- noquote( cbind(
    Function = x$effects[ [ 1 ] ],
    Effect = x$effects[ [ 2 ] ],
    Coef = coefPretty,
    StEr = sePretty,
    Sig = symp,
    Conv = convPretty) )
  out2 <- paste( “Maximum Convergence Ratio:”, round(x$tconv.max, 3) )
  return( list(out1, out2) )
}

## 결과표 확인
outTable( answer3 )
```

```
[[1]]
      Function    Effect                                 Coef   StEr Sig   Conv
[1,]  friendship  constant friendship rate (period 1)   0.353  0.090 ***  0.001
[2,]  friendship  constant friendship rate (period 2)   5.296  0.645 ***  0.015
[3,]  friendship  constant friendship rate (period 3)   0.067  0.039   + -0.046
[4,]  friendship  friendship: outdegree (density)      -3.756  0.345 *** -0.039
[5,]  friendship  friendship: reciprocity               0.460  0.575     -0.038
[6,]  friendship  friendship: GWESP I -> K -> J (69)    1.611  0.264 *** -0.032
[7,]  friendship  friendship: grade similarity          2.144  0.969   * -0.026
[8,]  friendship  friendship: leader similarity        -0.039  0.252     -0.017
[9,]  friendship  friendship: total ego                 0.045  0.019   *  0.015
[10,] friendship  friendship: burnout1 alter           -0.217  0.175      0.022
[11,] friendship  friendship: burnout1 ego              0.255  0.198     -0.015
[12,] friendship  friendship: advice                    1.786  0.625  ** -0.030
[13,] friendship  friendship: reciprocity with advice   0.696  0.797     -0.046
[14,] advice      constant advice rate (period 1)       0.997  0.186 ***  0.054
[15,] advice      constant advice rate (period 2)      17.221  4.721 *** -0.034
[16,] advice      constant advice rate (period 3)       0.412  0.114 ***  0.011
[17,] advice      advice: outdegree (density)          -3.766  0.305 *** -0.007
[18,] advice      advice: reciprocity                   0.492  0.224   * -0.007
[19,] advice      advice: GWESP I -> K -> J (69)        1.571  0.188 *** -0.010
[20,] advice      advice: grade similarity              2.171  0.711  **  0.002
[21,] advice      advice: leader alter                  0.560  0.209  ** -0.043
[22,] advice      advice: total alter                  -0.009  0.010     -0.026
[23,] advice      advice: burnout3 ego                  0.420  0.180   *  0.001
[24,] advice      advice: friendship                     2.98  0.311 ***  0.020
[25,] burnout3    rate burnout3 (period 1)              0.335  0.135   *  0.010
[26,] burnout3    rate burnout3 (period 2)              0.575  0.237   *  0.019
[27,] burnout3    rate burnout3 (period 3)              0.287  0.141   *  0.016
[28,] burnout3    burnout3 linear shape                -0.197  0.441      0.004
[29,] burnout3    burnout3 quadratic shape             -1.553  0.505  ** -0.038
[30,] burnout1    rate burnout1 (period 1)              0.281  0.117   * -0.020
[31,] burnout1    rate burnout1 (period 2)              0.796  0.269  **  0.029
[32,] burnout1    rate burnout1 (period 3)              0.176  0.091   + -0.007
[33,] burnout1    burnout1 linear shape                -0.122  0.247     -0.041
[34,] burnout1    burnout1 quadratic shape             -0.387  0.260     -0.013
```

```
[[2]]
[1] "Maximum Convergence Ratio: 0.147"
```

아홉째, 모형적합도를 분석한다. 모형적합도 분석은 sienaGOF() 를 이용한다.

```
# RSiena 상호진화 모형적합도: 초등교원의 동료 네트워크 변수

# 초등교원 동료 네트워크의 내향 연결 중심성 분포
## 내향 연결 중심성 분포의 적합도 검증
( gof.id <- sienaGOF( answer3,
                      verbose = F,
                      varName = “friendship”,
                      IndegreeDistribution,
                      join = T,
                      cumulative = F ) )

## 내향 연결 중심성 분포의 적합도 결과 그림
plot( gof.id )
# 초등교원 동료 네트워크의 외향 연결 중심성 분포
## 외향 연결 중심성 분포의 적합도 검증
( gof.od <- sienaGOF( answer3,
                      verbose = F,
                      varName = “friendship”,
                      OutdegreeDistribution,
                      join = T,
                      cumulative = F ) )

## 외향 연결 중심성 분포의 적합도 결과 그림
plot( gof.od )

# 초등교원 동료 네트워크의 최단거리 분포
## 최단거리 분포의 적합도 검증
( gof.gd <- sienaGOF( answer3,
```

```
                    verbose = F,
                    varName = "friendship",
                    GeodesicDistribution,
                    join = T,
                    cumulative = F ) )

## 최단거리 분포의 적합도 결과 그림
plot( gof.gd )

# 초등교원 동료 네트워크의 삼자관계 전수조사
## 삼자관계 전수 조사의 적합도 검증
( gof.tc <- sienaGOF( answer3,
                    verbose = F,
                    varName = "friendship",
                    TriadCensus,
                    join = T ) )

## 삼자관계 전수 조사의 적합도 결과 그림
plot( gof.tc, scale = TRUE, center = TRUE )
```

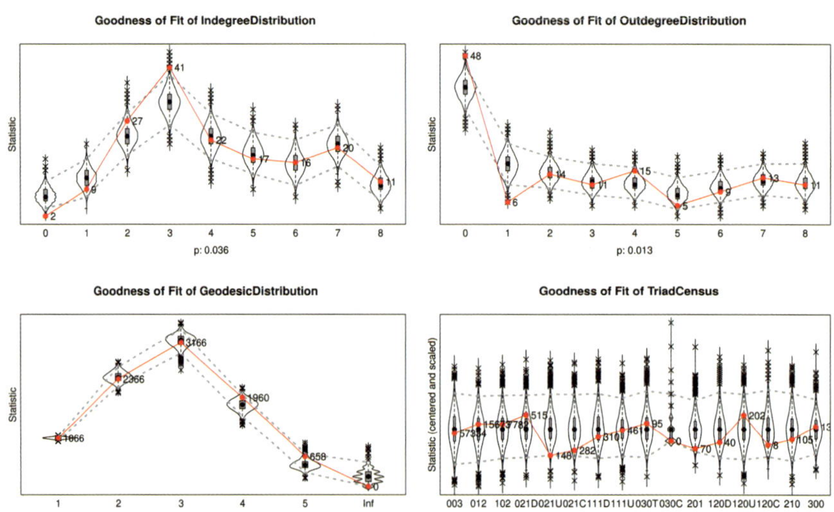

그림 8-11 RSiena를 활용한 상호진화 모형 중 동료 교원 네트워크 모형 적합도

특성 종속변수의 모형적합도 분석을 위해 Moran Geary 적합도, Moran123 적합도, Geary123 적합도 함수를 만든다.

```
# Moran Geary 적합도 함수

  MoranGeary <- function( i, data, sims, wave, groupName, varName,
levls = 1:2
                                ) {
  require( sna )
  require( network )
  x <- as.sociomatrix( networkExtraction
                              ( i, data, sims, wave, groupName, varName[ 1
] ) )
  z <- behaviorExtraction( i, data, sims, wave, groupName, varName[
2 ] )
  n <- length( z )

  z.ave <- mean( z, na.rm = TRUE )
  numerator <- n * sum( x * outer(z - z.ave, z – z.ave), na.rm =
TRUE )
  denominator <- sum( x, na.rm = TRUE) * sum( (z – z.ave)^2, na.rm =
TRUE )
  res <- numerator / denominator
  numerator <- (n - 1) * sum( x * (outer(z, z, FUN='-')^2 ), na.rm
= TRUE )
  denominator <- 2 * sum( x, na.rm = TRUE) * sum( (z-z.ave)^2,
na.rm = TRUE )
  res[2] <- numerator / denominator
  names( res ) <- c( "Moran", "Geary" )
  return( res )
}

# Moran123 적합도 함수

Moran123 <- function( i, data, sims, wave, groupName, varName,
```

```
levls = 1 ) {
  require( sna )
  require( network )
  x <- as.sociomatrix( networkExtraction
                    ( i, data, sims, wave, groupName, varName[ 1
] ) )
  z <- behaviorExtraction( i, data, sims, wave, groupName, varName[
2 ] )
  x[is.na(x)] <- 0
  z[is.na(z)] <- mean( z, na.rm = TRUE )
  res <- nacf( x, z, lag.max = 3, typ = "moran" )[ 2:4 ]
  names( res ) <- c( "d = 1", "d = 2", "d = 3" )
  return( res )
}

# Geary123 적합도 함수

Geary123 <- function( i, data, sims, wave, groupName, varName,
levls = 1 ) {
  require( sna )
  require( network )
  x <- as.sociomatrix( networkExtraction
                  ( i, data, sims, wave, groupName, varName[ 1 ]
) )
  z <- behaviorExtraction( i, data, sims, wave, groupName, varName[
2 ] )
  x[is.na(x)] <- 0
  z[is.na(z)] <- mean( z, na.rm = TRUE)
  res <- nacf( x, z, lag.max = 5, typ = "geary" )[ 2:4 ]
  names( res ) <- c( "d=1", "d=2", "d=3" )
  return( res )
}
```

먼저 교원 소진(RSiena의 종속변수) 중 개인 성취감 결여와 정서 고갈 분포의 모형적합도 결과는 각각 다음과 같다.

```
# RSiena 모형 특성 종속변수: 모형적합도
## 교원소진 분포 적합도
### 개인 성취감 결여(burnout3)의 분포 적합도
( gof.behaviourD <- sienaGOF(  answer3,
                               BehaviorDistribution,
                               verbose = F,
                               join = TRUE,
                               varName = "burnout3" ) )
plot( gof.behaviourD )

### 정서 고갈(burnout1)의 분포 적합도
( gof.behaviourD1 <- sienaGOF( answer3,
                               BehaviorDistribution,
                               verbose = F,
                               join = TRUE,
                               varName = "burnout1" ) )
plot( gof.behaviourD1 )
```

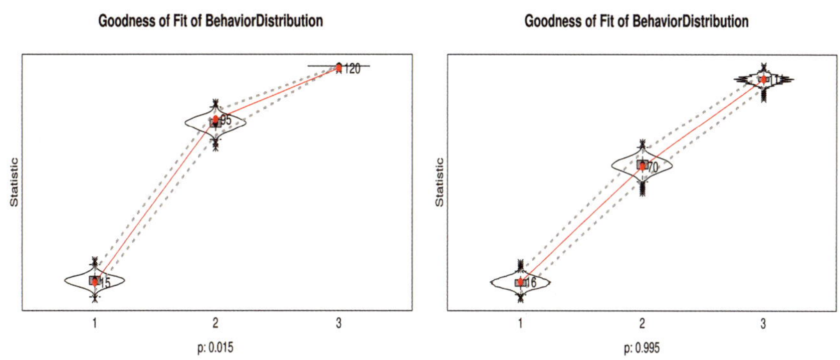

그림 8-13 RSiena를 활용한 상호진화 모형 중 교원 소진 모형적합도 결과 1

또한, 위에서 정의한 Moran Geary 적합도 결과는 다음과 같다. 구체적으로 교원 소진(RSiena의 종속변수) 중 초등교원 동료 네트워크와 정서 고갈 간 모형의 적합도 결과와 초등교원 지식·조언 네트워크와 개인 성취감 결여 간 모형의 적합도 결과는 각각 다음과 같이 적합한 것으로 나타났다.

```
# 교원 동료 네트워크와 정서 고갈 간
## 자기 상관 지수(two spatial autocorrelation coefficients) 적합도
( gof.MoranGearyD <- sienaGOF( answer3,
                              MoranGeary,
                              verbose = F,
                              join = FALSE,
                              varName = c( "friendship",
"burnout1" ) ) )
plot( gof.MoranGearyD, period = 1 )
plot( gof.MoranGearyD, period = 2 )
plot( gof.MoranGearyD, period = 3 )
```

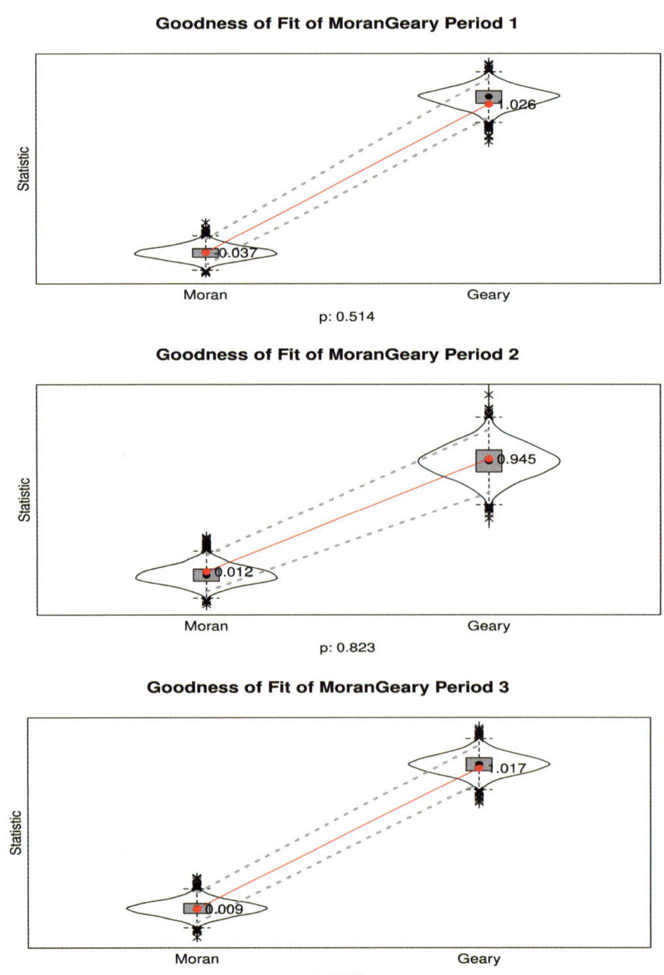

그림 8-14 상호진화 모형 중 동료 네트워크와 정서 고갈 간의 모형적합도 결과 1

```
# 교원 조언 네트워크와 개인 성취감 결여 간
## 자기 상관 지수(two spatial autocorrelation coefficients) 적합도
( gof.MoranGearyD1 <- sienaGOF( answer3,
                                MoranGeary,
                                verbose = F,
                                join = FALSE,
                                varName = c( “advice”, “burnout3” )
) )
plot( gof.MoranGearyD1, period = 1 )
plot( gof.MoranGearyD1, period = 2 )
plot( gof.MoranGearyD1, period = 3 )
```

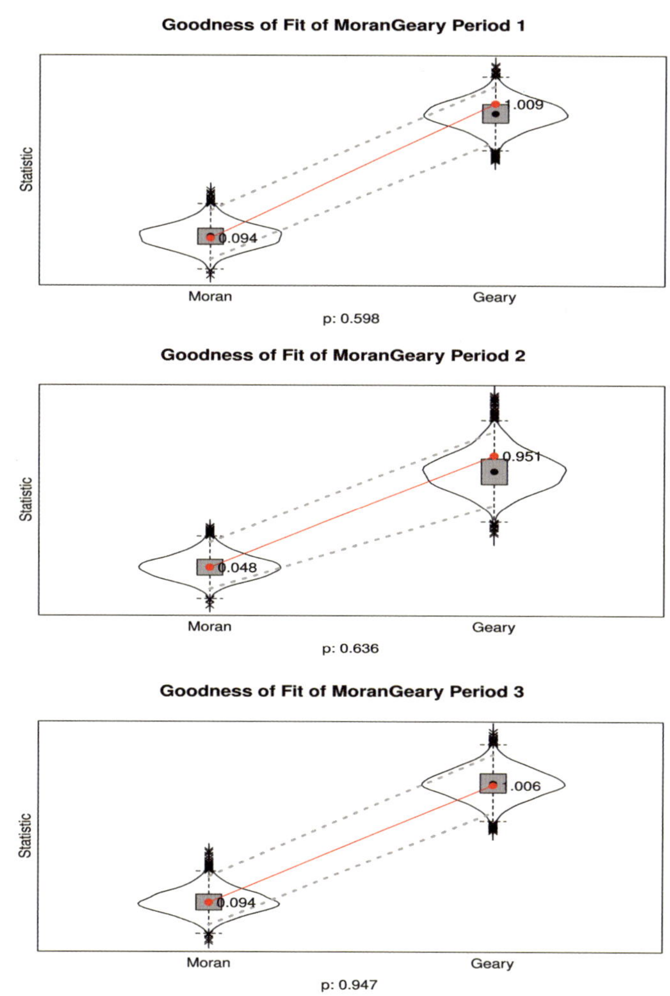

그림 8-15 상호진화 모형 중 조언 네트워크와 개인 성취감 결여 간의 모형적합도 결과 1

마지막으로 위에서 정의한 Moran123 적합도와 Geary123 적합도 분석 결과는 다음과 같다. 구체적으로 초등교원 동료 네트워크와 정서 고갈 간 상호진화 모형의 적합도 결과 다소 부적합한 시기(period = 2)가 있으나 대체로 적합한 것으로 나타났다.

```
# RSiena 모형 특성 종속변수: 모형적합도
## 초등교원의 동료 네트워크와 정서 고갈간의 Moran의 자기상관 지수
( gof.MoranD <- sienaGOF( answer3,
                         Moran123,
                         verbose = F,
                         join = TRUE,
                         varName = c( “friendship”, “burnout1” ) ) )
## Moran 자기상관 지수 그림
plot( gof.MoranD )

# 초등교원의 동료 네트워크와 정서 고갈간의 Geary의 자기상관 지수
( gof.GearyD <- sienaGOF( answer3,
                         Geary123,
                         verbose = F, join = TRUE,
                         varName = c( “friendship”, “burnout1” ) ) )
## Geary 자기상관 지수 그림
plot( gof.GearyD )
```

구체적으로 초등교원 지식·조언 네트워크와 개인 성취감 결여 간 상호진화 모형의 적합도는 다소 부적합 적합한 시기가 있으나 대체로 적합한 것으로 나타났다.

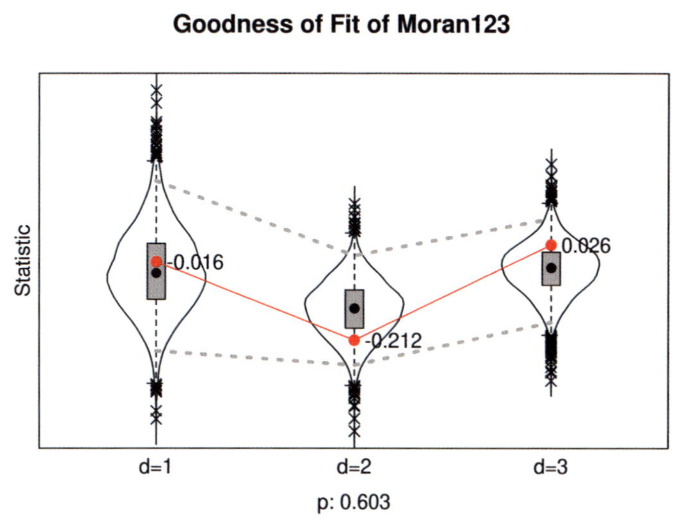

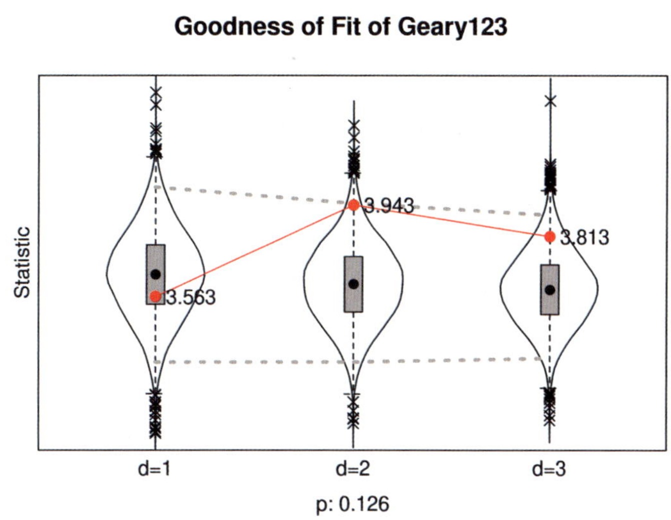

그림 8-16 상호진화 모형 중 동료 네트워크와 정서 고갈 간의 모형적합도 결과 2

```
# RSiena 모형 특성 종속변수: 모형적합도
## 초등교원 지식·조언 네트워크와 개인 성취감 결여 간의 Moran의
자기상관 지수
( gof.MoranD1 <- sienaGOF( answer3,
                           Moran123,
                           verbose = F,
                           join = TRUE,
                           varName = c( "advice", "burnout3" ) ) )
```

```
## Moran 자기상관 지수 그림
plot( gof.MoranD1 )

## 초등교원 지식·조언 네트워크와 개인 성취감 결여 간의 Geary의
자기상관 지수
( gof.GearyD1 <- sienaGOF( answer3,
                           Geary123,
                           verbose=F,
                           join=TRUE,
                           varName = c( "advice", "burnout3" ) ) )
## Geary 자기상관 지수 그림
plot( gof.GearyD1 )
```

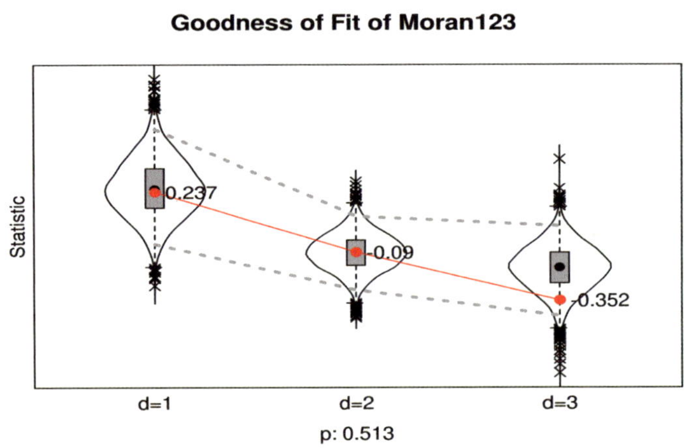

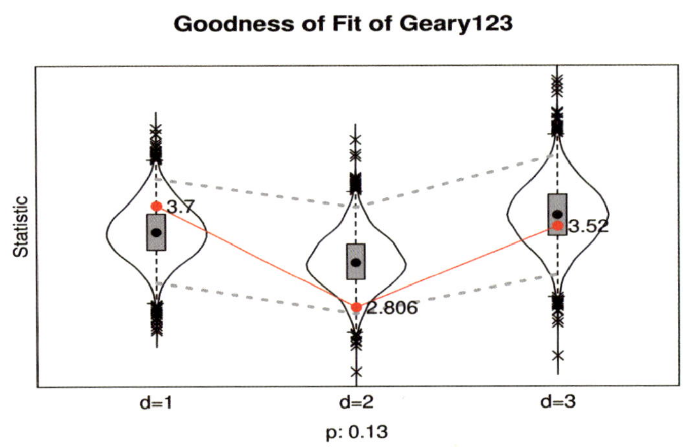

그림 8-17 상호진화 모형 중 조언 네트워크와 개인 성취감 결여 간의 모형적합도 결과 2

요약

종단 네트워크 통계모형

- 사회 영향모형
- 사회 선택모형
- 상호진화 모형

종단 네트워크 사회 영향모형

- 회귀모형
- 구조방정식 모형
- 다층모형

종단 네트워크 사회 선택모형

- 모형: 짝 간 독립성 가정+대중성과 활동성 임의효과
- TERGM 모형: 이산적 시간
- SAOM 모형: 연속적인 시간

R 활용 종단 네트워크 통계모형

- RSIENA 패키지
- 모형적합도 분석
- 시간 이질성 검정

연습문제

1 사회과학연구에 상호진화 모형 적용의 필요성을 논하시오.

2 상호진화 모형의 일반적인 연구목적, 연구 질문, 가설, 및 결론을 설명하시오.

3 TERGM 모형의 특성을 설명하시오.

4 TERGM 모형의 수식을 설명하시오.

5 TERGM 모형의 한계와 문제점을 예를 들어 설명하시오.

6 SAOM 모형의 특성을 설명하시오.

7 SAOM 모형의 수식을 설명하시오.

8 SAOM 모형의 한계와 문제점을 예를 들어 설명하시오.

9 TERGM 모형과 SAOM 모형을 비교하여 설명하시오.

10 부록의 초등교원 네트워크 자료를 활용하여 상호진화 모형을 분석하시오.

Part 5

모의실험

chapter

09

횡단 네트워크 모의실험

학습 목표

- 횡단 네트워크 모의실험의 개념을 이해할 수 있다
- 횡단 네트워크 모의자료를 토대로 사회 영향모형을 검정할 수 있다.
- 횡단 네트워크 모의자료를 토대로 사회 선택모형을 검정할 수 있다.

1장부터 8장까지 사회 네트워크 개념과 측정, 네트워크 분석 소프트웨어, 횡 · 종단 네트워크 기술 통계 분석 방법, 횡 · 종단 네트워크 시각화 방법, 횡 · 종단 네트워크 통계모형에 관한 탐색해 보았다. 9장부터는 10장까지는 횡 · 종단 네트워크 모의실험에 관해 설명하고자 한다. 먼저 횡 · 종단 네트워크 분석 방법으로 네트워크 모의실험을 적용해야 하는 상황과 맥락을 소개하고자 한다.

일반적으로 사회과학 연구에서 연구자는 관심 있는 네트워크를 선정하고 측정 방법을 설계하여 횡·종단 네트워크 자료를 수집한 다음 가장 기초적인 분석으로 횡·종단 네트워크 자료를 탐색하는 기술통계 분석과 시각화 작업을 수행 후 연구자의 연구가설을 제시하고 수집한 자료를 기반으로 연구가설을 검정하여 이론을 검증하고자 네트워크 통계모형의 적용을 적용할 것이다. 특히 7, 8장에서 제시한 사회 네트워크 통계모형인 사회 영향모형(social influence models; 네트워크를 독립변수로, 행위자의 특성 및 행동을 종속변수로 삼아 네트워크의 영향 분석), 사회 선택모형(social selection models; 네트워크를 종속변수로, 행위자의 특성 및 행동을 독립변수로 삼아 네트워크의 결정요인 분석), 그리고 상호진화 모형(coevolution of networks and behavior; 사회 영향과 사회 선택 간의 상호진화 모형)을 적용할 수 있다.

그러나 사회 네트워크 연구를 위한 자료 수집 시 개인정보보호 및 연구윤리 측면에서 실제 사회 네트워크 자료를 수집하는데 큰 제약이 있고 많은 시간, 비용, 노력 등을 요하는 경우가 많다. 이러한 상황에서 사회 네트워크 모의 자료를 생성하여 사회 네트워크 통계모형을 적용하고 그 결과를 시각화하여 제시하면 사회 네트워크 연구의 이론과 가설인 사회 영향(social influence)과 사회 선택(social selection)에 의미 있고 설득력 있는 증거를 명확하게 제시할 수 있을 것이다. 이러한 장점에도 불구하고 사회 네트워크 모의실험 국내연구는 이제 시작 단계로 매우 미진한 상황이다.

따라서 9장에서는 횡단 네트워크 모의실험의 기본적인 내용을 중심으로 횡단 네트워크 모의 자료를 활용한 사회 영향모형을 검정 방법을 먼저 소개하고자 한다. 이어서 횡단 네트워크 모의 자료를 활용한 사회 선택모형 모의실험 방법을 igraph 패키지를 활용한 방법, statnet 패키지를 활용한 방법 그리고 접근성과 사용성이 용이한 statnetWeb 패키지를 활용한 방법으로 구분하여 제시하고자 한다. 또한 10장에서는 종단 네트워크 모의실험의 기본적인 내용을 중심으로 종단 네트워크 모의 자료를 활용한 사회 선택모형 모의실험 방법을 RSiena 패키지를 활용하여 제시하고, 이어서 종단 네트워크 모의 자료를 활용한 상호 진화모형의 모의실험 방법을 간략하게 제시하고자 한다.

제1절

횡단 네트워크 모의실험 개요

사회과학연구를 위한 네트워크 분석을 수행하기 위해서는 무엇보다도 먼저 네트워크 자료가 있어야 한다. 네트워크 자료를 토대로 자신의 분야의 이론이나 가설을 검정하는 것이 일반적인 양적 연구의 절차이다. 공공 네트워크 자료나 이미 수집한 네트워크 자료가 있다면 쉽게 네트워크 분석을 수행할 수 있지만 활용할 수 있는 경험적 자료가 존재하지 않을 때 또한 경험적 자료를 토대로 추가로 새로운 사회 선택 과정, 사회 영향 과정, 상호진화 과정 등을 검정하고자 할 때 모의실험 연구를 수행할 수 있다.

네트워크 모의실험 연구는 일반적인 모의실험 연구의 개념과 절차를 따른다. 기본적으로 모의 자료를 생성하고 모의 자료를 토대로 네트워크 통계모형을 적용하여 결과를 확인한다. 가장 큰 차이점은 네트워크 모의 자료를 생성하는 방법이다. 구체적으로 네트워크 모의 자료의 생성은 일반적인 특성 자료의 모의실험처럼 모수를 정하고 특정한 확률분포에 근거하여 모의 자료를 생성한다. 이때 사회 영향 과정, 사회 선택 과정, 상호진화 과정에 따라서 정해야 하는 모수의 수가 정해진다. 특히 복잡한 네트워크의 내생 구조, 사회 선택 효과, 그리고 사회 영향효과를 모두 모형화하기 위해서는 정해야 하는 모수의 수가 늘어나게 된다.

일반적으로 행위자의 수가 증가할수록 가능한 네트워크 구조는 기하급수적으로 증가함으로 효과 모수만 지정해서 원하는 모의 자료를 생성하기 어려울 수 있다. 이러한 상황에서는 가능한 관찰된 네트워크 자료를 토대로 모의 자료를 생성하는 것이 더욱 효과적인 네트워크 모의 자료생성 방법이 될 것이다. 따라서 네트워크 모의실험은 네트워크가 어떠한 메커니즘에 따라서 형성, 유지, 소멸하는지에 따라서 모의 자료생성 방법이 상이하다.

가장 기본적인 방법은 조건부 균등 그래프(Conditional Uniform Graph: CUG) 가정에 따른 네트워크 분포이다. 또한, 베르누이 임의 그래프(Bernoulli Random Graph: BRG) 가정에 따른 네트워크 분포이다. 그러나 이러한 조건부 균등 그래프나 이항 임의 그래프는 사회과학연구에서 찾고자 하는 행위자들 간의 관계 규칙이나 메커니즘을 포함하고 있지 않아서 모의 자료 생성 방법으로 적절하지 않을 수 있다. 이럴 때 연구자가 지정한 함수에 따라서 네트워크 모의 자료를 생성하거나 지수 임의 그래프 모형(ERGM)을 토대로 네트워크 모의 자료를 생성하는 것이 더 적합할 것이다. 특히 상호진화 모형의 경우 네트워크의 유형과 연구 분야에 따라서 다양한 규칙이나 메커니즘이 존재할 수 있으므로 이를 반영한 네트워크 모의 자료생성이 필요하다. 요약하면 실제 자료에 가장 근사한 네트워크 모의 자료를 생성하는 방법을 고려하여 모의실험 연구에 적용할 필요가 있다.

R에서 네트워크 모의 자료를 생성하는 방법은 igraph 패키지를 활용하는 방법, statnet 패키지를 활용하는 방법, statnetWeb 패키지를 활용하는 방법 등으로 구분할 수 있다.

표 9-1 R 패키지별 네트워크 모의실험 절차

▪ igraph 패키지	▪ statnet 패키지	▪ statnetWeb 패키지
☑ 네트워크 모의 자료생성	☑ 실제 네트워크 자료 지정	☑ Data 메뉴
☑ 업데이트 함수 생성	☑ ERGM 모형 명세화	☑ Fit Model 메뉴
☑ 모의실험 과정 생성	☑ simulate()로 모의실험	☑ Simulations 메뉴
☑ 모의 자료 조건 입력	☑ 모의실험 결과 확인	☑ Network Plots 메뉴
☑ 모의실험 결과 확인		☑ Simulation Statistics 메뉴

1.1 igraph 패키지를 활용한 횡단 네트워크 모의실험

1.1.1 사회 영향모형 모의실험

igraph 패키지를 활용한 횡단 사회 영향모형 모의실험 절차는 첫째, 네트워크 모의 자료와 행동 모의 자료를 생성한다. 네트워크 모의 자료를 확인하기 위해서 시각화한다.

둘째, 업데이트 함수를 생성한다. 사회 영향 메커니즘을 구현하기 위해 함수를 생성하였다.

셋째, 사회 영향 모의실험을 생성한다. 사회 영향 함수를 이용한 모의실험을 생성하였다.

넷째, 모의실험을 위해 행위자 수와 에로도스 뇌니의 임의 그래프 확률을 지정하고 행동 변수를 생성하고 이산변수로 변환한다. 그런 다음 행동 변수를 노드 특성에 추가한다. 모의실험을 위한 노드의 수와 모의실험 횟수를 정하고 네트워크 자료를 생성한다.

다섯째, 모의실험 결과를 확인한다.

1.1.2 사회 선택모형 모의실험

igraph 패키지를 활용한 횡단 사회 선택모형 모의실험 절차는 첫째, 네트워크 모의 자료와 행동 모의 자료를 생성한다. 모의 자료를 확인하기 위해서 시각화한다.

둘째, 업데이트 함수를 생성한다. 예를 들어 유유상종 메커니즘을 구현하기 위해 행동 특성 유사한 노드 중에서 임의로 선택하여 새로운 연결을 하고 행동 특성 유사하지 않은 노드 중에서 임의로 선택하여 기존 연결을 종료시키는 함수를 생성하였다.

셋째, 사회 선택 모의실험을 생성한다. 유유상종 함수를 이용한 모의실험을 생성하였다.

넷째, 모의실험을 위해 행위자 수와 에로도스 뇌니의 임의 그래프 확률을 지정하고 행동 변수를 생성하고 이산변수로 변환한다. 그런 다음 행동 변수를 노드 특성에 추가한다. 모의실험을 위한 노드의 수와 모의실험 횟수를 지정하고 네트워크 자료를 생성한다.

다섯째, 모의실험 결과를 확인한다. 예를 들어 시간에 따라 유유상종 효과가 구현되었는지를 확인하기 modularity() 함수를 이용한다.

1.2 statnet 패키지를 활용한 횡단 네트워크 모의실험

statnet 패키지를 활용한 횡단 사회 선택모형 모의실험 절차는 첫째, 실제 네트워크 자료를 지정한다.

둘째, 실제 네트워크 자료를 토대로 사회 선택모형을 모형 명세화한다.

셋째, 생성된 모형을 토대로 모의실험을 한다. 이때 simulate() 함수를 이용한다. 모의실험 결과를 저장한다.

넷째, 실제 자료와 모의 자료의 차이를 소시오그램을 통해 확인한다. 명확한 확인을 위해서 실제 자료 결과와 모의 자료의 결과의 노드의 위치를 고정하고 소시오그램을 작성한다. 또한, 노드의 크기는 중심성에 따라 표현하고 노드의 색상은 노드의 특성을 반영하여 표현한다.

1.3 statnetWeb 패키지를 활용한 횡단 네트워크 모의실험

statnetWeb를 활용하여 모의 실험하는 절차는 첫째, 네트워크 자료를 지정한다.

둘째, Fit Model 메뉴에 가서 모형 명세화를 한다. ERGM term(s)을 지정하고 Fit Model를 통해 추정한다.

셋째, Simulations 메뉴로 이동하여 Number of simulations: 에 모의실험 횟수를 입력한다.

넷째, 모의실험 결과를 확인한다. Network Plots 메뉴를 통해 모의 네트워크 자료의 소시오그램을 확인할 수 있다. Display Options 메뉴에서 소외 노드 표시 여부, 노드 이름 표시 여부, 노드의 투명도, 특성 변수에 따른 노드의 색상 표시 방법, 특성 변수나 중심성에 따른 노드의 크기 표시 방법을 선택할 수 있다. 또한, 옆의 Simulation Statistics 메뉴를 통해 모의실험 통계도 확인할 수 있다. Control Options 메뉴에서 MCMC의 Interval과 Burn-in 그리고 Other controls를 지정할 수 있다.

제2절

횡단 사회 영향모형 모의실험[17]

2.1 igraph 패키지를 활용한 횡단 사회 영향모형 모의실험

igraph 패키지를 활용한 횡단 사회 영향모형 모의실험 절차는 첫째, 네트워크 모의 자료와 행동 모의 자료를 생성한다.

```
library( igraph )
set.seed( 123 )
# 행위자 수
N <- 30

# 에뢰도스 뢰니 임의 그래프 모형(네트워크 확률 .10)
net <- erdos.renyi.game( N, p = 0.10 )

# 최솟값 0 그리고 최댓값 1 사이의 임의 행동 변수 생성
behav <- runif( N, 0, 1 )

# 다섯 개의 범주를 갖는 행동 변수로 변환
bv <- cut( behav, breaks = 5, labels = F )

# 노드에 행동 특성 추가
V(net)$bh <- behav
V(net)$bv <- bv

# 노드에 0.20 값을 갖는 상수 추가
V(net)$T1 <- 0.20
V(net)$T1 [1:10]
```

모의 자료 확인을 위해 시각화한다. 이때 점의 색상은 다음과 같은 'PiYG'를

17 Luke(2015)의 13장의 R 명령문을 수정하여 사용하였다.

사용한다.

```
# 모의 자료의 소시오그램 생성
library( RColorBrewer )
my <- brewer.pal( 5, "PiYG" )     # PiYG 색상 스키마에서 다섯 개를
                                   선택
V(net)$color <- my[ V( net )$bv ] # 점의 색상은 행동 변수의 범주로
                                   설정
coord <- layout.auto( net )       # 자동 레이아웃 설정
plot( net, layout = coord )       # 소시오그램 생성
```

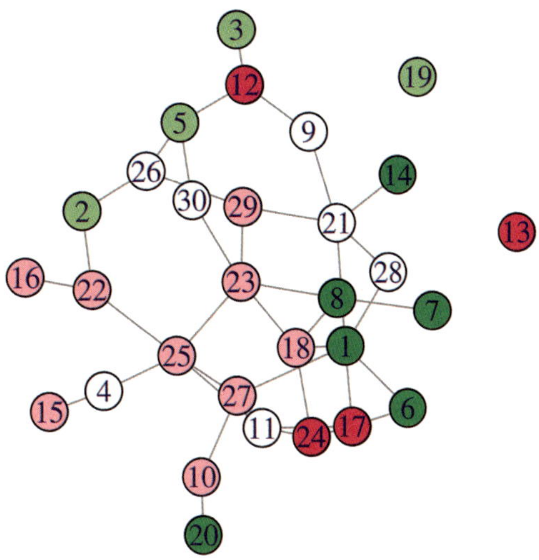

그림 9-1 횡단 네트워크 모의 자료의 소시오그램(사회 영향모형)

둘째, 사회 영향 업데이트 함수를 생성한다. 사회 영향 메커니즘(근묵자흑)을 구현하기 위해 업데이트 함수를 생성한다. 짝(dyad) 간 행동 특성의 절댓값 차이가 기준값보다 작으면 새로운 행동 변수는 짝(dyad) 간 행동 특성의 절댓값 차이가 더 작아지도록 업데이트하여 사회 영향 메커니즘인 근묵자흑을 구현한다.

```
# 사회 영향 메커니즘(근묵자흑) 업데이트 함수
Inf_update <- function( g, vtx ){
  TL <- V( g )[ vtx ]$T1
  V_adj <- neighbors( g, vtx )
  V_bh <- V( g )[ vtx ]$bh
  N_bh <- V( g )[ V_adj ]$bh

  # 짝간 행동특성의 절댓값 차이가 .2 미만이면 새로운 값으로
업데이트
  # 짝간 행동특성의 절댓값 차이가 .2 이상이면 기존 값 사용
  ifelse ( length( N_bh[abs( N_bh - V_bh ) <TL] ) > 0,
           new_bh <- 0.5 * ( V_bh + mean( N_bh[abs(N_bh - V_bh) <
           TL] ) ), new_bh <- V_bh
  )
new_bh
}
```

셋째, 사회 영향 모의실험을 생성한다. 사회 영향 업데이트 함수를 이용한 모의실험 자료를 생성한다.

```
# 사회 영향 메커니즘 업데이트 함수를 이용한 모의실험 자료생성
Inf_sim <- function( g, runs ) {

  g_lst <- lapply( 1:(runs + 1), function( i ) i)
  g_lst[[1]] <- g

  for ( i in 1:runs ) {
    gnew <- g_lst[ [i] ]
    for ( j in 1:length( V( g ) ) ) {
      V( gnew ) [j]$bh <- Inf_update( g = gnew, vtx = j )
    }
    g_lst[[i + 1]] <- gnew
  }
  g_lst
}
```

넷째, 모의실험을 위해 행위자 수와 에로도스 뇌니의 임의 그래프 확률을 지정하고 행동 변수를 생성하고 5개의 이산변수로 변환한다. 그런 다음 행동 변수를 노드 특성에 추가한다. 모의실험을 위한 임의 수를 지정하고 5개 네트워크 자료를 생성한다.

```
# 행위자 수
N <- 50

# 에뢰도스 뢰니 임의 그래프 모형(네트워크 확률 0.1)
net <- erdos.renyi.game( N, p = 0.1 )

# 최솟값 0 그리고 최댓값 1 사이의 임의 행동 변수 생성
bh <- runif( N, 0, 1 )

# 노드에 행동 특성 추가
V(net)$T1 <- 0.2
V(net)$bh <- bh
V(net)$bv <- bv

# 모의실험을 위한 임의 수 지정
set.seed( 777 )

# 25개의 모의 네트워크 자료 생성
g_lst <- Inf_sim( net, 5 )
```

다섯째, 모의실험 결과를 확인한다. 모의실험 결과는 생성된 모의 자료의 소시오그램을 통해서 확인할 수가 있다. 먼저 원래 네트워크 소시오그램에서 출발하여 모의실험 1회 이후 네트워크 소시오그램, 2회 이후 네트워크 소시오그램, 3회 이후 네트워크 소시오그램, 4회 이후 네트워크 소시오그램, 그리고 5회 이후 네트워크 소시오그램을 작성하여 확인해 보면 행동 특성이 양극화되어 가는 모습을 확인할 수 있다. 또한, 모의 자료의 행동 특성값 설정에 따라서 행동 특성이 모두 같게 변화하는 모습도 확인할 수 있을 것이다. 이처럼 사회 영향모형을 횡단 네트워크 모의 자료를 활용하여 모형화하고 시각화하여 그 결과를 제시할 수가 있다.

```
# 소시오그램 생성
op <- par( mfrow = c( 3, 2 ) )

# 원래 네트워크 소시오그램
plot( density( V( g_lst[[1]] )$bh ),
               xlim = c( -0.2, 1.2 ),
               main = "원래 네트워크" )

# 모의실험 1회 이후 네트워크 소시오그램
plot( density( V( g_lst[[2]] )$bh ),
               xlim = c( -0.2, 1.2 ),
               main = "모의실험 1회 이후 네트워크" )

# 모의실험 2회 이후 네트워크 소시오그램
plot( density( V( g_lst[[3]] )$bh ),
               xlim = c( -0.2, 1.2 ),
               main = "모의실험 2회 이후 네트워크" )

# 모의실험 3회 이후 네트워크 소시오그램
plot( density( V( g_lst[[4]] )$bh ),
               xlim = c( -0.2, 1.2 ),
               main = "모의실험 3회 이후 네트워크" )

# 모의실험 4회 이후 네트워크 소시오그램
plot( density( V( g_lst[[5]] )$bh ),
               xlim = c( -0.2, 1.2 ),
               main = "모의실험 4회 이후 네트워크" )

# 모의실험 5회 이후 네트워크 소시오그램
plot( density( V( g_lst[[6]]) $bh ),
               xlim = c( -0.2, 1.2 ),
               main = "모의실험 5회 이후 네트워크" )


par( op )
```

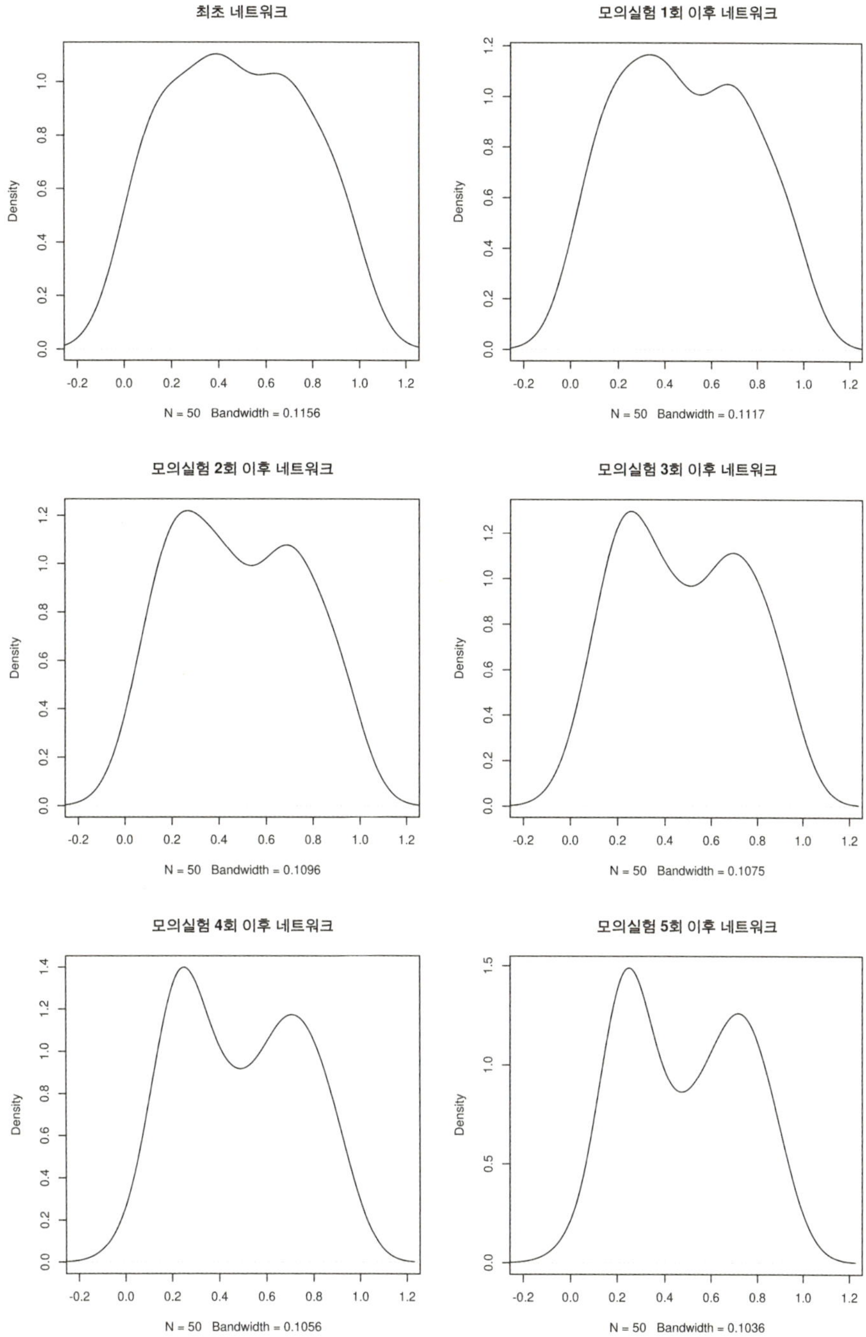

그림 9-2 횡단 네트워크 모의 자료의 분석 결과(사회 영향모형)

제3절

횡단 사회 선택모형 모의실험[18]

R를 활용한 횡단 사회 선택모형의 모의 실험방법은 igraph 패키지를 활용하는 방법, statnet 패키지를 활용하는 방법, 그리고 statnetWeb 패키지를 활용하는 방법으로 구분할 수 있으며, 먼저 igraph 패키지를 활용하는 구체적인 모의실험 절차를 소개하고자 한다.

3.1 igraph 패키지를 활용한 횡단 사회 선택모형 모의실험

igraph 패키지를 활용한 횡단 사회 선택모형 모의실험 절차는 첫째, 네트워크 모의 자료와 행동 모의 자료를 생성하고, 모의 자료 생성을 확인하기 위해서 시각화한다.

```
# 네트워크 모의 자료와 행동 모의 자료생성
library( igraph )
# 행위자수
N <- 30

# 에리도스 뢰니 임의 그래프 모형(네트워크 확률 0.1)
net <- erdos.renyi.game( N, p = 0.1 )

# 최솟값 0 그리고 최댓값 1 사이의 임의 행동 변수 생성
behav <- runif( N, 0, 1 )

# 다섯 개의 범주를 갖는 행동 변수로 변환
bv <- cut( behav, breaks = 5, labels = F )

# 노드에 행동 변수 특성 추가
```

18 Luke(2015)의 12장과 13장의 R 명령문을 수정하여 사용하였다.

```
V(net)$bh <- behav
V(net)$bv <- bv

# 범주형 행동 변수의 빈도분포표
table( V(net)$bv )
```

```
# 모의 자료의 소시오그램 생성
library( RColorBrewer )
my <- brewer.pal( 5, "PiYG" ) # PiYG 색상 스키마에서 다섯 개를 선택
V(net)$color <- my[ V( net )$bv ] # 점의 색상은 행동 변수의 범주로
                                   설정
coord <- layout.auto( net )  # 자동 레이아웃 설정
plot( net, layout = coord )  # 소시오그램 생성
```

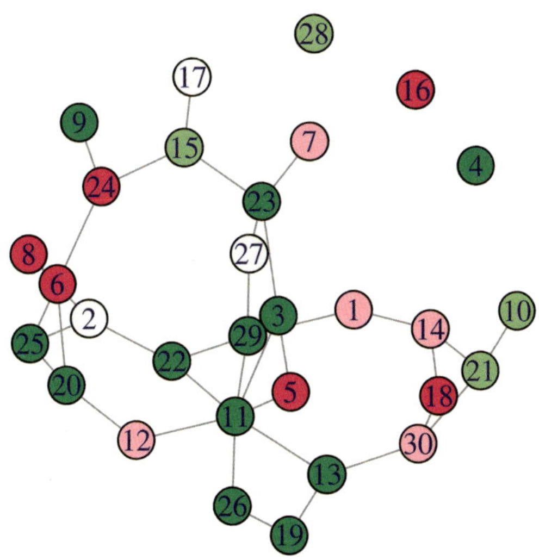

그림 9-3 횡단 네트워크 모의 자료의 소시오그램(사회 선택모형)

둘째, 사회 선택모형 업데이트 함수를 생성한다. 유유상종 메커니즘을 구현하기 위해 행동 특성 유사한 노드 중에서 임의로 선택하여 새로운 연결을 하고 행동 특성 유사하지 않은 노드 중에서 임의로 선택하여 기존 연결을 종료시키는 함수를 생성한다.

```
# 사회 선택 메커니즘(유유상종) 업데이트 함수 생성
  Sel_update <- function( g, vtx ) {
    V_adj <- neighbors( g, vtx )
    if( length( V_adj ) == 0 ) return( g )

  # 짝 간 행동 특성의 절대값 차이 계산
  BhDiff1 <- abs( V( g )[ V_adj ]$bh - V(g)[ vtx ]$bh )

  # 짝 간 행동 특성의 절대값 차이가 크면 기존 연결을 종료
  Sel_V <- sample( V_adj, 1, prob = BhDiff1 )
  g[vtx, Sel_V] <- FALSE

  nodes <- 1:vcount( g )
  v_nonadj <- nodes[ -c(vtx, V_adj) ]

  # 짝 간 행동 특성의 절대값 차이를 활용한 짝 간 행동 특성 유사성
계산
  BhDiff2 <- 1 - abs( V( g )[ v_nonadj ]$bh - V(g)[ vtx ]$bh )

  # 짝 간 행동 특성이 유사하면 새로운 연결
  Sel_V <- sample( v_nonadj, 1, prob = BhDiff2 )
  g[ vtx, Sel_V ] <- TRUE

  g
}
```

셋째, 사회 선택 모의실험을 생성한다. 유유상종 업데이트 함수를 이용하여 모의실험 자료를 생성한다.

```
# 사회 선택 업데이트 함수 이용 모의실험 자료생성
Sel_sim <- function( g, upd ) {
  g_lst <- lapply( 1:(upd + 1), function( i ) i )
  g_lst[[1]] <- g
  for ( i in 1:upd ) {
```

```
        gnew <-g_lst[[i]]
        node <- sample( 1:vcount( g ), 1 )
        gupd <- Sel_update( gnew, node )
        g_lst[[i + 1]] <- gupd
    }
    g_lst
}
```

넷째, 모의실험을 위해 행위자 수와 에로도스 뇌니의 임의 그래프 확률을 지정하고 행동 변수를 생성하고 5개의 이산변수로 변환한다. 그런 다음 행동 변수를 노드 특성에 추가한다. 모의실험을 위한 임의 수를 지정하고 1,000개 네트워크 자료를 생성한다.

```
# 행위자 수
N <- 100

# 에로도스 뇌니의 임의 그래프 확률 모형(네트워크 확률 0.1)
net <- erdos.renyi.game( N, p = 0.1 )

# 최솟값 0 그리고 최댓값 1 사이의 임의 행동 변수 생성
bh <- runif( N, 0, 1 )

# 다섯 개의 범주를 갖는 행동 변수로 변환
bv <- cut( bh, breaks = 5, labels = F )

# 행동 변수를 노드 특성에 추가
V(net)$bh <- bh
V(net)$bv <- bv

# 모의실험을 위한 임의 수 지정
set.seed( 999 )

# 1000개의 모의 네트워크 자료생성
g_lst <- Sel_sim( net, 1000 )
```

다섯째, 모의실험 결과를 확인한다. 시간에 따라 유유상종 효과가 구현되었는지를 확인한다. 이를 위해 modularity() 함수를 이용하여 시간이 흘러감에 따라서 점점 모듈화가 되는 정도를 시계열 그래프를 이용하여 확인할 수 있다.

```
sim_stat <- unlist( lapply( g_lst, function( u )
                    modularity( u, V(u)$bv) ) )
op <- par( mfrow = ( c( 1, 2 ) ) )
plot( density( sim_stat ), xlab = "Modularity" )
plot( 0:1000, sim_stat, xlab = "Simulation", ylab = "Modularity" )
par( op )
```

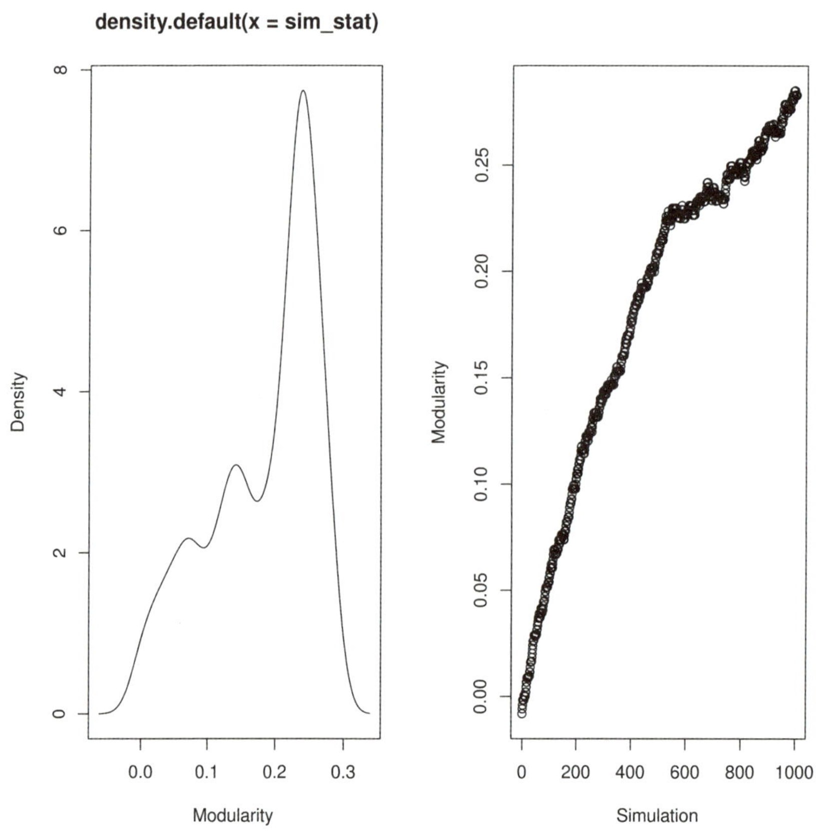

그림 9-4 횡단 네트워크 모의 자료의 분석 결과(사회 선택모형)

3.2 statnet 패키지를 활용한 횡단 사회 선택모형 모의실험

statnet 패키지를 활용한 횡단 사회 선택모형 모의실험 절차는 첫째, 실제 네트워크 자료를 활용하여 사회 선택모형을 모형 명세화한다.

```
install.packages( "statnet" )
library( statnet )
install.packages( "devtools" )
library( devtools )
install_github( "DougLuke/UserNetR" )
library( UserNetR )
data( TCnetworks )
TCnetworks
TCcnt <- TCnetworks$TCcnt
TCcoll <- TCnetworks$TCcoll
TCdiss <- TCnetworks$TCdiss
TCdist <- TCnetworks$TCdist

Model4 <- ergm( TCdiss ~ edges +
                nodecov( 'tob_yrs' ) +
                nodematch( 'agency_lvl', diff = TRUE ) +
                edgecov( TCdist, attr = 'distance' ) +
                edgecov( TCcnt, attr = 'contact' ) +
                gwesp( 0.7, fixed = TRUE ),
                control = control.ergm( seed = 40 ) )
```

둘째, 생성된 모형을 토대로 모의실험을 한다. 이때 simulate() 함수를 이용한다. 모의실험 결과를 저장한다.

```
sim <- simulate( Model4, nsim = 1, seed = 569 )
```

셋째, 실제 자료와 모의자료의 차이를 소시오그램을 통해 확인한다. 명확한 확인을 위해서 실제 자료 결과와 모의자료의 결과의 노드의 위치를 고정하고 소시오그램을 작성한다. 또한, 노드의 크기는 중심성에 따라 표현하고 노드의 색상은 노드의 특성을 반영하여 표현한다.

```
# 두 개의 소시오그램 병렬 배치
op <- par( mfrow = c( 1, 2 ), mar = c( 0, 0, 2, 0 ) )

# 실제 네트워크 자료의 소시오그램
level <- TCdiss %v% 'agency_lvl'         # 조직의 유형을 범주화
deg <- degree( TCdiss, gmode = "graph" ) # 연결 중심성을 계산
c <- plot( TCdiss,                       # TCdiss의 소시오그램 작성
        usearrows = F,                   # 화살표 없음(무방향
                                         네트워크)
        vertex.cex = log( deg ),         # 점의 크기는 연결
                                         중심성을 반영
        vertex.col = level + 1,          # 점의 색상은 조직의
                                         유형을 반영
        edge.lwd = 0.5,                  # 선의 두께 지정
        edge.col = "grey75" ,            # 선의 색상 지정
        main = "실제 네트워크 자료" ) # 모의 네트워크 자료의
                                         소시오그램

level4 <- sim %v% 'agency_lvl'           # 조직의 유형을 범주화
deg4 <- degree( sim, gmode = "graph" )   # 연결 중심성을 계산
plot( sim,                               # sim의 소시오그램 작성
     coord = c,                          # 좌표축 고정
     usearrows = F,                      # 화살표 없음(무방향
                                         네트워크)
     vertex.cex = log( deg4 ),           # 점의 크기는 연결 중심성
                                         반영
     vertex.col = level4 + 1,            # 점의 색상은 조직 유형
                                         반영
     edge.lwd = 0.5,                     # 선의 두께 지정
     edge.col = "grey75",                # 선의 색상 지정
     main = "모의 네트워크 자료" )      # 소시오그램의 제목
     par(op)
```

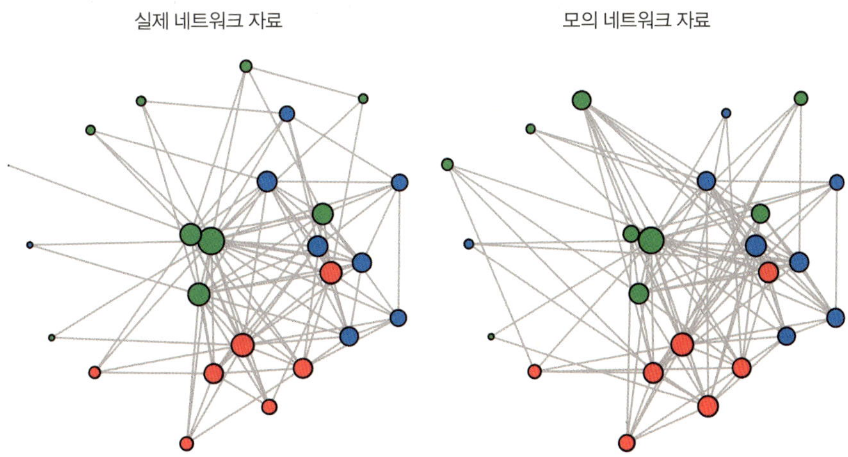

그림 9-5 횡단 모의 네트워크 자료의 분석 결과(statnet 활용)

3.3 statnetWeb 패키지를 활용한 횡단 사회 선택모형 모의실험

statnetWeb를 활용하여 모의 실험하는 절차는 첫째, 네트워크 자료를 지정한다. Data 메뉴에 가서 내장 자료인 미국 고등학생 친구 네트워크 자료인 faux.mesa.high를 선택한다.

둘째, Fit Model 메뉴에 가서 모형 명세화를 한다. 구체적으로 ERGM term(s)에 다음과 같이 입력한다. edges + gwesp(0.25, fixed = TRUE) 그리고 나서 Fit Model를 통해 추정한다.

셋째, Simulations 메뉴로 이동하여 Number of simulations: 에 모의실험 횟수를 입력한다. 예를 들어 500을 입력하고 옆에 simulate를 클릭한다.

넷째, 모의실험 결과를 확인한다. Network Plots 메뉴를 통해 모의 네트워크 자료 500개의 소시오그램을 확인할 수 있다. Display Options 메뉴에서 소외 학생 표시 여부, 학생 이름 표시 여부, 노드의 투명도, 특성 변수에 따른 노드의 색상 표시 방법, 특성 변수나 중심성에 따른 노드의 크기 표시 방법을 선택할 수 있다. 예를 들어, 노드의 투명도를 0.23로 설정하고, 학년에 따라 노드의 색을 표현하고, 매개 중심성에 따라 노드의 크기를 설정한 소시오그램은 다음과 같다.

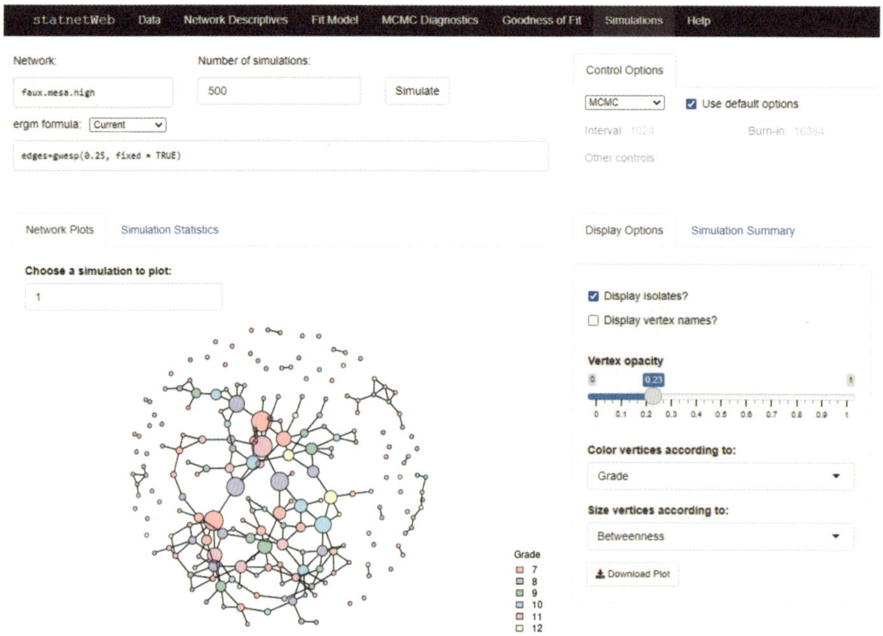

그림 9-6 횡단 네트워크 모의 자료의 소시오그램(statnetWeb 활용)

또한, 옆의 Simulation Statistics 메뉴를 통해 모의실험 통계도 확인할 수 있다.

그림 9-7 횡단 네트워크 모의 자료의 분석 결과(statnetWeb 활용)

Control Options 메뉴에서 MCMC의 Interval과 Burn-in 그리고 Other controls를 지정할 수 있다. 예를 들어, MCMC의 Interval를 10,000으로 지정하고 다시 모의 실험한 결과는 다음과 같다.

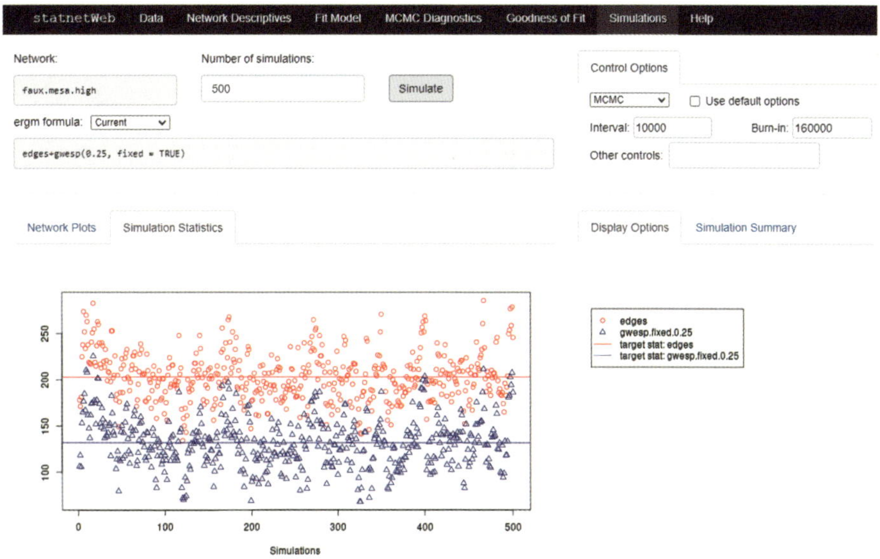

그림 9-8 횡단 네트워크 모의 자료의 분석 결과(statnetWeb 활용, mcmc=10,000)

특히 고등학생의 특성 자료를 반영한 ERGM 모형을 다음과 같이 명세화할 수 있다.

```
edges + nodefactor("Grade") + nodefactor("Race") + nodefactor("Sex") +
nodematch("Grade", diff = TRUE) + nodematch("Race", diff = FALSE) +
nodematch("Sex", diff = FALSE) + gwesp(0.25, fixed = TRUE)
```

위의 고등학생 네트워크 통계모형 분석 결과와 모의실험 통계량 그림은 다음과 같다.

Current Model Summary | Current Model Fit Report | Model Comparison

```
Call:
ergm(formula = ergm.formula())

Monte Carlo Maximum Likelihood Results:

                      Estimate Std. Error MCMC % z value Pr(>|z|)
edges                  -9.0269     1.1783      0  -7.661  < 1e-04 ***
nodefactor.Grade.8      1.4209     0.6477      0   2.194 0.028247 *
nodefactor.Grade.9      2.1770     0.6114      0   3.561 0.000370 ***
nodefactor.Grade.10     2.5115     0.6089      0   4.124  < 1e-04 ***
nodefactor.Grade.11     2.2569     0.6120      0   3.687 0.000227 ***
nodefactor.Grade.12     2.8760     0.6168      0   4.663  < 1e-04 ***
nodefactor.Race.Hisp   -1.0276     0.1828      0  -5.621  < 1e-04 ***
nodefactor.Race.NatAm  -0.7669     0.1784      0  -4.300  < 1e-04 ***
nodefactor.Race.Other  -1.9983     0.9408      0  -2.124 0.033675 *
nodefactor.Race.White  -0.5185     0.1971      0  -2.631 0.008523 **
nodefactor.Sex.M       -0.1533     0.0666      0  -2.302 0.021359 *
nodematch.Grade.7       5.9612     1.1330      0   5.261  < 1e-04 ***
nodematch.Grade.8       3.2670     0.6386      0   5.116  < 1e-04 ***
nodematch.Grade.9       1.6532     0.4729      0   3.496 0.000472 ***
nodematch.Grade.10      1.0826     0.5418      0   1.998 0.045710 *
nodematch.Grade.11      1.9114     0.5110      0   3.741 0.000184 ***
nodematch.Grade.12      1.0782     0.5814      0   1.855 0.063657 .
nodematch.Race          0.7314     0.1413      0   5.178  < 1e-04 ***
nodematch.Sex           0.5426     0.1320      0   4.110  < 1e-04 ***
gwesp.fixed.0.25        1.3714     0.1134      0  12.097  < 1e-04 ***
---
Signif. codes:  0 '***' 0.001 '**' 0.01 '*' 0.05 '.' 0.1 ' ' 1

     Null Deviance: 28987  on 20910  degrees of freedom
 Residual Deviance:  1606  on 20890  degrees of freedom

AIC: 1646  BIC: 1804  (Smaller is better. MC Std. Err. = 0.4118)
```

Network Plots | Simulation Statistics

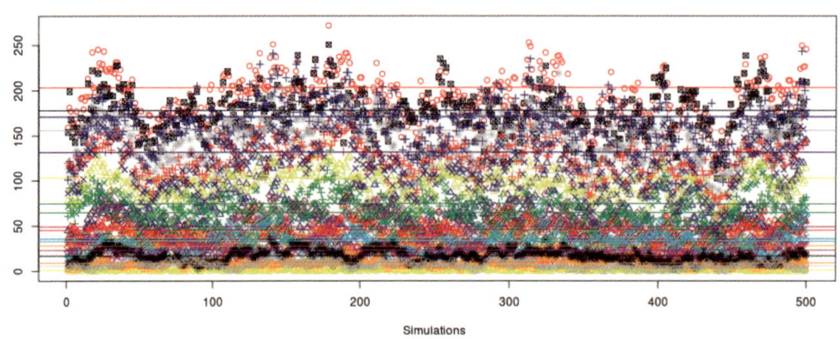

그림 9-9 횡단 네트워크 모의 자료의 분석 결과(statnetWeb 활용, mcmc=10,000)

요약

- **횡단 네트워크 모의실험의 개념**
  - 네트워크 모의 자료 생성 방법
  - igraph, statnet, statnetWeb 패키지 활용
  - 모의실험 결과 확인

- **사회 영향모형 모의실험**
  - 근묵자흑 효과 검정
  - igraph 패키지 활용

- **사회 선택모형 모의실험**
  - 유유상종 효과 검정
  - igraph 패키지 활용
  - statnet 패키지 활용
  - statnetWeb 패키지 활용

연습문제

1 네트워크 모의실험의 개념을 예를 들어 설명하시오.

2 R를 활용한 네트워크 모의 자료의 생성 방법을 설명하시오.

3 igraph 패키지를 활용하여 사회 영향모형 모의실험을 수행하시오.

4 igraph 패키지를 활용하여 사회 선택모형 모의실험을 수행하시오.

5 statnet 패키지를 활용하여 사회 선택모형 모의실험을 수행하시오.

6 statnetWeb 패키지를 활용하여 사회 선택모형 모의실험을 수행하시오.

7 igraph 패키지를 활용한 사회 선택모형 모의실험의 결과 확인을 위해 모의 네트워크의 소시오그램을 작성하시오

8 statnet 패키지를 활용한 사회 선택모형 모의실험의 결과 확인을 위해 실제 네트워크와 모의 네트워크의 소시오그램을 작성하시오

9 statnetWeb 패키지를 활용한 사회 선택모형 모의실험의 결과 확인을 위해 모의 네트워크의 소시오그램을 작성하시오

10 연구의 내적 타당도를 증진하기 위한 횡단 네트워크 모의실험 방법에 관해 논하시오.

chapter

10

종단 네트워크 모의실험

학습 목표

- 종단 네트워크 모의실험의 개념을 이해할 수 있다
- 종단 네트워크 모의 자료를 토대로 사회 선택모형을 모의 실험할 수 있다.
- 종단 네트워크 모의 자료를 토대로 상호진화 모형을 모의 실험할 수 있다.

제1절

종단 네트워크 모의실험 개요

종단 네트워크의 모의실험은 횡단 네트워크의 모의실험 개념과 절차와 비슷하다. 가장 큰 차이점은 종단 네트워크 모의 자료 생성이며, 네트워크와 행동의 상호진화 모형이 추가된 점이다. R을 활용한 종단 네트워크의 모의실험은 RSiena 패키지를 활용하여 사회 선택모형과 상호 진화모형을 검정할 수 있다. 특히 RSiena 패키지에서 모의실험은 고정 모수 값에 대한 네트워크 상호진화를 모의실험하는 것으로 특히 모형의 이론적 탐색, 적합도 평가, 모수에 대한 모형의 민감도를 연구할 때 활용한다. 구체적인 RSiena 패키지를 활용한 종단 네트워크 모의실험 절차는 표 10-1과 같다.

표 10-1 RSiena 네트워크 모의실험 절차

사회 선택모형	상호 진화모형
☑ 종단 네트워크 모의 자료 생성함수 지정	☑ 종단 네트워크 모의 자료 생성함수 지정
☑ SAOM 모형의 모수 생성(특히 네트워크 모수값)	☑ SAOM 모형의 모수 생성(특히 네트워크와 행동 모수값)
☑ 행위자 변수 생성	☑ 행위자 변수 생성
☑ 두 시점의 자료생성(평균 연결정도 지정)	☑ 두 시점의 자료생성(평균 연결 정도와 평균 행동 정도 지정)
☑ Dataset 설정(특히 네트워크 종속변수 지정)	☑ Dataset 설정(특히 네트워크와 행동 종속변수 지정)
☑ SAOM 모형 명세화	☑ SAOM 모형 명세화
☑ 추정을 위한 알고리즘 지정	☑ 추정을 위한 알고리즘 지정
☑ 모의 자료 추정	☑ 모의 자료 추정
☑ 네트워크 모의 자료생성	☑ 네트워크와 행동 모의 자료생성
☑ 행위자 수, 관찰 시점 등 입력	☑ 행위자 수, 관찰 시점 등 입력
☑ SimulateNetworks()로 평균 연결 정도 계산	☑ SimulateNetworks()로 평균 연결 정도와 평균 행동 정도 계산

첫째, 종단 네트워크 모의자료를 생성하기 위한 함수를 만든다.

둘째, 생성함수에서 SAOM 모형의 모수를 지정한다. 사회 선택모형의 경우 네트워크 모수를 주로 지정하면 상호 진화모형은 네트워크 모수뿐만 아니라 행동 모수도 지정한다.

셋째, 행위자(노드) 독립변수를 생성한다.

넷째, 먼저 두 시점의 종단 네트워크 자료를 생성한다. 또한, 네트워크의 평균 연결 정도를 지정한다. 네트워크와 행동의 상호진화 모형은 평균 행동 정도도 지정한다.

다섯째, SAOM 모형의 자료셋을 설정한다. 사회 선택모형에서는 시간 불변 독립변수와 네트워크 종속변수를 지정한다. 반면 상호 진화모형에서는 시간 불변 독립변수와 네트워크 종속변수뿐만 아니라 행동(혹은 특성) 종속변수를 지정한다.

여섯째, SAOM 모형을 명세화하기 위해서 두 번째 단계에서 설정한 모수 값의 초깃값을 지정한다.

일곱째, 모수 추정을 위한 SAOM 알고리즘을 설정한다. RSiena에서 모의실험은 Siena07 소프트웨어를 사용하는데 구체적으로 sienaAlgorithmCreate() 함수에서 projname= "simulation" 은 프로젝트 이름을 지정하는 기능이고, cond = FALSE 옵션은 무조건부 모의실험이 의미가 있을 때 이렇게 설정하며, useStdInits = FALSE 옵션은 모수 값을 효과(effects)에서 가져오는 것을 의미하며, simOnly = TRUE 옵션은 추정 없이 모의 실험할 때 의미가 없는 표준오차 계산을 방지할 수 있어 자주 활용된다. 또한, RSiena에서는 두 측정 시점 네트워크 자료면 모의실험은 첫 번째 관찰자료와 모수에 의해 완전히 결정됨으로 두 번째 시점의 네트워크 자료는 반드시 있어야 하며, 효과(effects)=myeffect 이면 현재 모수 값은 요청해서 얻는다.

```
# 모의 자료의 모수 추정 알고리즘 지정
sim_model = sienaAlgorithmCreate( projname = "simulation",
                                  cond = FALSE,
                                  useStdInits = FALSE,
```

```
                                    nsub = 0,
                                    simOnly = TRUE )

# 모의 자료 모수 추정
sim_ans = siena07( sim_model,
                   data = mydata,
                   effects = myeffect )
```

여덟째, 첫 번째 관찰 시점의 모의 자료의 모수를 추정한다.

아홉째, 2회부터 M회까지의 모의 자료 생성을 위해 빈 네트워크 자료를 생성하고, 모의 자료를 기반으로 최종 차수의 모의 자료를 생성한다. 또한 상호 진화모형에서는 행동 자료를 생성한다.

열째, 행위자 수, 관찰 시점 등을 입력하고 모의 실험한다.

열한 번째, 모의실험의 결과를 확인한다.

다음은 RSiena 설명서[19]에 소개된 모의실험 관련 내용이다.

1.1 생성된 네트워크 자료 이용

내부적으로 계산된 통계뿐만 아니라 생성된 모의 네트워크에 관심이 있다면 전체 네트워크를 이용할 수 있으며, 아래 명령문과 같이 returnDeps =TRUE 옵션을 사용한다.

```
sim_ans = siena07( myalgorithm,
                   data = mydata,
                   effects = myeffect,
                   returnDeps = TRUE )
```

19 출처: Ripley et al., 2022, pp. 104-107

returnDeps = TRUE 옵션은 모의실험 된 모든 네트워크를 포함하는 sim_ans$sims 목록을 에지 리스트로 sim_ans 객체에 포함하여 많은 메모리를 사용한다. 여기서 기본적으로 n3 = 1000이 사용됨으로 sim_ans는 1000개의 리스트가 된다. 예를 들어 넷 시점 자료 중, 세 번째 시점에 대해 생성된 611번째의 네트워크 에지 리스트는 다음과 같다.

```
sim_ans$sims[[611]][[1]][[1]][[2]]
```

여기서 번호 지정할 때 첫 번째 번호는 모의실험 실행 횟수로 여기서는 임의로 611이고, 두 번째 번호는 그룹 번호는 단일 그룹 데이터 구조의 일반적으로 1이며, 세 번째 번호는 종속변수의 수로 여기서는 종속 네트워크만 있다고 가정하므로 1이고, 네 번째 번호는 시점 번호로 0부터 시작함으로 두 번째 시점이면 3-1이 되어 2로 지정한다. 이러한 자료의 구조는 str() 함수를 이용하여 다음과 같이 확인할 수 있다.

```
str( sim_ans$sims[[611]] )
```

RSiena에서 생성된 모의 네트워크 자료의 에지 리스트를 인접 행렬로 변환하는 방법은 다음과 같다.

```
# 행위자 수 지정
n = length( mydata$nodeSets[[1]] )

# 빈 인접행렬 생성
adj = matrix( 0, n, n )

# RSiena에서 생성된 모의 네트워크 관계목록을 edges 변수에 할당
# 예를 들어 넷 시점 자료 중, 세 번째 시점에 대해 생성된 611번째의
네트워크 에지 리스트
```

```
edges = sim_ans$sims[[611]][[1]][[1]][[2]]

# 빈 인접행렬에 모의생성된 네트워크 관계목록 추가
adj[ edges[, 1:2 ] ] = edges[ , 3 ]
```

또한, 다음 명령문은 sna 패키지의 형식(Butts, 2008)에 따라 이 목록을 관계목록(edgelist)으로 변환한 다음 네트워크에서 최대 k-cores 수를 계산할 수 있는 함수로 일원 네트워크에 적용할 수 있다.

```
# 관계목록 변환 후 k-코어 수 계산 함수 생성

make.edgelist.sna = function( x, n )

                    # 하나의 그룹을 2번 측정한 경우는 x[ [ 1 ] ]로
                    대체

                    { x = x[[1]][[1]][[1]]
                    colnames( x ) = c( "snd", "rec", "val" )
                    attr( x, "n" ) = n
                    x
}

# 시뮬레이션된 네트워크 리스트에 이 함수를 적용
simusnas = lapply( sim_ans$sims, make.edgelist.sna, 50 )

# 그래프에서 가장 큰 k-core 수를 계산하는 함수 정의
library( sna )
max.kcores = function ( x ) max( kcores( x ) )

# 이 함수를 적용하고 히스토그램 생성
mkc = sapply( simusnas, max.kcores )

hist( mkc )
```

1.2 조건부 및 무조건 모의실험

조건부 모의실험과 무조건 모의실험의 차이는 SIENA의 추정 옵션에 대한 모의실험과 같아서 조건부 모의실험과 무조건 모의실험 사이의 선택은 sienaAlgorithmCreate에서 cond 변수로 가능하며, 구체적으로 condvarno 및 condname 변수를 설정하는 것이다.

먼저, 조건부 옵션을 선택하면 조건에 사용되는 종속변수에서 원하는 거리에 도달할 때까지 모의실험이 계속되는데, 이때 네트워크 변수의 거리는 네트워크 연결 변수의 차이 수이며 행동 변수의 경우 행위자 간의 절대 차이의 합이다. 이것은 sienaDataCreate에서 주어진 연속 네트워크 사이의 거리로 결정된다.

반면, 조건부 모의실험의 옵션을 선택하고 (기본값) 모의실험의 중지 규칙에서 요구하는 조건을 달성하지 못하면 모의실험은 종료할 가능성이 없다는 오류 메시지와 함께 종료된다. 이런 경우에는 무조건 모의실험으로 변경하는 것이 좋다.

1.3 변수 모수 값으로 모의실험

지금까지 설명한 모의실험의 절차는 상수 모수 벡터를 사용하는 phase3의 모의실험 절차다. 특히 nsub = 0 옵션이면 이 모수 값이 effects 객체에 주어지고, sienaFit 객체 ans에 대해 ans$theta로 반환된다. 이때 phase3 실행할 때마다 다른 모수 벡터를 사용할 수도 있는데 이는 모수 값의 행렬(행에서 실행, 열에서 모수를 지정)을 siena07에 대한 thetaValues 인수로 지정하여 수행하면 된다. 이럴때는 simOnly = TRUE를 지정해야 하며, 실제로 사용된 모수 값은 ans$thetaUsed에 반환된다.

제2절

종단 사회 선택모형 모의실험[20]

RSiena 패키지를 활용한 종단 사회 선택모형의 모의실험 절차는 첫째, 종단 사회 네트워크 모의 자료 생성함수를 만든다. 따라서 다음과 같이 function()을 이용한다.

```
# RSiena 패키지 설치하고 불러오기
install.packages( "RSiena" )
library( RSiena )

# 종단 사회 선택모형 모의 자료 생성함수를 SimulateNetworks로 명명
SimulateNetworks = function()
```

둘째, 종단 사회 네트워크 모의 자료 생성함수 function()에 행위자 수(n), 측정 시점 횟수(M), 네트워크 변화율(rate), 밀도(dens), 호혜성(rec), 전이적 삼자관계(tt), 순환적 삼자관계(c3), a 변수의 활동성(Vaego), a 변수의 대중성(Vaalt), a 변수의 유사성(Vasim), b 변수의 활동성(Vbego), b 변수의 대중성(Vbalt), b 변수의 유사성(Vbsim)을 지정한다.

```
# 종단 사회 선택모형 모의 자료 생성함수 정의
SimulateNetworks = function( n, M, rate,
                             dens, rec, tt, c3,
                             Vaego, Vaalt, Vasim,
                             Vbego, Vbalt, Vbsim ) {
```

셋째, 행위자 독립 특성 변수를 2개 생성한다.

....

20 출처: https://www.stats.ox.ac.uk/~snijders/siena/NetworkSimulation.R

```
# '0'을 n개 생성하여 V0에 할당
V0 = rep( 0, n )

# '1'의 값이 반이 되도록 V0에 할당
V0[ 2 * ( 1:( n %/% 2 ) ) ] = 1

# 표준정규분포(평균 0, 표준편차 1)에서 임의값을 n개 생성하여 V1에
할당
V1 = rnorm( n, 0, 1 )
```

넷째, 2회 측정 시점 자료를 생성한다. 이때 평균 연결 정도를 3으로 가정한다.

```
# 이항분포에서 확률 3/(n-1)(평균 연결 정도 3)이 되도록 n*n개의
임의값을 생성

# 임의값을 n*n 인접행렬로 변환하여 X0 변수에 할당
X0 = matrix( rbinom( n*n, 1, 3 / (n - 1) ), n, n )

# 인접행렬의 대각선은 0으로 지정
diag( X0 ) = 0

# X0의 복사본인 X1변수 생성
X1 = X0

# X0의 첫 번째 행의 두 번째 열의 값을 0으로 지정
X0[ 1, 2 ] = 0

# X0의 두 번째 행의 첫 번째 열의 값을 1로 지정
X0[ 2, 1 ] = 1

# X1의 첫 번째 행의 두 번째 열의 값을 1로 지정(새로운 네트워크
생성)
X1[ 1, 2 ] = 1
```

```
# X1의 두 번째 행의 첫 번째 열의 값을 0으로 지정(기존 네트워크
소멸)
X1[ 2, 1 ] = 0

# 2회 측정 종단 네트워크 데이터 생성
# 우선 결측값으로 입력
XX = array( NA, c( n, n, 2 ) )

# X0를 첫 번째 측정된 종단 네트워크로 지정
XX[,,1] = X0

# X1을 두 번째 측정된 종단 네트워크로 지정
XX[,,2] = X1
```

다섯째, Dataset를 생성하기 위해 우선 독립변수를 시간 불변 변수로 가정하고 coCovar()를 이용해서 독립변수를 생성한다. 그런 다음 sienaDependent() 함수를 이용해서 네트워크 종속변수를 생성한다. sienaDataCreate() 함수를 이용해서 네트워크 종속변수와 시간 불변 독립변수를 하나의 객체로 생성한다.

```
# {1, ..., c}의 초기 균일분포를 활용하여 행동 변수 생성
ZZ = pmin( matrix( trunc( c * runif( n * 2 ) ) + 1, n, 2 ), c )

# 시간 불변(행위자 특성) 독립변수를 Va, Vb로 지정
Va = coCovar( V0 )
Vb = coCovar( V1 )

# 네트워크 종속변수를 X로 지정
X = sienaDependent( XX, allowOnly = FALSE )

# 초기 데이터셋을 InitData로 지정
InitData = sienaDataCreate( X, Va, Vb )
```

여섯째, getEffects()와 setEffect() 함수를 이용해서 모형 명세화를 시작한다. 변화율, 밀도, 호혜성, 전이적 삼자관계, 순환적 삼자관계, a 변수의 활동성·대중성·유사성, b 변수의 활동성·대중성·유사성의 초깃값을 지정한다.

```
InitEffect0 = getEffects( InitData )              # 기본 효과 설정
InitEffect0 = setEffect( InitEffect0,             # 변화율
                         Rate,
                         type = "rate",
                         initialValue = 10*rate )
InitEffect0 = setEffect( InitEffect0,
                         density,                 # 밀도
                         initialValue = dens )
InitEffect0 = setEffect( InitEffect0,
                         recip,                   # 호혜성
                         initialValue = rec )
InitEffect0 = setEffect( InitEffect0,
                         transTrip,               # 전이적 삼자관계
                         initialValue = tt )
InitEffect0 = setEffect( InitEffect0,
                         cycle3,                  # 순환적 삼자관계
                         initialValue = c3 )
InitEffect0 = setEffect( InitEffect0,
                         egoX,                    # a 변수의 활동성
                         interaction1 = "Va",
                         initialValue = Vaego )
InitEffect0 = setEffect( InitEffect0,
                         altX,                    # a 변수의 대중성
                         interaction1 = "Va",
                         initialValue = Vaalt )
InitEffect0 = setEffect( InitEffect0,
                         simX,                    # a 변수의 유사성
                         interaction1 = "Va",
                         initialValue = Vasim )
InitEffect0 = setEffect( InitEffect0,
                         egoX,                    # b 변수의 활동성
```

```
                         interaction1 = "Vb",
                         initialValue = Vbego )
InitEffect0 = setEffect( InitEffect0,
                         altX,                # b 변수의 대중성
                         interaction1= "Vb",
                         initialValue = Vbalt )
InitEffect0 = setEffect( InitEffect0,
                         simX,                # b 변수의 유사성
                         interaction1 = "Vb",
                         initialValue = Vbsim )
```

일곱째, sienaAlgorithmCreate()를 이용해서 알고리즘을 지정한다. 프로젝트의 이름을 정하고(Init), useStdInits=FALSE로 하며, nsub=0으로 정하고, n3=nthree로 지정하며, 무조건부 모형(cond=FALSE) 으로 설정하고 simOnly=TRUE로 지정한다.

```
# n3에 주어진 모수는 sum(InitEffect0$include)보다 커야 함
nthree = sum( InitEffect0$include ) + 5

# 알고리즘 지정
InitAlg = sienaAlgorithmCreate( projname = "Init",
                                useStdInits = FALSE,
                                cond = FALSE,
                                nsub = 0,
                                n3 = nthree,
                                simOnly = TRUE )
```

여덟째, siena07() 함수를 이용해서 첫 번째 측정 시점의 모의 자료를 추정한다.

```
# 첫 번째 측정 시점 모의 자료 추정
InitSim = siena07( InitAlg,
                   data = InitData,
                   eff = InitEffect0,
                   returnDeps = TRUE,
                   batch = TRUE,
                   silent = TRUE )
```

아홉째, 2회부터 M회까지의 모의 자료 생성을 위해 빈 네트워크 자료를 생성한다. 모의 자료를 기반으로 최종 차수의 모의 자료를 생성한다.

```
# M회까지의 모의 자료생성을 위해 우선 빈 네트워크 생성
Xs = array( 0, dim = c( n, n, M ) )

# 모의 자료 기반 최종 차수 모의 자료생성을 위해서 모형 명세화
InitEffect = InitEffect0
InitEffect = setEffect( InitEffect,
                        Rate,
                        type = "rate",
                        initialValue = rate )
sink()

# 루프는 이전에 시뮬레이션된 네트워크로 시작
for (m in 1:M){

   # 이전에 시뮬레이션된 네트워크는 에지 목록에서 인접행렬로 변환
   XXsim = matrix( 0, n, n )
   nsim  = InitAlg$n3
   XXsim[ InitSim$sims[[nsim]][[1]]$X[[1]][ ,1:2]] =
            InitSim$sims[[nsim]][[1]]$X[[1]][ ,3 ]

   # 시뮬레이션된 네트워크를 결과 행렬에 배치
   Xs[,,m] = XXsim
```

```
    # 다음 시뮬레이션을 위해 시뮬레이션된 네트워크를 원하는 위치에
    배치
    XX[,,2] = XX[,,1] # 데이터 구조를 얻는 데만 사용
    XX[,,1] = XXsim
    if (m < M){

    # 다음은 매우 드문 경우인 XX[,,1]==XX[,,2]에서 발생하는 오류
    방지용
    if ( identical( XX[,,1], XX[,,2] ) ){ XX[1, 2, 1] = 1 - XX[1, 2,
        2] }

    # XX[,,1]로 시작하는 2회 측정 종단 네트워크 데이터 세트 지정
    X = sienaDependent( XX, allowOnly = FALSE )

    # 이전 XXsim인 XX[,,1]에서 시작하는 웨이브 m+1을 시뮬레이션함
    InitData = sienaDataCreate( X, Va, Vb )
    InitSim = siena07( InitAlg,
                      data = InitData,
                      eff = InitEffect,
                      returnDeps = TRUE,
                      batch = TRUE,
                      silent = TRUE )
    }
  }
    # 각 측정 시점별 평균 연결 정도 계산 후 소수점 둘째 자리까지
    표기
    cat( "Average degrees", round( colSums(Xs, dims = 2) / n, digits
        = 2 ), "\n" )

    # 결과: 시뮬레이션된 데이터 세트의 covara 및 covarb는 길이가 n인
    벡터

    # 네트워크는 nxnxM 차원의 배열
    list( covara = V0, covarb = V1, networks = Xs )
  }
```

열 번째, 위에서 작성한 모의실험 알고리즘을 실험하기 위해 가상의 자료를 입력한다. 가상의 입력값은 아래와 같다.

```
n = 15          # 행위자 수
M = 4           # 반복측정 횟수
rate = 2        # 네트워크 변화율
dens = -1.9     # 밀도
rec = 2         # 호혜성
tt = 0.3        # 전이적 삼자관계
c3 = -0.3       # 순환적 삼자관계
Vaego = 0       # a 변수의 활동성
Vaalt = 0       # a 변수의 대중성
Vasim = 0.6     # a 변수의 유사성
Vbego = 0.5     # b 변수의 활동성
Vbalt = -0.5    # b 변수의 대중성
Vbsim = 0.5     # b 변수의 유사성
```

열한 번째, SimulateNetworks() 함수를 이용해서 각 측정 시점별 종단 사회 네트워크 모의 자료의 평균 연결 정도(average degrees)를 계산하고 그 값을 확인한다.

```
# 각 시점별 평균 연결 정도 계산 결과 확인
SN = SimulateNetworks( n, M, rate,
                       dens, rec, tt, c3,
                       Vaego, Vaalt, Vasim,
                       Vbego, Vbalt, Vbsim )

# a 변수(시간불변 특성 이분 변수)의 모의 자료 확인
SN[[1]]
SN$covara

# b 변수(시간불변 특성 연속 변수)의 모의 자료 확인
```

```
SN[[2]]
SN$covarb

# 각 측정 시점별 종단 네트워크 모의 자료 확인
SN[[3]]
SN$networks
```

행위자 수와 밀도 값을 변경해서 가면서 의도한 평균 연결 정도가 산출되는지 결과를 확인한다.

```
# 행위자수 변경
n = 50

# 밀도 변경
dens = -2.0

# 각 측정 시점별 평균 연결 정도 계산 결과 확인
SN = SimulateNetworks( n, M, rate,
                       dens, rec, tt, c3,
                       Vaego, Vaalt, Vasim,
                       Vbego, Vbalt, Vbsim )

# a 변수(시간 불변 특성 이분 변수)의 모의 자료 확인
SN$covara

# b 변수(시간 불변 특성 연속 변수)의 모의 자료 확인
SN$covarb

# 각 측정 시점별 종단 네트워크 모의 자료 확인
SN$networks
```

제3절

종단 상호진화모형 모의실험[21]

종단 상호진화 모형의 모의실험 절차는 첫째, 종단 사회 네트워크 모의자료 생성 함수를 만든다.

```
library( RSiena )

# 종단 상호진화모형 모의 자료 생성함수를 SimulateNetworksBehavior로
명명
SimulateNetworksBehavior = function()
```

둘째, 모의 자료 함수에 행위자 수(n), 측정 시점 횟수(M), 행동 변수 범주의 수(c) 네트워크 변화율(rate), 밀도(dens), 호혜성(rec), 전이적 삼자관계(tt), 순환적 삼자관계(c3), a 변수의 활동성(Vaego), a 변수의 대중성(Vaalt), a 변수의 유사성(Vasim), b 변수의 활동성(Vbego), b 변수의 대중성(Vbalt), b 변수의 유사성(Vbsim), 행동의 변화률(rate.b), 행동의 선형변화(lin.b), 행동의 이차변화(qu.b), 행동의 평균 유사성(avalt.b)을 지정한다.

```
# 종단 상호진화모형 모의 자료 생성함수 정의
SimulateNetworksBehavior = function( n, M, c, rate,
                                     dens, rec, tt, c3,
                                     Vaego, Vaalt, Vasim,
                                     Vbego, Vbalt, Vbsim,
                                     rate.b, lin.b, qu.b, avalt.b ) {
```

셋째, 행위자 독립 특성 변수를 2개 생성한다.

....

21 출처: https://www.stats.ox.ac.uk/~snijders/siena/NetworkSimulation.R

```
# '0'을 n개 생성하여 V0에 할당
V0 = rep( 0, n )

# '1'의 값이 반이 되도록 V0에 할당
V0[ 2 * ( 1:( n %/% 2) ) ] = 1

# 표준정규분포(평균 0, 표준편차 1)에서 임의값을 n개 생성하여 V1에
할당
V1 = rnorm( n, 0, 1 )
```

넷째, 2회 측정 시점 자료를 생성한다. 이때 평균 연결 정도를 3으로 가정한다.

```
# 이항분포에서 확률 3/(n-1)(평균 연결 정도 3)이 되도록 n*n개의
임의값을 생성
# 임의값을 n*n 인접행렬로 변환하여 X0 변수에 할당
X0 = matrix( rbinom( n * n, 1, 3 / (n - 1) ), n, n )

# 인접행렬의 대각선은 0으로 지정
diag( X0 ) = 0

# X0의 복사본인 X1변수 생성
X1 = X0

# X0의 첫 번째 행의 두 번째 열의 값을 0으로 지정
X0[ 1, 2 ] = 0

# X0의 두 번째 행의 첫 번째 열의 값을 1로 지정
X0[ 2, 1 ] = 1

# X1의 첫 번째 행의 두 번째 열의 값을 1로 지정(새로운 네트워크
생성)
X1[ 1, 2 ] = 1

# X1의 두 번째 행의 첫 번째 열의 값을 0으로 지정(기존 네트워크
```

```
소멸)
X1[ 2, 1 ] = 0

# 2회 측정 종단 네트워크 데이터 생성
# 우선 결측값으로 입력
XX = array( NA, c( n, n, 2 ) )

# X0를 첫 번째 측정된 종단 네트워크로 지정
XX[ ,,1 ] = X0

# X1을 두 번째 측정된 종단 네트워크로 지정
XX[ ,,2 ] = X1
```

다섯째, 데이터셋을 생성하기 위해 우선 독립변수를 시간 불변 변수로 가정하고 coCovar()을 이용해서 독립변수를 생성한다. 그런 다음 sienaDependent() 함수를 이용해서 네트워크 종속변수와 행동 종속변수를 생성한다. sienaDataCreate() 함수를 이용해서 네트워크 종속변수, 행동 종속변수와 시간 불변 독립변수를 하나의 객체로 생성한다.

```
# {1, ..., c}의 초기 균일분포를 활용하여 행동 변수 생성
ZZ = pmin( matrix( trunc( c * runif( n * 2 ) ) + 1, n, 2 ), c )

# 시간 불변(행위자 특성) 독립변수를 Va, Vb로 지정
Va = coCovar( V0 )
Vb = coCovar( V1 )

# 네트워크 종속변수를 X로 지정
X  = sienaDependent( XX, allowOnly = FALSE )

# 행동 종속변수를 Z로 지정
Z  = sienaDependent( ZZ, type = "behavior", allowOnly = FALSE )
```

```
# 초기 데이터셋을 InitData로 지정
InitData = sienaDataCreate( X, Z, Va, Vb )
```

여섯째, getEffects()와 setEffect() 함수를 이용해서 모형 명세화를 시작한다. 네트워크 변화율, 밀도, 호혜성, 전이적 삼자관계, 순환적 삼자관계, a 변수의 활동성·대중성·유사성, b 변수의 활동성·대중성·유사성, 행동의 변화율, 행동의 선형변화, 행동의 이차변화, 행동의 평균 유사성의 초깃값을 지정한다.

lin.b)

```
# 기본 효과 설정
InitEffect0 = getEffects( InitData )

# 네트워크 변화율
InitEffect0 = setEffect( InitEffect0, Rate, type = “rate”,
                        initialValue = 10 * rate)
# 밀도
InitEffect0 = setEffect( InitEffect0, density, initialValue = dens )

# 호혜성
InitEffect0 = setEffect( InitEffect0, recip, initialValue = rec )

# 전이적 삼자관계
InitEffect0 = setEffect( InitEffect0, transTrip, initialValue = tt )

# 순환적 삼자관계
InitEffect0 = setEffect( InitEffect0, cycle3, initialValue = c3 )

# a 변수의 활동성
InitEffect0 = setEffect( InitEffect0, egoX, interaction1 = “Va”,
                        initialValue = Vaego )

# a 변수의 대중성
```

```
InitEffect0 = setEffect( InitEffect0, altX, interaction1 = “Va”,
                         initialValue = Vaalt )

# a 변수의 유사성
InitEffect0 = setEffect( InitEffect0, simX, interaction1 = “Va”,
                         initialValue = Vasim )

# b 변수의 활동성
InitEffect0 = setEffect( InitEffect0, egoX, interaction1 = “Vb”,
                         initialValue = Vbego )

# b 변수의 대중성
InitEffect0 = setEffect( InitEffect0, altX, interaction1 = “Vb”,
                         initialValue = Vbalt )

# b 변수의 유사성
InitEffect0 = setEffect( InitEffect0, simX, interaction1 = “Vb”,
                         initialValue = Vbsim )

# 행동의 변화율
InitEffect0 = setEffect( InitEffect0, name = “Z”, Rate, type =
                         “rate”, initialValue = 10 * rate.b )

# 행동의 선형변화
InitEffect0 = setEffect( InitEffect0, name = “Z”, linear,
                         initialValue = lin.b )

# 행동의 이차변화
InitEffect0 = setEffect( InitEffect0, name = “Z”, quad, initialValue
                         = qu.b )

# 행동의 평균 유사성
InitEffect0 = setEffect( InitEffect0, name = “Z”, avAlt,
                         interaction1 = “X”, initialValue = avalt.b )
```

일곱째, sienaAlgorithmCreate()를 이용해서 알고리즘을 지정한다. 프로젝트의 이름을 정하고(Init), useStdInits = FALSE로 하며, nsub = 0으로 정하고, n3 = nthree로 지정하며, 무조건부 모형(cond = FALSE) 으로 설정하고 simOnly = TRUE로 지정한다.

```
# n3에 주어진 모수는 sum(InitEff0$include)보다 커야 함
nthree = sum( InitEff0$include ) + 5
# 알고리즘 지정
InitAlg = sienaAlgorithmCreate( projname = "Init",
                                useStdInits = FALSE,
                                cond = FALSE,
                                nsub = 0,
                                n3 = nthree,
                                simOnly = TRUE )
```

여덟째, siena07() 함수를 이용해서 첫 번째 측정 시점의 모의 자료를 추정한다.

```
# 첫 번째 측정 시점 모의 자료 추정
InitSim = siena07( InitAlg,
                   data = InitData,
                   eff = InitEffect0,
                   returnDeps = TRUE,
                   batch = TRUE,
                   silent = TRUE )
```

아홉째, 2회부터 M회까지의 모의 자료 생성을 위해 빈 네트워크와 행동 자료를 생성한다. 모의 자료를 기반으로 최종 차수의 모의 자료를 생성한다.

```
# M회까지의 모의 자료생성을 위해 우선 빈 네트워크와 행동 자료생성
Xs = array( NA, dim = c( n, n, M ) )
Zs = array( NA, dim = c( n, M ) )

# 모의 자료 기반 최종 차수 모의 자료생성을 위해서 모형 명세화
InitEffect = InitEffect0
InitEffect = setEffect( InitEffect,
                        Rate,
                        type= "rate",
                        initialValue = rate )
InitEffect = setEffect( InitEffect,
                        name = "Z",
                        Rate,
                        type = "rate",
                        initialValue = rate.b )
sink()

# 루프는 이전에 시뮬레이션된 네트워크로 시작
for (m in 1:M){

    # 이전에 시뮬레이션된 네트워크는 에지 목록에서 인접행렬로 변환
    XXsim = matrix( 0, n, n )
    nsim  = InitAlg$n3
    XXsim[ InitSim$sims [[nsim]][[1]]$X[[1]][ ,1:2]]  =
           InitSim$sims [[nsim]][[1]]$X[[1]][ ,3]

    # 시뮬레이션된 네트워크를 결과 행렬에 배치
    Zsim = InitSim$sims[[nsim]][[1] ]$Z[[1]]

    # 다음 시뮬레이션을 위해 시뮬레이션된 네트워크와 행동을 원하는
    위치에 배치
    Xs[ ,,m ] = XXsim
    Zs[ ,m ] = Zsim
    XX[ ,,2 ]  = XX[ ,,1 ]
    XX[ ,,1 ] = XXsim
    ZZ[ ,2 ] = ZZ[ ,1 ]
```

```
    ZZ[,1] = Zsim
    if (m < M){

        # 다음은 아주 드문 사건인 XX[,,1] == XX[,,2]
        # 또는 ZZ[,1] == ZZ[,2]에서 발생할 수 있는 오류를 방지하기
        위한 것
        if (identical( XX[,,1], XX[,,2]) ){ XX[1,2,1] = 1 -
XX[1,2,2] }
        if (identical( ZZ[,1], ZZ[,2]) ){
        ZZ[1,1] = ifelse( (ZZ[1,1] == 1), 2, 1 ) }

        # XX[,,1]로 시작하는 2회 측정 종단 네트워크 데이터 세트 지정
        X = sienaDependent( XX, allowOnly = FALSE )
        Z = sienaDependent( ZZ, type = 'behavior', allowOnly = FALSE )

        # 이전 XXsim인 XX[,,1]에서 시작하는 웨이브 m+1을 시뮬레이션함
        InitData = sienaDataCreate( X, Z, Va, Vb )
        InitSim = siena07( InitAlg,
                          data = InitData,
                          eff = InitEffect,
                          returnDeps = TRUE,
                          batch = TRUE,
                          silent = TRUE )
    }
}
# 각 측정 시점별 평균 연결 정도 계산 후 소수점 둘째 자리까지 표기
cat( "Average degrees", round( colSums(Xs, dims = 2) / n, digits =
    2), "\n" )

# 각 측정 시점별 평균 행동 정도 계산 후 소수점 둘째 자리까지 표기
cat( "Average behavior", round( colSums(Zs) / n, digits = 2), "\n" )

# 결과: 시뮬레이션된 데이터 세트의 covara 및 covarb는 길이가 n인
벡터
# 네트워크는 nxnxM 차원의 배열
```

```
# 행동은 nxM의 행렬
list( covara = V0, covarb = V1, networks = Xs, behaviors = Zs )
}
```

열 번째, 위에서 작성한 모의실험 알고리즘을 실험하기 위해 가상의 자료를 입력한다. 가상의 입력값은 다음과 같다.

```
n = 15  # 행위자 수
M = 4   # 반복측정 횟수
rate = 2# 네트워크 변화율
dens = -1.9 # 밀도
rec = 2 # 호혜성
tt = 0.3     # 전이적 삼자관계
c3 = -0.3    # 순환적 삼자관계
Vaego = 0    # a 변수의 활동성
Vaalt = 0    # a 변수의 대중성
Vasim = 0.6 # a 변수의 유사성
Vbego = 0.5 # b 변수의 활동성
Vbalt = -0.5 # b 변수의 대중성
Vbsim = 0.5 # b 변수의 유사성
c = 4   # 행동 변수의 범주 수
rate.b = 1  # 행동 변화율
lin.b = 0.1 # 행동의 선형변화
qu.b = -0.3 # 행동의 이차변화
avalt.b = 0.5    # 행동의 평균 유사성
```

열한 번째, SimulateNetworks() 함수를 이용해서 각 측정 시점별 종단 사회 네트워크 모의 자료의 평균 연결 정도(average degrees)와 평균 행동 정도(average behavior)를 계산하고 그 값을 확인한다.

```
# 각 시점별 평균 연결 정도와 평균 행동 정도 계산 결과 확인
SN = SimulateNetworksBehavior( n, M, c, rate,
                               dens, rec, tt, c3,
                               Vaego, Vaalt, Vasim,
                               Vbego, Vbalt, Vbsim,
                               rate.b, lin.b, qu.b, avalt.b )
```

행위자 수와 밀도 값을 변경해서 가면서 의도한 평균 연결 정도와 평균 행동 정도가 산출되는지 확인한다. 구체적으로 a 변수인 시간 불변 특성 이분 변수의 모의 자료를 확인하고, b 변수인 시간 불변 특성 연속 변수의 모의 자료를 확인한다. 또한 각 측정 시점별 종단 네트워크의 모의 자료를 확인하고, 마지막으로 각 측정 시점별 종단 행동 모의 자료를 확인해 본다.

```
n = 50  # 행위자수 변경
dens = -2.0 # 밀도 변경

# a 변수(시간불변 특성 이분 변수)의 모의 자료 확인
SN[[1]]
SN$covara

# b 변수(시간불변 특성 연속 변수)의 모의 자료 확인
SN[[2]]
SN$covarb

# 각 측정 시점별 종단 네트워크 모의 자료 확인
SN[[3]]
SN$networks

# 각 측정 시점별 종단 행동 모의 자료 확인
SN[[4]]
SN$behaviors
```

1장부터 10장을 통해 네트워크 개념과 측정, 네트워크 분석 소프트웨어, 횡·종단 네트워크 기술 통계 분석 방법, 횡·종단 네트워크 시각화 방법, 횡·종단 네트워크 통계모형, 그리고 횡·종단 네트워크 모의실험에 관해 탐색해 보았다.

이러한 네트워크 분석 방법의 활용은 첫째, 네트워크 사회와 초연결사회로 가고 있는 21세기에 기초적인 시각화 결과와 통계모형분석 결과를 통해 일반적인 사회 네트워크 분석에 활용할 수 있다. 특히 지나치게 시각화 방법에만 의존하여 연구 결과를 제시한 선행연구의 한계를 극복하기 위해서 세 가지 통계모형을 적용하는 연구에 활용할 수 있으며, 이러한 연구는 향후 보다 복잡하고 다양한 네트워크 자료를 분석하고자 하는 연구자에게 큰 도움이 될 것이다. 둘째, 빅데이터 분석을 위해서 횡단 및 종단 네트워크 분석의 중요성이 점점 증대되고 있는 상황에서 종단 네트워크 분석을 위한 적절한 통계모형을 활용하면 보다 유용한 빅데이터 분석에 도움이 될 것이다. 셋째, 경쟁을 통한 성장과 발전도 중요하지만, 협력을 통한 교육의 질적 발전을 추구해야 하는 상황에서 횡단 및 종단 네트워크 분석은 협력 측정 및 평가에 유용할 것이며 특히 협력 증진에 도움이 되는 정보를 제공할 것이다. 마지막으로 네트워크 분석방법은 융·복합 연구를 위해서 필수로 배워야 할 연구 방법이 될 것이며, 이러한 네트워크 분석 방법은 융·복합 연구 설계 및 수행에 나침반 역할을 할 것으로 기대한다. 궁극적으로 이러한 새로운 네트워크 분석 방법의 습득 및 각종 분야에서 네트워크 연구 성과 창출을 통해, 초연결사회의 실태 파악, 사회문제 인식, 및 관련 정책개발에 일조하는 선순환 구조에 이제까지 소개한 네트워크 분석 방법이 도움이 될 것으로 기대한다.

요약

- **종단 네트워크 모의실험의 개념**
  - 네트워크 모의 자료생성 방법
  - RSiena 패키지 활용
  - 모의실험 결과 확인

- **종단 사회 선택모형 모의실험**
  - 유유상종 효과 검정
  - RSiena 패키지 활용

- **종단 상호 진화모형 모의실험**
  - 상호진화 효과 검정
  - RSiena 패키지 활용

연습문제

1 네트워크 모의실험의 개념을 예를 들어 설명하시오.

2 R를 활용한 네트워크 모의 자료의 생성 방법을 설명하시오.

3 igraph 패키지를 활용하여 사회 영향모형 모의실험을 수행하시오.

4 igraph 패키지를 활용하여 사회 선택모형 모의실험을 수행하시오.

5 statnet 패키지를 활용하여 사회 선택모형 모의실험을 수행하시오.

6 statnetWeb 패키지를 활용하여 사회 선택모형 모의실험을 수행하시오.

7 igraph 패키지를 활용한 사회 선택모형 모의실험의 결과 확인을 위해 모의 네트워크의 소시오그램을 작성하시오

8 statnet 패키지를 활용한 사회 선택모형 모의실험의 결과 확인을 위해 실제 네트워크와 모의 네트워크의 소시오그램을 작성하시오

9 statnetWeb 패키지를 활용한 사회 선택모형 모의실험의 결과 확인을 위해 모의 네트워크의 소시오그램을 작성하시오

10 연구의 내적 타당도를 증진하기 위한 횡단 네트워크 모의실험 방법에 관해 논하시오.

참고문헌

강유림, 신혜성, 김성우, 김종민(2017). 남자고등학생의 친구하위집단, 사회적 성취목표, 학습유형, 학업성취도가 학업도움 네트워크 형성에 미치는 영향. 미래교육학연구, 30(2), 1-22.

강혜진, 안성현, 정주영, 한영진, 김종민(2017). 초등교사의 자기효능감과 도움 네트워크가 교사-교사 간 신뢰에 미치는 영향. 교육논총, 37(3), 265-286.

강화정(2006). 사회성 측정 인기도와 지각된 인기도에 대한 이론적 연구. 초등교육학연구, 13(1), 179-192.

김달효(2010). 사회성 측정(sociometry)를 활용한 학생의 사회성 개선 효과 검증. 수산해업교육연구, 22(4), 633-646.

김민조(2012). 학교내 교원간 의사소통 네트워크 분석: S초등학교 사례. 열린교육연구, 20(4), 65-97.

김성연, 김종민(2018). 예비 초등교사 도움 및 친구 네트워크의 특성과 네트워크 중심성이 행복감에 미치는 영향. 교육연구논총, 39(1), 175-202.

김영화(2012). 학교조직혁신의 결정요인에 관한 연구: 초등학교 교원의 사회연결망 특성을 중심으로. 박사학위 논문, 건국대학교 대학원.

김용학(1987). 사회연결망 분석의 이론틀: 구조와 행위의 연결을 중심으로. 한국사회학, 21(1). 1031-1068.

김용학(2003a). 사회 연결망 이론. 서울: 박영사.

김용학(2003b). 사회 연결망 분석. 서울: 박영사.

김용학, 하재경(2008). 네트워크 사회의 빛과 그늘. 서울: 박영사.

김종민(2015a). 초등교원의 동료 네트워크가 교직 만족감과 행복감에 미치는 영향. 초등교육연구, 28(1), 21-45.

김종민(2015b). 사회선택 통계모형의 방법론적 특성과 p2와 p*모형을 활용한 남자고등학생의 영어도움 네트워크 분석. 교육평가연구, 28(3), 753-777.

김종민(2017). Similarities, Differences, and Influential Factors of Elementary Teachers' Networks for Student Assessment. 교육평가연구, 30(1), 145-171.

김종민(2018). 종단 네트워크 통계모형 비교 분석. 한국연구재단 신진연구자지원사업 결과보고서. https://www.krm.or.kr/krmts/link.html?dbGubun=SD&m201_

id=10076871&local_id=10093859.
김종민(2019a). 경기도 초등교원의 학생평가를 위한 조언 · 정보 네트워크 형성에 영향을 미치는 요인. 학교교육연구, 4(1), 21-42.
김종민(2019b). An Empirical Comparison of Statistical Models for Longitudinal Elementary Teachers' Advice Networks. 교육평가연구, 32(3), 441-471.
김종민(2019c). 초등교원의 종단 조언 네트워크 결측자료 분석방법 비교. 교육평가연구, 32(4), 671-703.
김종민, 임현정(2015). 초등학생 도움 네트워크 측정 및 분석: 도움 네트워크가 행복감에 미치는 영향을 중심으로. 교육평가연구, 28(4), 1077-1106.
김지은, 조병희(2012). 사회적 관계가 청소년 흡연에 미치는 영향. 한국청소년연구, 23(1), 57-87.
김향남, 류점숙(1989). 아동의 사회성 측정적 지위에 따른 성격 특성. 인문연구, 10(2), 237-280.
김혜영(2013). 초등학교 교사 연결망의 사회적 성격 분석. 석사학위 논문, 한국교원대학교.
김효정(2006). 자생적 교사 연구모임의 사회연결망 분석: 초등학급경영연구회를 중심으로. 교육행정학연구, 24(2), 173-200.
남창우(2012). 사회 연결망 내에서 중앙성이 학습자의 학업성취와 온라인 협동학습태도에 미치는 영향. 열린교육연구, 20(2), 51-73.
도금혜(2007). 청소년의 사회측정적 인기도에 영향을 미치는 생태학적 변인. 한국가정관리학회지, 25(4), 43-55.
박건영(2018). NetworkX를 활용한 네트워크 분석 기법 기초 입문. 서울: 키메이커.
박은실, 최명숙(2011). 온라인 토론학습에서 사회연결망 중심도가 지식구성에 미치는 영향. 교육정보미디어연구, 17(3), 353-377.
손동원(2002). 사회 네트워크 분석. 서울: 경문사.
신철균(2007). 학교 내 교원 간 의사소통 네트워크 분석: A 고등학교를 중심으로. 한국교원교육연구, 24(2), 337-362.
안이환(2007). 아동의 사회성 측정을 통한 학급의 역동 관찰. 초등상담연구, 6(1), 3-18.
이동찬(2007). 초등학교 내 교사 간 지원 네트워크 분석. 석사학위 논문, 서울대학교.
이재무, 송영선(2014). 사회연결망분석을 활용한 국공립어린이집 보육교사의 동료신뢰 형성요인 연구. 한국영유아보육학, 85, 19-43.
이재열, 안정옥, 송호근 편저(2007). 네트워크 사회의 구조와 쟁점. 서울: 서울대학교 출판부.
임규연, 김희준, 박하나(2014). 웹기반 협력학습에서 참여와 상호작용의 차이에 대한 고찰. 한국컴퓨터교육학회 논문지. 17(4). 69-78.
임현정(2017). 초등학생의 친구 네트워크와 도움 네트워크 변화 탐색 : 학업적 성취목표의 선택 및 영향 효과 중심으로. 석사학위 논문, 경인교육대학교.

임현정, 김종민(2016a). PLS-SEM을 적용한 초등학교 고학년의 학업성취, 친구관계, 자아개념 및 행복감 간의 관계 탐색. 교육심리연구, 30(2), 447-468.

임현정, 김종민(2016b). 사회 네트워크 분석을 활용한 초등학생 친구 네트워크 하위그룹 식별과 학업도움 네트워크 형성요인 탐색. 교육평가연구, 29(3), 565-595.

임현정, 김종민(2018). 종단 네트워크 측정 및 분석: 초등학생 친구 및 도움 네트워크 중심으로. 교육평가연구, 31(1), 281-308.

장덕진(2000). 학급내 연결망과 학습성과. 사회과교육학연구, 4, 161-185.

정남호(2004). 컴퓨터지원협동학습(CSCL) 환경 하에서 사회연결망분석(SNA)을 이용한 학습자 상호작용연구. 한국지능정보시스템학회 학술대회논문집, 2(1), 361-368.

정성철, 홍상황, 김종미(2011). 아동의 또래지위에 따른 교우관계문제. 초등상담연구, 10(2), 167-184.

정혜온(2007). SNA에 의한 교우관계 분석과 지도 방안. 교육문화연구, 13(2), 137-158.

조일현(2003). GBS 학습 환경 하에서 상호작용 연구를 위한 사회 연결망 분석 기법의 적용. 컴퓨터교육학회 논문지, 6(2), 81-93.

조일현(2008). 협동학습팀 내 사회연결망 지수가 학습성과에 미치는 영향. 교육공학연구, 24(4), 295-317.

최병호 (2012). 혁신학교 참여 교사들의 교육관 제구성과 연결망 분석. 석사학위논문, 한국교원대학교.

최연철 (2012). 유아의 또래관계 변화에 대한 사회연결망 분석. 교원교원, 28(3), 159-174.

최지희(2011). 사회연결망분석을 통한 중등사회과 교사 간의 상호교류 실태 분석. 석사학위논문, 이화여자대학교.

최현희, 김종민(2018). 경기도 다문화 밀집지역 초등 6학년생의 다문화 수용성과 그들의 친구 네트워크와의 관계를 탐색. 미래교육학연구, 31(1), 1-19.

Amati, V., Lomi, A., & Mira, A. (2018). Social network modeling. *Annual Review of Statistics and Its Application, 5*, 343-369.

Barnes, J. A. (1954). Class and committees in a Norwegian island parish. *Human Relations, 7*, 39-58.

Bastian, M., Heymann, S., & Jacomy, M. (2009). Gephi: An open source software for exploring and manipulating networks. San Jose (CA): *International AAAI Conference on Weblogs and Social Media,* 361-362.

Besag, J. (1975). Statistical analysis of non-lattice data. *Journal of the Royal Statistical Society, Series D (The Statistician), 24*(3), 179-195.

Block, P., Stadtfeld, C., & Snijders, T. A. B. (2019). Forms of Dependence:

Comparing SAOMs and ERGMs from basic principles. *Sociological Methods & Research, 48*(1), 202-239.

Blondel, V. D., Guillaume, J. L., Lambiotte, B., & Lefebvre, E. (2008). Fast unfolding of communities in large networks. *Journal of Statistical Mechanics: Theory and Experiment, 2008.*

Brandes, U. (2001). A Faster Algorithm for Betweenness Centrality. *Journal of Mathematical Sociology. 25*(2), 163-177.

Brin, S. & Page, L. (1998). The Anatomy of a Large-Scale Hypertextual Web Search Engine, in Proceedings of the seventh International Conference on the World Wide Web (WWW). 107-117.

Cranmer, S. J., Desmarais, B. A., & Kirkland, J .H. (2012). Toward a Network Theory of Alliance Formation. *International Interactions, 38*(3), 295－324.

Cranmer, S. J., Heinrich, T., & Desmarais, B. A. (2014). Reciprocity and the structural determinants of the international sanctions network. *Social Network, 36*(1), 5-22.

Daly, A. J. (2010). Mapping the terrain: Social network theory and educational change. In A. J. Daly (ed.), *Social network theory and education change.* (Ch. 1, pp. 1-16). Cambridge, MA: Harvard Education Press.

Desmarais, B. A. & Cranmer, S. J. (2010). Consistent Confidence Intervals for Maximum Pseudolikelihood Estimators. In Proceedings of the Neural Information Processing Systems 2010 Workshop on Computational Social Science and the Wisdom of Crowds.

Desmarais, B. A. & Cranmer, S. J. (2012). Statistical Mechanics of Networks: Estimation and Uncertainty. *Physica A: Statistical Mechanics and its Applications, 391*(4), 1865－1876.

Durland, M. M. (2005). A formative evaluation of the integration of two departments. *New directions for Evaluation, 107*, 81-94.

Eades, P. (1984). A Heuristic for Graph Drawing. *Congressus Numerantium, 42*(11), 149－160.

Fienberg, S. E. & Wasserman, S. (1981). Discussion of 'An exponential family of probability distributions for directed graphs' by Holland and Leinhardt. *Journal of the American Statistical Association 76*(373), 54-57.

Frank, K. A. (1995). Identifying cohesive subgroups. *Social Networks, 17*, 27-56.

Frank, K. A. (1996). Mapping interactions within and between cohesive subgroups. *Social Networks, 18*(2), 93-119.

Frank, K. A. (2013). KliqueFinder 0.15 [computer software]. Retrieved from https://msu.edu/~kenfrank/resources.htm#p2

Frank, K. A., Penuel, W. R., Sun, M., Kim, C., & Singleton, C. (2013). The organization as a filter of institutional diffusion. *Teachers College Record, 115*(1), 306-339.

Frank, K. A., Zhao, Y., & Borman, K. (2004). Social capital and the diffusion of innovations within organizations: Application to the implementation of computer technology in schools. *Sociology of Education, 77*, 148-171.

Frank, K. A., Kim, C., & Belman, D. (2010). Utility Theory, Social Networks, and Teacher decision making: Modeling Networks' Influences on Teacher Attitudes and Practices. In A. J. Daly (ed.), *Social network theory and education change.* (Ch. 12., pp. 223-242). Cambridge, MA: Harvard Education Press.

Frank, O. & Strauss, D. (1986). Markov graphs. *Journal of the American Statistical Association, 81*(395), 832-842.

Freeman, L. C. (1979). Centrality in social networks: I. Conceptual clarification. *Social Networks*, 1(3), 215 – 239.

Fruchterman, T. M. J. & Reingold, E. M. (1991). Graph Drawing by Force-Directed Placement. *Software:Practice &Experience, 21*(11), 1129 – 1164.

Gajda, R. & Koliba, C. (2007). Evaluating the imperative of intraorganizational collaboration: A school improvement Perspective. *American Journal of Evaluation*. *28*(1), 26-44.

Hanneke, S., Fu, W., & Xing, E. P. (2010). Discrete temporal models of social networks. *The Electronic Journal of Statistics, 4*, 585-605.

Hock, R. (1988). Professional burnout among public school teachers. *Public Personnel Management, 17*(2), 167-189.

Holland, P. W. & Leinhardt, S. (1981). An exponential family of probability distributions for directed graphs. *Journal of the American Statistical Association, 76*, 33-65.

Hunter, D. R., Goodreau, S. M., & Handcock, M. S. (2008). Goodness of fit of social network models. *Journal of the American Statistical Association, 103*(481), 248-258.

Kamada, T. & Kawai, S. (1989), An algorithm for drawing general undirected graphs. *Information Processing Letters, Elsevier, 31*(1), 7 – 15.

Kassambara, A. (2017). Network Analysis and Visualization in R: Quick Start Guide.

Kim, C. (2011). *The Effect of Teachers' Social Networks on Teaching Practices and Class Composition*. Unpublished doctoral dissertation. Michigan State University, East Lansing, Michigan.

Kim, C., Frank, K. A., & Spillane, J. P. (2018). Relationships among Teachers' Formal and Informal Positions and their Incoming Student Composition. *Teachers College Record, 120*(3).

Kleinberg, J. M. (1999). Authoritative Sources in a Hyperlinked Environment, *Journal of the ACM. 46*(5), 604 – 632.

Knoke, D. & Yang, S. (2008). *Social Network Analysis(second edition)*. Los Angeles, London, New Delhi & Singapore: Sage.

Kobourov(2014). *Force-Directed Drawing Algorithms*. Roberto Tamassia (editor), Handbook of Graph Drawing and Visualization, CRC Press.

Leifeld P., Cranmer, S. J., & Desmarais, B. A. (2018a). *btergm: Extensions of exponential random graph models*. R package version 1.9.1, URL https://CRAN.R-project.org/package=btergm.

Leifeld, P., Cranmer, S. J., & Desmarais, B. A. (2018b). Temporal exponential random graph models with btergm: Estimation and bootstrap confidence intervals. *Journal of statistical software, 83*(6), 1-36.

Leifeld, P. & Cranmer, S. J. (2019). A theoretical and empirical comparison of the temporal exponential random graph model and the stochastic actor-oriented model. *Network Science, 7*(1), 20-51.

Leifeld, P., Cranmer, S. J., & Desmarais, B. A. (2017). *xergm: Extensions of exponential random graph models*. R package version 1.8.2, URL https://CRAN.R-project.org/package=xergm.

Luke, D. (2015). *A User's Guide to Network Analysis in R*. Switzerland: Springer.

Lusher, D., Koskinen, J., & Robins, G. (2013) *Exponential random graph models for social networks: Theory, methods, and applications*. New York, NY: Cambridge University Press.

Maslach, C. (1976). Burned-out. *Human Behavior, 9*, 16-22.

Maslach, C., & Jackson, S. E. (1981). The measurement of experienced burnout. *Journal of Occupational Behavior, 2*, 99-113.

McPherson, M., Smith-Lovin, L., & Cook, J. M. (2001). Birds of a feather: Homophily in social networks. *Annual Review of Sociology, 27*(1), 415-444.

Monge, P. R., & Contractor, N. (2003). *Theories of communication networks*. New York, NY: Oxford University Press.

Penuel, W. R., Riel, M., Joshi, A., Pearlman, L., Kim, C., & Frank, K. A. (2010). The alignment of the informal and formal organizational supports for reform: Implications for improving teaching in schools. *Educational Administration Quarterly, 46*(1), 57-95.

Prell, C. (2012). *Social network analysis: History, theory & methodology*. London: Sage.

Ripley, R. M., Snijders, T. A. B., Boda, Z., M., Voros, A., & Preciado, P. (2022). *Manual for RSIENA*. Groningen, Netherland, Retrieved May 18, 2022 from http://www.stats.ox.ac.uk/~snijders/siena/RSiena_Manual.pdf

Robins, G., Pattison, P., Kalish, Y., & Lusher, D. (2007a). An introduction to exponential random graph (p*) models for social networks. *Social Networks, 29*(2), 173-191.

Robins, G., Snijders, T. A. B., Wang, P., & Handcock, M. S. (2007b). Recent developments in exponential random graph (p*) models for social networks. *Social Networks, 29*(2), 192-215.

Siciliano, M. D. (2015). Professional networks and street-level performance: How public school teachers' advice networks influence student performance. *American Review of Public Administration*, 1-23.

Snijders, T. A. B. (1996). Stochastic actor-oriented models for network change. *Journal of Mathematical Sociology 21*, 149 – 172.

Snijders, T. A. B. (2001). The statistical evaluation of social network dynamics. In M. E., Sobel, and Becker, M. P. (Eds.), *Sociological methodology,* pp. 361-395. Boston and London: Basil Blackwell.

Snijders, T. A. B. (2005). Models for longitudinal network data. In: Carrington, P.J., Scott, J., Wasserman, S. (Eds.), *Models and Methods in Social Network Analysis*(pp. 215 – 247). New York, NY: Cambridge University Press.

Snijders, T. A. B. (2017). Stochastic actor-oriented models for network dynamics. *Annual Review of Statistics and Its Application, 4*, 343-363.

Snijders, T. A. B. & Baerveldt, C. (2003). A multilevel network study of the effects of delinquent behavior on friendship evolution. *Journal of mathematical sociology, 27,* 123-151.

Snijders, T. A. B., Koskinen, J. H., & Schweinberger, M. (2010a). Maximum likelihood estimation for social network dynamics. *Annals of Applied Statistics, 4*, 567 – 588.

Snijders, T. A. B., Steglich, C. E. G., Schweinberger, M., & Huisman, M. (2008). *Manual for SIENA* version 3.2. Groningen: University of Groningen.

Snijders, T. A. B., van de Bunt, G., & Steglich, C. E. G. (2010b). Introduction to stochastic actor-based models for network dynamics. *Social Network, 32*(1), 44-60.

Spillane, J. P. (2006). *Distributed leadership*. San Francisco, CA: Jossey-Bass.

Spillane, J. P. & Coldren, A. F.(2011). *Diagnosis and design for school improvement*. New York, NY: Teachers College Press.

Spillane, J. P. & Kim, C. (2012). An exploratory analysis of formal school leaders' positioning in instructional advice and information networks in elementary schools. *American Journal of Education, 119*(1), 73-102.

Spillane, J. P., Healey, K., & Kim, C. (2010). Leading and Managing Instruction: Formal and Informal Aspects of the Elementary School Organization. In A. J. Daly (ed.), *Social network theory and education change*, (Ch. 8., pp. 129-158). Cambridge, MA: Harvard Education Press.

Spillane, J. P., Kim, C., & Frank, K. A. (2012). Instructional advice and information seeking behavior in elementary schools: Exploring tie formation as a building block in social capital development. *American Educational Research Journal, 49*(6), 1112-1145.

Steglich, C. E. G., Snijders, T. A. B., & Pearson, M. (2010). Dynamic networks and behavior: Separating selection from influence. *Sociological Methodology, 40*(1), 329-393.

Steglich, C. E. G., Snijders, T. A. B., & West, P. (2006). Applying SIENA: An illustrative analysis of the co-evolution of adolescents' friendship networks, taste in music, and alcohol consumption. *Methodology, 2*, 48-56.

Strauss, D. & Ikeda, M. (1990). Pseudolikelihood estimation for social networks. *Journal of the American Statistical Association, 85*(409), 204-212.

Sun, M., Frank, K. A., Penuel, W. R., & Kim, C. (2013). Formal leadership versus informal leadership: How institutions penetrate schools. *Educational Administration Quarterly, 49*(4), 610-644.

Tarjan, R. (1972). Depth-First Search and Linear Graph Algorithms. *SIAM Journal on Computing, 1*(2), 146 – 160.

Tutte, W. T. (1963). How to draw a graph. *Proceedings of the London Mathematical Society, 13*(52), 743 – 768.

Van Duijn, M. A. J., Snijders, T. A. B., & Zijlstra, B. (2004). p2: A random effects model with covariates for directed graphs. *Statistica Neerlandica, 58*(2), 234 – 254.

Wasserman, S. & Faust, K. (1994). *Social network analysis: Methods and. applications.* Cambridge, ENG & New York: Cambridge University Press.

Wasserman, S. & Pattison, P. (1996). Logit models and logistic regression for social networks: An introduction to Markov graphs and P*, *Psychometrika, 61*, 401-425.

Zijlstra, B. & Van Duijn, M. A. J. (2005). *Manual p2.* Version 4.0.0.0. Heymans institute, University of Groningen.

Zijlstra, B., Van Duijn, M. A. J., & Snijders, T. A. B. (2005). Model selection in random effects models for directed graphs using approximated Bayes factors. *Statistica Neerlandica, 59*(1), 107-118.

Zijlstra, B., Van Duijn, M. A. J., & Snijders, T. A. B. (2006). The multilevel p2 model: A random effects model for the analysis of multiple social networks. *Methodology, 2*(1), 42-47.

Zinoviev, D. (2018). *Complex Network Analysis in Python.* Pragmatic Bookshelf. Kindle Edition.

찾아보기

인명색인

주제색인

A

B

C

U

V

W

X

Y

ㄱ

ㄴ

ㅈ

ㅊ

부록

A. 기관심의위원회용 연구계획서, 연구대상자용 설명문 및 동의서

B. 사회 네트워크 설문지 예시

C. 사회 네트워크 자료

D. 종단 특성 자료

A. 기관심의위원회용 연구계획서, 연구대상자용 설명문 및 동의서

가. IRB용 연구계획서 예시

보건복지부 지정 공용기관생명윤리위원회 [권고서식 제1-1호]

1. 연구배경

- 현대사회는 네트워크 사회 그리고 초연결된 사회이다. 초연결된 사회에서 우리는 다양한 사람들과 관계를 맺게 된다. 특히 4차 산업혁명을 맞이하여 사물인터넷에 대한 관심과 빅데이터 분석에 대한 요구가 점점 거세지고 있다. 최신 연구에 따르면, 교원의 사회 네트워크는 교원의 규범, 교원의 학습공동체, 분산적 지도성, 혁신 실행, 학생들의 학습, 그리고 학생들의 주요과목 학업성취도에 중요한 영향을 준다. 그럼에도 불구하고 우리나라에서 교원을 대상으로 한 조언 및 정보 네트워크 분석 연구는 매우 부족한 실정이다. 특히 종단 네트워크 자료를 토대로 적절한 통계모형을 적용하여 사회 네트워크의 효과를 분석할 필요가 있으나 이와 관련된 국내연구는 거의 없는 실정이다. 이에 본 연구는 종단 네트워크 분석을 위한 적절한 통계모형을 비교 분석하고, 실제 한국 초등교원 네트워크분석에 적용하려고 한다.
- 이러한 본 연구의 의의는 다섯 가지로, 첫째, 종단네트워크 분석에 적절한 통계모형에 대한 연구라는 점이다. 네트워크 본성 자체가 역동적인 것을 생각하면 종단네트워크 분석은 현실을 반영하는 통계모형이다. 또한 네트워크 통계모형은 그동안 해결하기 어려웠던 개체들 간의 독립성 가정에 대한 보다 적절한 통계모형이다. 따라서 역동성과 상호의존성을 고려하는 종단 네트워크 통계모형을 통해서 기존의 자료 분석의 한계를 극복할 수 있다는 점에서 본 연구의 활용도는 매우 높다. 둘째, 본 연구를 통해 교원의 종단네트워크가 학교에서 어떻게 작용하는지를 그 실태를 파악하는데 도움이 될 것이다. 구체적으로 교원들이 교과수업뿐만 아니라 생활지도 및 진로지도를 위해 필요한 지식을 누구에게 구하는지 또는 제공하는지에 대한 상세한 정보를 알 수 있다. 또한 어느 영역에서의 교원의 종단 네트워크가 교원들의 수업 개선에 도움이 되는지를 확인하는데 큰 의의가 있다. 이러한 학교 조직의 공식적인 측면과 비공식

적인 측면에서 실태파악을 통해서 궁극적으로 교원들이 어떻게 수업을 관리하고 이끌어 가는지에 대해서 탐색하는데 본 연구 결과를 활용할 수 있다. 셋째, 네트워크 사회와 초연결사회로 가고 있는 21세기에서 사회네트워크 분석에 대한 요구가 점점 증대되고 있다. 또한 그 활용방법에 대한 관심이 갈수록 높아지고 있다. 이에 본 종단 네트워크 자료 시각화 결과와 통계모형분석 결과는 일반적인 사회네트워크 자료 분석의 예시자료로 활용이 가능하다. 그 동안 지나치게 시각화 방법에만 의존하여 연구결과를 제시하였다. 이런 선행연구의 한계점을 극복하고자 본 연구는 세 가지 통계모형에 기반한 연구결과를 제시할 것이다. 이러한 연구결과는 향후 보다 복잡하고 다양한 네트워크 자료 분석에 큰 도움이 될 것이다. 넷째, 빅데이터 분석을 위해서 종단 네트워크 분석은 그 중요성이 점점 증대되고 있다. 특히 종단 네트워크 분석을 위한 적절한 통계모형을 탐색하고 그 결과를 공유함으로서 보다 적절한 빅데이터 분석에 도움이 될 것이다. 다섯째, 경쟁을 통한 성장과 발전도 중요하지만 앞으로는 협력을 통한 교육의 질적발전을 추구해야 하는 상황에서 종단 네트워크 분석은 협력 측정 및 평가에 유용할 것이며 협력증진에 도움이 되는 정보를 제공할 것이다.

- 사회 네트워크 설문조사 자료 수집의 가장 큰 제한점인 연구대상자의 개인정보 보호를 위해서 본 연구는 연구대상자의 개인정보 수집을 최소화하고 자발적인 연구참여 및 적절한 심리적 및 금전적인 보상을 통해 이러한 한계점을 극복하고자 한다. 특히 실제이름과 같은 개인정보를 숫자로 변환하여 사용하고, 연구책임자 관할 하에 모든 관련 자료를 보관하고자 한다. 사회 네트워크 연구의 특성상 임의표집을 하기 보다는 수도권 초등학교 교원 대상으로 편의표집을 활용하여 자료를 수집하고자 한다. 또한 본 연구의 궁극적인 목적은 종단 네트워크 분석을 위한 적절한 통계모형을 비교 분석하는 것임으로 설문조사 관련 연구대상자의 식별 가능성은 최소화 할 계획이다.

2. 연구목적

- 본 연구의 목적은 종단 네트워크 분석을 위한 적절한 통계모형을 비교 분석하고 실제 초등교원 네트워크분석에 적용하는 것이다.
- 이러한 연구목적을 달성하기 위해서 본 연구는 1개년의 연구를 설계하였고 구

체적인 연구목표는 다음과 같다. 첫째, 연구의 전체적인 연구 개념모형을 정립하는 것이다. 둘째 개념모형을 토대로 측정모형을 완성하는 것이다. 셋째, 측정모형을 토대로 설문지를 개발하여 교원 네트워크를 조사하고 네트워크의 분석 기법을 활용한 기본 분석 및 시각화하는 것이다. 넷째, 교원 종단 네트워크를 사회영향모형을 적용하여 분석하는 것이다. 다섯째, 교원의 종단 네트워크를 사회선택모형을 적용하여 분석하는 것이다. 여섯째, 상호진화모형 중 ERGM(Exponential Random Graph Models)과 SAOM (Stochastic Actor-Oriented Models)의 분석과 비교를 통해 종단 네트워크 분석에 적절한 통계모형을 탐색하는 것이다. 위와 같은 세부적인 연구목표달성을 토대로 본 연구는 종단 네트워크 분석을 위한 적절한 통계모형에 대한 가이드라인을 제시하고자 한다. 또한 실제 경험적 종단 네트워크 자료 분석을 토대로 종단 네트워크 통계모형 적용을 보급하고자 한다.

3. 연구 실시 기관명 및 주소

- 기관명: 경인교육대학교 교육학과 김종민
- 주소: 경기도 안양시 만안구 155 인문사회관 연구동 610호

4. 연구 지원기관

- 연구지원기관: 한국연구재단 2017년도 신진연구자지원사업

5. 연구책임자, 공동연구자, 담당자의 성명과 직명

- 연구책임자: 경인교육대학교 교육학과 교수 김종민

6. 연구기간

- 승인일로부터 - 19년 12월 31일

7. 연구대상자

- 본 연구대상자는 수도권 초등학교 교원으로 먼저 학교를 편의표집하고 각 학교 교원 전체를 연구대상자로 하려고 한다. 연구대상자 선정기준은 현재 학교에 재직하고 있는 모든 교원(기간제 교원 포함)을 대상으로 하고자 하며 휴직한

교원은 제외하고자 한다.

- 잠재적인 연구대상자의 선정 및 제외기준에 나이, 성별, 사회적 또는 경제적 요인 등을 기준으로 삼지 않는다.
- 설문조사로 대조군(비교집단)은 별도로 설정하지 않는다.

8. 예상 연구대상자 수와 산출 근거

- 예상 연구대상자는 먼저 33개 학교(학교 당 30여명을 대상)를 대상으로 1,000명의 초등학교 교원으로 하고자 한다.
- 사회영향모형의 하나인 다층분석을 적용하기 위해서는 적절한 표본의 크기는 900명이상이다. 구체적으로 1수준 30명 그리고 2수준 30개 학교로 최소 30개 이상 학교와 총 900명 이상의 초등교원이 필요하다. 또한 완전네트워크 분석을 위해서는 각 학교 전체 교원의 80% 설문 응답률이 필요하다.
- 10% 정도의 학교가 최소 설문응답률을 충족하지 못한 선행 종단연구 경험을 고려하여 최소한의 예상 연구대상자가(33개 학교 1,000명 초등교원) 산출되었다.

9. 연구대상자 모집

- 연구대상자 모집을 위해서 먼저 개별 학교를 모집하고 개별 학교 초등교원의 연구 참여 의사를 파악하고자 한다.
- 연구대상 학교 표집을 위해 수도권 소재 초등학교에 연구 설명문을 배포하고 연구대상학교를 모집하고자 한다. 효율적인 학교표집을 위해 연구 설명문은 수도권 소재 초등학교 교원을 대상으로 하고자 한다. 이에 먼저 각 교육지원청 장학사를 통해 설명문을 배포하고 참여의사를 확인 후 연구대상 학교를 선정하고자 한다.
- 연구대상자는 소속 초등학교에서 우편으로 배송된 설문조사에 참여하고 설문조사지는 각 초등학교 담당자가 취합하여 우편으로 연구책임자에게 송부한다. 우편발송은 1학기중(4월경)와 1학기말(6월경)에 진행하고자 한다. 각 초등학교 담당자는 단순히 설문지를 취합하고 수거하는 역할과 도서상품권 배부의 역할만을 담당하고 연구관련 모든 질의는 연구책임자가 담당한다.

10. 연구대상자 동의

- 먼저 연구대상자의 서면 동의를 얻기 위하여 연구자가 예상 연구대상자들에게 연구 설명문을 배포하고자 한다. 그런 다음 동의서를 배부하여 연구대상자의 서면 동의를 구하고자 한다. 설문에 동의한 연구대상자는 동의서와 설문조사지를 각 초등학교 설문담당자에게 제출하고 각 초등학교 설문담당자는 우편으로 연구책임자에게 동의서와 설문지를 배송한다.
- 이에 각 초등학교 설문담당자는 1학기중과 1학기말 먼저 설명문과 동의서를 배부하고 동의한 교원을 대상으로 설문조사지를 배부하고자 한다.

11. 연구방법

- 연구 방법은 첫째, 전체적인 연구 개념모형을 정립을 위해 문헌분석을 한다.
- 둘째, 개념모형을 토대로 측정모형을 완성하는 것이다.
- 셋째, 측정모형을 토대로 설문지를 개발하여 교원 네트워크를 조사하고 네트워크의 분석 기법을 활용하여 기본분석 및 시각화한다.
- 넷째, 교원 종단 네트워크를 사회영향모형을 적용하여 분석한다.
- 다섯째, 교원의 종단 네트워크를 사회선택모형을 적용하여 분석한다.
- 여섯째, 상호진화모형 중 ERGM(Exponential Random Graph Models)과 SAOM (Stochastic Actor-Oriented Models)의 분석과 비교를 통해 종단 네트워크 분석에 적절한 통계모형을 탐색한다.

12. 관찰 항목

- 자료는 첫째, 교원 네트워크 자료로 구체적으로 초등학교 교원들에게 그들의 친한 동료를 파악하고, 수업지도, 생활지도, 학교행정에 관한 누구에게 도움을 주고받았는지 각 월별 구분하여 조사하고자 한다.
- 둘째, 교원 특성 변수로 개인배경(담임여부, 직위, 교원 총 경력, 현재 학교 경력, 성별, 담당직무)와 학교생활 경험(행복감, 교사 효능감, 직무만족도, 교사간의 신뢰, 교원 소진)에 관한 정보를 조사하고자 한다.

13. 효과 평가 기준 및 방법

- 설문조사 자료를 토대로 통계모형 비교 연구로 연구 효과를 평가하는 기준은

설문조사 응답률과 통계 모형 적합도 비교이다.

- 연구 효과 평가 방법으로 최종 설문조사 응답률을 보고하고 네트워크 통계 모형의 적합도 지수를 산출하여 보고 하고자 한다.

14. 안전성 평가 기준 및 평가 방법

- 성인을 대상으로 하는 자발적인 설문조사 연구로 특별히 안전성 평가 기준 및 평가 방법을 고려하지 않는다.

15. 자료분석과 통계적 방법

- 설문조사 자료를 토대로 시각화 기본분석, 그리고 네트워크 통계모형 분석을 한다. 종단 네트워크 분석은 세 가지 통계모형에 기반으로 하고자 한다.

16. 예측 부작용 및 주의사항과 조치

- 본 연구에서 나타날 수 있는 이상반응과 중대한 이상반응은 없을 것으로 예상한다.
- 초등교원 중에 임부가 포함될 가능성을 가정하여 여성과 아기의 건강에 대한 장·단기 영향을 반영하는 설문 조사지를 작성하고자 한다.

17. 중지 및 탈락기준

- 연구자에 의해서 연구대상자의 연구 참여가 제한되는 경우는 없을 것이다.

18. 연구대상자의 위험과 이익

- 연구 참여로 인해 연구대상자에게 발생할 수 있는 위험이나 불편으로는 첫째, 설문조사 응답 중 지난 1학기동안 학교생활 및 사회생활에서 소외되었음을 다시 한 번 자각하는 계기가 될 수 있다. 이러한 경험이 심리적인 불편감을 유발할 수 있다. 둘째, 설문조사 응답시간으로 미약하나마 학교업무에 지장을 받을 수 있다.
- 자발적인 설문조사임으로 연구에 참여함으로써 예상치 못하는 위험을 수반할 수 있는 경우는 거의 없을 것으로 예상한다.
- 연구에 참여함으로써 연구대상자에게 기대되는 이익으로는 설문조사 응답 중

지난 1학기동안 학교생활 및 사회생활을 성찰하는 계기가 될 수 있다. 이러한 성찰의 경험을 통해 심리적인 만족감을 느끼고 동료애가 증진될 수 있다.

19. 연구대상자 안전대책 및 개인정보보호대책

- 연구대상자 안전대책으로 자발적인 연구참여임을 주지시킨다. 즉 설문조사 중이라도 자발적인 의사에 따라 설문응답을 중단할 수 있음을 알린다. 연구 참여가 중지되거나 동의를 철회한 연구대상자의 기 수집된 자료는 일정기간(1년) 별도보관한 후 폐기한다. 일정기간(1년) 보관은 연구책임자 연구실의 자물쇠가 있는 서랍에 하며 폐기방법은 관련 설문지를 소거한다.
- 개인정보보호대책으로 수집하는 연구대상자 개인정보 항목(담임여부, 직위, 교원 총 경력, 현재 학교 경력, 성별, 담당직무)을 최소화 하고, 연구책임자 관할 및 책임 하에 관련 개인정보를 보관(숫자로 변환 및 연구자료 파일 비밀번호 설정)한다. 그리고 연구종료 3년 후 관련 개인정보 자료를 폐기한다.

20. 연구대상자 보상

- 연구대상자는 1학기중(4월)와 1학기말(6월) 총 2회의 설문조사에 응답하고, 각 회 당 5,000원 총 1만원 상당의 도서상품권을 받을 예정이다.

나. 연구대상자용 설명문 예시

연구대상자 설명문

연구과제명: 종단 네트워크 통계모형 비교 분석: 초등 교원 사회 네트워크 변화를 중심으로

본 연구는 초등교원의 사회 네트워크 변화에 대한 연구입니다. 귀하는 본 연구에 참여할 것인지 여부를 결정하기 전에, 설명서와 동의서를 신중하게 읽어보셔야 합니다. 이 연구가 왜 수행되며, 무엇을 수행하는지 귀하가 이해하는 것이 중요합니다. 이 연구를 수행하는 김종민 연구책임자가 귀하에게 이 연구에 대해 설명해 줄 것입니다. 이 연구는 자발적으로 참여 의사를 밝히신 분에 한하여 수행 될 것입니다. 다음 내용을 신중히 읽어보신 후 참여 의사를 밝혀 주시길 바라며, 필요하다면 가족이나 친구들과 의논해 보십시오. 만일 어떠한 질문이 있다면 담당 연구원이 자세하게 설명해 줄 것입니다.

귀하의 서명은 귀하가 본 연구에 대해 그리고 위험성에 대해 설명을 들었음을 의미하며, 이 문서에 대한 귀하의 서명은 귀하께서 자신(또는 법정대리인)이 본 연구에 참가를 원한다는 것을 의미합니다.

1. 연구의 배경과 목적

- 현대사회는 네트워크 사회이자 초연결된 사회입니다. 초연결된 사회에서 우리는 다양한 사람들과 관계를 맺게 됩니다. 특히 4차 산업혁명을 맞이하여 사물인터넷에 대한 관심과 빅데이터 분석에 대한 요구가 점점 거세지고 있습니다. 최신연구에 따르면, 교원의 사회 네트워크는 교원의 규범, 교원의 학습공동체, 분산적 지도성, 혁신 실행, 학생들의 학습, 그리고 학생들의 주요과목 학업성취도에 중요한 영향을 줍니다. 그럼에도 불구하고 우리나라에서 교원을 대상으로 한 조언 및 정보 네트워크 분석 연구는 매우 부족한 실정입니다. 특히 종단 네트워크 자료를 토대로 적절한 통계모형을 적용하여 사회 네트워크의 효과를 분석할 필요가 있으나 이와 관련된 국내연구는 거의 없는 실정입니다.
- 이에 본 연구는 종단 네트워크 분석을 위한 적절한 통계모형을 비교 분석하고,

실제 한국 초등교원 네트워크분석에 적용하려고 합니다.

2. 연구 참여 대상

- 연구대상자는 수도권 초등학교 교원입니다. 예상 연구 대상자는 33개 학교 1,000명입니다.
- 구체적으로 현재 학교에 재직하고 있는 교원(기간제 교원 포함)가 대상입니다.
- 휴직선생님은 본 연구에서 제외됩니다.

3. 연구 방법

- 만일 귀하가 참여의사를 밝혀 주시면 다음과 같은 과정이 진행될 것입니다.
- 총 2회의 설문조사에 응답합니다. 구체적으로 2018년 1학기중(5월)과 1학기말(7월) 총 2회의 설문조사에 응답합니다. 설문조사지는 각 학교 설문 담당자가 배부하고 수거합니다.
- 각 회 설문조사는 담당학급교실이나 교무실 등에서 응답 후 제출합니다.
- 설문조사지 첫째, 교원 특성 변수로 개인배경(담임여부, 직위, 교원 총 경력, 현재 학교 경력, 성별, 담당직무)와 학교생활 경험(행복감, 교사 효능감, 직무만족도, 교사 간의 신뢰, 교원 소진)에 관한 정보를 조사하고자 한다. 둘째, 교원 사회 네트워크변수로 초등학교 교원들에게 그들의 친한 동료 문항, 수업지도, 생활지도, 학교행정에 관한 누구에게 도움을 주고받았는지 각 월별로 구분하여 조사하고자 한다.
- 각 회 설문조사에는 총 20분 소요될 것입니다.
- 설문조사 후 각 회 당 5,000원 총 1만원 상당의 도서상품권을 지급받을 것입니다.

4. 연구 참여 기간

- 2018년 1학기중(5월)과 1학기말(7월) 총 2회의 설문조사에 참여하게 됩니다.

5. 연구 참여에 따른 이익

- 첫째, 설문조사 응답 중 지난 1 학기동안 학교생활 및 사회생활을 성찰하는 계기가 될 수 있습니다. 이러한 성찰의 경험을 통해 심리적인 만족감을 느끼고

동료애가 증진될 수 있습니다.

- 둘째, 교원 여러분의 소중한 응답은 우리나라 초등교육 발전을 위한 소중한 밑거름이 될 것입니다.

6. 부작용 또는 위험과 불편함

- 설문조사 응답 중 지난 1학기동안 학교생활 및 사회생활에서 소외되었음을 다시 한 번 자각하는 계기가 될 수 있다. 이러한 경험이 불쾌한 감정을 유발할 수 있습니다. 이럴 경우 귀하는 언제든지 설문조사를 멈출 수 있습니다. 만일 연구 참여 도중 발생할 수 있는 부작용이나 위험 요소에 대한 질문이 있으시면 담당 연구원에게 즉시 문의해 주십시오.

7. 연구 참여에 따른 보상 또는 비용

- 귀하에게 각 설문조사 시 5,000원 상당의 도서상품권 지급될 것입니다. 따라서 총 2회로 총 10,000원 도서상품권어 지급될 것입니다.
- 귀하가 연구 참여 시 추가로 지불하는 비용은 없습니다.

8. 개인정보와 비밀보장

- 본 연구의 참여로 귀하에게서 수집되는 개인정보는 다음과 같습니다. 이름, 담임여부, 직위, 교원 총 경력, 현재 학교 경력, 성별, 그리고 담당직무입니다. 이 정보는 연구를 위해 2년간 사용되며 수집된 정보는 개인정보보호법에 따라 적절히 관리됩니다. 관련 정보는 잠금장치가 있는 김종민 교수 연구실에 보관되며, 김종민 교수만이 접근 가능합니다. 연구 참여가 중지되거나 동의를 철회한 연구대상자의 기 수집된 자료는 일정기간(1년) 별도 보관한 후 폐기한다. 일정기간(1년) 보관은 잠금장치가 있는 김종민 교수 연구실에 보관되며 폐기방법은 관련 설문지를 소거한다. 연구를 통해 얻은 모든 개인 정보의 비밀 보장을 위해 최선을 다할 것입니다. 이 연구에서 얻어진 개인 정보가 학회지나 학회에 공개 될 때 귀하의 이름과 다른 개인 정보는 사용되지 않을 것입니다. 그러나 만일 법이 요구하면 귀하의 개인정보는 제공될 수도 있습니다. 또한 모니터 요원, 점검 요원, 공용기관생명윤리위원회는 연구대상자의 비밀보장을 침해하지 않고 관련규정이 정하는 범위 안에서 본 연구의 실시 절차와 자료의 신뢰성을

검증하기 위해 연구 결과를 직접 열람할 수 있습니다. 귀하가 본 동의서에 서명하는 것은, 이러한 사항에 대하여 사전에 알고 있었으며 이를 허용한다는 의사로 간주될 것입니다. 연구 종료 후 연구관련 자료(기관위원회 심의결과, 서면동의서, 개인정보수집/이용 · 제공현황, 연구종료보고서)는「생명윤리 및 안전에 관한 법률」 시행규칙 제15조에 따라 연구종료 후 3년간 보관됩니다. 보관기간이 끝나면 파일삭제방법으로 폐기될 것입니다.

10. 자발적 연구 참여와 중지

- 귀하는 본 연구에 참여하지 않을 자유가 있으며 본 연구에 참여하지 않아도 귀하에게는 어떠한 불이익도 없습니다. 또한, 귀하는 연구에 참여하신 언제든지 도중에 그만 둘 수 있습니다. 만일 귀하가 연구에 참여하는 것을 그만두고 싶다면 담당 연구원이나 연구책임자에게 즉시 말씀해 주십시오. 참여 중지 시 귀하의 자료는 더 이상 연구에 사용되지 않고 설문지 파쇄방법으로 폐기될 것입니다.

11. 연구 문의

- 본 연구에 대해 질문이 있거나 연구 중간에 문제가 생길 시 다음 연구 담당자에게 언제든지 연락하십시오.

이름: 김종민
전화번호: 031-470-6379

- 만일 어느 때라도 연구대상자로서 귀하의 권리에 대한 질문이 있다면 다음의 보건복지부 지정 공용기관생명윤리위원회에 연락하십시오.

보건복지부 지정 공용기관생명윤리위원회(공용위원회)
전화번호: 02-737-8990

나. 연구참여 동의서 예시

동의서

연구과제명: 종단 네트워크 통계모형 비교 분석: 초등 교원 사회 네트워크 변화를 중심으로

1. 나는 본 연구 설명문을 읽었으며 담당 연구원과 이에 대하여 의논하였습니다.
2. 나는 위험과 이득에 관하여 들었으며 나의 질문에 만족할 만한 답변을 얻었습니다.
3. 나는 이 연구에 참여하는 것에 대하여 자발적으로 동의합니다.
4. 나는 이 연구에서 얻어진 나에 대한 정보를 현행 법률과 기관생명윤리위원회 규정이 허용하는 범위 내에서 연구자가 수집하고 처리하는 데 동의합니다.
5. 나는 담당 연구자나 위임 받은 대리인이 연구를 진행하거나 결과 관리를 하는 경우와 연구기관, 연구비지원기관 및 보건복지부 지정 공용기관생명윤리위원회가 실태 조사를 하는 경우에는 비밀로 유지되는 나의 개인 신상 정보를 직접적으로 열람하는 것에 동의합니다.
6. 나는 언제라도 이 연구의 참여를 철회할 수 있고 이러한 결정이 나에게 어떠한 해도 되지 않을 것이라는 것을 압니다.
7. 나의 서명은 이 동의서의 사본을 받았다는 것을 뜻하며 연구 참여가 끝날 때까지 사본을 보관하겠습니다.

연구대상자 성명: 서명: 서명일:

B. 사회 네트워크 설문지 예시

가. 친구 횡단 네트워크 설문지 예시(출처: 임현정, 2017)

친구 관계망 설문지

본인 반	본인 번호	본인 이름쓰기
___반	___번	

※ 이 설문지의 내용은 결코 외부로 유출되지 않을 것이며, 비밀이 보장됩니다.
본 문항의 내용은 코드화한 뒤 실명은 삭제되어 처리될 예정이니, 솔직한 응답을 부탁드립니다.

문1. 지난 1학기를 돌아볼 때, 같은 반 친구 중 친한 친구는 누구인가요? 그 친구와 얼마나 자주 연락하는 지를 해당 □안에 ✓표시해 주세요.

- 같은 반 친구 중에서 최대 9명까지 적을 수 있으며, 모두 안 적으셔도 됩니다.
- 친한 친구가 없을 경우, "없음"에 ✓표시하시고, 다음 문항으로 넘어가세요.

친한 친구란 ☞ 이성친구 문제나 가족 이야기 등의 고민을 터놓을 수 있고 솔직하게 얘기하거나 여가 시간을 함께 지내는 친구를 말합니다.

NO.	같은 반 친한 친구의 번호/이름 (최대 9명까지 작성 가능)		연락 빈도 (하나만 응답 가능)
예시	1번	손흥민	□ 1) 매일 ☑ 2) 일주일 5~6일 □ 3) 일주일 3~4일 □ 4) 일주일 1~2일 □ 5) 2주에 1일 이하
1	번		□ 1) 매일 □ 2) 일주일 5~6일 □ 3) 일주일 3~4일 □ 4) 일주일 1~2일 □ 5) 2주에 1일 이하
2	번		□ 1) 매일 □ 2) 일주일 5~6일 □ 3) 일주일 3~4일 □ 4) 일주일 1~2일 □ 5) 2주에 1일 이하
3	번		□ 1) 매일 □ 2) 일주일 5~6일 □ 3) 일주일 3~4일 □ 4) 일주일 1~2일 □ 5) 2주에 1일 이하
4	번		□ 1) 매일 □ 2) 일주일 5~6일 □ 3) 일주일 3~4일 □ 4) 일주일 1~2일 □ 5) 2주에 1일 이하
5	번		□ 1) 매일 □ 2) 일주일 5~6일 □ 3) 일주일 3~4일 □ 4) 일주일 1~2일 □ 5) 2주에 1일 이하
6	번		□ 1) 매일 □ 2) 일주일 5~6일 □ 3) 일주일 3~4일 □ 4) 일주일 1~2일 □ 5) 2주에 1일 이하
7	번		□ 1) 매일 □ 2) 일주일 5~6일 □ 3) 일주일 3~4일 □ 4) 일주일 1~2일 □ 5) 2주에 1일 이하
8	번		□ 1) 매일 □ 2) 일주일 5~6일 □ 3) 일주일 3~4일 □ 4) 일주일 1~2일 □ 5) 2주에 1일 이하
9	번		□ 1) 매일 □ 2) 일주일 5~6일 □ 3) 일주일 3~4일 □ 4) 일주일 1~2일 □ 5) 2주에 1일 이하

□ 없음

문2. 지난 1 학기를 돌아볼 때, 다른 반 친구 중 친한 친구는 누구 인가요? 그 친구 한명 한명을 생각하면서 각각의 친구가 초등학교 친구였는지, 얼마나 자주 연락하는 지를 해당 □안에 ✓ 표시해 주세요.

- 다른 반 친구 중에서 최대 9명까지 적을 수 있으며, 모두 안 적으셔도 됩니다.
- 친한 친구가 없을 경우, "없음"에 ✓표시하시고, 다음 문항으로 넘어가세요.

친한 친구란 ☞ 이성친구 문제나 가족 이야기 등의 고민을 터놓을 수 있고 솔직하게 얘기하거나 여가 시간을 함께 지내는 친구를 말합니다.

NO.	다른 반 친한 친구의 번호/이름 (최대 9명까지 작성 가능)		연락 빈도 (하나만 응답 가능)
예시	1번	유재석	□ 1) 매일 ☑ 2) 일주일 5~6일 □ 3) 일주일 3~4일 □ 4) 일주일 1~2일 □ 5) 2주에 1일 이하
1	번		□ 1) 매일 □ 2) 일주일 5~6일 □ 3) 일주일 3~4일 □ 4) 일주일 1~2일 □ 5) 2주에 1일 이하
2	번		□ 1) 매일 □ 2) 일주일 5~6일 □ 3) 일주일 3~4일 □ 4) 일주일 1~2일 □ 5) 2주에 1일 이하
3	번		□ 1) 매일 □ 2) 일주일 5~6일 □ 3) 일주일 3~4일 □ 4) 일주일 1~2일 □ 5) 2주에 1일 이하
4	번		□ 1) 매일 □ 2) 일주일 5~6일 □ 3) 일주일 3~4일 □ 4) 일주일 1~2일 □ 5) 2주에 1일 이하
5	번		□ 1) 매일 □ 2) 일주일 5~6일 □ 3) 일주일 3~4일 □ 4) 일주일 1~2일 □ 5) 2주에 1일 이하
			□ 1) 매일 □ 2) 일주일 5~6일 □ 3) 일주일 3~4일 □ 4) 일주일 1~2일 □ 5) 2주에 1일 이하
			□ 1) 매일 □ 2) 일주일 5~6일 □ 3) 일주일 3~4일 □ 4) 일주일 1~2일 □ 5) 2주에 1일 이하
			□ 1) 매일 □ 2) 일주일 5~6일 □ 3) 일주일 3~4일 □ 4) 일주일 1~2일 □ 5) 2주에 1일 이하
			□ 1) 매일 □ 2) 일주일 5~6일 □ 3) 일주일 3~4일 □ 4) 일주일 1~2일 □ 5) 2주에 1일 이하
□ 없음			

문3. 지난 1학기를 돌아볼 때, 같은 반 친구 중 도움을 받은 친구는 누구 인가요? 그 친구 한명 한명을 생각하면서 각각의 친구에게 어떤 영역에서 도움을 받았는지 해당 □안에 ✓표시해 주세요.

도움을 받은 경우란 ☞ 과제, 모둠 활동, 숙제, 고민상담 관련 도움을 받은 경우를 말함

– 같은 반 친구 중에서 최대 9명까지 적을 수 있으며, 모두 안 적으셔도 됩니다.
– 앞에서 응답한 친구를 다시 적을 수도 있습니다.

NO.	같은 반 친한 친구의 번호/이름 (최대 9명까지 작성 가능)		도움을 받은 영역 (복수응답 가능)		
예시	8 번	강 호 동	☑ 1) 교과수업(과목명: 국어) ☑ 4) 진로문제	□ 2) 친구문제 ☑ 5) 금전문제	□ 3) 이성문제 □ 6) 기타(______)
1	번		□ 1) 교과수업(과목명:______) □ 4) 진로문제	□ 2) 친구문제 □ 5) 금전문제	□ 3) 이성문제 □ 6) 기타(______)
2	번		□ 1) 교과수업(과목명:______) □ 4) 진로문제	□ 2) 친구문제 □ 5) 금전문제	□ 3) 이성문제 □ 6) 기타(______)
3	번		□ 1) 교과수업(과목명:______) □ 4) 진로문제	□ 2) 친구문제 □ 5) 금전문제	□ 3) 이성문제 □ 6) 기타(______)
4	번		□ 1) 교과수업(과목명:______) □ 4) 진로문제	□ 2) 친구문제 □ 5) 금전문제	□ 3) 이성문제 □ 6) 기타(______)
5	번		□ 1) 교과수업(과목명:______) □ 4) 진로문제	□ 2) 친구문제 □ 5) 금전문제	□ 3) 이성문제 □ 6) 기타(______)
6	번		□ 1) 교과수업(과목명:______) □ 4) 진로문제	□ 2) 친구문제 □ 5) 금전문제	□ 3) 이성문제 □ 6) 기타(______)
7	번		□ 1) 교과수업(과목명:______) □ 4) 진로문제	□ 2) 친구문제 □ 5) 금전문제	□ 3) 이성문제 □ 6) 기타(______)
8	번		□ 1) 교과수업(과목명:______) □ 4) 진로문제	□ 2) 친구문제 □ 5) 금전문제	□ 3) 이성문제 □ 6) 기타(______)
9	번		□ 1) 교과수업(과목명:______) □ 4) 진로문제	□ 2) 친구문제 □ 5) 금전문제	□ 3) 이성문제 □ 6) 기타(______)
□ 없음					

문4. 지난 1학기를 돌아볼 때, 다른 반 친구 중 도움을 받은 친구는 누구 인가요? 그 친구 한명 한명을 생각하면서 각각의 친구에게 어떤 영역에서 도움을 받았는지 해당 □안에 ✓표시해 주세요.

도움을 받은 경우란 ☞ 과제, 모둠 활동, 숙제, 고민상담 관련 도움을 받은 경우를 말함

– 다른 반 친구 중에서 최대 9명까지 적을 수 있으며, 모두 안 적으셔도 됩니다.
– 앞에서 응답한 친구를 다시 적을 수도 있습니다.

NO.	같은 반 친한 친구의 번호/이름 (최대 9명까지 작성 가능)		도움을 받은 영역 (복수응답 가능)		
예시	8 번	신 동 협	☑ 1) 교과수업(과목명: 국어) ☑ 4) 진로문제	□ 2) 친구문제 ☑ 5) 금전문제	□ 3) 이성문제 □ 6) 기타(______)
1	번		□ 1) 교과수업(과목명:______) □ 4) 진로문제	□ 2) 친구문제 □ 5) 금전문제	□ 3) 이성문제 □ 6) 기타(______)
2	번		□ 1) 교과수업(과목명:______) □ 4) 진로문제	□ 2) 친구문제 □ 5) 금전문제	□ 3) 이성문제 □ 6) 기타(______)
3	번		□ 1) 교과수업(과목명:______) □ 4) 진로문제	□ 2) 친구문제 □ 5) 금전문제	□ 3) 이성문제 □ 6) 기타(______)
4	번		□ 1) 교과수업(과목명:______) □ 4) 진로문제	□ 2) 친구문제 □ 5) 금전문제	□ 3) 이성문제 □ 6) 기타(______)
5	번		□ 1) 교과수업(과목명:______) □ 4) 진로문제	□ 2) 친구문제 □ 5) 금전문제	□ 3) 이성문제 □ 6) 기타(______)
6	번		□ 1) 교과수업(과목명:______) □ 4) 진로문제	□ 2) 친구문제 □ 5) 금전문제	□ 3) 이성문제 □ 6) 기타(______)
7	번		□ 1) 교과수업(과목명:______) □ 4) 진로문제	□ 2) 친구문제 □ 5) 금전문제	□ 3) 이성문제 □ 6) 기타(______)
8	번		□ 1) 교과수업(과목명:______) □ 4) 진로문제	□ 2) 친구문제 □ 5) 금전문제	□ 3) 이성문제 □ 6) 기타(______)
9	번		□ 1) 교과수업(과목명:______) □ 4) 진로문제	□ 2) 친구문제 □ 5) 금전문제	□ 3) 이성문제 □ 6) 기타(______)

□ 없음

나. 교원 종단 네트워크 설문지 예시(출처: 김종민, 2018)

※ 이 설문지의 내용은 결코 외부로 유출되지 않을 것이며, 비밀이 보장됩니다.
본 문항의 내용은 코드화한 뒤 실명은 삭제되어 처리될 예정이니, 솔직한 응답을 부탁드립니다.

문1. 지난 3월과 4월을 돌아볼 때, 선생님의 학교에서 친한 동료 선생님은 각각 누구입니까? 몇 학년 몇 반 담임인지(교감 또는 교장 선생님 가능), 혹은 몇 학년 무슨 과목 전담인지 각각 적어 주십시오. 그 동료와 얼마나 자주 연락하는 지를 해당 □안에 각각 ✓표시해 주세요.

최대 9명까지 적을 수 있습니다. 없을 경우, "없음"에 ✓표시하시고, 다음 문항으로 넘어가세요.

3월			
NO.	친한동료		연락빈도
예시	5학년	3반 또는 과학전담	☑ 1) 매일 □ 2) 격일 □ 3) 매주
1			□ 1) 매일 □ 2) 격일 □ 3) 매주
2			□ 1) 매일 □ 2) 격일 □ 3) 매주
3			□ 1) 매일 □ 2) 격일 □ 3) 매주
4			□ 1) 매일 □ 2) 격일 □ 3) 매주
5			□ 1) 매일 □ 2) 격일 □ 3) 매주
6			□ 1) 매일 □ 2) 격일 □ 3) 매주
7			□ 1) 매일 □ 2) 격일 □ 3) 매주
8			□ 1) 매일 □ 2) 격일 □ 3) 매주
9			□ 1) 매일 □ 2) 격일 □ 3) 매주
□ 없음			

4월			
NO.	친한동료		연락빈도
예시	6학년	1반 또는 교감	□ 1) 매일 □ 2) 격일 □ 3) 매주
1			□ 1) 매일 □ 2) 격일 □ 3) 매주
2			□ 1) 매일 □ 2) 격일 □ 3) 매주
3			□ 1) 매일 □ 2) 격일 □ 3) 매주
4			□ 1) 매일 □ 2) 격일 □ 3) 매주
5			□ 1) 매일 □ 2) 격일 □ 3) 매주
6			□ 1) 매일 □ 2) 격일 □ 3) 매주
7			□ 1) 매일 □ 2) 격일 □ 3) 매주
8			□ 1) 매일 □ 2) 격일 □ 3) 매주
9			□ 1) 매일 □ 2) 격일 □ 3) 매주
□ 없음			

문2. 지난 3월과 4월을 돌아볼 때, 선생님의 학교에서 선생님은 수업지도, 생활지도, 그리고 학교행정에 관한 조언과 정보를 누구에게 각각 받으셨습니까? 몇 학년 몇 반 담임인지(교감 또는 교장 선생님 가능), 혹은 몇 학년 무슨 과목 전담인지 각각 적어 주십시오. 각각 어떤 영역에서 도움을 받았는지 해당 □안에 각각 ✓표시해 주세요.

최대 9명까지 적을 수 있습니다. 없을 경우, "없음"에 ✓표시하시고, 다음 문항으로 넘어가세요.

3월			
NO.	나에게 조언·정보 등 도움을 준 동료		연락빈도
예시	5학년	3반 또는 과학전담	☑ 1) 수업지도 ☑ 2) 생활지도 ☐ 3) 학교행정
1			☐ 1) 수업지도 ☐ 2) 생활지도 ☐ 3) 학교행정
2			☐ 1) 수업지도 ☐ 2) 생활지도 ☐ 3) 학교행정
3			☐ 1) 수업지도 ☐ 2) 생활지도 ☐ 3) 학교행정
4			☐ 1) 수업지도 ☐ 2) 생활지도 ☐ 3) 학교행정
5			☐ 1) 수업지도 ☐ 2) 생활지도 ☐ 3) 학교행정
6			☐ 1) 수업지도 ☐ 2) 생활지도 ☐ 3) 학교행정
7			☐ 1) 수업지도 ☐ 2) 생활지도 ☐ 3) 학교행정
8			☐ 1) 수업지도 ☐ 2) 생활지도 ☐ 3) 학교행정
9			☐ 1) 수업지도 ☐ 2) 생활지도 ☐ 3) 학교행정

☐ 없음

4월			
NO.	나에게 조언·정보 등 도움을 준 동료		연락빈도
예시	6학년	1반 또는 교감	☐ 1) 수업지도 ☑ 2) 생활지도 ☑ 3) 학교행정
1			☐ 1) 수업지도 ☐ 2) 생활지도 ☐ 3) 학교행정
2			☐ 1) 수업지도 ☐ 2) 생활지도 ☐ 3) 학교행정
3			☐ 1) 수업지도 ☐ 2) 생활지도 ☐ 3) 학교행정
4			☐ 1) 수업지도 ☐ 2) 생활지도 ☐ 3) 학교행정
5			☐ 1) 수업지도 ☐ 2) 생활지도 ☐ 3) 학교행정
6			☐ 1) 수업지도 ☐ 2) 생활지도 ☐ 3) 학교행정
7			☐ 1) 수업지도 ☐ 2) 생활지도 ☐ 3) 학교행정
8			☐ 1) 수업지도 ☐ 2) 생활지도 ☐ 3) 학교행정
9			☐ 1) 수업지도 ☐ 2) 생활지도 ☐ 3) 학교행정

☐ 없음

C. 사회 네트워크 자료

가. 횡단자료: 대한민국 고등학생 도움 네트워크(2014년)

2학년 5반 자료(N=27)

```
000000000000001000000000000
000000000000000000000000000
000000000000000000000000000
000000000000000000000000000
000000000000000000000000000
000000010000000011110110000
000000000000000000000000000
000000000001000000000000000
000000000000000000100000000
000100001010000011000010000
000000000000000000000000000
000000000000000000000000000
000000000000000000000000000
000000000000000000000000000
110000101000100100000001100
000000000000000000000000000
000000000000001100000000100
000000000000000000000000000
000000000000000000000000000
000000000000000000000000000
000000000000000000000000000
000000000000000000000000000
001101011110010111001000000
000000000000000000000000000
000000000000000000000000000
000000000000100010000010000
000000000000000000000000100
```

2학년 6반 자료(N=33)

```
001000000000000000000100000001000
000000000000000000000000000000000
100101000000111000001100000001100
000000000000001000000000000000000
000000000000000000000000000000000
000000000000000000000000000000000
000101000000000000000000001000100
000000000000000000000100000000000
001000000000010000000100000000000
000000000000000000000000000000000
000000000000000000000000000000000
000000000000000100000000000000000
000000000000010000000100000000000
000000000000000000000000000000000
001100000000000000000000000000000
000000000000000000000000000000000
000000000000000000000000000000000
000000000000000000000000000000001
000000000101010000000100000000110
000000100000010000100000000000000
001100000000000000000000000000000
000000000000010000000001000000000
000000000000000000001000000000000
000000000000000000000000000000000
001100000000000000001000000000100
000000000000000000001000000001000
000000000000000000000000100000110
000000000000010000000000000000000
000000000000000010000000000000000
000000000000000000000000000100100
000000000000000000100000000000000
000000000000010000000000001000100
000000000000000000000000000000000
```

2학년 7반 자료(N=33)

```
000000000000000000000000000000000
101111101111101000000000000000000
010100000010000000000000000000000
000000010010000001000000000000000
000000000000000000000010000000000
000100000000000000000000000000010
000000000000000000000000000000001
000100000000000000000000000000000
000000000010000000100000000000000
000000000000000000000000000000000
000000000000000000000000000000100
000101100010000000100000000000100
000000000000000000000000000000000
100000000000000010000000000000000
000000010100000000000000000001000
110001001000000000000011010001010
000010000000000000000000010000000
000000000000000000000000000000000
000000000000000000000000000000100
000000001010010000000001000000000
000100000000000000000000001000000
000000000000000000000000000000000
010000000110000000000000000000000
000000100010001000100000000000100
000000000010000000000000000000100
000000000000000010000000000000000
001000000000000000000000000000000
000000000000000000000000000000000
000000000000000000100000000000000
000000000000000000000000000000000
000000000010000000000000000000000
000001000010000000100000000000000
000100100110000000000000000000100
```

2학년 8반 자료(N=25)

```
0000000000000000000000000
0000000000000000000000000
0000000000000000000000000
0100001000000000000000000
0000001000000000000000000
0000001000000000000010000
0000000000000000000000000
0000000000000000000000000
0000000000010000000000000
0000001000000000000000000
0000001000000000000010100
0000000000100000000100000
0010000000000001010110000
0000010001100010000000110
0000010000100000000000000
0000001100100000000000000
0000000000000000000000000
0000000000000000000000000
0000000000010000000000000
0000000000000000000000000
0000000000100000000000000
0000000000000000000000000
0000001000100000000100001
0000000000000000000000000
0100001000100000000000000
```

나. 횡단자료: 대한민국 초등교원 지식·조언 네트워크(2014년 1학기)

A 초등학교(수도권 소재) (n=36)

```
000000000000000000000000000000000000
000000000000000000000000000000010000
000000000000000011000000000000000000
000011100000000000000000000000000000
000101100000000000000000000000000000
000110100000000000000000000000000000
000010000000000000000000000000000000
000000000000000000000000000000000000
000000010010000000000000000000000000
000000000000000000000000000000000000
000000001000000000000000000000000001
000000000000000000000000000000000000
000000000001011000000000000000000000
000000001000000000000000100000000000
000000000000100000110000000000000000
000000001000000000000000100000000000
100000000000000101110000000000000000
000000000000000110110000000000000010
000000000000000000000000000000000000
000000000000000000000000000000000000
000000000000000000000000000000000000
000000000000000000000000000000100000
000000000000000000000100000000000000
000000000000000000000000000000000000
000000000001000000000000000000000000
100000000000000000000000000000000000
000000000000000000000000010000000000
000000000000000000000000011011000000
000000000000000000000000000100000000
000000000000000000000000000010000000
000000000000000000000000000000000000
000000001000000000000000000000000000
000000000000000000000000000000000000
000000001000000000000000000000010000
000000000000000000000000000000000000
000000000000000000000000000000000000
```

B 초등학교(수도권 소재) (n=31)

```
00000010000000000000000000000000000000
00000010000000000000000000000000000000
00000000100000000000000000000000000000
00000010000000110000000000000000000000
00000000000000000000000000000000000000
00000000000000100000000000000000000000
00000000001010000000000000000000000000
00000000000000000000000000000000000000
00000000000000001000000000100000001000
00000000001000000000000000000000000000
00000000000000000000000000000000000000
00000000001000000000000000000000000000
00000000000000000110110000000000000000
00000000000000000000000000000000000000
00000000000000000000000000000000000000
00000000000000000000000110000000000000
00000000000000000000000000000000010000
00000000000000000000000000000000000000
00000000000000000000000010000000000000
00000000000000000000001000000000000000
00000000000000000000000000000000000000
00000000000000000000000000000000000000
00000000000000000000000000000000000000
00000000000000000000000000010000000000
00000000000000000000000000000000001000
00000001000000000000000000010000000000
00000000000000000000001000010000000100
00000000000000000000000000000000000000
00000000000000000000000000000000000000
00000000000000000000000000000000000000
00000000000000000000000000010000000000
```

C 초등학교(수도권 소재) (n=37)

```
0 0 0 0 0 0 0 0 0 0 0 0 0 0 0 0 1 0 0 0 0 0 0 0 0 0 0 0 0 0 0 0 0 0 0 0 0
0 0 0 0 0 0 0 0 0 0 0 0 0 0 0 0 0 0 0 0 0 0 0 0 0 0 0 0 0 0 0 0 0 0 0 0 0
1 1 0 1 1 0 0 0 0 0 0 0 0 0 0 0 0 0 0 0 0 0 0 0 0 0 0 0 0 0 0 0 0 0 0 0 0
0 0 0 0 0 0 0 0 0 0 0 0 0 0 0 0 0 0 0 0 0 0 0 0 0 0 0 0 0 0 0 0 0 0 0 0 0
1 1 1 1 0 0 0 0 0 0 0 0 0 0 0 0 0 0 0 0 0 0 0 0 0 0 0 0 0 0 0 0 0 0 0 0 1
0 0 0 0 0 0 0 0 0 0 0 0 0 0 0 0 0 0 0 0 0 0 0 0 0 0 0 0 0 0 0 0 0 0 0 0 0
0 0 0 0 0 1 0 1 1 1 0 0 0 0 0 0 1 0 0 0 0 0 0 0 0 0 0 0 0 0 0 0 0 0 0 0 0
0 0 0 0 0 0 0 0 0 0 0 0 0 0 0 0 1 0 0 0 0 0 0 0 0 0 0 0 0 0 0 0 0 0 0 0 0
0 0 0 0 0 0 1 0 0 0 0 0 0 0 0 0 0 0 0 0 0 0 0 0 0 0 0 0 0 0 0 0 0 0 0 0 0
0 0 0 0 0 0 0 0 0 0 0 0 0 0 0 0 1 0 0 0 0 0 0 0 0 0 0 0 0 0 0 0 0 0 0 0 1
0 0 0 0 0 0 0 0 0 0 0 0 0 0 0 0 1 0 0 0 0 0 0 0 0 0 0 0 1 0 0 0 0 0 0 0 1
0 0 0 0 0 0 0 0 0 0 0 0 0 0 0 0 1 0 0 0 0 0 0 0 0 0 0 0 0 0 0 0 0 0 0 0 0
0 0 0 0 0 0 0 0 0 0 0 0 0 0 1 0 0 0 0 0 0 0 0 0 0 0 0 0 0 0 0 0 0 0 0 0 0
0 0 0 0 0 0 0 0 0 0 0 0 1 0 0 1 1 0 0 0 0 0 0 0 0 0 0 0 1 0 0 0 0 0 1 0 0
0 0 0 0 0 0 0 0 0 0 1 1 1 0 0 0 1 0 0 0 0 0 0 0 0 0 0 0 0 0 0 0 0 0 0 0 0
0 0 0 0 0 0 0 0 0 0 0 0 0 0 0 0 0 0 0 0 0 0 0 0 0 0 0 0 0 0 0 0 0 0 0 0 0
0 0 0 0 0 0 0 0 0 0 0 0 0 0 0 0 0 0 0 0 0 0 0 0 0 0 0 0 0 0 0 0 0 0 0 0 0
0 0 0 0 0 0 0 0 0 0 0 0 0 0 0 0 1 0 1 1 1 0 0 0 0 0 0 0 0 0 0 0 0 0 0 0 0
0 0 0 0 0 0 0 0 0 0 0 0 0 0 0 0 0 0 0 0 0 0 0 0 0 0 0 0 0 0 0 0 0 0 0 0 0
0 0 0 0 0 0 0 0 0 0 0 0 0 0 0 0 1 1 1 0 1 0 0 0 0 0 0 0 0 0 0 0 0 0 0 0 0
0 0 0 0 0 0 0 0 0 0 0 0 0 0 0 0 1 1 1 1 0 1 0 0 0 0 0 0 0 0 0 0 0 0 0 0 0
0 0 0 0 0 0 0 0 0 0 0 0 0 0 0 0 0 0 0 0 0 0 0 0 0 0 0 0 0 0 0 0 0 0 0 0 0
0 0 0 0 0 0 0 0 0 0 0 0 0 0 0 0 0 0 0 0 0 0 0 0 0 0 1 0 0 0 0 0 0 0 0 0 0
0 0 0 0 0 0 0 0 0 0 0 0 0 0 0 0 0 0 0 0 0 0 0 0 0 0 0 0 0 0 0 0 0 0 0 0 0
0 0 0 0 0 0 0 0 0 0 0 0 0 0 0 0 0 0 0 0 0 0 1 1 0 1 1 1 1 0 0 0 0 0 0 0 0
0 0 0 0 0 0 0 0 0 0 0 0 0 0 0 0 0 0 0 0 0 0 1 0 1 0 0 0 0 0 0 0 0 0 0 0 0
0 0 0 0 0 0 0 0 0 0 0 0 0 0 0 0 0 0 0 0 0 0 1 1 1 1 0 1 0 0 0 0 0 0 0 0 0
0 0 0 0 0 0 0 0 0 0 0 0 0 0 0 0 0 0 0 0 0 0 0 0 0 0 0 0 0 0 0 0 0 0 0 0 0
0 0 0 0 0 0 0 0 0 0 0 0 0 0 0 0 0 0 0 0 0 0 0 0 0 0 0 0 0 0 0 0 0 0 0 0 1
0 0 0 0 0 0 0 0 0 0 0 0 0 0 0 0 0 0 0 0 0 0 0 0 0 0 0 0 0 0 1 1 1 1 0 0 0
0 0 0 0 0 0 0 0 0 0 0 0 0 0 0 0 0 0 0 0 0 0 0 0 0 0 0 0 0 0 0 0 1 0 0 0 0
0 0 0 0 0 0 0 0 0 0 0 0 0 0 0 0 0 0 0 0 0 0 0 0 0 0 0 0 0 0 0 0 0 0 0 1 0
0 0 0 0 0 0 0 0 0 0 0 0 0 0 0 0 0 0 0 1 1 0 0 0 0 0 0 0 0 0 1 1 0 1 0 0 0
0 0 0 0 0 0 0 0 0 0 0 0 0 0 0 0 0 0 0 0 0 0 0 0 0 0 0 0 0 0 0 0 1 0 0 0 0
0 0 0 0 0 0 0 0 0 0 0 0 0 0 0 0 0 0 0 0 0 0 0 0 0 0 0 0 0 0 0 0 0 0 0 0 0
0 0 0 0 0 0 0 0 0 0 0 0 0 0 0 0 1 0 0 0 0 0 0 0 0 0 0 0 0 0 0 0 0 0 0 0 0
0 0 0 0 0 0 0 0 0 0 0 0 0 0 0 0 0 0 0 0 0 0 0 0 0 0 0 0 0 0 0 0 0 0 0 0 0
```

다. 종단자료: 대한민국 초등교원 지식·조언 네트워크(2014학년도 1학기와 2학기)

D 초등학교(수도권 소재) 2014학년도 1학기 (n=41)

0 1 0 1 1 0 0 0 0 0 0 0 0 0 0 0 0 0 0 0 0 0 0 0 0 0 0 0 0 0 1 0 0 0 0 0 0 0 0 0 0
1 0 0 0 1 0 0 0 0 0 0 0 0 0 0 0 0 0 0 0 0 0 0 0 0 0 0 0 0 0 0 0 0 0 0 0 0 0 0 0 0
1 1 0 1 1 0 0 0 0 0 0 0 0 0 0 0 0 0 0 0 0 0 0 0 0 0 0 0 0 0 0 0 0 0 0 0 1 0 0 0 0
0 0 0 0 0 0 0 0 0 0 0 0 0 0 0 0 0 0 0 0 0 0 0 0 0 0 0 0 0 0 0 0 0 0 0 0 0 0 0 0 0
1 1 1 1 0 0 0 0 0 1 0 0 0 0 0 0 0 0 0 0 0 0 0 0 0 0 0 0 0 0 0 0 0 0 0 0 0 0 1 1 1
0 0 0 0 1 0 1 1 1 1 0 0 0 0 0 0 0 0 0 0 0 0 0 0 0 0 0 0 0 0 0 0 0 0 0 0 0 0 0 0 0
0 0 0 0 0 1 0 1 1 1 1 0 0 0 0 0 0 0 0 0 0 0 0 0 0 0 0 0 0 0 0 0 0 0 0 0 0 0 0 0 0
0 0 0 0 0 0 0 0 0 1 0 0 0 0 0 0 0 0 0 0 0 0 0 0 0 0 0 0 0 0 0 0 0 0 0 0 0 0 0 0 0
0 0 0 0 0 1 0 0 0 0 0 0 0 0 0 0 0 0 0 0 0 0 0 0 0 0 0 0 0 0 0 0 0 0 0 0 0 0 0 0 0
0 0 0 0 1 1 0 1 0 0 0 0 0 0 0 0 0 0 0 0 0 0 0 0 0 0 0 0 0 0 0 0 0 0 0 0 0 0 0 0 0
0 0 0 0 0 0 0 0 0 0 0 0 0 0 0 0 0 0 0 0 0 0 0 0 0 0 0 0 0 0 0 0 0 0 0 0 0 0 0 0 0
1 0 0 0 0 0 0 0 0 0 0 0 1 0 0 0 0 0 0 0 0 0 0 0 0 0 0 0 0 1 0 0 0 0 0 0 0 0 0 0 0
0 0 0 0 0 0 0 0 0 0 1 0 0 0 0 0 0 0 0 0 0 0 0 0 0 0 0 0 0 0 0 0 0 0 0 0 0 0 0 0 0
0 0 0 0 0 0 0 0 0 0 0 1 0 0 0 0 0 0 0 0 0 0 0 0 0 0 0 0 0 0 0 0 0 0 0 0 0 0 0 0 0
0 0 0 0 0 0 0 0 0 0 1 1 1 1 0 0 0 0 0 0 0 0 0 0 0 0 0 0 1 0 0 0 0 0 1 0 0 0 0 0 0
0 0 0 0 0 0 0 0 0 0 0 0 0 0 0 0 0 0 0 0 0 0 0 0 0 0 0 0 0 0 0 0 0 0 0 0 0 0 0 0 0
0 0 0 0 0 0 0 0 0 0 1 0 0 0 0 1 0 1 1 1 0 0 0 0 0 0 0 0 0 0 0 0 0 0 0 0 0 0 0 0 0
0 0 0 0 0 0 0 0 0 0 0 0 0 0 0 1 0 0 0 0 0 1 0 0 0 0 0 0 0 0 0 0 0 0 0 0 0 0 0 0 0
0 0 0 0 0 0 0 0 0 0 0 0 0 0 0 1 1 1 0 1 1 1 0 0 0 0 0 0 0 0 0 0 0 0 0 0 0 0 0 0 0
0 0 0 0 0 0 0 0 0 0 0 0 0 0 0 1 1 1 1 0 0 0 0 0 0 0 0 0 0 0 0 0 0 0 0 0 0 0 0 0 0
0 0 0 0 0 0 0 0 0 0 0 0 0 0 0 0 0 0 0 0 0 0 0 0 0 0 0 0 0 0 0 0 0 0 0 0 0 0 0 0 0
0 0 0 0 0 0 0 0 0 0 0 0 0 0 0 0 0 0 0 0 0 0 0 0 0 0 0 0 0 0 0 0 0 0 0 0 0 0 0 0 0
0 0 0 0 0 0 0 0 0 0 0 0 0 0 0 1 0 0 0 0 0 0 1 0 1 1 1 0 0 0 0 0 0 0 0 0 0 0 0 0 1
0 0 0 0 0 0 0 0 0 0 0 0 0 0 0 0 0 0 0 0 0 0 0 0 0 0 0 0 0 0 0 0 0 0 0 0 0 0 0 0 0
0 0 0 0 0 0 0 0 0 0 0 0 0 0 0 0 0 0 0 0 0 0 1 1 0 1 1 1 1 0 0 0 0 0 0 0 0 0 0 0 0
0 0 0 0 0 0 0 0 0 0 0 0 0 0 0 0 0 0 0 0 0 0 1 1 0 0 1 0 0 0 0 0 0 0 0 0 0 0 0 0 0
0 0 0 0 0 0 0 0 0 0 0 0 0 0 0 0 0 0 0 0 0 0 1 1 1 1 0 1 0 0 0 0 0 0 0 0 0 0 0 0 0
0 0 0 0 0 0 0 0 0 0 0 0 0 0 0 1 1 0 0 0 1 0 1 0 1 0 0 0 0 0 0 0 0 0 0 0 0 0 0 0 0
1 0 0 0 0 1 0 0 0 0 1 0 0 0 0 1 0 0 0 0 0 0 1 0 0 0 0 0 0 1 0 0 0 0 0 0 0 0 0 0 0
0 0 0 0 0 0 0 0 0 0 0 0 0 0 0 0 0 0 0 0 0 0 0 0 0 0 0 0 0 0 0 0 0 0 0 0 0 1 0 0 0
0 0 0 0 0 0 0 0 0 0 0 0 0 0 0 0 0 0 0 0 0 0 0 0 0 0 0 0 0 1 0 1 0 1 0 0 0 1 0 0 0
0 0 0 0 0 0 0 0 0 0 0 0 0 0 0 0 0 0 0 0 0 0 1 0 0 0 0 0 0 0 0 0 0 0 0 0 0 0 0 0 0
0 0 0 0 0 0 0 0 0 0 0 0 0 0 0 0 0 0 1 1 0 0 0 0 0 0 0 0 0 1 0 1 0 1 0 0 0 0 0 0 0
0 0 0 0 0 0 0 0 1 0 0 0 0 0 0 0 0 0 0 0 0 0 0 0 0 0 0 0 0 1 0 0 0 0 0 0 0 0 0 0 0
0 0 0 0 0 0 0 0 0 0 0 0 0 0 1 0 0 0 0 0 0 0 0 1 0 0 0 0 0 0 0 0 0 0 0 0 0 0 0 0 0
0 0 0 0 0 0 0 0 0 0 0 0 0 0 0 0 0 0 0 0 0 0 0 0 0 0 0 0 0 0 0 1 0 1 0 0 0 0 1 0 0
0 0 0 0 0 0 0 0 0 0 0 0 0 0 0 0 0 0 0 0 0 0 0 0 0 0 0 0 0 0 0 0 0 0 0 0 0 0 0 0 0
0 0 0 0 0 0 0 0 0 0 0 0 0 0 0 0 0 0 0 0 0 0 0 0 0 0 0 0 0 0 0 0 0 0 0 0 0 0 0 0 0
0 0 0 0 0 0 0 0 0 0 0 0 0 0 0 0 0 0 0 0 0 0 0 0 0 0 0 0 0 0 0 0 0 0 0 0 0 0 0 0 0
0 0 0 0 0 0 0 0 0 0 0 0 0 0 0 0 0 0 0 0 0 0 0 0 0 0 0 0 0 0 0 0 0 0 0 0 0 0 0 0 0
0 0 0 0 0 0 0 0 0 0 0 0 0 0 0 0 0 0 0 0 0 0 0 0 0 0 0 0 0 0 0 0 0 0 0 0 0 0 0 0 0

D 초등학교(수도권 소재) 2학기 (n=41)

0 1 1 1 1 0 0 0 0 0 0 0 0 0 0 0 0 0 0 0 0 0 0 0 0 0 0 0 0 0 0 0 0 0 0 0 0 0 1 1 1
1 0 1 1 1 0 0 0 0 0 0 0 0 0 0 0 0 0 0 0 0 0 0 0 0 0 0 0 0 0 0 0 0 0 0 0 1 0 0 0 1
1 1 0 1 1 0 0 0 0 0 0 0 0 0 0 0 0 0 0 0 0 0 0 0 0 0 0 0 0 0 0 0 0 0 0 0 1 0 0 0 0
1 1 1 0 1 1 0 0 0 0 0 0 0 1 0 0 0 0 0 0 0 0 0 0 1 0 0 0 0 0 0 0 0 0 0 0 0 0 1 1 1
1 1 1 1 0 0 0 1 0 0 0 0 0 0 0 0 0 0 0 0 0 0 0 0 0 0 0 0 0 0 0 0 0 0 0 0 1 0 1 1 1
0 0 0 1 1 0 1 1 1 1 0 0 0 0 0 0 0 0 0 0 0 0 1 0 0 0 0 0 0 0 0 0 0 0 0 0 0 0 1 0 0
1 0 0 0 0 1 0 1 1 1 1 1 1 0 0 0 0 0 0 0 0 0 0 0 0 0 0 0 0 0 0 0 0 0 0 0 1 0 1 1 1
0 0 0 0 0 1 1 0 1 1 0 0 0 0 0 0 0 0 0 0 0 0 0 0 0 0 0 0 0 0 0 0 0 0 0 0 0 0 0 0 0
0 0 0 0 0 1 1 1 0 1 0 0 0 0 0 0 0 0 0 0 0 0 0 0 0 0 0 0 0 0 0 0 0 0 0 0 0 0 0 0 0
0 0 0 0 1 1 1 1 1 0 0 0 0 0 0 0 0 0 0 0 0 0 1 1 0 0 0 0 0 1 0 0 0 0 0 0 0 0 0 0 0
0 0 0 0 0 0 0 0 0 0 0 1 1 1 1 0 1 1 0 0 0 1 0 0 0 0 0 0 0 0 0 0 0 0 0 0 0 0 0 0 0
0 0 0 0 0 0 0 0 0 0 1 0 1 1 1 1 1 1 1 1 0 0 0 0 0 0 0 0 0 1 0 0 0 0 0 0 0 0 0 0 0
1 0 0 1 1 0 0 0 0 0 1 1 0 1 1 0 0 0 0 0 0 0 0 0 0 0 0 0 0 0 0 0 0 0 0 0 0 0 0 0 0
0 0 0 1 1 0 1 1 0 0 1 1 1 0 1 0 0 0 0 0 0 0 1 0 0 0 0 1 1 0 0 0 0 0 0 0 0 0 0 0 0
0 0 0 0 0 0 0 0 0 0 1 1 1 1 0 0 0 1 0 0 0 0 0 0 0 0 0 1 0 0 0 0 0 0 1 0 0 0 0 0 0
1 0 0 0 0 0 0 1 0 0 1 0 0 0 0 0 1 1 1 1 1 1 0 0 0 0 0 1 0 0 0 1 0 1 0 0 0 0 0 0 0
0 0 0 0 0 1 0 1 1 0 1 0 0 0 0 1 0 1 1 1 1 1 0 0 0 0 0 1 0 0 0 0 0 0 0 0 1 0 0 0 0
0 0 0 0 0 0 0 0 0 0 0 0 0 0 1 1 1 0 1 1 1 0 0 1 0 0 0 0 0 0 0 0 0 0 0 0 0 0 0 0 0
0 0 0 0 0 0 0 0 0 0 0 0 0 0 0 1 1 1 0 1 1 1 0 0 0 0 0 0 0 0 1 0 1 0 0 0 0 0 0 0 0
0 0 0 0 0 0 0 0 0 0 0 0 0 0 0 1 1 1 1 0 0 0 0 0 0 0 0 0 0 0 1 0 1 0 1 1 0 0 0 0 0
0 0 0 0 0 0 0 0 0 0 0 0 0 0 0 0 0 0 0 0 0 0 0 0 0 0 0 0 0 0 0 0 0 0 0 0 0 0 0 0 0
0 0 0 0 0 0 0 0 0 0 0 0 0 0 0 0 0 0 0 0 0 0 0 0 0 0 0 0 0 0 0 0 0 0 0 0 0 0 0 0 0
0 0 0 0 0 0 0 0 0 0 0 0 0 0 0 0 0 0 0 0 0 0 0 1 1 1 1 1 0 0 0 0 0 0 0 0 0 0 1 0 1
0 0 0 0 0 0 0 0 0 0 0 0 0 0 0 0 0 0 0 0 0 0 1 0 1 1 1 1 0 0 0 1 1 0 1 0 0 0 0 0 0
0 0 0 0 0 0 0 0 0 0 0 0 0 0 0 0 0 0 0 0 0 0 1 1 0 1 1 1 0 0 0 0 0 0 0 0 0 0 0 0 0
0 0 0 0 0 0 0 0 0 0 0 0 0 0 0 0 0 0 0 0 0 0 0 0 0 0 0 0 0 0 0 0 0 0 0 0 0 0 0 0 0
0 0 0 0 0 0 0 0 0 0 0 0 0 0 0 0 0 0 0 0 0 0 1 1 1 1 0 1 0 0 0 0 0 0 0 0 0 0 0 0 0
0 0 0 0 0 0 0 0 0 0 0 0 0 0 0 0 0 0 0 0 0 0 1 1 1 1 1 0 0 0 0 0 0 0 0 0 0 0 0 0 0
0 0 0 0 0 0 0 0 0 0 1 1 1 1 1 0 0 0 0 0 1 0 0 0 0 0 0 1 0 0 0 0 0 0 0 0 0 0 0 1 1
0 0 0 0 0 0 0 0 0 0 0 0 0 0 0 0 0 0 0 0 0 0 0 0 0 0 0 0 0 0 1 1 1 1 0 0 0 1 0 0 0
0 0 0 0 0 0 0 0 0 0 0 0 0 0 0 0 0 1 1 1 0 0 0 0 0 0 0 0 0 1 0 1 1 0 0 0 0 1 0 0 0
1 0 0 0 0 0 0 1 0 0 0 0 0 0 0 0 0 0 0 0 0 0 0 0 0 0 0 0 0 1 1 0 1 1 1 1 0 1 0 0 0
0 0 0 0 0 0 0 0 0 0 0 0 0 0 0 0 0 0 1 1 0 0 0 0 0 0 0 0 0 1 1 1 0 1 0 0 0 0 0 0 0
0 0 0 0 0 0 0 1 0 0 0 0 0 0 0 0 0 0 0 0 0 0 0 0 0 0 0 0 0 1 1 1 1 0 1 1 0 1 0 0 0
0 0 0 0 0 0 0 0 0 0 0 0 0 0 0 0 0 1 0 0 1 0 0 1 0 0 0 1 0 0 0 0 0 0 0 1 0 0 0 0 0
0 0 0 0 0 0 0 0 0 0 0 0 0 0 0 1 1 1 1 1 1 0 0 0 0 0 0 1 0 0 0 1 0 1 0 0 0 0 1 0 0
0 0 0 0 0 0 0 0 0 0 0 0 0 0 0 0 0 0 0 0 0 0 0 0 0 0 0 0 0 0 0 0 0 0 0 0 0 0 0 0 0
0 0 0 0 0 0 0 0 0 0 0 0 0 0 0 0 0 0 0 0 0 0 0 0 0 0 0 0 0 0 0 0 0 0 0 0 0 0 0 0 0
0 0 0 0 0 0 0 0 0 0 0 0 0 0 0 0 0 0 0 0 0 0 0 0 0 0 0 0 0 0 0 0 0 0 0 0 0 0 0 0 0
0 0 0 0 0 0 0 0 0 0 0 0 0 0 0 0 0 0 0 0 0 0 0 0 0 0 0 0 0 0 0 0 0 0 0 0 0 0 0 0 0
0 0 0 0 0 0 0 0 0 0 0 0 0 0 0 0 0 0 0 0 0 0 0 0 0 0 0 0 0 0 0 0 0 0 0 0 0 0 0 0 0

E 초등학교(수도권 소재) 2014학년도 1학기 (n=52)

0000101000000000000000000000000000000000000000000000
1000000000000000000000000000000000000000000000000000
1000100000000000001000000000000000000000000000000000
0000000000000000000000000000000000000000000000000001
1000000000000000000000000000000000000000000000000000
1001101000000000000000001100000000000000000000000001
1000100000000000000000000000000000000000000000000001
1001101000010000000000000000000000000000000000000000
1000101100000000000000000000000000000000000000000000
0000000000000000000000000000000000000000000000000000
0000000000000000000000000000000000000000000000000000
0000000001001000000000000000000000000000000000000000
0000000001000100000000000000000000000000000000000000
0010000001100000100000000000000100000000000000100000
0000000000000001100000000000000000000000000000000000
0000000000000000000000000000000000000000000000000000
0000000001111100000000000000000000000000000000000000
0000000000000000001111110000000000000000000000000000
0000000000000000000000000000000000000000000000000001
0000000000000010001000011000100000000000101001000000
0000000000000000010000000000000000000000000000000000
0000000000000000000000000000000000000000000000000000
0000000000000000010000000000000000000000000000000000
0000000000000000000000000000000000000000000000000000
0000000000000000000000000000000100000000000000000000
0000000000000000000000001000100000000000000000000000
0000000000000000000000001101100100000000000000000000
0000000000000000000000001100000000000000000000000000
0000000000000000000000000000000100001000000000000000
0000000000000000000000001000000000000000000000000000
0000000000000000000000001110010200000000000000000000
0000100000000000000000001000000000000000000000100001
0000000000000000000000000000000000000000000000000001
0000100000000000010000100000000110000000000000000001
0000000000010000000010000000000010001100000000000000
0000000000000000000000000000000010001110000000000000
0000000000000000000000000000000000000000000000000001
0000000000000000000000000000000000001000000000000000
0000000000000000000000000000000011111100000000000000
0000000000000000000000000000000010000000000000000100
0000000000000000000000000000000000000001001001000000
0000000000000000000000000000000000000001000000000000
0000000000000000000000000000000000000001000000000000
0000000000000000000000000000000000000001111011000000
0000000000000000000000000000000000000001111000000000
0000000000000000000000000000000000000001010100000000
0000000000000000000000000000000000000000000000000000
0000000000000000000000000000000000000000000000000000
0000101000000000000000000000000000000000001101000010
0000000000000000000000000000000000000000000000000000
0000000000000000000000000000000000000000000000000000
0000000000000000000000000000000000000000000000000000

E 초등학교(수도권 소재) 2014학년도 2학기 (n=52)

0111111110000000010000000000000101000000000000000000
1011111110000000000000000000000000000000000000000000
1101111110000000001001100000000010000000000000000000
1110111110000000000000000000000000000000000000000001
1111011110000000010000000000000100000000000000000001
1111101110000000000000010000000000000000000000000000
1111110110010010100000000000000000000000000000001000
1111111010011000000000000000000000000000000000000000
1111111100000000000000000000000000000000000000000000
0000001000000000000000000000000000000000000000000000
0000000000000000000000000000000000000000000000000000
0000101101101111100000000000000000000000000000000000
0000000100010000000000000000000000000000000000000000
1010100001111011100000000000000100000000000100000000
0000011001111101100100010000010000000000000000000000
0000000000000000000000000000000000000000000000000000
0000000001111111000001000000010000000000000000000000
0000000000000000000001100000000101000000000000000000
0000000000000000010111100000000000000000000000000000
0000000000000010011011111000000000000000000000000000
0000000000000000011100000000000000000000000000000000
0000000000000000000000000000000000000000000000000000
0000000000000000010000000000000001000000000100000000
0001010000000010010101100000000000000000000000000000
0000000000000000000000000111111100000001000000010001
0000000100000000010000101011111110000000000000000100
0000000000000000000000001101111100000000000000000010
0000000000000000000000001110111100000000000000000000
0000010000000000000000101111011100000100011000000000
0000000000000000000000001111101100000000000000000000
0000000000000000000000001111110100000000000000000000
1000100000000100000000001111111001000000000000000000
0010001000000000000000001000000001111111000000000001
1000100000000000010000100000000110000000000000000000
0000000000000001000010000000000011011100000000000000
0000000000000000000000000000000011101110000000000000
0000000000000000000000000000000011110110000000000000
0000000000000000000000000000000011111010000000000000
0010001000100000000000001000000011111101000000000000
0000000000000000000000000000000000000000111111000000
0000000000000000000000000000000000000001011111000000
0000000000000000000000000000000000000001101111100000
0000000000000100000000000000000000000001110111000000
1000100000000000010000101000100000000001111010000000
0000000000000000000000000000000000000001111000000000
0000000000000000000000000000000000000001111100000000
0000000000000000000000000000000000000000000000000000
0000000000001000000000000000000000111110100000000000
0000000000000000000000000000000000000000000000000000
0000000000000000000000000100000000000100000000000010
0000000000000000000000000000000000000000000000000000
0000000000000000000000000000000000000000000000000000

라. 종단 네트워크 자료: 대한민국 초등교원의 동료 네트워크와 지식·조언 네트워크(2018학년도 3월, 4월, 5월, 6월)

(1) 학교 8(N=16, 결측값=9)

3월 동료 네트워크(s8f1.dat)

```
0 1 0 1 0 0 0 0 0 0 0 0 0 0 0 0
1 0 0 0 0 0 0 0 0 0 0 0 0 0 0 0
0 0 0 0 1 0 1 0 0 0 1 0 0 0 1 0
1 1 1 0 1 0 1 0 0 0 0 0 1 0 0 0
0 0 1 0 0 0 1 0 0 0 0 0 0 0 0 0
0 1 0 0 1 0 0 0 0 0 0 0 0 0 0 0
0 0 1 1 1 0 0 0 0 0 0 0 0 0 0 1
0 0 0 0 0 0 0 0 1 0 0 0 0 0 0 0
0 0 0 0 0 0 0 1 0 0 0 0 0 0 1 0
0 0 1 0 1 0 1 1 0 0 0 0 0 0 0 0
0 0 0 0 1 0 0 0 0 1 0 0 0 0 0 0
0 0 0 0 0 0 0 0 0 0 0 0 0 0 0 0
0 0 0 1 0 0 0 0 0 0 0 0 0 0 0 0
0 0 0 0 1 0 0 0 0 0 0 1 0 0 1 0
0 0 1 0 1 0 1 0 0 0 0 0 0 0 0 0
9 9 9 9 9 9 9 9 9 9 9 9 9 9 9 9
```

4월 동료 네트워크(s8f2.dat)

```
0 1 0 1 0 0 0 0 0 0 0 0 0 0 0 0
1 0 0 1 0 0 0 0 0 0 0 0 0 0 0 0
0 0 0 0 1 0 1 0 0 0 1 0 0 0 1 0
1 1 1 0 1 0 1 0 0 0 0 0 1 0 0 0
0 0 1 0 0 0 1 0 0 1 1 0 0 0 0 0
0 1 0 0 1 0 0 0 0 0 0 0 0 0 0 0
0 0 1 1 1 0 0 0 0 0 0 0 0 0 0 1
0 0 0 0 0 0 0 0 1 0 0 0 0 0 0 0
0 0 0 0 0 0 0 1 0 0 0 0 0 0 0 0
0 0 1 0 1 0 1 1 0 0 0 0 0 0 0 0
0 0 0 0 0 0 0 0 0 0 0 0 0 0 1 0
0 0 0 0 1 0 0 1 0 0 0 0 0 0 0 0
0 0 0 1 0 0 0 0 0 0 0 0 0 0 0 0
0 0 0 0 1 0 0 0 0 0 0 1 0 0 1 0
0 0 1 0 1 0 1 0 0 0 0 0 0 0 0 0
9 9 9 9 9 9 9 9 9 9 9 9 9 9 9 9
```

5월 동료 네트워크(s8f3.dat)

```
1 0 1 0 0 1 0 1 0 0 0 1 0 0 0 0
1 0 0 1 0 0 0 0 0 0 0 0 0 0 0 0
0 0 0 0 1 0 0 0 0 0 0 0 0 0 0 0
0 0 1 0 1 0 0 0 0 0 0 0 1 0 0 0
0 0 1 0 0 1 1 0 0 0 0 0 0 0 0 1
0 0 0 0 1 0 0 0 0 0 0 0 0 0 0 0
0 0 1 0 1 0 0 0 0 0 0 0 0 0 0 0
0 0 0 0 0 0 0 0 0 0 0 1 0 0 0 0
0 0 0 0 0 0 0 1 0 0 0 0 0 0 0 0
0 0 1 0 1 0 1 0 0 0 1 0 0 0 1 0
0 0 0 0 0 0 0 0 0 0 0 0 0 0 0 0
0 0 0 0 0 0 0 1 0 1 0 0 0 1 0 0
0 0 0 1 1 0 0 1 0 0 0 0 0 0 0 0
0 0 0 0 1 0 0 0 0 0 0 1 0 0 1 0
0 0 1 0 1 0 1 0 0 0 0 0 0 0 0 0
9 9 9 9 9 9 9 9 9 9 9 9 9 9 9 9
```

6월 동료 네트워크(s8f4.dat)

```
1 0 1 1 0 1 0 0 0 0 0 1 0 0 0 0
1 0 0 1 0 0 0 0 0 0 0 0 0 0 0 0
0 0 0 0 0 0 0 0 0 0 0 0 0 0 0 0
0 0 1 0 1 0 0 0 0 0 0 0 1 0 0 0
0 0 1 0 0 1 1 0 0 0 0 0 0 0 0 1
0 0 0 0 1 0 0 0 0 0 0 0 0 0 0 0
0 0 1 0 1 0 0 0 0 0 0 0 0 0 0 0
0 0 0 0 0 0 0 0 1 0 0 0 0 0 0 0
0 0 0 0 0 0 0 1 0 0 0 0 0 0 0 0
0 0 1 0 1 0 1 0 0 0 1 0 0 0 1 0
0 0 0 0 0 0 0 0 0 0 0 0 0 0 0 0
1 0 0 0 0 0 0 1 0 1 0 0 0 1 0 0
0 0 0 1 1 0 0 1 0 0 0 0 0 0 0 0
0 0 0 0 1 0 0 0 0 0 0 1 0 0 1 0
0 0 1 0 1 0 1 0 0 0 0 0 0 0 0 0
9 9 9 9 9 9 9 9 9 9 9 9 9 9 9 9
```

3월 지식·조언 네트워크(s8w1.dat)

```
1 0 1 0 1 0 0 0 0 0 0 0 0 0 0 1
1 0 0 0 1 0 0 0 0 0 0 0 0 0 0 1
0 0 0 0 0 0 1 0 0 0 0 0 0 0 0 1
0 0 1 0 0 0 1 0 0 0 0 0 1 0 0 0
0 0 0 0 0 0 0 0 0 0 0 1 0 0 0 1
0 0 1 0 1 0 0 0 0 0 0 0 0 0 0 1
0 0 1 0 1 0 0 0 0 0 0 0 0 0 0 1
0 0 1 0 0 0 0 0 0 0 0 0 0 0 0 1
0 0 0 0 0 0 0 0 0 0 0 0 0 0 0 0
0 0 1 0 1 0 1 1 0 1 0 0 0 0 0 0
0 0 1 0 1 0 1 0 0 1 0 0 0 0 0 0
0 0 0 0 0 0 0 0 0 0 0 0 0 0 0 0
0 0 1 0 1 0 1 0 0 0 0 0 0 0 0 0
0 0 0 0 0 0 1 0 0 0 0 0 0 0 1 1
0 0 1 0 1 0 1 0 0 0 0 0 0 0 0 0
9 9 9 9 9 9 9 9 9 9 9 9 9 9 9 9
```

4월 지식·조언 네트워크(s8w2.dat)

```
1 0 0 0 0 0 0 0 0 0 0 0 0 0 0 1
1 0 0 1 1 0 0 0 0 0 0 0 0 0 0 1
0 0 0 0 0 0 1 0 0 0 0 0 0 0 0 1
0 0 1 0 0 0 1 0 0 0 0 0 1 0 0 0
0 0 0 0 0 0 0 0 0 0 0 1 0 0 0 1
0 0 1 0 1 0 0 0 0 0 0 0 0 0 0 1
0 0 1 0 1 0 0 0 0 0 0 0 0 0 0 1
0 0 1 0 0 0 0 0 0 0 0 0 0 0 0 1
0 0 0 0 0 0 0 0 0 0 0 0 0 0 0 0
0 0 1 0 1 0 1 1 0 1 0 0 0 0 0 0
0 0 0 0 0 0 0 0 0 0 0 0 0 0 0 0
0 0 1 0 1 0 0 0 0 0 0 0 0 0 0 0
0 0 1 0 1 0 1 0 0 0 0 0 0 0 0 0
0 0 0 0 0 0 1 0 0 0 0 0 0 0 1 1
0 0 1 0 1 0 1 0 0 0 0 0 0 0 0 0
9 9 9 9 9 9 9 9 9 9 9 9 9 9 9 9
```

5월 지식·조언 네트워크(s8w3.dat)

```
0 1 1 0 1 0 0 0 0 0 0 0 0 0 0 1
1 0 1 0 0 0 0 0 0 0 0 0 0 0 0 1
0 0 0 0 1 0 1 0 0 0 0 0 0 0 0 1
0 0 1 0 0 0 1 0 0 0 0 0 1 0 0 1
0 0 1 0 0 1 1 0 0 0 0 1 0 0 0 1
0 0 1 0 1 0 0 0 0 0 0 0 0 0 0 1
0 0 1 0 0 0 0 0 0 0 0 0 0 0 0 1
0 0 0 0 0 0 0 0 0 0 0 0 0 0 0 0
0 0 0 0 0 0 0 1 0 0 0 0 0 0 0 0
0 0 1 0 1 0 1 0 0 0 0 0 0 0 0 1
0 0 0 0 0 0 0 0 0 0 0 0 0 0 0 0
0 0 0 0 1 0 0 1 0 1 0 0 0 1 0 0
0 0 1 0 0 0 0 0 0 0 0 0 0 0 0 0
0 0 0 0 1 0 1 0 0 0 0 0 0 0 1 0
0 0 1 0 1 0 1 0 0 0 0 0 0 0 0 0
9 9 9 9 9 9 9 9 9 9 9 9 9 9 9 9
```

6월 지식·조언 네트워크(s8w4.dat)

```
0 0 1 0 1 0 0 0 0 1 0 0 0 0 0 1
1 0 1 0 0 0 1 0 0 1 0 0 0 0 0 1
0 0 0 0 1 0 0 0 0 0 0 0 0 0 0 1
0 0 1 0 0 0 1 0 0 0 0 0 1 0 0 1
0 0 1 0 0 1 1 0 0 0 0 1 0 0 0 1
1 0 1 0 1 0 0 0 0 0 0 0 0 0 0 1
0 0 1 0 0 0 0 0 0 0 0 0 0 0 0 1
0 0 0 0 0 0 0 0 0 0 0 0 0 0 0 0
0 0 0 0 0 0 0 1 0 0 0 0 0 0 0 0
0 0 1 0 1 0 1 0 0 0 0 0 0 0 0 1
0 0 0 0 0 0 0 0 0 0 0 0 0 0 0 0
1 0 1 0 1 0 0 1 0 1 0 0 0 1 0 1
0 0 0 1 0 0 0 0 0 0 0 0 0 0 0 0
0 0 0 0 1 0 1 0 0 0 0 0 0 0 1 0
0 0 1 0 1 0 1 0 0 0 0 0 0 0 0 0
9 9 9 9 9 9 9 9 9 9 9 9 9 9 9 9
```

(2) 학교 5(N=25, 결측값=9)

3월 동료 네트워크(s8f1.dat)

```
0 1 1 0 0 0 0 0 1 1 0 0 1 0 0 0 0 0 0 0 0 1 0 1 0
1 0 1 0 0 0 0 0 0 0 0 0 0 0 0 0 0 0 0 0 0 0 0 0 0
0 0 0 0 0 0 0 0 0 0 0 0 0 0 0 0 0 0 0 1 0 0 0 1 0
1 1 0 0 1 1 0 0 0 0 0 0 1 0 0 0 0 0 1 0 0 0 1 0 0
0 0 0 1 0 0 0 0 0 0 0 0 0 0 0 0 0 0 0 0 0 0 0 0 0
0 0 0 1 0 0 0 1 0 1 0 0 0 0 0 1 0 0 0 0 0 0 0 0 0
0 0 0 0 0 0 0 1 0 0 0 0 1 0 0 0 0 0 0 0 0 0 0 0 0
0 0 0 0 0 0 1 0 0 0 0 0 1 0 0 0 0 0 0 0 0 1 0 0 0
0 0 0 0 0 1 1 1 0 1 1 1 0 0 0 1 0 0 1 0 0 0 0 0 0
0 0 0 0 0 0 1 1 1 0 1 1 0 0 0 0 0 0 0 0 0 0 0 0 0
0 0 0 0 0 0 0 0 1 1 0 1 0 0 0 0 0 0 1 0 0 0 0 0 0
0 0 0 0 0 0 0 0 0 0 0 0 0 0 0 0 0 0 0 0 0 0 0 0 0
1 0 0 0 0 0 1 1 0 0 0 0 0 0 0 0 0 0 0 0 0 0 0 1 1
0 0 0 0 0 0 0 0 0 0 0 0 0 0 1 1 1 1 1 0 0 0 0 0 0
0 0 0 0 0 0 0 0 0 0 0 0 0 1 0 1 1 1 1 0 0 0 0 0 0
0 0 0 0 0 0 0 0 1 1 0 0 0 1 1 0 0 0 1 1 0 0 0 1 0
0 0 0 0 0 0 0 0 0 1 0 0 0 0 0 0 0 1 1 0 0 0 0 0 0
0 0 0 0 0 0 0 0 0 0 0 0 0 1 1 1 1 0 1 0 0 0 0 0 0
0 0 0 0 0 0 0 0 0 1 0 0 0 0 0 0 1 1 0 0 0 0 0 0 0
0 0 0 0 0 1 0 0 0 1 0 0 0 0 0 1 0 0 0 0 1 0 0 1 0
0 0 0 0 0 0 0 0 0 0 0 0 0 0 0 1 0 0 0 0 0 0 1 1 0
9 9 9 9 9 9 9 9 9 9 9 9 9 9 9 9 9 9 9 9 9 9 9 9 9
0 0 0 0 0 0 0 0 0 0 0 0 0 0 0 0 0 0 0 0 0 0 0 0 0
9 9 9 9 9 9 9 9 9 9 9 9 9 9 9 9 9 9 9 9 9 9 9 9 9
9 9 9 9 9 9 9 9 9 9 9 9 9 9 9 9 9 9 9 9 9 9 9 9 9
```

4월 동료 네트워크(s8f2.dat)

```
0 1 1 0 0 0 0 0 1 1 0 0 1 0 0 0 0 0 0 0 0 1 0 1 0
1 0 1 0 0 0 0 0 0 0 0 0 0 0 0 0 0 0 0 0 0 0 0 0 0
0 0 0 0 0 0 0 0 0 0 0 0 0 0 0 0 0 0 0 1 0 0 0 1 0
1 1 0 0 1 1 0 0 0 0 0 0 1 0 0 0 0 0 1 0 0 0 1 0 0
0 0 0 1 0 0 0 0 0 0 0 0 0 0 0 0 0 0 0 0 0 0 0 0 0
0 0 0 1 0 0 0 1 0 1 0 0 0 0 0 1 0 0 0 0 0 0 0 0 0
0 0 0 0 0 0 0 1 0 0 0 0 1 0 0 0 0 0 0 0 0 0 0 0 0
0 0 0 0 0 0 1 0 0 0 0 0 1 0 0 0 0 0 0 0 0 1 0 0 0
0 0 0 0 0 1 1 1 0 1 1 1 0 0 0 1 0 0 1 0 0 0 0 0 0
0 0 0 0 0 0 1 1 1 0 1 1 0 0 0 0 0 0 0 0 0 0 0 0 0
0 0 0 0 0 0 0 0 1 1 0 1 0 0 0 0 0 0 1 0 0 0 0 0 0
0 0 0 0 0 0 0 0 0 0 0 0 0 0 0 0 0 0 0 0 0 0 0 0 0
1 0 0 1 0 0 1 1 0 0 0 0 0 0 0 0 0 0 0 0 0 0 1 1 1
0 0 0 0 0 0 0 0 0 0 0 0 0 0 1 1 1 1 1 0 0 0 0 0 0
0 0 0 0 0 0 0 0 0 0 0 0 0 1 0 1 1 1 1 0 0 0 0 0 0
0 0 0 0 0 0 0 0 1 1 0 0 0 1 1 0 0 0 1 1 0 0 0 1 0
0 0 0 0 0 0 0 0 0 1 0 0 0 1 1 1 0 1 1 0 0 0 0 0 0
0 0 0 0 0 0 0 0 0 0 0 0 0 1 1 1 1 0 1 0 0 0 0 0 0
0 0 0 0 0 0 0 0 0 1 1 0 0 0 0 0 0 1 1 0 0 0 0 0 0
0 0 0 0 0 0 0 0 0 0 0 0 0 0 0 1 0 0 0 0 1 0 0 1 0
0 0 0 0 0 0 0 0 0 0 0 0 0 0 0 0 0 0 1 0 0 0 1 0 1
9 9 9 9 9 9 9 9 9 9 9 9 9 9 9 9 9 9 9 9 9 9 9 9 9
0 0 0 0 0 0 0 0 0 0 0 0 0 0 0 0 0 0 0 0 0 0 0 0 0
9 9 9 9 9 9 9 9 9 9 9 9 9 9 9 9 9 9 9 9 9 9 9 9 9
9 9 9 9 9 9 9 9 9 9 9 9 9 9 9 9 9 9 9 9 9 9 9 9 9
```

5월 동료 네트워크(s8f3.dat)

```
0 1 1 1 0 0 0 0 0 0 0 0 1 0 0 0 0 0 0 0 0 0 0 1 0
1 0 1 0 0 0 0 0 0 0 0 0 0 0 0 0 0 0 1 0 0 0 0 1 0
1 1 0 1 0 0 1 0 0 0 0 0 0 0 0 1 1 0 1 0 0 0 0 1 0
1 1 0 0 1 1 1 1 0 0 0 0 0 0 0 0 0 0 1 0 0 0 0 0 0
0 0 0 0 0 0 0 0 0 0 0 0 0 0 0 0 0 1 0 0 0 0 0 0 0
0 0 0 1 0 0 0 0 0 1 0 0 0 0 0 0 0 0 0 0 0 0 0 0 0
0 0 0 0 0 0 0 1 1 0 0 0 0 0 0 0 0 0 0 0 0 0 0 0 0
1 0 0 1 0 1 1 0 0 0 0 1 0 0 0 0 0 0 1 0 0 1 0 0 0
0 0 0 0 0 0 1 1 0 1 1 1 0 0 0 1 0 0 0 0 0 0 0 0 0
9 9 9 9 9 9 9 9 9 9 9 9 9 9 9 9 9 9 9 9 9 9 9 9 9
0 0 0 0 0 0 0 0 0 1 0 1 0 0 0 0 0 0 1 0 0 0 0 1 0
0 0 0 0 0 0 0 0 1 1 1 0 0 0 0 0 0 0 0 0 0 0 0 0 0
0 0 0 0 0 0 1 1 1 0 0 0 0 0 0 0 0 0 0 0 0 0 0 1 1
0 0 0 0 0 0 0 0 0 0 0 0 0 0 1 1 1 1 1 0 0 0 0 0 0
0 0 0 0 0 0 0 0 0 0 0 0 0 1 0 1 1 1 1 0 0 0 0 0 0
0 0 0 0 0 0 0 0 1 1 0 0 0 1 1 0 0 0 0 0 0 0 0 1 0
0 0 0 0 0 0 0 0 0 0 0 0 0 0 0 0 0 1 1 0 0 0 0 0 0
0 0 0 0 0 0 0 0 0 0 0 0 0 1 1 1 1 0 1 0 0 0 0 0 0
0 1 0 1 0 0 0 0 0 1 1 0 0 0 0 0 1 1 0 0 0 0 0 0 0
0 0 0 0 0 0 0 0 0 0 0 0 0 0 0 1 0 0 0 0 1 0 0 1 0
0 0 0 0 0 0 0 0 0 0 0 0 0 0 0 1 0 0 0 0 0 0 0 1 1
0 0 0 0 0 0 0 0 0 0 0 0 0 0 0 0 0 0 0 0 0 0 0 0 0
0 0 0 0 0 0 0 0 0 0 0 0 0 0 0 0 0 0 0 0 0 0 0 0 0
9 9 9 9 9 9 9 9 9 9 9 9 9 9 9 9 9 9 9 9 9 9 9 9 9
9 9 9 9 9 9 9 9 9 9 9 9 9 9 9 9 9 9 9 9 9 9 9 9 9
```

6월 동료 네트워크(s8f4.dat)

```
0 1 1 1 0 0 0 0 0 0 0 0 1 0 0 0 0 0 0 0 0 0 0 1 0
1 0 1 0 0 0 0 0 0 1 0 0 0 0 0 0 0 0 1 0 0 0 0 1 0
1 1 0 1 0 0 1 0 0 0 0 1 0 0 0 1 0 0 0 0 0 0 0 1 0
1 1 0 0 1 1 1 1 0 0 0 0 0 0 0 0 0 0 1 0 0 0 0 0 0
0 0 0 0 0 0 0 0 0 0 0 0 0 0 0 0 0 1 0 0 0 0 0 0 0
0 0 0 1 0 0 0 0 0 1 0 0 0 0 0 0 0 0 0 0 0 0 0 0 0
0 0 0 0 0 0 0 1 1 0 0 0 0 0 0 0 0 0 0 0 0 0 0 0 0
1 0 0 1 0 1 1 0 0 0 0 1 0 0 0 0 0 0 1 0 0 1 0 0 0
0 0 0 0 0 0 1 1 0 1 1 1 0 0 0 1 0 0 1 0 0 0 0 0 0
9 9 9 9 9 9 9 9 9 9 9 9 9 9 9 9 9 9 9 9 9 9 9 9 9
0 0 0 0 0 0 0 0 0 1 0 1 0 0 0 0 0 0 1 0 0 0 0 1 0
0 0 0 0 0 0 0 0 1 1 1 0 0 0 0 0 0 0 0 0 0 0 0 0 0
1 0 0 0 0 0 1 1 1 0 0 0 0 0 0 0 0 0 0 0 0 0 0 1 1
0 0 0 0 0 0 0 0 0 0 0 0 0 0 1 1 1 1 1 0 0 0 0 0 0
0 0 0 0 0 0 0 0 0 0 0 0 0 1 0 1 1 1 1 0 0 0 0 0 0
0 0 0 0 0 0 0 0 1 1 0 0 0 1 1 0 0 0 0 0 0 0 0 1 0
9 9 9 9 9 9 9 9 9 9 9 9 9 9 9 9 9 9 9 9 9 9 9 9 9
0 0 0 0 0 0 0 0 0 0 0 0 0 1 1 1 1 0 1 0 0 0 0 0 0
0 0 0 0 0 0 0 0 0 1 1 0 0 0 0 0 1 1 0 0 0 0 0 0 0
0 0 0 0 0 0 0 0 0 0 0 0 0 0 0 1 0 0 0 0 1 0 0 1 0
0 0 0 0 0 0 0 0 0 0 0 0 0 0 0 1 0 0 0 1 0 0 0 1 1
0 0 0 0 0 0 0 0 0 0 0 0 0 0 0 0 0 0 0 0 0 0 0 0 0
0 0 0 0 0 0 0 0 0 0 0 0 0 0 0 0 0 0 0 0 0 0 0 0 0
9 9 9 9 9 9 9 9 9 9 9 9 9 9 9 9 9 9 9 9 9 9 9 9 9
9 9 9 9 9 9 9 9 9 9 9 9 9 9 9 9 9 9 9 9 9 9 9 9 9
```

3월 지식·조언 네트워크(s5w1.dat)

```
0 1 0 1 0 0 0 0 0 0 0 0 1 0 0 0 0 0 0 0 0 0 1 1 0
1 0 1 0 0 0 0 0 0 0 0 0 1 0 0 0 0 0 0 0 0 0 0 1 0
1 1 0 0 0 0 0 0 0 0 0 0 0 0 0 0 0 0 0 1 0 0 0 1 0
1 1 0 0 1 1 0 0 0 0 0 0 0 0 0 0 0 0 0 0 0 0 1 1 0
0 0 0 1 0 0 0 0 0 0 0 0 0 0 0 0 0 0 0 0 0 0 0 1 0
0 0 0 1 0 0 0 0 0 0 0 0 1 0 0 0 0 0 0 0 0 0 1 0 0
0 0 0 0 0 0 0 1 1 0 0 0 1 0 0 0 0 0 0 0 0 0 1 0 0
0 0 0 0 0 0 1 0 1 0 0 0 0 0 0 0 0 0 0 1 0 1 0 1 1
0 0 0 0 0 0 1 1 0 1 1 0 0 0 0 1 0 0 0 0 0 0 0 0 0
0 0 0 0 0 0 0 0 0 0 1 0 0 0 0 0 0 0 0 0 0 0 0 0 0
0 0 0 0 0 0 0 0 1 1 0 1 0 0 0 0 0 0 0 0 0 0 0 0 0
0 0 0 0 0 0 0 0 0 1 1 0 0 0 0 0 0 0 0 0 0 0 1 0 0
0 0 0 0 0 0 1 0 0 0 0 0 0 0 0 0 0 0 0 0 0 0 1 1 1
0 0 0 0 0 0 0 0 0 0 1 0 0 0 1 1 1 0 0 0 0 0 1 0 0
0 0 0 0 0 0 0 0 0 0 0 0 0 1 0 1 0 0 0 1 0 0 0 0 0
0 0 0 0 0 0 0 0 0 0 0 0 0 1 1 0 0 0 0 0 0 0 1 1 0
0 0 0 1 0 0 0 0 0 0 0 0 0 0 0 0 0 1 1 1 0 0 0 1 1
0 0 0 0 0 0 0 0 0 0 0 0 0 0 0 0 1 0 1 0 0 0 0 0 0
0 0 0 0 0 0 0 0 0 1 0 0 0 0 0 0 0 0 0 0 0 0 0 0 0
0 0 0 0 0 0 0 0 0 0 0 0 0 0 0 0 0 0 0 0 0 0 0 1 1
0 0 0 0 0 0 0 0 0 0 0 0 0 0 0 0 0 0 0 0 0 0 1 1 0
9 9 9 9 9 9 9 9 9 9 9 9 9 9 9 9 9 9 9 9 9 9 9 9 9
0 0 0 0 0 0 0 0 0 0 0 0 1 0 0 0 0 0 0 0 0 0 0 0 0
9 9 9 9 9 9 9 9 9 9 9 9 9 9 9 9 9 9 9 9 9 9 9 9 9
9 9 9 9 9 9 9 9 9 9 9 9 9 9 9 9 9 9 9 9 9 9 9 9 9
```

4월 지식·조언 네트워크(s5w2.dat)

```
0 1 1 0 0 0 0 0 1 1 0 0 1 0 0 0 0 0 0 0 0 1 0 1 0
1 0 1 0 0 0 0 0 0 0 0 0 0 0 0 0 0 0 0 0 0 0 0 0 0
0 0 0 0 0 0 0 0 0 0 0 0 0 0 0 0 0 0 0 1 0 0 0 1 0
1 1 0 0 1 1 0 0 0 0 0 0 1 0 0 0 0 0 1 0 0 0 1 0 0
0 0 0 1 0 0 0 0 0 0 0 0 0 0 0 0 0 0 0 0 0 0 0 0 0
0 0 0 1 0 0 0 1 0 1 0 0 0 0 0 1 0 0 0 0 0 0 0 0 0
0 0 0 0 0 0 0 1 0 0 0 0 1 0 0 0 0 0 0 0 0 0 0 0 0
0 0 0 0 0 0 1 0 0 0 0 0 1 0 0 0 0 0 0 0 0 1 0 0 0
0 0 0 0 0 1 1 1 0 1 1 1 0 0 0 1 0 0 1 0 0 0 0 0 0
0 0 0 0 0 0 1 1 1 0 1 1 0 0 0 0 0 0 0 0 0 0 0 0 0
0 0 0 0 0 0 0 0 1 1 0 1 0 0 0 0 0 0 1 0 0 0 0 0 0
0 0 0 0 0 0 0 0 0 0 0 0 0 0 0 0 0 0 0 0 0 0 0 0 0
1 0 0 1 0 0 1 1 0 0 0 0 0 0 0 0 0 0 0 0 0 0 1 1 1
0 0 0 0 0 0 0 0 0 0 0 0 0 0 1 1 1 1 1 0 0 0 0 0 0
0 0 0 0 0 0 0 0 0 0 0 0 0 1 0 1 1 1 1 0 0 0 0 0 0
0 0 0 0 0 0 0 0 1 1 0 0 0 1 1 0 0 0 1 1 0 0 0 1 0
0 0 0 0 0 0 0 0 0 1 0 0 0 1 1 1 0 1 1 0 0 0 0 0 0
0 0 0 0 0 0 0 0 0 0 0 0 0 1 1 1 1 0 1 0 0 0 0 0 0
0 0 0 0 0 0 0 0 0 1 1 0 0 0 0 0 0 1 1 0 0 0 0 0 0
0 0 0 0 0 0 0 0 0 0 0 0 0 0 0 1 0 0 0 0 1 0 0 1 0
0 0 0 0 0 0 0 0 0 0 0 0 0 0 0 0 0 0 1 0 0 0 1 0 1
9 9 9 9 9 9 9 9 9 9 9 9 9 9 9 9 9 9 9 9 9 9 9 9 9
0 0 0 0 0 0 0 0 0 0 0 0 0 0 0 0 0 0 0 0 0 0 0 0 0
9 9 9 9 9 9 9 9 9 9 9 9 9 9 9 9 9 9 9 9 9 9 9 9 9
9 9 9 9 9 9 9 9 9 9 9 9 9 9 9 9 9 9 9 9 9 9 9 9 9
```

5월 지식·조언 네트워크(s5w3.dat)

```
0 1 1 1 0 0 0 0 0 0 0 0 1 0 0 0 0 0 0 0 0 0 0 1 0
1 0 1 0 0 0 0 0 0 0 0 0 0 0 0 0 0 0 1 0 0 0 0 1 0
1 1 0 1 0 0 1 0 0 0 0 0 0 0 0 1 1 0 1 0 0 0 0 1 0
1 1 0 0 1 1 1 1 0 0 0 0 0 0 0 0 0 0 1 0 0 0 0 0 0
0 0 0 0 0 0 0 0 0 0 0 0 0 0 0 0 0 1 0 0 0 0 0 0 0
0 0 0 1 0 0 0 0 0 1 0 0 0 0 0 0 0 0 0 0 0 0 0 0 0
0 0 0 0 0 0 0 1 1 0 0 0 0 0 0 0 0 0 0 0 0 0 0 0 0
1 0 0 1 0 1 1 0 0 0 0 1 0 0 0 0 0 0 1 0 0 1 0 0 0
0 0 0 0 0 0 1 1 0 1 1 1 0 0 0 1 0 0 0 0 0 0 0 0 0
9 9 9 9 9 9 9 9 9 9 9 9 9 9 9 9 9 9 9 9 9 9 9 9 9
0 0 0 0 0 0 0 0 0 1 0 1 0 0 0 0 0 0 1 0 0 0 0 1 0
0 0 0 0 0 0 0 0 1 1 1 0 0 0 0 0 0 0 0 0 0 0 0 0 0
0 0 0 0 0 0 1 1 1 0 0 0 0 0 0 0 0 0 0 0 0 0 0 1 1
0 0 0 0 0 0 0 0 0 0 0 0 0 0 1 1 1 1 1 0 0 0 0 0 0
0 0 0 0 0 0 0 0 0 0 0 0 0 1 0 1 1 1 1 0 0 0 0 0 0
0 0 0 0 0 0 0 0 1 1 0 0 0 1 1 0 0 0 0 0 0 0 0 1 0
0 0 0 0 0 0 0 0 0 0 0 0 0 0 0 0 0 1 1 0 0 0 0 0 0
0 0 0 0 0 0 0 0 0 0 0 0 0 1 1 1 1 0 1 0 0 0 0 0 0
0 1 0 1 0 0 0 0 0 1 1 0 0 0 0 0 1 1 0 0 0 0 0 0 0
0 0 0 0 0 0 0 0 0 0 0 0 0 0 0 1 0 0 0 0 1 0 0 1 0
0 0 0 0 0 0 0 0 0 0 0 0 0 0 0 1 0 0 0 0 0 0 0 1 1
0 0 0 0 0 0 0 0 0 0 0 0 0 0 0 0 0 0 0 0 0 0 0 0 0
0 0 0 0 0 0 0 0 0 0 0 0 0 0 0 0 0 0 0 0 0 0 0 0 0
9 9 9 9 9 9 9 9 9 9 9 9 9 9 9 9 9 9 9 9 9 9 9 9 9
9 9 9 9 9 9 9 9 9 9 9 9 9 9 9 9 9 9 9 9 9 9 9 9 9
```

6월 지식·조언 네트워크(s5w4.dat)

```
0 1 0 1 0 0 0 0 0 0 0 0 0 0 0 0 0 0 0 0 0 0 0 1 0
1 0 1 1 0 1 0 0 0 0 0 0 0 0 0 0 0 0 0 0 0 0 0 1 0
1 1 0 0 0 0 1 0 0 0 0 1 0 0 0 0 0 0 0 0 0 0 0 1 0
0 0 0 0 0 0 0 0 0 0 0 0 0 0 0 0 0 0 0 0 0 0 0 1 0
0 0 0 1 0 1 0 0 0 0 0 0 0 0 0 0 0 0 0 0 0 0 0 0 0
0 0 0 1 0 0 0 0 0 1 0 0 0 0 0 0 0 0 0 0 0 0 0 0 0
0 0 0 0 0 0 0 1 1 0 0 0 0 0 0 0 0 0 0 0 0 0 0 1 1
0 0 0 0 0 0 1 0 1 0 0 0 0 0 0 1 0 0 0 0 0 0 0 1 1
0 0 0 0 0 0 1 1 0 1 1 0 0 0 0 0 0 0 0 0 0 0 0 0 0
9 9 9 9 9 9 9 9 9 9 9 9 9 9 9 9 9 9 9 9 9 9 9 9 9
0 0 0 0 0 0 0 0 0 1 0 0 0 0 0 0 0 0 0 0 0 0 0 1 0
0 0 0 0 0 0 0 0 0 1 1 0 0 0 0 0 0 0 0 0 0 0 0 0 0
0 0 0 0 0 0 1 1 0 0 0 0 0 0 0 0 0 0 0 0 0 1 0 1 1
0 0 0 0 0 0 0 0 0 0 0 0 0 1 1 0 0 0 0 0 0 0 0 0 0
0 0 0 0 0 0 0 0 0 0 0 0 0 1 0 1 0 0 0 0 0 0 0 0 0
0 0 0 0 0 0 0 0 0 0 0 0 0 1 1 0 0 0 0 0 0 0 0 1 0
0 0 0 0 0 0 0 0 0 0 0 0 0 1 1 1 0 1 0 0 0 0 0 0 0
0 0 0 0 0 0 0 0 0 0 0 0 0 1 1 1 1 0 1 0 0 0 0 0 0
0 0 0 0 0 0 0 0 0 0 1 0 0 0 0 0 0 0 0 0 0 0 0 0 0
0 0 0 0 0 0 0 0 0 0 0 0 0 0 0 0 0 0 0 0 0 0 0 1 1
0 0 0 0 0 0 0 0 0 0 0 0 0 0 0 0 0 0 0 0 0 0 0 1 1
0 0 0 0 0 0 0 0 0 0 0 0 0 0 0 0 0 0 0 0 0 0 0 1 0
0 0 0 0 0 0 0 0 0 0 0 0 0 0 0 0 0 0 0 0 0 0 0 0 0
9 9 9 9 9 9 9 9 9 9 9 9 9 9 9 9 9 9 9 9 9 9 9 9 9
9 9 9 9 9 9 9 9 9 9 9 9 9 9 9 9 9 9 9 9 9 9 9 9 9
```

(3) 학교 15(N=26, 결측값=9)

3월 동료 네트워크(s15f1.dat)

```
0 1 1 0 0 0 0 0 0 0 0 0 0 0 0 0 0 0 0 0 0 0 0 0 0 0
1 0 0 0 0 0 0 0 0 0 0 0 0 0 0 0 0 0 0 0 0 0 0 0 0 0
0 0 0 1 0 0 0 0 0 0 0 0 0 0 0 0 0 0 0 0 1 0 0 0 1 0
0 0 1 0 1 1 0 0 0 0 0 0 0 0 0 0 0 0 0 0 1 0 0 0 1 0
0 0 0 1 0 1 0 0 0 0 0 0 0 0 0 0 0 0 0 0 0 0 0 0 0 0
0 0 0 1 1 0 0 0 0 0 0 0 0 0 0 0 0 0 0 0 0 0 0 0 0 0
0 0 0 0 0 0 0 0 0 1 0 0 1 0 0 0 0 0 0 0 0 0 0 0 1 0
0 0 1 0 0 0 0 0 0 0 0 1 0 0 0 0 0 0 0 0 0 0 0 0 0 0
0 0 1 0 0 0 1 1 0 0 0 0 0 0 0 0 0 0 0 0 0 0 0 0 0 0
0 0 0 0 0 0 1 0 0 0 0 0 1 0 0 0 0 0 0 0 0 0 0 0 0 1
1 0 0 0 1 0 0 0 0 1 0 1 0 0 0 0 0 1 0 0 1 0 0 0 0 0
0 0 0 0 0 0 0 1 0 0 0 0 0 1 0 1 0 0 0 1 1 0 0 0 0 0
0 0 0 0 0 0 1 0 0 1 0 0 0 0 0 0 0 0 0 0 0 0 0 0 0 0
0 0 0 0 0 0 0 0 0 0 0 1 0 0 0 1 0 0 0 1 0 0 0 0 0 0
0 0 0 0 0 0 0 0 0 0 0 0 0 1 0 1 0 0 0 0 0 0 0 0 0 0
0 0 1 0 0 0 0 0 0 0 1 0 0 1 0 0 0 0 0 0 0 0 0 0 0 0
0 0 0 0 0 0 0 0 0 0 0 0 0 0 0 0 0 0 0 0 0 1 0 1 0 0
0 0 0 0 0 0 0 0 0 0 0 0 0 0 0 0 0 0 0 0 0 0 0 0 0 0
0 0 0 0 0 0 0 0 0 0 0 0 0 0 0 0 0 0 0 1 0 0 0 0 0 0
0 0 0 0 0 0 0 0 0 0 0 1 0 1 0 0 0 1 1 0 1 1 1 0 0 0
0 0 1 0 1 0 0 0 0 0 0 0 0 0 0 0 0 0 0 1 0 0 0 0 1 0
0 0 0 0 0 0 0 0 0 0 0 0 0 0 0 0 0 1 0 0 0 0 0 1 0 0
0 0 0 0 0 0 0 0 0 1 0 0 1 0 0 0 0 1 1 1 1 0 0 1 1 1
0 0 0 0 0 0 0 0 0 0 0 0 0 0 0 0 0 0 0 0 0 1 0 0 0 0
9 9 9 9 9 9 9 9 9 9 9 9 9 9 9 9 9 9 9 9 9 9 9 9 9 9
9 9 9 9 9 9 9 9 9 9 9 9 9 9 9 9 9 9 9 9 9 9 9 9 9 9
```

4월 동료 네트워크(s15f2.dat)

```
0 1 1 0 0 0 0 0 0 0 0 0 0 0 0 0 0 0 0 0 0 0 0 0 0 0
1 0 0 0 0 0 0 0 0 0 0 0 0 0 0 0 0 0 0 0 0 0 0 0 0 0
0 0 0 1 0 0 0 0 0 0 0 0 0 0 0 0 0 0 0 0 1 0 0 0 1 0
0 0 1 0 1 1 0 0 0 0 0 0 0 0 0 0 0 0 0 0 1 0 0 0 1 0
0 0 0 1 0 1 0 0 0 0 0 0 0 0 0 0 0 0 0 0 0 0 0 0 0 0
0 0 0 1 1 0 0 0 0 0 0 0 0 0 0 0 0 0 0 0 0 0 0 1 0 0
0 0 0 0 0 0 0 0 0 1 0 0 1 0 0 0 0 0 0 0 0 0 0 0 1 0
0 0 1 0 0 0 0 0 0 0 0 1 0 0 0 0 0 0 0 0 0 0 0 0 0 0
0 0 0 0 0 0 1 1 0 0 0 0 0 0 0 0 0 0 0 0 0 0 0 0 0 0
0 0 0 0 0 0 1 0 0 0 0 0 1 0 0 0 0 0 0 0 0 0 0 0 0 1
1 0 0 0 1 0 0 0 0 1 0 1 0 0 0 0 0 1 0 0 1 0 0 0 0 0
0 0 0 0 0 0 0 1 0 0 0 0 0 1 0 1 0 0 0 1 1 0 0 0 0 0
0 0 0 0 0 0 1 0 0 1 0 0 0 0 0 0 0 0 0 0 0 0 0 0 0 0
0 0 0 0 0 0 0 0 0 0 0 1 0 0 0 1 0 0 0 1 0 0 0 0 0 0
0 0 0 0 0 0 0 0 0 0 0 0 0 1 0 1 0 0 0 0 0 0 0 0 0 0
0 0 0 0 0 0 0 0 0 0 0 0 0 1 0 0 0 0 0 0 0 0 0 0 0 0
0 0 0 0 0 0 0 0 0 0 0 0 0 0 0 0 0 0 0 0 0 1 0 1 0 0
0 0 0 0 0 0 0 0 0 0 0 0 0 0 0 0 0 0 0 0 0 0 0 0 0 0
0 0 0 0 0 0 0 0 0 0 0 0 0 0 0 0 0 0 0 1 0 0 0 0 0 0
0 0 0 0 0 0 0 0 0 0 0 1 0 1 0 0 0 1 1 0 1 1 1 0 0 0
0 0 1 0 0 0 0 0 0 0 0 1 0 1 0 0 0 0 0 1 0 0 0 0 1 0
0 0 0 0 0 0 0 0 0 0 0 0 0 0 0 0 0 1 0 0 0 0 0 1 0 0
0 0 0 0 0 0 0 0 0 1 0 0 1 0 0 0 0 1 1 1 1 0 0 1 1 1
0 0 0 0 0 0 0 0 0 0 0 0 0 0 0 0 0 0 0 0 0 1 0 0 0 0
9 9 9 9 9 9 9 9 9 9 9 9 9 9 9 9 9 9 9 9 9 9 9 9 9 9
9 9 9 9 9 9 9 9 9 9 9 9 9 9 9 9 9 9 9 9 9 9 9 9 9 9
```

5월 동료 네트워크(s15f3.dat)

```
0 1 1 0 0 0 0 0 0 0 0 0 0 0 0 0 0 0 0 0 0 0 0 0 0 0
1 0 1 0 0 0 0 0 0 0 0 0 0 0 0 0 0 0 0 0 0 0 0 0 0 0
0 0 0 1 0 0 0 0 0 0 0 0 0 0 0 0 0 0 0 0 1 0 0 0 1 0
0 0 1 0 1 1 0 0 0 0 0 0 0 0 0 0 0 0 0 0 0 0 0 0 0 1
0 0 0 1 0 1 0 1 0 0 0 0 0 0 0 0 0 0 0 0 0 0 0 0 0 0
0 1 0 1 1 0 0 0 0 0 0 0 0 0 0 0 0 0 0 0 0 0 0 1 0 0
0 0 0 0 0 0 0 0 0 1 0 0 1 0 0 0 0 0 0 0 0 0 0 0 1 0
0 0 0 0 0 0 1 0 1 0 0 1 0 0 0 0 0 0 0 0 0 0 0 0 0 0
0 0 0 0 0 0 1 1 0 0 0 0 0 0 0 0 0 0 0 0 0 0 0 0 0 0
0 0 0 0 0 0 1 0 0 0 0 0 1 0 0 0 0 0 0 0 0 0 0 0 0 1
1 0 0 0 1 0 0 0 0 1 0 1 0 0 0 0 0 0 0 0 0 0 0 0 1 0
0 0 1 0 0 0 0 1 0 0 0 0 0 1 0 1 0 0 0 1 1 0 0 0 0 0
0 0 0 0 0 0 0 0 0 1 0 0 0 1 0 1 0 0 0 0 0 0 0 0 0 1
0 0 0 0 0 0 0 0 0 0 0 1 0 0 0 1 0 0 0 1 0 0 0 0 0 0
0 0 0 0 0 0 0 0 0 0 0 0 0 1 0 1 0 0 0 0 0 0 0 0 0 0
0 0 0 0 0 0 0 0 0 0 0 0 0 1 0 0 0 0 0 0 0 0 0 0 0 0
0 0 0 0 0 0 0 0 0 0 0 0 0 0 0 0 0 0 0 0 0 0 0 1 0 0
1 0 0 0 0 0 0 0 0 0 0 0 0 0 0 0 0 0 0 1 1 0 0 0 0 0
9 9 9 9 9 9 9 9 9 9 9 9 9 9 9 9 9 9 9 9 9 9 9 9 9 9
0 0 0 0 0 0 0 0 0 0 0 1 0 1 0 0 0 1 1 0 1 0 0 0 0 0
0 0 1 0 0 0 0 1 0 0 0 0 0 1 0 0 0 1 0 1 0 0 0 0 1 0
0 0 0 0 0 0 0 0 0 0 0 0 0 0 0 0 0 1 0 0 0 1 0 0 1 0
1 0 0 0 0 0 0 0 0 1 0 0 1 0 0 0 0 1 0 0 0 0 0 0 1 0
0 0 0 0 0 1 0 0 0 0 0 0 0 0 0 0 0 0 0 0 0 1 0 0 0 0
9 9 9 9 9 9 9 9 9 9 9 9 9 9 9 9 9 9 9 9 9 9 9 9 9 9
9 9 9 9 9 9 9 9 9 9 9 9 9 9 9 9 9 9 9 9 9 9 9 9 9 9
```

6월 동료 네트워크(s15f4.dat)

```
0 1 1 0 0 0 0 0 0 0 0 0 0 0 0 0 0 0 0 0 0 0 0 0 0 0
1 0 1 0 0 0 0 0 0 0 0 0 0 0 0 0 0 0 0 0 0 0 0 0 0 0
0 0 0 1 0 0 0 0 0 0 0 0 0 0 0 0 0 0 0 0 1 0 0 0 1 0
0 0 1 0 1 1 0 0 0 0 0 0 0 0 0 0 0 0 0 0 1 0 0 0 0 1
0 0 0 1 0 1 0 1 0 0 0 0 0 0 0 0 0 0 0 0 0 0 0 0 0 0
0 0 0 1 1 0 0 0 0 0 0 0 0 0 0 0 0 0 0 0 0 0 0 0 0 0
0 0 0 0 0 0 0 0 0 1 0 0 1 0 0 0 0 0 0 0 0 0 0 0 1 0
0 0 0 0 0 0 1 0 1 0 0 1 0 0 0 0 0 0 0 0 0 0 0 0 0 0
0 0 0 0 0 0 1 1 0 0 0 0 0 0 0 0 0 0 0 0 0 0 0 0 0 0
0 0 0 0 0 0 1 0 0 0 0 0 1 0 0 0 0 0 0 0 0 0 0 0 0 1
1 0 0 0 1 0 0 0 0 1 0 1 0 0 0 0 0 0 0 0 0 0 0 0 1 0
0 0 1 0 0 0 0 1 0 0 0 0 0 1 0 1 0 0 0 1 1 0 0 0 0 0
0 0 0 0 0 0 0 0 0 1 0 0 0 1 0 1 0 0 0 0 0 0 0 0 0 1
0 0 0 0 0 0 0 0 0 0 0 1 0 0 0 1 0 0 0 1 0 0 0 0 0 0
0 0 0 0 0 0 0 0 0 0 0 0 0 1 0 1 0 0 0 0 0 0 0 0 0 0
0 0 0 0 0 0 0 0 0 0 0 0 0 1 0 0 0 0 0 0 0 0 0 0 0 0
0 0 0 0 0 0 0 0 0 0 0 0 0 0 0 0 0 0 0 0 0 0 0 1 0 0
1 0 0 0 0 0 0 0 0 0 0 0 0 0 0 0 0 0 0 1 1 0 0 0 0 0
9 9 9 9 9 9 9 9 9 9 9 9 9 9 9 9 9 9 9 9 9 9 9 9 9 9
0 0 0 0 0 0 0 0 0 0 0 1 0 1 0 0 0 1 1 0 1 0 0 0 0 0
0 0 1 1 0 0 0 0 0 0 0 1 0 0 0 0 0 1 0 1 0 1 0 0 1 0
0 0 0 0 0 0 0 0 0 0 0 0 0 0 0 0 0 1 1 1 1 1 0 0 1 0
1 0 0 0 0 0 0 0 0 0 0 0 0 0 0 0 0 1 0 0 0 0 0 0 1 0
0 0 0 0 0 1 0 0 0 0 0 0 0 0 0 0 0 0 0 0 0 1 0 0 0 0
9 9 9 9 9 9 9 9 9 9 9 9 9 9 9 9 9 9 9 9 9 9 9 9 9 9
9 9 9 9 9 9 9 9 9 9 9 9 9 9 9 9 9 9 9 9 9 9 9 9 9 9
```

3월 지식·조언 네트워크(s15w1.dat)

```
0 0 0 0 0 0 0 0 0 0 0 0 0 0 0 0 0 0 0 0 0 0 0 0 0 0
1 0 1 0 0 0 0 0 0 0 0 0 0 0 0 0 0 0 0 0 0 0 0 0 1 0
0 0 0 1 0 0 0 0 0 0 0 0 0 0 0 0 0 0 0 0 1 0 0 0 1 0
0 0 0 0 0 0 0 0 0 0 0 0 0 0 0 0 0 0 0 0 0 0 0 0 1 1
0 0 0 1 0 1 1 0 0 0 0 0 0 0 0 0 0 0 0 0 0 0 0 0 0 0
0 0 0 1 1 0 0 0 0 0 0 0 0 0 0 0 0 0 0 1 1 0 0 0 0 0
0 0 0 0 0 0 0 1 1 1 0 0 1 0 0 0 0 0 0 0 0 0 0 0 1 0
0 0 1 0 0 0 1 0 0 0 0 1 0 0 0 0 0 0 0 1 0 0 0 0 0 0
0 0 1 0 0 0 1 1 0 0 0 0 0 0 0 0 0 0 0 0 0 0 0 0 0 0
0 0 0 0 0 0 1 0 0 0 0 0 0 0 0 0 0 0 0 0 0 0 0 0 0 1
0 0 0 0 1 0 0 0 0 1 0 0 0 0 0 0 0 0 0 0 0 0 0 0 1 0
0 0 0 0 0 0 1 0 0 1 0 0 0 0 0 0 0 0 0 0 0 0 0 0 1 0
0 0 0 0 0 0 0 0 0 0 0 0 0 0 0 0 0 0 0 0 0 0 0 0 1 1
0 0 0 0 0 0 0 0 0 0 0 1 1 0 0 1 0 1 0 1 0 0 0 0 0 0
0 0 0 0 0 0 1 0 0 0 0 0 0 0 0 0 0 0 0 0 0 0 0 0 0 0
0 0 0 0 0 0 0 0 0 0 0 0 1 1 1 0 0 0 0 0 0 0 0 0 0 0
0 0 0 0 0 0 0 0 0 1 0 0 1 0 0 0 0 0 0 0 0 0 0 0 0 0
1 0 0 0 0 0 1 0 0 0 0 0 0 0 0 0 0 0 0 0 0 0 0 0 0 0
0 0 0 0 0 0 0 0 0 0 0 0 0 0 0 0 0 1 0 1 1 0 0 0 0 0
0 0 0 0 0 0 0 0 0 0 0 0 0 0 0 0 0 1 0 0 0 0 0 0 1 1
0 0 0 0 0 0 0 0 0 0 0 0 0 0 0 0 0 1 1 1 0 0 0 0 1 1
0 0 0 0 0 0 0 0 0 1 0 0 0 0 0 0 1 1 0 0 0 0 0 1 1 1
1 0 0 0 0 0 0 0 0 1 0 0 0 0 0 0 0 1 0 0 0 0 0 0 1 0
0 0 0 0 0 0 0 0 0 0 0 0 1 1 0 0 0 0 0 0 0 0 0 0 0 0
9 9 9 9 9 9 9 9 9 9 9 9 9 9 9 9 9 9 9 9 9 9 9 9 9 9
9 9 9 9 9 9 9 9 9 9 9 9 9 9 9 9 9 9 9 9 9 9 9 9 9 9
```

4월 지식·조언 네트워크(s15w2.dat)

```
0 0 0 0 0 0 0 0 0 0 0 0 0 0 0 0 0 0 0 0 0 0 0 0 0 0
1 0 1 0 0 0 0 0 0 0 0 0 0 0 0 0 0 0 0 0 0 0 0 0 1 0
0 0 0 1 0 0 0 0 0 0 0 0 0 0 0 0 0 0 0 0 1 0 0 0 1 0
0 0 0 0 0 0 0 0 0 0 0 0 0 0 0 0 0 0 0 0 0 0 0 0 1 1
0 0 0 1 0 1 1 0 0 0 0 0 0 0 0 0 0 0 0 0 0 0 0 0 0 0
0 0 0 1 1 0 0 0 0 0 0 0 0 0 0 0 0 0 0 0 0 0 0 0 0 0
0 0 0 0 0 0 0 1 1 1 0 0 1 0 0 0 0 0 0 0 0 0 0 0 1 0
0 0 1 0 0 0 1 0 0 0 0 1 0 0 0 0 0 0 0 0 0 0 0 0 0 0
0 0 0 1 0 0 1 0 0 0 0 0 0 0 0 0 0 0 0 0 0 0 0 0 1 1
0 0 0 0 0 0 1 0 0 0 0 0 0 0 0 0 0 0 0 0 0 0 0 0 0 0
0 0 0 0 1 0 0 0 0 1 0 0 0 0 0 0 0 0 0 0 0 0 0 0 1 0
0 0 0 0 0 0 1 0 0 1 0 0 0 0 0 0 0 0 0 0 0 0 0 0 1 0
0 0 0 0 0 0 0 0 0 0 0 0 0 0 0 0 0 0 0 0 0 0 0 0 1 1
0 0 0 0 0 0 0 0 0 0 0 1 1 0 0 1 0 1 0 1 0 0 0 0 0 0
0 0 0 0 0 0 0 0 0 0 0 0 0 0 0 0 0 0 0 0 0 0 0 0 1 0
0 0 0 0 0 0 0 0 0 0 0 0 1 1 1 0 0 0 0 0 0 0 0 0 0 0
0 0 0 0 0 0 0 0 0 1 0 0 1 0 0 0 0 0 0 0 0 0 0 0 0 0
0 0 0 0 0 0 1 0 0 1 0 0 0 0 0 0 0 0 0 0 0 0 0 0 1 0
0 0 0 0 0 0 0 0 0 0 0 0 0 0 0 0 0 1 0 1 1 0 0 0 0 0
0 0 0 0 0 0 0 0 0 0 0 0 0 0 0 0 0 1 0 0 0 0 0 0 1 1
0 0 0 0 0 0 0 0 0 0 0 0 0 0 0 0 0 1 1 1 0 0 0 0 1 1
0 0 0 0 0 0 0 0 0 0 0 0 0 0 0 0 1 1 0 0 0 0 0 1 1 1
1 0 0 0 0 0 0 0 0 1 0 0 0 0 0 0 0 1 0 0 0 0 0 0 1 0
0 0 0 0 0 0 0 0 0 0 0 0 1 1 0 0 0 0 0 0 0 0 0 0 0 0
9 9 9 9 9 9 9 9 9 9 9 9 9 9 9 9 9 9 9 9 9 9 9 9 9 9
9 9 9 9 9 9 9 9 9 9 9 9 9 9 9 9 9 9 9 9 9 9 9 9 9 9
```

5월 지식·조언 네트워크(s15w3.dat)

```
0 0 0 0 0 0 0 0 0 0 0 0 0 0 0 0 0 0 0 0 0 0 0 0 0 0
1 0 1 0 0 0 0 0 0 0 0 0 0 0 0 0 0 0 0 0 0 0 0 0 1 0
0 0 0 1 0 0 0 0 0 0 0 0 0 0 0 0 0 0 0 0 1 0 0 0 0 1
0 0 0 0 0 0 0 0 0 0 0 0 0 0 0 0 0 0 0 0 0 0 0 0 1 0
0 0 0 1 0 1 1 0 0 0 0 0 0 0 0 0 0 0 0 0 0 0 0 0 0 1
0 0 0 1 1 0 0 0 0 0 0 0 0 0 0 0 0 0 0 0 0 0 0 0 0 0
0 0 0 0 0 0 0 1 1 1 0 0 1 0 0 0 0 0 0 0 0 0 0 0 1 0
0 0 0 0 0 0 1 0 0 0 0 0 0 0 0 0 0 0 0 0 0 0 0 0 0 0
0 0 0 0 0 0 1 0 0 0 0 0 0 0 0 0 0 0 0 0 0 0 0 0 1 0
0 0 0 0 0 0 0 0 0 0 0 0 0 0 0 0 0 0 0 0 0 0 0 0 0 0
1 0 0 0 1 0 0 0 0 1 0 1 0 0 0 0 0 0 0 0 0 0 0 0 1 0
0 0 0 0 0 0 1 0 0 1 0 0 0 0 0 0 0 0 0 0 0 0 0 0 1 0
0 0 0 0 0 0 0 0 0 0 0 0 0 0 0 0 0 0 0 0 0 0 0 0 1 1
0 0 0 0 0 0 0 0 0 0 0 0 1 0 0 0 0 1 0 0 0 0 0 0 0 0
0 0 0 0 0 0 0 0 0 0 0 0 0 0 0 0 0 0 0 0 0 0 0 0 1 0
0 0 0 0 0 0 0 0 0 1 0 0 1 1 1 0 0 0 0 0 0 0 0 0 0 0
0 0 0 0 0 0 1 0 0 0 0 0 0 0 0 0 0 0 0 0 0 0 0 0 0 0
1 0 0 0 0 0 1 0 0 0 0 0 0 0 0 0 0 0 0 0 0 0 0 0 0 0
9 9 9 9 9 9 9 9 9 9 9 9 9 9 9 9 9 9 9 9 9 9 9 9 9 9
0 0 0 0 0 0 0 0 0 0 0 0 0 0 0 0 0 1 1 0 1 0 0 0 1 0
0 0 0 0 0 0 0 0 0 0 0 0 0 0 0 0 0 0 0 0 0 0 0 0 1 1
0 0 0 0 0 0 0 0 0 0 0 0 0 0 0 0 0 1 0 0 0 1 0 0 0 0
0 0 0 0 0 0 0 0 0 0 0 0 0 0 0 0 0 1 0 0 0 0 0 0 1 1
0 0 0 0 0 0 0 0 0 0 0 0 1 0 0 0 0 0 0 0 0 0 0 0 1 0
9 9 9 9 9 9 9 9 9 9 9 9 9 9 9 9 9 9 9 9 9 9 9 9 9 9
9 9 9 9 9 9 9 9 9 9 9 9 9 9 9 9 9 9 9 9 9 9 9 9 9 9
```

6월 지식·조언 네트워크(s15w4.dat)

```
0 0 0 0 0 0 0 0 0 0 0 0 0 0 0 0 0 0 0 0 0 0 0 0 1 0
1 0 1 0 0 0 0 0 0 0 0 0 0 0 0 0 0 0 0 0 0 0 0 0 1 0
0 0 0 1 0 0 0 0 0 0 0 0 0 0 0 0 0 0 0 0 1 0 0 0 1 0
0 0 0 0 0 0 0 0 0 0 0 0 0 0 0 0 0 0 0 0 0 0 0 0 1 0
0 0 0 1 0 1 1 0 0 0 0 0 0 0 0 0 0 0 0 0 0 0 0 0 0 1
0 0 0 1 1 0 0 0 0 0 0 0 0 0 0 0 0 0 0 0 0 0 0 0 0 0
0 0 0 0 0 0 0 1 1 1 0 0 1 0 0 0 0 0 0 0 0 0 0 0 1 0
0 0 0 0 0 0 1 0 0 0 0 0 0 0 0 0 0 0 0 0 0 0 0 0 0 0
0 0 0 0 0 0 1 0 0 0 0 0 0 0 0 0 0 0 0 0 0 0 0 0 1 0
0 0 0 0 0 0 0 0 0 0 0 0 0 0 0 0 0 0 0 0 0 0 0 0 0 0
1 0 0 0 1 0 0 0 0 1 0 1 0 0 0 0 0 0 0 0 0 0 0 0 1 0
0 0 0 0 0 0 1 0 0 1 0 0 0 0 0 0 0 0 0 0 0 0 0 0 1 0
0 0 0 0 0 0 0 0 0 0 0 0 0 0 0 0 0 0 0 0 0 0 0 0 1 1
0 0 0 0 0 0 0 0 0 0 0 0 1 0 0 0 1 1 0 0 0 0 0 0 0 0
0 0 0 0 0 0 0 0 0 0 0 0 0 0 0 0 0 0 0 0 0 0 0 0 1 0
0 0 0 0 0 0 0 0 0 1 0 0 1 1 1 0 0 0 0 0 0 0 0 0 0 0
0 0 0 0 0 0 1 0 0 0 0 0 0 0 0 0 0 0 0 0 0 0 0 0 0 0
1 0 0 0 0 0 1 0 0 0 0 0 0 0 0 0 0 0 0 0 0 0 0 0 0 0
9 9 9 9 9 9 9 9 9 9 9 9 9 9 9 9 9 9 9 9 9 9 9 9 9 9
0 0 0 0 0 0 0 0 0 0 0 0 0 0 0 0 0 1 1 0 1 0 0 0 1 0
0 0 0 0 0 0 0 0 0 0 0 0 0 0 0 0 0 0 0 0 0 0 0 0 1 1
0 0 0 0 0 0 0 0 0 0 0 0 0 0 0 0 0 1 0 1 1 1 0 0 0 0
0 0 0 0 0 0 0 0 0 0 0 0 0 0 0 0 0 1 0 0 0 0 0 0 1 1
0 0 0 0 0 0 0 0 0 0 0 0 1 0 0 0 1 0 0 0 0 0 0 0 1 0
9 9 9 9 9 9 9 9 9 9 9 9 9 9 9 9 9 9 9 9 9 9 9 9 9 9
9 9 9 9 9 9 9 9 9 9 9 9 9 9 9 9 9 9 9 9 9 9 9 9 9 9
```

D. 종단 특성 자료

가. 교원 소진 중 개인 성취감 결여 정도(결측값=99): burnout3

학교 8(N=16)
(s8b3.dat)

```
 2  2  3  2  2
 3  3  3  3
 2  3  2  3
 3  3  3  4
 3  2  2  1
 3  3  3  3
 3  3  2  2
 3  3  3  3
 1  1  1  1
 2  2  2  2
 3  2  2  2
 2  2  2  2
 2  2  3  3
 2  2  2  2
 2  2  2  2
99 99 99 99
```

학교 5(N=25)
(s5b3.dat)

```
 2  2  4  4
 3  3  3  3
 3  3  2  3
 2  2  2  2
 3  3  3  3
 3  3  4  4
 3  2  3  3
 2  3  2  2
 3  3  3  3
 3  2 99 99
 2  2  2  2
 4  3  3  3
 2  2  2  2
 3  3  3  3
 3  3  3  3
 2  3  3  3
 3  3  3 99
 3  3  3  3
 3  3  3  3
 3  3  2  2
 4  3  2  3
 3  3 99 99
 2  2  3  3
99 99 99 99
99 99 99 99
```

학교 15(N=26)
(s15b3.dat)

```
 4  4  3  3
 4  3  3  3
 4  4  4  3
 3  3  3  3
 2  1  1  1
 3  3  3  4
 2  2  2  2
 2  3  2  2
 3  3  4  3
 3  3  3  3
 2  2  2  2
 4  3  4  4
 2  2  1  1
 2  3  3  3
 1  1  1  1
 3  3  2  2
 3  3  1  1
 3  2  3  3
 3  2 99 99
 4  3  2  2
 4  3  3  3
 3  3 99 99
 2  2  3  3
 3  3  3  3
99 99 99 99
99 99 99 99
```

나. 교원 소진 중 정서적 고갈(결측값=99): burnout1

학교 8(N=16)
(s8b1.dat)

```
4 4 4 4
3 3 3 4
2 2 2 2
3 3 3 4
3 2 2 2
2 2 2 2
3 2 2 2
4 4 3 4
1 1 1 1
3 3 1 1
3 3 1 1
1 1 1 1
3 3 3 3
2 2 2 2
3 3 3 3
99 99 99 99
```

학교 5(N=25)
(s5b1.dat)

```
2 2 3 3
3 3 2 2
3 3 2 2
3 3 3 3
3 3 3 3
3 3 3 3
3 3 3 3
2 3 1 1
4 3 3 3
3 2 99 99
3 3 2 2
4 4 4 4
3 2 3 2
3 3 3 3
3 3 3 3
2 3 3 3
3 3 3 99
2 2 2 3
3 4 4 2
1 1 2 2
3 3 3 3
3 3 99 99
3 3 2 2
99 99 99 99
99 99 99 99
```

학교 15(N=26)
(s15b1.dat)

```
3 3 3 3
3 3 3 3
2 2 2 2
3 2 3 2
2 2 1 2
3 2 3 3
2 2 2 2
2 2 3 3
2 2 3 3
3 3 3 3
3 3 2 2
3 3 3 3
2 2 1 1
4 3 3 3
1 1 1 1
3 3 3 3
2 2 1 1
2 2 2 2
2 2 99 99
2 2 2 2
2 3 3 2
2 2 99 99
3 2 3 3
2 2 3 3
99 99 99 99
99 99 99 99
```